# REVISTA TRIMESTRAL DE DIREITO PÚBLICO

20/1997

MALHEIROS EDITORES

# *Revista Trimestral de Direito Público*

Órgão do

INSTITUTO GERALDO ATALIBA — IDEPE — INSTITUTO INTERNACIONAL DE DIREITO PÚBLICO E EMPRESARIAL

INSTITUTO DE DIREITO ADMINISTRATIVO PAULISTA IDAP





RTDP
Publicação trimestral de
MALHEIROS EDITORES LTDA.
Rua Paes de Araújo, 29, cj. 171
CEP 04531-940 - São Paulo, SP - Brasil
Tel.: (011) 822-9205 - Fax.: (011) 829-2495

Diretor responsável: Álvaro Malheiros
Diretora: Suzana Fleury Malheiros

Assinaturas e comercialização:
CATAVENTO DISTRIBUIDORA DE LIVROS S.A.
Rua Conselheiro Ramalho, 928
CEP 01325-000 - São Paulo, SP - Brasil
Tel.: (011) 289-0811 - Fax (011) 251-3756
Supervisão Gráfica: Vânia Lúcia Amato
Composição: Frase Editora Ltda.
Impressão: Paym Gráfica e Editora Ltda.

# SUMÁRIO

*DOUTRINA*

RÉQUIEM PARA UMA CONSTITUIÇÃO
*FÁBIO KONDER COMPARATO* .......... 5

LIMITES NORMATIVOS DO PODER EXECUTIVO EM RELAÇÃO À PREVIDÊNCIA PRIVADA
*ARNOLDO WALD* .......... 12

SERVIÇO PÚBLICO E PODER DE POLÍCIA: CONCESSÃO E DELEGAÇÃO
*CELSO ANTÔNIO BANDEIRA DE MELLO* .......... 21

DEZ ANOS DA CONSTITUIÇÃO DE 1988 (FOI BOM PARA VOCÊ TAMBÉM?)
*LUÍS ROBERTO BARROSO* .......... 29

PROCESSO ADMINISTRATIVO TRIBUTÁRIO. PRINCÍPIOS, AMPLITUDE, NATUREZA E ALCANCE DAS FUNÇÕES NELE EXERCIDAS
*EDUARDO D. BOTTALLO* .......... 50

RESPONSABILIDADE CIVIL POR IMPROBIDADE ADMINISTRATIVA
*ANTONIO JOSÉ DE MATTOS NETO* .......... 57

REFLEXÕES SOBRE O PAPEL DO ESTADO FRENTE À ATIVIDADE ECONÔMICA
*FRANCISCO DE QUEIROZ BEZERRA CAVALCANTI* .......... 67

ATO ADMINISTRATIVO "STRICTU SENSU"
*ADRIANO DALEFFE* .......... 76

*PARECERES*

COMPETÊNCIA CONSTITUCIONAL DE REFORMA — PROCESSO DE ELABORAÇÃO DE EMENDA CONSTITUCIONAL — INTERPRETAÇÃO DO ART. 60, § 5º, DA CF.
*CARMEN LÚCIA ANTUNES ROCHA E FÁBIO KONDER COMPARATO* .......... 88

CONSTITUCIONALIDADE DE LEI MUNICIPAL QUE CONCEDE O USO DE BENS PÚBLICOS DE USO COMUM DO POVO A ASSOCIAÇÃO DE MORADORES
*TOSHIO MUKAI* .......... 104

DISPENSA DE LICITAÇÃO PARA CONTRATAÇÃO DE EMPRESA MUNICIPAL CRIADA PARA PRESTAR SERVIÇOS À PREFEITURA (INTERPRETAÇÃO DO ART. 24, VIII, DA LEI 8.666/93).
*ANTÔNIO CARLOS CINTRA DO AMARAL* .......... 115

LICITAÇÃO E PRESTAÇÃO DE SERVIÇOS PÚBLICOS — PRIVATIZAÇÃO E FORNECIMENTO DE GÁS POR TARIFA DIFERENCIADA
*EROS ROBERTO GRAU* .......... 119

*ESTUDOS E COMENTÁRIOS*

AÇÃO ESPECIAL PARA TUTELA DE DIREITOS FUNDAMENTAIS EM FACE DE PARTICULARES
*PAULO ROBERTO DE GOUVÊA MEDINA* .......... 125

ELABORAÇÃO DA NORMA JURÍDICA POR INTERPRETAÇÃO — CONSTRUÇÃO NO DIREITO CONSTITUCIONAL
*Mirtô Fraga* ........ 133

O CONTROLE EXTERNO E O DIREITO DA INTEGRAÇÃO
*Luciano Araújo Ferraz* ........ 157

TEXTOS VETORIAIS SOBRE A REFORMA ADMINISTRATIVA (EMENDA CONSTITUCIONAL 19, DE 5.6.98)
*Carlos Pinto Coelho Motta* ........ 184

***CONFERÊNCIAS E DEBATES***

DELITOS E INFRAÇÕES EM MATÉRIA DE MEIO AMBIENTE
*Geraldo Brindeiro* ........ 207

***JURISPRUDÊNCIA*** ........ 216

# DOUTRINA

# RÉQUIEM PARA UMA CONSTITUIÇÃO

FÁBIO KONDER COMPARATO
Professor Titular da Faculdade de Direito da Universidade de São Paulo
– Doutor em Direito da Universidade de Paris

*1.* As Constituições republicanas duraram pouco neste País. A mais longeva foi a primeira, que vigorou durante 39 anos. Até o final do regime militar, nenhuma delas morreu placidamente: todas foram aniquiladas por atos de força. A atual, moribunda já há algum tempo, provavelmente não chegará ao décimo aniversário de seu nascimento: sua morte, sob a forma de uma extemporânea revisão, já foi anunciada para os primeiros dias de outubro de 1998.

As Ordenações do Reino de Portugal, que vigoravam entre nós por muito tempo, mesmo depois da Independência, cominavam dois tipos de pena capital: a morte natural e a morte espiritual. A primeira atingia o corpo, a segunda a alma. O excomungado continuava a viver, mas só fisicamente: sua alma fora executada pela autoridade episcopal, aliada ao braço secular do Estado.[1]

Algo de semelhante está em vias de suceder com a Constituição Federal de 5 de outubro de 1998. Ela continuará a fazer parte, materialmente, do mundo dos vivos, mas será um corpo sem alma. Todos nós, profissionais do Direito, becados ou togados, continuaremos, por dever de ofício, a fazer de conta que vivemos num Estado constitucional. Mas as nossas argumentações tomarão, fantasticamente, o aspecto de sábias dissecações anatômicas: serão análises de um cadáver. Afinal de contas, Hitler não precisou revogar a Constituição de Weimar para instituir o terrorismo nazista: bastou retirar-lhe toda força interior.

Para o pensamento da Grécia clássica, um Estado não vive sem constituição (*politéia*). Ela é a alma da *pólis*, como disse Isócrates. Tem "o mesmo poder do pensamento no corpo: é ela que delibera sobre tudo, que conserva os êxitos e procura evitar as desgraças; é ela que deve servir de modelo às leis, aos oradores e aos simples particulares".[2]

Se a "alma da *pólis*" está sendo lentamente executada, é importante que se saiba quem é esse assassino espiritual da Constituição. Para dizer a verdade, são vários. É o conjunto dos Poderes da República, sem exceção alguma: o Executivo como autor principal, eficazmente acolitado pelo Con-

1. No Título VIII do Segundo Livro das Ordenações Filipinas, regulava-se a "ajuda do braço secular" para a execução das penas eclesiásticas conseqüentes à excomunhão.

2. *Areopagítica*, 14.

gresso Nacional; os Tribunais Superiores, liderados pelo Supremo, com o acumpliciamento solícito do Procurador-Geral da República.

Belo corpo de réus para o juízo final de um regime!

*2.* A *politéia*, na Grécia clássica, designava, primariamente, tanto a esfera da vida privada, quanto a da vida pública dos cidadãos. Secundariamente, ela era a organização das diferentes magistraturas no sentido antigo, isto é, dos agentes públicos aos quais o povo devia obediência.[3] O fundamento dessa organização constitutiva da *pólis* era a autoridade da tradição e das leis fundadoras.

Na época moderna, a idéia de Constituição tomou um sentido bem diverso, marcadamente funcional: ela existe para proteger todo ser humano, mesmo o indivíduo mais réprobo e hediondo, contra o abuso de poder. A Constituição moderna é um instrumento de defesa dos governados contra os governantes. Se ela não exerce esse papel, se ela se limita a suprimir os freios ou obstáculos ao exercício do poder em nome da governabilidade, não se está diante de uma Constituição. Por isso mesmo, no momento decisivo de abolição do *ancien régime*, os revolucionários franceses definiram lapidarmente: "Toda sociedade, em que a garantia dos direitos não é assegurada, nem a separação de poderes determinada, não tem constituição" (Declaração dos Direitos do Homem e do Cidadão de 1789, art. 16).

Ora, no regime democrático, o atributo maior da soberania popular consiste em *constitucionalizar a Nação*. O poder constituinte pertence ao povo e somente a ele. E esse poder é indelegável, como a própria soberania. Imaginar que não o povo, ou seus representantes especiais, eleitos para o exercício dessa tarefa exclusiva, mas sim os próprios governantes possam dotar o país de uma Constituição, ou reformar a que está em vigor, é um despautério lógico e político. "Em cada uma de suas partes", lembrou Sieyès, "a Constituição não é obra do poder constituído, mas do poder constituinte. Nenhuma espécie de poder delegado pode mudar coisa alguma nas condições de sua delegação".[4] Isto seria a mais abominável das usurpações: a transformação do poder político inferior, delegado pelo povo aos governantes, em poder político soberano destes. Tanto mais que nem mesmo o povo soberano pode descumprir a Constituição que deu à Nação.

E no entanto, a apropriação indébita do poder constituinte vem sendo praticada quase cotidianamente pelos nossos governantes, a modo de um crime continuado. Os ladrões da soberania popular são, decididamente, cleptomaníacos políticos.

*3.* O *iter criminis* tem seu ponto de partida no Poder Executivo, mais especificamente no Presidente da República. Ao copiarmos o modelo norte-americano, em 1891, erramos no estilo: o tencionado retrato saiu uma caricatura. A Constituição dos Estados Unidos criou o regime presidencial; nós engendramos o *presidencialismo*, que é a sua perversão máxima. Lá, o equilíbrio dos Poderes republicanos funciona harmoniosamente, num engenhoso mecanismo de *cheks and balances* que faz inveja aos mais competentes relojoeiros. Aqui, a hipertrofia dos poderes presidenciais gerou um monstro macrocefálico, cujos membros são todos absorvidos pela cabeça.

Para sermos justos, porém, é preciso reconhecer que essa aberração institucional não surgiu com a República, pois ela já estava presente e atuante durante todo o Período Imperial. O que se fez, com a derrubada da Monarquia, foi tão-só uma adaptação semântica: passamos do império autêntico ao presidencialismo imperial.

3. Cf. Aristóteles, *Política* 1.274b 1, no primeiro sentido; 1.278b 10 e 1279a 35, no segundo sentido.

4. *Qu'est-ce que le Tiers État?*, cap. V (edição crítica de Roberto Zapperi, Genebra, Librairie Droz, 1970, pp. 180-181).

Na obra clássica em que fez o panegírico do pai, Joaquim Nabuco apenas uma vez permitiu-se censurá-lo. Foi a propósito de uma Circular de 7, de fevereiro de 1856, pela qual o velho senador, em sua qualidade de Ministro da Justiça, entendeu de ditar regras de julgamento aos magistrados. "É o traço saliente do nosso sistema político", escreveu Joaquim Nabuco, "essa onipotência do Executivo, de fato o Poder único do regime. Apesar de todo o antagonismo de muitas de suas idéias com esse sistema, principalmente em matéria de garantias individuais e apesar da guerra que moveu à invasão francesa do contencioso administrativo, (Nabuco pai) foi um dos fundadores da onipotência do governo, convertido em última instância dos poderes públicos".[5]

A República acentuou ainda mais a onipotência do chefe do Poder Executivo, ao cobri-la com o manto da irresponsabilidade, que a Constituição de 1824 reservava ao Imperador.[6] Logo nos primeiros anos do regime que ajudara a criar, Rui Barbosa tomou como tema a irresponsabilidade presidencial, para traçar em cores fortes o quadro dessa anomalia institucional.[7] Convém reproduzir a sua apaixonada diatribe:

"Ninguém aqui se importa", denunciou ele, "com as ditaduras presidenciais. Ninguém se assusta com as ditaduras militares. Ninguém se inquieta com as candidaturas caudilhescas. Ninguém se acautela, se defende, se bate contra as ditaduras do Poder Executivo. Embora o Poder Executivo, no regimen presidencial, já seja, de sua natureza, uma semiditadura, coibida e limitada muito menos pelo corpo legislativo, seu cúmplice habitual, do que pelos diques e freios constitucionais da justiça, embora o Poder Executivo seja o erário, o aparelho administrativo, a guarda nacional, a polícia, a tropa, a armada, o escrutínio eleitoral, a maioria parlamentar. Embora nas suas mãos se reúnam o poder do dinheiro, o poder da compensação e o poder das graças.

"Seja ele embora, entre nós, o poder dos poderes, o grande eleitor, o grande nomeador, o grande contratador, o poder das bolsas, o poder dos negócios, e o poder da força, quanto mais poder tiver, menos lhe devemos cogitar na ditadura, atual, constante, onímoda, por todos reconhecida, mas tolerada, sustentada, colaborada por todos. Deste feitio, o presidencialismo brasileiro não é senão a ditadura em estado crônico, a irresponsabilidade geral, a irresponsabilidade consolidada, a irresponsabilidade sistemática do Poder Executivo."

Ora, por mais acachapante que seja esse libelo contra a irresponsabilidade presidencial, é preciso reconhecer que, hoje, ele está aquém da realidade. Atualmente, o Presidente da República não se limita a exercer um poder absoluto apenas no ramo executivo do Estado: ele é também legislador, e dos mais prolíficos. O volume de medidas provisórias editadas e reeditadas, a maior parte delas sem a menor relevância ou urgência, já ultrapassa largamente o número de leis votadas pelo Congresso Nacional, desde a promulgação da Constituição. Mesmo quanto à iniciativa das leis, a preponderância do Executivo é esmagadora: durante as últimas legislaturas, mais de 80% dos projetos de lei aprovados pelo Congresso foram de iniciativa do Presidente da República.

Para a convalidação espúria desse abuso, concorreu decisivamente a mais alta Corte de Justiça do País. Neste período crepuscular do Estado de Direito, o Supremo Tribunal Federal, cuja função precípua é "a guarda da Constituição" (art. 102), tem transigido com todos os desvios, relevado to-

5. *Um Estadista do Império,* Rio de Janeiro, Editora Nova Aguilar, 1975, p. 239.

6. O art. 99 da Carta Política imperial dispunha que "a pessoa do Imperador é inviolável e sagrada: ele não está sujeito a responsabilidade alguma".

7. Discurso de posse na presidência do Instituto dos Advogados Brasileiros, proferido em 19 de novembro de 1914 (*Obras Completas,* v. XLI, t. IV, Trabalhos Jurídicos, Rio de Janeiro, Ministério da Cultura, Fundação Casa de Rui Barbosa, 1914, pp. 232-233).

das as arbitrariedades, admitido todas as prevaricações.

A pá de cal na indispensável independência do STF para custodiar a inviolabilidade da Constituição foi lançada com a Emenda Constitucional n. 3, de 1993, instituindo a "ação declaratória de constitucionalidade" (art. 102, I, *a*).

O *judicial control*, sem sombra de dúvida a maior criação constitucional dos norte-americanos, surgiu como instrumento de defesa dos direitos individuais contra o mais nocivo dos abusos políticos, aquele que associa Legislativo e Executivo na comum infringência da Constituição. No sistema presidencial de governo, com efeito, a lei não é apenas o ato do Poder Legislativo: ela conta também, necessariamente, com a aprovação do Executivo, que tem o poder de vetá-la. Quando o Presidente da República sanciona uma lei inconstitucional, ele se acumplicia com o legislador na violação da Carta Magna.

Ora, a "ação declaratória de constitucionalidade" veio subverter inteiramente os termos dessa equação política. Ela não é uma defesa da cidadania contra o abuso governamental, mas, bem ao contrário, uma proteção antecipada do Governo contra as demandas que os cidadãos possam ajuizar para defesa de seus direitos. É uma espécie de *bill* de identidade que o Judiciário outorga aos demais Poderes, um *nihil obstat* legitimador da ação governamental, antes que os cidadãos tenham tempo de reclamar contra ela.

Por isso mesmo, o processo dessa aberrante demanda é *sui generis*: não há contraditório, porque não há lide. Em se tratando de argüição de inconstitucionalidade de lei ou ato normativo, o Procurador-Geral da República deve ser previamente ouvido, e o Advogado-Geral da União defende o ato ou o texto impugnado (art. 103, §§ 1º e 3º). Mas no processo da ação declaratória de constitucionalidade, os autores agem sem contraditório: o governo tem as mãos livres para demandar, sem que ninguém defenda os interesses dos governados.

Por força desse vicioso mecanismo, a nossa Corte Suprema deixa de ser um Tribunal, para se tornar um órgão oficial de consulta. Troca a posição de guarda da Constituição pela de associado do Governo.

*4.* Não bastou, porém, para saciar o apetite de poder, a consolidação e ampliação do poderio presidencial com o acréscimo da função de legislar. Até há pouco, segundo a tradição latino-americana, o presidencialismo era uma ditadura temporária. Pois acaba de se quebrar o último dique que impedia o alastramento do arbítrio completo a todo terreno governamental. A Emenda Constitucional n. 16, de 4 de junho de 1997, introduziu em nossa estrutura política, mais de um século após a constitucionalização do regime republicano, a reeleição dos Chefes de Executivo.

O que importa considerar aqui, para caracterizar a aberração da mudança, não é a confessada venalidade de alguns parlamentares na votação da emenda, atendendo aos "apelos cívicos" de um falecido Ministro de Estado, que era o *fac totum* do Governo. O que cabe ressaltar é a escandalosa inconstitucionalidade formal dessa reforma da Constituição.

Segundo o disposto em seu art. 60, § 2º, "a proposta (de emenda) será discutida e votada em cada Casa do Congresso Nacional, em dois turnos". É escusado assinalar que *é a mesma proposta que deve ser submetida a dois turnos de votação, na Câmara e no Senado*. Ora, a proposta original daquela que seria a 16ª Emenda à Constituição foi alterada no segundo turno de votação na Câmara.[8] Em seguida, essa redação alterada, submetida à apreciação do

8. A proposta original era do seguinte teor: "§ 5º. O Presidente da República, os Governadores de Estado e do Distrito Federal, os Prefeitos e quem os houver sucedido ou substituído no curso do mandato poderão ser reeleitos por um período imediatamente subseqüente e concorrer no exercício do cargo".

Senado, foi modificada pela segunda vez, sendo imediatamente promulgada.

A lição desse insólito procedimento é bem clara. Para o Congresso Nacional, a Constituição da República vale menos que uma lei ordinária. Em relação a esta, com efeito, ainda se observa a regra constante do art. 65, parágrafo único, da Constituição, segundo o qual "sendo o projeto emendado, voltará à Câmara iniciadora". As emendas constitucionais, ao contrário, deixam doravante de obedecer a esse rito de segurança elementar, sinal evidente de que, como foi assinalado no início destas considerações, estamos simplesmente a dissecar um cadáver.

O pior, no entanto, ainda estava por vir. Ao responder à Consulta n. 327, do Distrito Federal, o Tribunal Superior Eleitoral, pela Resolução n. 19.952, de 2 de setembro de 1997, entendeu que os chefes de Poder Executivo não precisam renunciar ao mandato seis meses antes, para concorrer à reeleição.

Estabeleceu-se, com isto, a definitiva cretinização do processo hermenêutico. Contrariamente ao princípio primeiro de toda interpretação jurídica, a nossa Justiça Eleitoral passou a entender que um texto há de ser entendido em sua primária literalidade, sem a menor ligação com o contexto normativo e sem submeter-se tampouco aos princípios fundamentais do ramo jurídico em que se insere. Temos, pois, que se o Presidente da República, num acesso de inabitual humildade, decidir concorrer ao cargo de Prefeito de Ibiúna (SP), Município onde tem sua casa de campo, precisará renunciar à Presidência da República. Mas se pretender a reeleição para o mesmo modesto cargo que ocupa, pode tranqüilamente enfrentar o pleito e continuar liberando verbas orçamentárias, nomeando e demitindo Ministros e funcionários, sem deixar de freqüentar nem um só dia, em posição de destaque, o conjunto dos meios de comunicação de massa.

Ao comentar nossa primeira Constituição republicana, o austero João Barbalho teve palavras candentes para profligar a idéia de reeleição do Presidente da República: "De que poderosos meios não poderá lançar mão o presidente que pretende se fazer reeleger? Admitir presidente candidato é expor o eleitorado à pressão, corrupção e fraude na mais larga escala. Já de si a eleição presidencial engendra no país agitação não pequena e temerosa; e o que não se dará quando o candidato for o homem que dispõe da maior soma de poder e força, pela sua autoridade, pelos vastos recursos que pode pôr em ação para impor sua reeleição? E que perturbação na administração pública e que enorme prejuízo para o país no emprego de elementos oficiais com esse fim!".[9]

E se ainda esse colossal malefício ficasse adstrito à Presidência da República. Não. Doravante, todos os Governadores e Prefeitos pelo país afora, transformados em régulos de província, vão se aboletar nos respectivos cargos por pelo menos oito anos, sem o incômodo da desincompatibilização. É a volta alegre e consolada aos velhos privilégios do Brasil Colônia!

*5.* Acabei de falar na perspectiva de Governadores e Prefeitos se aboletarem nos respectivos cargos por *pelo menos* oito anos. Faltou dizer que essa perspectiva é ainda mais segura para o Presidente da República.

A razão é simples. Já foi aprovada por unanimidade, na Comissão de Constituição e Justiça da Câmara dos Deputados, o projeto de Emenda Constitucional n. 554-A, de 1997, pelo qual "os Membros da Câmara dos Deputados e do Senado Federal reu-

O texto aprovado pelo Senado e convertido em norma constitucional, como se sabe, substituiu o artigo definido "o" pelo numeral "um". Ademais, a parte final do texto de origem — "e concorrer no exercício do cargo" — foi suprimida.

9. *Constituição Federal Brasileira — Commentarios*, 2ª edição "correcta e augmentada pelo Autor (publicação posthuma)", Rio de Janeiro, F. Briguiet e Cia. Editores, 1924, pp. 226-227.

nir-se-ão unicameralmente em Assembléia Nacional Constituinte, livre e soberana, no dia 1º de fevereiro de 1999, na sede do Congresso Nacional", para alterar vários dispositivos da Constituição, notadamente o art. 14, justamente o que trata das inelegibilidades.

A essa proposta, apresentada como aditivo ao Ato das Disposições Constitucionais Transitórias, a Comissão acrescentou, por emenda do relator, que "no dia 4 de outubro de 1998, por plebiscito, o eleitorado decidirá sobre a atribuição, aos Membros do Congresso Nacional, dos poderes constituintes de que trata este artigo".

Bem se vê, pois, como ficou dito no primeiro período destas observações, que a Constituição Federal de 1988 já tem sua morte anunciada para a véspera do seu décimo aniversário natalício.

Já ninguém presta atenção ao comezinho princípio de que as disposições transitórias de uma lei, ou de uma Constituição, não podem, nem lógica nem juridicamente, ser retomadas ou ressuscitadas, como se tratasse de um filme de ficção científica: uma volta para o futuro. Aquilo que o constituinte marcou como período de transição de um regime constitucional a outro não pode ser reconsiderado, depois de encerrados os trabalhos constituintes. O caso ora em questão representa, aliás, uma reincidência específica no mesmo delito constitucional. Já as Emendas n. 12, de 15.8.96, e n. 17, de 22.11.97, haviam alterado o Ato das Disposições Constitucionais Transitórias.

O que causa espanto é ver que nenhum deputado da oposição — havia 16 do PDT, 4 do PT, 4 do PSB e 5 do PPS na Comissão de Constituição e Justiça — manifestou a menor hesitação em executar assim, sumariamente, o corpo de normas cuja função primeira, como lembrado acima, é a de proteger os direitos humanos e, por conseguinte, os direitos da minoria na arena política. Não. Todos se contentaram, como crianças apalermadas, com a oferta do doce envenenado de um plebiscito, que é na verdade um referendo popular.

O que marca a rigidez de uma Constituição é a exigência de que sua reforma, por via de um poder constituído, como é o Congresso Nacional, só possa ser feita — com ou sem aprovação direta pelo povo — nos limites estritos do que ficou estabelecido no texto a ser reformado. E esses limites correspondem, no caso da Constituição de 1988, não só ao que consta do art. 60, § 4º, como ainda ao teor dos princípios fundamentais que enformam o texto constitucional.

Ora, é princípio básico de toda Constituição rígida que o povo, por via referendária, só possa manifestar-se, legitimamente, sobre a sua reforma parcial, quando essa reforma foi decidida por quem tinha competência para fazê-lo e segundo o procedimento formalmente prescrito pela Constituição. Nunca é demais repetir que, no regime democrático, até o povo soberano sofre limites no exercício de seus poderes. Se o povo ou, *a fortiori*, os seus representantes pudessem alterar uma norma constitucional ao seu alvedrio, o Estado de Direito seria mera ficção.

Pois bem, no ventre desse repulsivo monstrengo, encontra-se, como não poderia deixar de ser, a possibilidade de reforma do art. 14 e textos "conexos", como se diz na proposta de Emenda Constitucional n. 554-A. Não é à toa que o Presidente da República declarou-se (docemente constrangido, como é de seu feitio) favorável à proposição. E não tenhamos dúvida de que, se se decidir suprimir do texto do art. 14, § 5º, a expressão final — "para um único período subseqüente", o STF convalidará a desfaçatez, assinando o atestado de óbito da Constituição.

Na democracia ateniense, existia um processo punitivo especial para projetos de lei ou moções que contraviessem aos princípios fundamentais do regime: era o *graphê paranomon*.[10] Qualquer cidadão ti-

10. Cf. C. Hignett, *A History of the Athenian Constitution*, Oxford, 1952, p. 210.

nha o direito de embargar uma proposta a ser votada pela assembléia do povo (*ekklesia*), alegando que ela feria a *politéia*, ou Constituição da cidade. A votação era então suspensa e a questão submetida a um órgão judicial. O mesmo ocorria com decisões já tomadas pela assembléia, de natureza legislativa ou não. Se a alegação do denunciante fosse julgada procedente, o autor da moção ou do projeto de lei era condenado a uma multa, anulando-se a votação eventualmente já concluída. A pessoa condenada três vezes por esse delito perdia seus direitos cívicos.

Na Atenas clássica, a *politéia* era objeto de uma veneração quase religiosa. Aqui a Constituição transformou-se em medida provisória, um pouco menos expeditiva que as demais.

*6.* O eminente Professor Sampaio Dória, que foi catedrático de Direito Constitucional na Faculdade de Direito da Universidade de São Paulo, iniciou a primeira aula do segundo semestre letivo de 1938, lembrando que o programa de sua disciplina era dividido em duas partes, correspondentes a dois semestres letivos. Na primeira parte, expunha os princípios fundamentais do Direito Constitucional. Na segunda, fazia um breve comentário da Constituição em vigor no país.

Acrescentou o velho Professor ter ouvido dizer que, em 10 de novembro de 1937, o Presidente da República havia cancelado a Constituição vigorante e publicado outra. Confessou que não lera nem pretendia ler o texto desta última. Em conseqüência, pediu a seus alunos que relevassem a sua ausência durante o semestre letivo que se iniciava, pois não teria condições de explicar o sistema constitucional que se dizia em vigor no país.

Escusa dizer que o honrado Mestre foi sumariamente demitido de sua cátedra e teve de procurar refúgio no estrangeiro.

Diante desse luminoso exemplo de inteireza de caráter, que o prezado leitor escuse a pergunta impertinente: — Quantos professores de Direito, hoje no Brasil, terão a coragem de protestar de público contra o esvaziamento da Constituição de 1988?

São Paulo, 8 de maio de 1998

DOUTRINA

# LIMITES NORMATIVOS DO PODER EXECUTIVO EM RELAÇÃO À PREVIDÊNCIA PRIVADA

Arnoldo Wald
Advogado – Professor Catedrático da Faculdade de Direito da UERJ

*1.* O problema específico do direito previdenciário merece ser examinado porque é um direito que cresceu na jurisprudência, sem que houvesse uma contrapartida na doutrina, é um direito que tem a sua importância na prática dos Tribunais. Eu estava me lembrando de um acórdão líder, cujo voto condutor foi proferido pelo Ministro Sydney Sanches e que, em um determinado momento, cristalizou quase que definitivamente o conceito de direito adquirido, no STF, decorrendo justamente da jurisprudência criada em torno dos fundos de pensão. Mas a previdência privada foi evoluindo e, como mencionado pelo Ministro Sydney Sanches, o governo tem lançado mão de tantas medidas provisórias, tem apresentado tantos projetos de lei que, num certo momento, os próprios conceitos jurídicos devem ser reapreciados e, alguns deles, justificam uma revisão.

*2.* Assim sendo, eu diria que talvez o problema do papel normativo do Estado no tocante à previdência privada poderia ser examinado no que os economistas chamariam de uma visão macrojurídica, ou seja, dentro de um contexto global, no qual estamos vivendo hoje, para compreender, exatamente, qual a função que o poder normativo deve exercer em relação aos fundos de pensão da previdência privada. A evolução que justifica nossa reflexão decorre em primeiro lugar da falência da previdência social, que deve recorrer aos empréstimos bancários para poder cumprir os seus deveres. Estamos diante de uma previdência social que está realmente falida no Brasil, como é falida em outros países, que é um problema nos Estados Unidos e na França, de modo que uma reformulação se torna imperiosa e tem os seus reflexos sobre a previdência privada.

*3.* Por outro lado, a previdência privada tornou-se, hoje, um dos mais importantes canais de captação de recursos e de uma participação crescente no mercado de capitais. Alguns números já foram lembrados aqui, mas na realidade estamos falando hoje de cerca de 70 bilhões de reais, ou seja, de uma presença no mercado que representa 10% do PIB. Há um estudo da ABRAPP imaginando que, daqui a dez anos, teremos nos fundos de pensão a módica quantia de 400 bilhões, ou seja, o valor atual terá quintuplicado, representando realmente uma força e uma importância básicas dentro do mercado de capitais, no qual os fundos de pensão têm tido um papel preponderante, do mesmo modo qual os capitais estrangeiros.

*4.* No momento em que o país abre a sua economia, em que recebemos, cada vez mais, capitais estrangeiros, também o papel que os fundos de pensão estrangeiros vão exercer na economia brasileira deve ser destacado.

*5.* E do ponto de vista social, não há dúvida que o fundo de pensão é um instrumento muito relevante, porque é um elemento de conciliação, uma ponte entre os problemas econômicos e os problemas sociais. Muitas vezes, no Brasil, chegamos à conclusão, ao meu ver errada, de que era preciso resolver primeiro os problemas econômicos, para depois examinar os problemas sociais. Os fundos de pensão, ao contrário, apresentam uma simbiose da solução de ambos, porque permite que tenhamos, na empresa moderna, na empresa flexível, uma solução eqüitativa, que se refere aos conflitos eventuais que poderiam surgir entre empregados e empregadores.

*6.* Assim, em certo sentido, podemos afirmar que a velha luta, o velho conflito de classes, ao qual se aludia no passado, desaparece quando se vê no fundo de pensão o instrumento ágil para permitir o desenvolvimento da própria empresa. E a empresa está se tornando, hoje, cada vez mais importante, no momento em que se fala no declínio das nações, sendo evidente que os órgãos intermediários, que as entidades que existem entre os Estados e o indivíduo passam a ter uma importância cada vez maior. E neste sentido a empresa se tornou, de certo modo, o grande centro da vida moderna tanto nos países que têm uma economia capitalista, como até naqueles que tinham uma economia socialista e que estão em fase de transformação, na própria Rússia quando se falou na *Glasnost*, na *Pereströika*. Para o próprio Gorbatchev, a grande entidade central do mundo moderno devia ser a empresa, devia ser ela a célula básica da sociedade. É o que acontece dentro de um capitalismo que não pode mais ser o capitalismo selvagem do passado, mas o capitalismo das empresas, e não o capitalismo dos especuladores. Esta transformação, esta verdadeira reengenharia que o Estado vai sofrer, enseja um papel de maior destaque para a previdência privada. Quando se diz que desapareceu o *Welfare State*, que o Estado Previdência morreu e que, na realidade, também, por outro lado, não se deve permitir a continuação do capitalismo selvagem, não há dúvida que neste momento a previdência privada se apresenta como uma das grandes soluções, não mais apenas no plano ideológico e filosófico, mas também no plano realista e econômico.

*7.* Esta transformação do Estado Previdência não é apenas uma questão ideológica; é decorrência também de uma situação fática. Não é uma posição ideológica, mas poderíamos até dizer que, em certo sentido, ela se apresenta como fisiológica, porque o Estado não tem mais os recursos para atender todas as necessidades da sociedade.

*8.* É preciso encontrar novas fórmulas para que sejam atendidas as necessidades da qualidade de vida que nós precisamos dar a cada cidadão, a todos os homens de uma determinada sociedade. E é neste sentido que nós falamos hoje em privatizações, em concessões e em várias fórmulas de parceria, em que vamos utilizar os recursos privados e públicos para combater, ao mesmo tempo, o *deficit* público e o *deficit* de infra-estrutura, ambos representando ameaça séria à sociedade.

*9.* Então, de um lado, o Estado não tem mais a possibilidade de atender pela previdência social todas as necessidades do cidadão. De outro lado, o capitalismo selvagem, aquele que existiu num determinado momento nos Estados Unidos, que ameaçou surgir no Brasil e que é o capitalismo meramente especulativo, está perdendo a sua razão de ser. Sente-se, cada vez mais, que é preciso chegar a um capitalismo humano. Peter Drucker, escrevendo um livro sobre a evolução moderna, diz que é preciso não esquecer que *Wall Street* não pode se transformar em Las Vegas, é o momento em que o capitalismo não pode ser o capitalismo de jogatina e precisa ser um capitalismo que tenha como idéia básica o desenvolvimento da empresa, o desenvolvimento de todos os participantes da empresa. Alguns dos senhores talvez tenham visto nos jornais o Presidente Clinton fazendo a sua campanha e tendo o livro de Benjamim Barber na mão, que se chama *DJIHAD versus McWorld*, que defende a proteção da empresa nacional, da empresa local, dos interesses de cada país contra uma globalização excessiva que pode destruir os valores econômicos e os valores morais.

*10.* E neste sentido a previdência privada também tem uma razão de ser, pois, quando se pensa em reinventar o Estado e quando se fala muito na reengenharia do Estado moderno, nós estamos pensando no Estado mais modesto, no Estado menos arrogante, no Estado mais conciliador, não por filosofia, mas por necessidade. O Estado que não tem dinheiro não pode ser um Estado arrogante, ele precisa negociar, ele precisa encontrar soluções de conciliação, e neste sentido o próprio direito administrativo está evoluindo. Não é mais o direito administrativo do comando, aquele que mandava sempre. No momento em que a sociedade restabeleceu o Estado de Direito e o Estado se tornou relativamente pobre, relativamente modesto, para não dizer o Estado falido, o direito administrativo tem de ser o direito da negociação, o direito do diálogo, porque o Poder Público não pode mais mandar a empresa fazer tudo que ele gostaria que se fizesse. É preciso, para poder mandar, ou ter o poder da força ou dar o dinheiro para que a empresa faça o que o Governo quer. No mundo que conhecemos hoje, a sociedade não mais admite o comando do coronelismo civil ou militar, o comando dos donos do poder. Há a possibilidade de um planejamento econômico consensual baseado no diálogo e na negociação entre o poder e a sociedade civil. Não há mais a possibilidade de um comando exclusivo baseado na autoridade, uma autoridade que não tem mais como fazer cumprir as suas decisões.

*11.* Poderíamos dizer que, neste momento, há uma palavra força, uma palavra base, uma idéia que domina a nossa sociedade nos dias de hoje. Vale a pena procurar nos jornais, na literatura, na televisão, a palavra mais pronunciada em determinado momento, pois ela reflete a preocupação básica de uma sociedade. Ora, tanto na sociedade civil, tanto no governo, tanto no poder político, como na sociedade econômica, há uma palavra base que se chama *parceria*, uma parceria baseada na confiança, parceria entre os Estados e a iniciativa privada para realização de grandes obras, parceria entre as diversas entidades públicas, entre os Estados e a União, entre os municípios, para trabalhos comuns, parceria entre empresas que ontem estavam em competição, em nível de concorrência, e vão hoje se unir, seja em virtude de um sistema de fusão ou de aquisições, seja mediante uma colaboração em determinada área de trabalho, como por exemplo, no campo farmacêutico, a pesquisa, como em outros campos a distribuição dos produtos. Então há uma cooperação cada vez maior, uma descentralização por colaboração, na área privada e na área pública.

*12.* Também entre o fabricante e o consumidor, começamos a ter esta parceria. Dizia-se, antigamente, que o fabricante conseguia impor ao consumidor os seus produtos. Já não é assim. Hoje o consumidor chegou ao ponto de equilíbrio, a lei e a economia dando uma proteção própria ao usuário de produtos, deve-se chegar a uma certa forma de diálogo, entre as partes, para que possa ter um resultado econômico válido. A mesma coisa pode-se dizer da sociedade anônima, em que o novo equilíbrio de poderes se estabelece numa verdadeira parceria, entre administradores e acionistas, entre acionistas majoritários e minoritários, entre empregados e empregadores. É esta parceria que vamos encontrar nos fundos de pensão, porque a idéia básica do fundo de pensão é uma idéia de parceria, entre o empregado e o empregador, com uma finalidade maior do que o interesse de cada um deles, porque tem como base ou finalidade o interesse comum. Hoje é este espírito de parceria que define o fundo de pensão, faz com que vários fundos de pensão trabalhem juntos em parceria, adquiram juntos determinada sociedade e realizem juntos determinadas obras sociais, como por exemplo um hospital. Então, ao lado do espírito de parceria, que caracteriza em certo sentido o fundo de pensão, também realiza-se um trabalho cada vez maior de parceria entre vários fundos, trabalhando em comum, porque eles têm uma filosofia própria, porque eles têm finalidades específicas que são as mesmas e que ultrapassam os interesses específicos tão-somente do empregado e empregador, justificando-se a discussão, que foi lembrada há alguns instantes atrás, que no momento de devolver a contribuição ao fundo, se devolve a contribuição e mantém-se, na sociedade, o que a empresa colocou em relação ao montante global, porque há uma finalidade maior que é a finalidade do fundo de pensão, que é uma finalidade social como a existente na sociedade anônima, por exemplo, que desempenha uma função social.

*13.* E no momento em que estamos discutindo a reforma constitucional, ela não deixa de ter, também, este espírito de modificação, ensejando um movimento de desconstitucionalização dentro dos limites em que o excesso de regras e a inflação de normas atrapalham a vida da sociedade civil. Estamos privatizando a nossa economia, fazendo com que o Estado deixe de ter determinados monopólios, e essa modificação do Estado se faz em vários sentidos. Em primeiro lugar, há restrições à atuação do Estado, o Estado abandona determinadas áreas nas quais ele funcionava. Por outro lado, o Estado modifica seu tipo de gestão: no passado, ele se apresentava, muitas vezes, na empresa monopolista; hoje, ele vai competir com as empresas privadas; ou então, pretende-se implantar uma gestão diferente, uma atuação do Estado, quando ele apresenta como operador, nos raros casos em que ele é operador, inspirando-se no verdadeiro espírito empresarial. E neste sentido, nós estamos superando algumas das ambigüidades da Constituição de 1988, as ambigüidades que decorreram do momento em que surgiu a Constituição, momento em que se pretendia dar soluções formais, em vez das soluções reais. Vemos muitas vezes artigos com vários sentidos, ou que mandamos a lei complementar decidir a matéria finalmente. Estas ambigüidades e estas contradições, que encontramos na própria Constituição de 1988, precisam ser superadas, com uma clareza maior e com uma opção definitiva que o constituinte e o legislador devem fazer tanto na reforma da previdência, como na reforma econômica, na reforma administrativa e na própria reforma política.

*14.* Quando se pensa na reforma da previdência privada, que é ligada ao papel que o Estado deve exercer, temos alguns princípios constitucionais básicos. O primeiro é o princípio da igualdade de todos. O nosso constituinte ficou tão preocupado com o princípio da igualdade, que temos a palavra igualdade duas vezes no artigo 5º, logo no *caput* e em seguida no inciso I, que tratam da igualdade de pessoas físicas e jurídicas, ou seja, da vedação da discriminação entre pessoas de qualquer natureza, salvo quanto há uma norma legal. De acordo com o segundo princípio, ninguém é obrigado a fazer ou deixar de fazer alguma coisa sem ser em virtude de lei. Esta obediência generalizada à lei tem como conseqüência as garantias da propriedade individual e da propriedade empresarial, com a possibilidade e a faculdade de recorrer ao Poder Judiciário sempre que esta propriedade é violada. Há ainda a garantia do direito adquirido, a garantia dos direitos contratuais, tanto no plano formal, como no plano material, e esta garantia também vem, em seguida, reafirmada quando se fala no devido processo legal. O devido processo legal, adjetivo e substantivo, decorre de determinação constitucional. Não se limitou o constituinte a garantir o devido processo legal, ele quis tratar, em incisos distintos, do adjetivo, do processual, da garantia do contraditório, da plena defesa e do outro, no chamado devido processo legal substantivo, ou seja, de acordo com o qual ninguém pode ser lesado no seu patrimônio, sem um fundamento legal adequado. Voltaremos daqui a pouco a tratar dessa idéia, que tem abrangido uma extensão muito maior do que aquela na qual pensava o constituinte em virtude do trabalho de construção do STF.

*15.* E ainda temos, na Constituição, os princípios da imunidade tributária e finalmente a idéia básica da fiscalização da previdência privada, dos princípios que lhe são aplicados.

*16.* Na realidade, a Constituição cogitou, em relação à previdência privada, de um exercício do poder de polícia, com uma finalidade muito específica, incentivar e fiscalizar os fundos de pensão. Não se pensou, em momento nenhum, que ao Estado coubesse organizar, intervir, fazer os fundos de pensão um dos meios de obter recursos públicos, transformando os fundos de pensão em substitutos da ineficiência tributária do Tesouro Nacional. Quando se pretendeu legislar em relação aos fundos de pensão, à previdência privada, a competência que se deu foi para fixar diretrizes e normas de política de previdência.

*17.* Algumas vezes lemos as palavras que constam na lei, sem lhe dar a devida importância. A palavra *diretriz* tem um sentido próprio. Ela não é, certamente, uma norma detalhista, não pretende que haja uma norma coativa, ela pretende dar uma orientação, um sentido que deve ter uma determinada legislação. Se formos comparar as várias vezes que o constituinte usou a palavra *diretriz*, veremos que, na realidade, diretriz sempre foi uma indicação, uma orientação, jamais uma camisa-de-força, jamais uma regulamentação minuciosa. Essa é a primeira das grandes conclusões que devemos estabelecer como premissa para chegar em seguida ao regime que deve existir no tocante à regulamentação normativa do Estado, no tocante à previdência privada. Então nós temos em primeiro lugar esta idéia de diretriz, ou seja, orientação global, genérica indicação.

*18.* E devemos fazer, em seguida, uma distinção que algumas vezes não foi feita adequadamente em entidades de previdência, entidades do sistema de seguros e entidades financeiras. Embora o artigo 192 da Constituição tenha tratado, em seu inciso II, dos três, na realidade nada tem a ver um com o outro. Apenas há o artigo que se refere às três, mantendo as distinções básicas entre cada uma delas, com regime jurídico próprio e inconfundível, pela missão que exercem e pela finalidade do poder de polícia do Estado em relação a cada uma.

*19.* Existe uma decisão do STF que esclareceu, muito bem, a inviabilidade da equiparação da previdência privada às entidades financeiras. Do mesmo modo, tivemos também uma decisão recente muito corajosa e construtiva, em parecer da Advocacia Geral da União, explicando que nada de comum existe entre entidades de seguro e entidades financeiras. E que os artigos que regem o sistema financeiro não se aplicam às entidades de seguro e que o Conselho Nacional de Seguros Privados estava exorbitando os seus poderes, quando mandou aplicar às seguradoras normas referentes aos bancos, às instituições financeiras. Este parecer é interessante porque, durante seis anos, a partir da Constituição de 88, o governo aplicou as mesmas normas a ambos os tipos de instituições. O Presidente da República, em decretos, e as autoridades administrativas em todos os níveis, equipararam as empresas de seguro às entidades financeiras. E agora vem a Advocacia-Geral da União dizendo que na realidade foi inconstitucional a decisão do Conselho Nacional de Seguros Privados e que não há razão para esta equiparação. Refiro-me a esta questão, que aparentemente não tem vinculação imediata com o nosso problema, porque houve, em certo sentido, um paralelismo nesta matéria. É preciso compreender que na realidade se trata de órgãos, de entidades, de sistemas absolutamente diferentes, que nada de comum têm a não ser uma referência a obrigação do legislador de tratar de todos eles, em lei complementar.

*20.* E daí também chegamos à conclusão que o Conselho Monetário Nacional tem uma competência distinta, em relação aos diversos sistemas, que não é possível admitir que o Conselho Monetário Nacional possa intervir no tocante aos órgãos da previdência privada, como faz em relação às instituições bancárias. Mesmo quando se atribui uma função de diretriz de fixar uma orientação, ele na realidade tem de atender, basicamente, a dois elementos: de um lado ao espírito do legislador, à *mens legis*, e, de outro lado, à dimensão que se pretendeu dar à intervenção do Poder Público. A *mens legis* foi incentivar e fiscalizar o sistema, nada mais, nada menos, e a dimensão é do nível de uma orientação que visa a garantir a estabilidade do sistema, mas não criar uma verdadeira camisa-de-força para o mesmo.

*21.* É esta a premissa da qual devemos partir quando examinamos o papel normativo do Poder Público, especialmente no tocante à utilização dos recursos dos fundos de pensão.

*22.* Então podemos dizer que abusos que ocorreram no passado não podem voltar a ocorrer. Não podemos repetir hoje, no Estado de Direito, os abusos que ocorreram no passado, tanto em relação ao sistema da previdência privada, como em determinados outros campos, o campo monetário, o campo do próprio fundo de garantia do tempo de serviço por exemplo. Quando o Executivo, ou o Legislativo, abandona as premissas do constituinte e estabelece uma regulamentação que não atende à finalidade prevista pelo constituinte, e quando intervém numa dimensão excessiva, que ultrapassa os limites daquilo que o constituinte pretendeu fazer, nós temos, na realidade, ou uma ilegalidade, ou uma inconstitucionalidade por falta de competência. O órgão não é competente para tomar a decisão que tomou, ou então ocorre o desvio de finalidade, uma forma de abuso de direito, que atualmente a doutrina reconhece que tanto pode ser do Executivo, como do Legislativo. Também a doutrina mais recente admite, hoje, que esta idéia de desvio de poder não é necessariamente vinculada exclusivamente à posição do Executivo, mas que também pode haver, em determinadas situações, um verdadeiro desvio de finalidade por parte do Poder Legislativo.

*23.* Assim sendo, é preciso reconhecer que existe em nosso direito a delimitação da intervenção que o Estado pode ter, que é ampla no campo tributário, mas definida no que hoje denominamos o estatuto do contribuinte, que limita a atuação estatal. Mas o Estado não pode criar uma receita tributária complementar mediante a sua intervenção em outros campos, como o monetário ou o previdenciário.

*24.* No campo monetário e no campo previdenciário, como no próprio campo tributário, nós devemos obedecer ao devido processo legal, que não permite uma lesão da propriedade, por parte do Estado, sobre qualquer forma, direta ou indireta, porque a lesão da propriedade se faz pela requisição, se faz pela desapropriação, mas se faz também quando se determina que uma instituição previdenciária faça aplicações dos seus recursos em títulos públicos, de tal modo que tenha uma rentabilidade muito menor do que aquela que deveria ter no mercado em condições normais.

*25.* Tanto assim que o próprio STF já entendeu que, mesmo naqueles casos em que o empréstimo compulsório é permitido, ele deve ter a correção monetária plena, sob pena de haver uma lesão ao patrimônio da instituição, que seria um caso de apropriação indébita por parte do Estado.

*26.* E na realidade, temos tido situações recentes, nestes últimos dez anos, em que o Estado tem praticado estes atos, em que o Estado tem, em relação ao plano monetário e ao plano previdenciário, decidido utilizar por via oblíqua os seus recursos. Quando, por exemplo, no caso do Plano Collor, o Estado decidiu, em um determinado momento, que uma parte de nossos recursos viessem a ser apropriados pelo Banco Central e que uma determinada correção monetária lhes fosse aplicada, houve uma dupla lesão de direito. A primeira ocorreu no momento em que se transferiu, sem justo motivo, uma parte dos recursos do público ao Banco Central e a segunda, quando o Banco Central, como depositário, decidiu que ele pagaria uma rentabilidade diferente daquela que ele mandava que o mercado pagasse, ou seja, quando restringiu a correção monetária aplicada e então, pela primeira vez no direito brasileiro, tivemos, simultaneamente, duas correções monetárias, aquela que se aplicava à iniciativa privada e aquela que se aplicava ao Poder Público. O que não é tão inovador assim, porque o governo brasileiro é o único que tem mais poderes que o parlamento inglês. Este pode transformar o homem em mulher e a mulher em homem; o Congresso brasileiro pode fazer desaparecer o tempo, pode fazer com que o mês não tenha existido, porque a correção monetária correspondente a estes prazos não existiu, porque este tempo desapareceu, num passe de mágica que também se tentou fazer em matéria de previdência privada.

*27.* Do mesmo modo, então, em matéria de previdência, quando se decidiu, de um modo ou de outro, limitar a rentabilidade dos recursos, obrigando as entidades de previdência a utilizarem os seus recursos para determinadas finalidades e não para outras, ou seja, investindo em papéis públicos, nós tivemos realmente uma apropriação indevida, o que poderíamos chamar de fato não apenas de desvio e de abuso de poder, mas de uma posição em que o Estado não respeitou nem mesmo aquelas normas básicas, que o direito penal garante a cada um de nós, como foi oportunamente lembrado pelo Ministro Brossard.

*28.* Houve posições análogas em outros setores. Sabemos que o fundo de garantia do tempo de serviço teve seus recursos desviados de um modo ou de outro, sabemos que em determinado momento o dinheiro depositado na Caixa Econômica lá não mais estava, sabemos que o FCVS (Fundo de Compensação das Variações Salariais) também não está com o dinheiro que lá deveria estar. Tais situações são incompatíveis com o Estado de Direito, se explicavam quando não havia Estado de Direito e eram admitidas quando não havia uma Constituição vigente. Hoje esta chamada "química" que, antigamente, se fazia em matéria de orçamento, não é mais viável.

*29.* Em relação aos fundos de pensão, tivemos o mesmo problema quando se decidiu obrigar a previdência privada a subscrever o certificado de privatização e, na realidade, houve uma reação salutar, a indignação cívica dos gestores dos fundos de pensão, que foram bater às portas da Justiça e conseguiram medidas judiciais no sentido de garantir os seus direitos e reconhecer que o ato ilegal não devia ser cumprido. Posteriormente, também tivemos a obrigação de aplicar em determinados títulos públicos, as NTN, com regime próprio, o regime com o qual os fundos de pensão deviam investir os seus recursos com rentabilidade inferior à do mercado e a União deveria ter o dinheiro mais barato, o dinheiro privilegiado, e, também neste caso, os fundos de pensão bateram às portas da Justiça e conseguiram uma solução adequada, ou seja, o reconhecimento da ilegalidade desta decisão.

*30.* Parece-me que tais fatos não podem voltar a ocorrer. Não há dúvida que há uma sofisticação maior, há fórmulas mais complicadas que, algumas vezes, o Poder Público descobre com a finalidade de fazer caixa, contrariando os princípios básicos do Estado de Direito, mediante a violação de um princípio básico que é o princípio da igualdade dos encargos, ou seja, o princípio básico de que as pessoas são obrigadas a pagar os seus tributos de modo igualitário, ou seja, que nenhuma empresa pode ser obrigada, por via oblíqua, a pagar mais do que as outras, ou de realizar o pagamento de modo diferente. Na realidade, é o velho princípio romano de dar a cada um o que é seu, e que se transformou, hoje, na moderna doutrina da igualdade dos encargos, que só pode ser afastada mediante uma norma constitucional.

*31.* Concluímos reconhecendo, como solução básica, que os recursos públicos são os recursos fiscais e os recursos previdenciários. Os recursos monetários não podem ser considerados como recursos para o caixa do Estado em qualquer momento.

*32.* Algumas vezes temos tido fórmulas um tanto quanto esotéricas, um tanto quanto duvidosas, como a CPMF e outras que vão surgir, mas o Estado precisa se organizar para ter um espírito empresarial, não apenas no seu modo de atuar, mas também no seu modo de captar recursos. Não pode mais continuar a utilizar fórmulas condenadas pelo direito e nas quais nós encontramos, quando não, desde logo, uma inconstitucionalidade, ao menos o desvio de poder.

*33.* Recentemente, o conceito de inconstitucionalidade tem sido ampliado pela doutrina, pelo direito constitucional moderno. Surgiu nos Estados Unidos, na Alemanha e na Espanha uma nova idéia, no campo constitucional, que também foi desenvolvida pela doutrina, por autores de várias nacionalidades que entenderam que a constitucionalidade devia ser entendida como também sendo ligada aos princípios da racionalidade e da proporcionalidade. Conseqüentemente, a interpretação constitucional deveria sempre obedecer a estes princípios da racionalidade e da proporcionalidade, que estão vinculados ao devido processo legal substantivo e às garantias individuais e que implicam ou na inconstitucionalidade de uma norma em geral, ou na inconstitucionalidade da sua aplicação em determinados casos, porque leva a uma situação iníqua, contrária às garantias individuais básicas.

*34.* Esta idéia, que já encontramos na doutrina dos autores nacionais, como San Tiago Dantas e Lúcio Bittencourt, foi se desenvolvendo, cada vez mais, e encontramos, hoje, uma jurisprudência do STF que começou a se firmar com decisões do Ministro Orosimbo Nonato, continuou com Rodrigues de Alckmin e ultimamente tem merecido, em vários julgados, a atenção do Supremo quando uma decisão é inconstitucional ou lhe falta um fundamento racional. Podemos, então, dizer que, também em relação à previdência privada, há uma série de normas que estão sendo elaboradas que podem vir a atingir os fundos de pensão e que, se se caracterizarem pela falta de racionalidade, deverão ser consideradas inconstitucionais por faltar competência à autoridade das quais emanam, ou por ter uma dimensão incompatível com o espírito da lei da Constituição.

*35.* Assim sendo, justifica-se, hoje, a nossa luta pela sobrevivência dos fundos de pensão, pela importância que devem ter dentro do sistema, importância que está ultrapassando, hoje, como vimos, a do próprio sistema bancário, já representando 10% do PIB, quando o sistema bancário decresceu de 12% para 8%. A defesa do sistema de previdência privada, que é a defesa de cada um dos empregados das empresas, ou seja, a defesa da própria sobrevivência econômica e social da própria empresa, implica em evitar esse tipo de desvio de poder que ocorre quando a autoridade pratica um ato que pode ser legal na sua forma, na sua competência e até no seu conteúdo, mas que atende a um motivo diverso e estranho em solução àquele pelo qual a Constituição ou o legislador lhe atribuiu a faculdade de praticar o mencionado ato.

*36.* Devemos, pois, reconhecer que o Poder Judiciário é, na realidade, o garantidor da não interferência indevida do Poder Público na previdência privada, quando esta não interferência é, atualmente, uma condição da sua sobrevivência. A intervenção do Poder Público no sentido de aumentar os custos ou de diminuir a receita dos fundos da previdência privada pode importar em não permitir a sua própria sobrevivência, de tal modo que, em certo sentido, esta sobrevivência e o adequado progresso que a previdência deve ter, no interesse econômico e social do país, depende do Poder Judiciário.

*37.* No passado, a sua existência e sobrevivência foi garantida pelos tribunais, em várias ocasiões, e temos certeza que continuará a contar com a defesa dos seus interesses legítimos pelo Poder Judiciário e, em particular, pelo STF que, como dizia Aliomar Baleeiro, se inspirou na Corte Suprema americana e manteve a mesma independência, a mesma tradição e a mesma coragem cívica e política.

*38.* Os constitucionalistas americanos caracterizam o STF como tendo uma qualidade que definem numa palavra latina, que os ingleses mantiveram e que conhecemos na língua portuguesa, embora não muito usada. Dizem que a Corte Suprema tem a fortitude. Fortitude é a dignidade sob pressão, é a possibilidade e a decisão de resistir a todas as pressões que possam ser exercidas em qualquer momento, pois é nessa situação que se comprova a coragem cívica, a coragem do magistrado. É o Poder Judiciário que garante o presente e que garantirá o futuro da previdência privada.

DOUTRINA

# SERVIÇO PÚBLICO E PODER DE POLÍCIA: CONCESSÃO E DELEGAÇÃO

CELSO ANTÔNIO BANDEIRA DE MELLO

Professor Titular de Direito Administrativo
da Faculdade de Direito da Pontifícia Universidade Católica de São Paulo

*1.* Registre-se desde logo que, em linguagem leiga, muitas vezes usa-se a palavra "serviço" para nomear qualquer atividade estatal desenvolvida em relação a terceiros.

Assim, por exemplo, a construção de uma estrada, de uma ponte, de um túnel, de um viaduto, de uma escola, de um hospital ou a pavimentação de uma rua, pode aparecer, a pessoas estranhas à esfera jurídica, como sendo um "serviço que o Estado desempenhou" — um "serviço público".

Sem embargo, para o Direito, estes cometimentos estatais não são serviços. São obras públicas. Com efeito, obra pública é a construção, reparação, edificação ou ampliação de um bem imóvel pertencente ou incorporado ao domínio público. Por isto, o Colendo Supremo Tribunal Federal recusa, como é lógico, validade a "taxas" instituídas em decorrência da realização de obras públicas (por não serem serviços públicos), as quais só podem ensejar contribuição de melhoria, se ocorrer a hipótese de sua incidência (RE 72.751–RS, 18.10.72; RE 71.010, *RTJ* 61/160; RE 74.467, *RTJ* 63/289; RE 75.769, de 21.9.73; RE 72.751, de 1973).

De fato, serviço público e obra pública distinguem-se com grande nitidez e o Direito acolhe tal disseptação, como acima se referiu. Basta considerar que (*a*) a obra é, em si mesma, um produto estático; o serviço é uma atividade, algo dinâmico; (*b*) a obra é uma coisa: o produto concretizado de uma operação humana; o serviço é a própria operação ensejadora do desfrute; (*c*) a fruição da obra, uma vez realizada, independe de uma prestação, é captada diretamente, salvo quando é apenas o suporte material para a prestação de um serviço; a fruição do serviço é a fruição da própria prestação, assim depende sempre integralmente dela; (*d*) a obra, para ser executada, não presume a prévia existência de um serviço; o serviço público, normalmente, para ser prestado, pressupõe uma obra que lhe constitui o suporte material.

Assim, não há confundir obra pública e serviço público.

*2.* Igualmente, a expressão "serviços" (ensejando a suposição de que seriam "serviços público") é utilizada em sentido natural — e não técnico-jurídico — para nomear atividades industriais ou comerciais que o Estado desempenha basicamente *sob regime de direito privado* — antítese do que ocorre com o serviço público — por se constituírem em *exploração de atividade econômica*, isto é, atividades ubicadas em setor reservado aos particulares, à iniciativa privada — igualmente antítese do que ocorre com o serviço público —, pois, conforme dispõe o art. 173: "Ressalvados os casos previstos nesta Constituição, a exploração direta da *atividade econômica* pelo Estado só é permitida quando necessária aos imperativos da segurança nacional ou a relevante interesse coletivo, conforme definidos em lei". Aliás, por isto mesmo, o parágrafo primeiro do aludido artigo estabelece que: "A empresa pública, a sociedade de economia mista e outras entidades que explorem atividade econômica sujeitam-se ao *regime jurídico próprio das empresas privadas*, inclusive quanto às obrigações trabalhistas e tributárias".[1]

A separação entre os dois campos — serviço público, como setor pertencente ao Estado e domínio econômico, como campo reservado aos particulares — é induvidosa e tem sido objeto de atenção doutrinária, notadamente para fins de separar empresas estatais prestadoras de serviço público das exploradoras da atividade econômica, ante a diversidade de seus regimes jurídicos.[2]

Donde, não há confundir serviços públicos com atividades econômicas desempenhadas empresarialmente pelo Estado, pois seus regimes são inteiramente diversos.

*3.* Finalmente, para o leigo, podem aparecer como "serviços" e, portanto, serviços públicos, as perícias, exames, vistorias efetuadas pelo Estado ou suas entidades auxiliares com o fito de examinar o cabimento da liberação do exercício de atividades privadas, ou com o propósito de fiscalizar-lhes a obediência aos condicionamentos da liberdade e da propriedade ou com a finalidade de *comprovar a existência de situações* que demandariam a aplicação de sanções (como multas, interdição de atividades ou embargo de suas continuidades até que estejam ajustadas aos termos normativos). Este tipo de atividade usualmente é designado entre nós como "polícia administrativa".

Sem embargo, tal espécie de atuação estatal tem, até mesmo, sinalização oposta à de serviço público. Deveras, enquanto este último se constitui em uma oferta de utilidades a cada qual dos administrados, ampliando-lhes assim suas esferas de desfrute de comodidades, as medidas em questão, inversamente, visam (em nome, é certo, do bem-estar de todos) restringir, limitar, condicionar as possibilidades de atuação livre das pessoas, fiscalizá-las e penalizar os comportamentos infracionais, a fim de tornar exeqüível um convívio social ordenado.

A confusão que alguns fazem entre elas ocorre sobreposse quando estas providências limitadoras estejam radicalizadas sob titulações genéricas, tais as de "coordenação", "articulação", "gerenciamento" e quejandas. Estas dicções vagas — diga-se de passagem — vieram a disseminar-se amplamente entre nós a partir do momento em que, lamentavelmente, economistas e administradores ganharam incompreensível prestígio, ao ponto de lhes ser atribuída a redação de textos legislativos. Despreparados para tal mister, jejunos na linguagem técnica do Direito e inscientes da necessidade de precisão comunicativa que este demanda, introduziram uma terminologia fluida, altamente imprecisa e, sobretudo, carente de referenciais jurídicos já estabelecidos.

O uso desta terminologia vaga é propício a engendrar equívocos entre os menos avisados, pois os coloca perante expressões que, em Direito, carecem de especificação. Em face delas cumpre, então, que o exegeta, mais do que nunca, volte diretamente sua atenção ao conteúdo regulado por

1. Cf. nosso "O Estado e a Ordem Econômica", in *RDA* 143/37 e ss.

2. Cf. Hely Lopes Meirelles, *Estudos e Pareceres de Direito Público*, v. II, Ed. RT, 1977, pp. 151-152; Eros Grau, *Elementos de Direito Econômico*, Ed. RT, 1981, pp. 103 e ss.; e nosso "Contrato de obra pública com sociedade mista", Parecer, *RDP* 74/107 e ss., ns. 12 a 15, assim como, alguns anos antes, *Prestação de Serviços Públicos e Administração Indireta*, Ed. RT, 1973, pp. 101 e ss., 119, 122, 124, 135 e 141 a 143.

leis ou atos que se servem das mencionadas rotulações, advertido de que nelas nada encontrará de útil para identificar os institutos jurídicos aí disciplinados, mas apenas uma fonte de obscuridade.

Feitas estas advertências em relação ao uso promíscuo da palavra "serviço" e, conseqüentemente, dos enganos que, por obra de leigos, faz refluir sobre a noção de serviço público, cumpre verificar e do modo mais simples possível qual sua acepção própria em nosso Direito, deixando de lado outros questionamentos que historicamente se puseram, quais os atinentes às suas acepções subjetiva, objetiva e formal.[3]

*4.* Serviço público, em sentido técnico jurídico, é toda atividade de oferecimento de utilidade ou comodidade material fruível diretamente pelos administrados, prestadas pelo Estado ou por quem lhe faça as vezes, sob um regime de direito público — portanto, consagrador de prerrogativas de supremacia e de restrições especiais — instituído pelo Estado em favor dos interesses que houver definido como próprios no sistema normativo.[4]

Consiste na prestação dc uma utilidade ou comodidade *material*, como oferecimento de água, luz, gás, telefone, transporte coletivo, tratamento de saúde, ministério de ensino etc. Esta oferta é feita aos *administrados em geral*. Daí falar-se, com razão, no princípio da generalidade do serviço público. Diz respeito a necessidades ou comodidades básicas da sociedade. Por isso Cirne Lima o conceituou como "o serviço existencial à sociedade ou, pelo menos assim havido num momento dado, que, por isso mesmo, tem de ser prestado aos componentes daquela, direta ou indiretamente, pelo Estado ou outra pessoa administrativa".[5] Léon Duguit, o criador da "escola do serviço público", chefe desta corrente que tanta influência teve no Direito Administrativo, o configurou como "indispensável à realização da interdependência social e de tal natureza que não pode ser assumido senão pela intervenção da força governante".[6]

O serviço público, pois, é uma dentre as diferentes espécies tipológicas de atividade estatal e perfeitamente distinto da cópia de atividades inicialmente referidas.

**5.** Isto posto, vejamos quando se caracteriza uma concessão de serviço público propriamente dita.

Para caracterizar-se uma concessão cumpre que o exercício da atividade pública *seja juridicamente transferido a outrem*; ou seja, que se irrogue a alguém titulação de direito para relacionar-se diretamente com os administrados aos quais prestará a atividade (assumindo a posição que, em princípio, competiria ao Poder Público), remunerando-se pela exploração do serviço, normalmente mediante cobrança de tarifas diretamente dos usuários. Daí havermos averbado em outra oportunidade: "É indispensável — sem o que não se caracteriza a concessão de serviço público — que o concessionário se remunere pela exploração do próprio serviço concedido".[7]

3. Cf. ao respeito nosso *Natureza e Regime Jurídico das Autarquias*, Ed. RT, 1968, pp. 140 a 168.

4. Cf. nosso *Curso de Direito Administrativo*, 10ª ed., Malheiros Editores, 1998, p. 434. Não se fez menção à conceituação legal prevista no art. 2º da Lei n. 8.987, de 13.2.95, por ser praticamente imprestável aos fins a que se destina. Basta ver que, nos termos dela, se tomada tal como redigida, nos casos de dispensa de licitação, inexigibilidade ou mesmo de concessão irregularmente outorgada, isto é, procedida sem o atendimento deste requisito, a relação jurídica formada não seria uma concessão. Ou seja: houve confusão óbvia entre o necessário para caracterizar o instituto e seus requisitos de validade. Demais disto, foi feita imperdoável confusão entre concessão de obra pública e concessão de serviço público. Acresce que a característica indeclinável "exploração do serviço" só foi apontada para a concessão de "serviço público precedido de obra pública" (para servirmo-nos da terminologia legal). Pela quantidade de erros grosseiros já se vê que deve ter andado por aí na mão de economistas ou administradores públicos na definição de concessão.

5. *Princípios de Direito Administrativo*, 5ª ed., Ed. RT, 1982, p. 82.

6. *Traité de Droit Constitutionnel*, v. II, 2ª ed., 1923, p. 55.

7. *Curso de Direito Administrativo*, cit., p. 456.

Na concessão, o Estado interpõe o concessionário entre ele e o administrado no que atina ao desempenho da atividade concedida. Destarte será o concessionário — e não o concedente — quem terá, de direito, seu *imediato* encargo e, por isto, responderá ante os usuários por sua prestação, por sua boa qualidade ou pela insuficiência ou, ainda, por danos que lhes causar ou que atingirem terceiros. É perante o concessionário que os usuários reclamarão o que tiverem a demandar em relação ao serviço. Daí dizer-se que o concessionário age *em nome próprio*, assim como também se diz que o fará por sua conta e risco, vez que sacará a remuneração daquilo que a exploração do serviço proporcionar.

Note-se que tal situação jurídica é perfeitamente distinta daquel'outras em que o Estado apenas concerta com alguém o encargo de efetuar materialmente dada atividade, sem, todavia, investi-lo em titulação para relacionar-se diretamente com os administrados, pois não lhe transfere a responsabilidade imediata do serviço; tão-somente serve-se do contratado para que o realize materialmente *para o próprio Estado*. Daí que as relações estabelecidas transitam apenas entre o Estado e o contratado, sendo os terceiros, *beneficiários delas*, estranhos a tal vínculo. Donde, nestes casos, o contratado nada tem a cobrar dos administrados, visto que não é com eles que se relaciona. Quem lhe paga é o Estado, sujeito a quem prestará o serviço do qual foi encarregado.

***6.*** É o que ocorre, por exemplo, com a coleta de lixo domiciliar no Município de São Paulo e, aliás, em geral, em múltiplos municípios. Trata-se de um serviço público, como é evidente. E é prestado ao Poder Público por empresas privadas. Sem embargo, trata-se de um simples contrato de prestação de serviços e não concessão de serviço público.

Nada importa, pois, que a atividade prestada seja em si mesma um serviço público, pois, em hipóteses quejandas, o contratado será apenas um agente material do Estado e não um sujeito investido de poderes para relacionar-se, de direito, com os usuários e para remunerar-se pela exploração do serviço. Foi o que de outra feita anotamos:

"Cumpre alertar para o fato de que prestação direta do serviço não é tão-só aquela que materialmente se efetua por obra imediata dos próprios órgãos administrativos ou pessoas integrantes da estrutura estatal. Se assim fosse, o Poder Público — caso não pretendesse materialmente prestá-lo mediante um órgão ou entidade componente de sua intimidade jurídica — teria de valer-se, obrigatoriamente, da concessão ou permissão, pois estaria impedido de concertar com terceiros um mero contrato administrativo de prestação de serviços — como o de coleta de lixo domiciliar, por exemplo. Nos simples contratos de prestação de serviço o prestador do serviço é simples executor material *para o Poder Público contratante*. Daí que não lhe são transferidos poderes públicos. Persiste sempre o Poder Público como o sujeito diretamente relacionado com os usuários, e, de conseguinte, como o responsável direto pelos serviços. O usuário não entretém relação jurídica alguma com o contratado-executor material, mas com a entidade pública à qual o serviço está afeto. Por isto, quem cobra pelo serviço prestado — e o faz para si próprio — é o Poder Público. O contratado não é remunerado por tarifas, mas pelo valor avençado com o contratante governamental. Em suma: o serviço continua a ser prestado diretamente pela entidade pública a que está afeto, a qual apenas se serve de um agente material.

"Já, na concessão, tal como se passa igualmente na permissão — e em contraste com o que ocorre nos meros contratos administrativos de prestação de serviços, ainda que públicos —, o concedente se retira do encargo de prestar diretamente o serviço e transfere para o concessionário a qualidade, o título jurídico, de prestador do serviço ao usuário, isto é, o de pessoa interposta entre o Poder Público e a coletividade".[8]

7. Visto o que é concessão ou delegação de atividade pública a outrem, vejamos agora, o que é "polícia administrativa" e quais as hipóteses em que atos encartados no âmbito de tal atividade podem ser exercidos por particulares.

A atividade conhecida entre nós como "polícia administrativa" — e que, com exceção da França, da Bélgica e dos países subdesenvolvidos, caso do Brasil, é hoje estudada sob a designação de "limitações administrativas à liberdade e à propriedade" — corresponde à ação administrativa de efetuar os condicionamentos legalmente previstos ao *exercício* da liberdade e da propriedade das pessoas, a fim de compatibilizá-lo com o bem-estar social. Compreende-se, então, no bojo de tal atividade, a prática de atos preventivos (como autorizações, licenças), fiscalizadores (como inspeções, vistorias, exames) e repressivos (multas, embargos, interdição de atividade, apreensões).

Como é comum nas atividades dos sujeitos de direito, envolve tanto a prática de atos jurídicos, quanto a de atos materiais que os executam ou mesmo, em alguns casos, que os precedem, para que possam ser produzidos. Sem embargo, a tônica que corresponde à chamada "polícia administrativa" — opostamente ao serviço público e à obra pública — não é a prática de atos materiais, mas de *atos jurídicos expressivos de poder público*. Esta idéia está, de certo modo, parcialmente abrigada na observação de Rivero, segundo quem, a atividade de polícia "*se exerce principalmente por via de prescrições gerais ou individuais*", ao passo que, o serviço público "*toma a forma de uma gestão*" (*Droit Administratif*, Dalloz, 3ª ed., 1965, p. 363, n. 431).

Com efeito, o que o serviço público *visa*, o que tem por objeto, é algo *material*: fornecer água, iluminação elétrica, comunicação telefônica, telegráfica, recolhimento de lixo, tratamento médico, ministério de aulas etc. A realização de obra pública, igualmente, é a oferta de uma utilidade material: a rua, a estrada, a ponte, o viaduto etc.

O que a "polícia administrativa" *visa*, diversamente, é a expedição de *provimentos jurídicos*: atos que *habilitam* os administrados à prática de determinada atividade (licença de construir, licença para dirigir automóveis, autorização de porte de arma etc.) ou que, inversamente a *proíbe* (denegando os atos referidos) ou a *impede* (expedindo ordens, como ocorre quando o guarda de trânsito o desvia, obstando a circulação por vias congestionadas por algum acidente) ou, ainda, *sanciona* (expedindo multas, determinando o embargo de atividades), se desatendidas as normas pertinentes, quando constatada sua violação, o que ocorre como resultado de *fiscalização* do comportamento dos administrados.

*8*. Os *atos jurídicos* expressivos de *poder público*, de *autoridade pública*, certamente não poderiam, salvo em circunstâncias excepcionais ou em hipóteses específicas, ser delegados a particulares, transferindo-se a estes tal exercício.

Daí não se segue, entretanto, que *certos atos materiais que os precedem* não possam ser praticados por particulares, mediante *delegação*, propriamente dita, ou em decorrência de um *simples contrato de prestação*, por força do qual o contratado prestará a atividade para o *Poder Público*, sem vínculo *jurídico direto* com os administrados e sem remuneração captada diretamente destes; ou seja: nos termos dantes referidos ao se tratar da distinção entre contrato de prestação de atividade e concessão dela. Em ambos os casos (isto é, com ou sem delegação), às vezes, tal figura aparecerá sob o rótulo de "credenciamento". Adílson Dallari, em interessantíssimo estudo recolhe variado exemplário de "credenciamentos".[9]

8. *Curso de Direito Administrativo*, cit., p. 457, nota de rodapé n. 4.

9. "Credenciamento", *Estudos em Homenagem a Geraldo Ataliba*, v. II, obra coletiva, Malheiros Editores, 1997, pp. 38 a 54.

Existe, ainda, a possibilidade de particulares serem encarregados de praticar ato material *sucessivo* a ato jurídico de polícia, isto é, de cumprimento deste, quando se trate de *executar materialmente* ato jurídico interferente apenas com a *propriedade dos administrados*; *nunca, porém, quando relativo à liberdade dos administrados.* Tome-se, como exemplo, a possibilidade da Administração contratar com empresa privada a demolição ou implosão de obras efetuadas irregularmente e que estejam desocupadas, se o proprietário do imóvel recalcitrar em providenciá-la por seus próprios meios, inobstante devidamente intimado e legitimamente submetido a isto. Ou seja: o Poder Público não estaria obrigado a proceder a demolição ou implosão do edificado ou a desobstrução da faixa marginal de rodovias mediante servidores públicos.

Até mesmo, conforme ao diante se dirá, pode surgir hipótese peculiar em que *atos jurídicos sejam expedidos por máquinas detidas por particulares,* sem que nisto haja violação ao direito ou a seus princípios básicos.

*9.* No estudo *supra* referido, Adílson Dallari ressalta que é necessário, em relação aos atos envolvidos na atividade de polícia, fazer uma distinção: "uma coisa é o reconhecimento oficial (mediante emissão de um ato jurídico administrativo) de que o interessado preenche os requisitos legais para construir ou dirigir veículo; outra coisa é a atividade técnica destinada a verificar se esse ato jurídico pode ou não ser emitido. Esta última atividade, de natureza instrumental, pode ser delegada; a primeira (segundo entendimento predominante na doutrina e que não cabe, aqui, discutir) é exclusiva de órgão dotado de fé pública, de prerrogativas inerentes ao poder público..." (ob. cit., p. 30).

Logo em seguida, depois de transcrever manifestação de Alvaro Lazzarini sobre a privatividade de órgãos públicos no exercício de polícia, anota: "Esse entendimento não impede a atribuição a particulares das atividades técnicas instrumentais, de mera verificação, com base nas quais a entidade emitirá a declaração de conformidade (habilitando ao exercício de um direito) ou aplicará alguma sanção, no caso de desconformidade" (ob. e loc. cits.).

*10.* Em suma, cumpre, desde logo, distinguir entre atos jurídicos *expressivos de uma determinação de autoridade pública* e atos de *mera atividade material de fiscalização* e *de averiguação*, suscetível de ser *objetivamente feita*, maiormente quando passível de ser realizada por instrumentos *precisos*, como ocorre no uso de máquinas que, ademais, conservam *registrados* os dados apurados *para fins de controle governamental.*

Nestas últimas hipóteses, para as constatações requeridas ao exercício de atividade fiscalizadora, graças ao concurso da tecnologia moderna utilizam-se equipamentos sofisticados que ensejam aferições exatas, *libertas do subjetivismo inerente às avaliações humanas* e que, de outro modo, se faria presente, quer quando efetuadas por servidores públicos, quer quando efetuadas por terceiros.

Para execução desta atividade material, precisa por excelência e desde que retentora de dados para controle governamental, nada importa que os equipamentos pertençam ou sejam geridos pelo Poder Público ou que pertençam e sejam geridos por particulares, aos quais tenha sido delegada ou com os quais tenha sido meramente contratada. É que as constatações efetuadas por tal meio caracterizam-se pela *impessoalidade* (daí porque não interfere o tema do sujeito, da pessoa) e asseguram, além de exatidão, uma *igualdade* completa no tratamento dos administrados, o que não seria possível obter com o concurso da intervenção humana.

Assim, nestes casos em que o ato material *instrumental à prática do ato jurídico de polícia* se efetue por via de máquinas, ensejadoras de verificação objetiva e precisa, não há violência alguma a regra ou princípio de direito administrativo no fato de que sejam operadas por meio de particulares para tanto habilitados pelo Poder Público.

*11.* Note-se, finalmente, que se poderia, inclusive, reconhecer uma hipótese na qual até mesmo a expedição de *ato jurídico administrativo vinculado* poderia ser efetuada por máquina, conquanto detida por particulares. Seria o caso de "parquímetros" instalados por empresas privadas, sob contrato com o Poder Público, os quais, sobre registrarem estacionamento além do tempo habilitado, ao cabo dele, emitissem próprio auto de infração. Que ameaça, que risco, haveria para a liberdade dos cidadãos em tal proceder? Que violência ocorreria no que atina à igualdade dos cidadãos, se o auto infracional *não estaria em tal caso relacionado com a vontade particular de algum*, mas surgiria como fruto automático da objetiva e impessoalíssima verificação efetuada por um engenho mecânico ou eletrônico? Qual a importância do recurso tecnológico pertencer a um particular ou ao Poder Público, ser ou não instalado pelo primeiro ou pelo segundo?

*12.* Deveras, a restrição à atribuição de atos de polícia a particulares funda-se no corretíssimo entendimento de que não se lhes pode, ao menos em princípio, cometer o encargo de praticar atos que envolvem o exercício de misteres tipicamente públicos quando em causa liberdade e propriedade, *porque* ofenderiam o equilíbrio entre os particulares em geral, ensejando que uns oficialmente exercessem supremacia sobre outros.

Ocorre, todavia, que se estiverem em pauta meramente *atos materiais instrumentais preparatórios, não haverá nisto atribuição alguma de poder* que os invista em qualquer supremacia engendradora de desequilíbrio entre os administrados. É o que basta para descaracterizar a comparência da aludida razão impediente, se consistirem na simples constatação de situação ou evento apuráveis de maneira absolutamente impessoal, objetiva e precisa, graças a equipamentos, propiciados pela moderna tecnologia que ensejem este resultado prezável. Ganha-se nisto maior proteção e garantia para os administrados contra violações à igualdade e contra perseguições ou favoritismos. A objetividade por eles proporcionada comparecerá, de todo modo, indiferentemente, quer sejam operados por particulares ou pelo Poder Público, visto que tal virtude decorre da máquina e não de quem esteja dela encarregado.

Em suma: deixando de lado algumas hipóteses excepcionais e clássicas de exercício de atividade de polícia por particular (*exempli gratia*, atos desta espécie exercíveis por capitães de navio) ou mesmo algumas outras um tanto duvidosas é certo que particulares podem ser contratados para a prática de certos atos que se encartam no bojo da atividade de polícia, pelo menos nas seguintes hipóteses:

(*a*) para atividade *sucessiva* a *ato jurídico de polícia expedido pelo Poder Público,* consistente em sua mera *execução material*, se não houver nisto interferência alguma com a liberdade dos administrados, mas, tão-só, com a propriedade destes;

(*b*) para atividades *materiais* que *precedam a expedição de ato jurídico de polícia a ser emitido pelo Poder Público*, quando se tratar de mera constatação instrumental à produção dele e efetuada por *equipamento tecnológico que proporcione averiguação objetiva, precisa, independentemente de interferência de elemento volitivo* para reconhecimento e identificação do que se tenha de apurar.

Existe, finalmente, como dito, a hipótese — que na atualidade ainda se pode considerar peculiar — na qual *ato jurídico de polícia inteiramente vinculado* pode ser expedido por máquina que sirva de veículo de formação e transmissão de *decisão do próprio Poder Público* (caso de parquímetros que expeçam auto de infração), inobstante o equipamento pertença a um contratado e esteja sob sua guarda e manutenção. Não cabe aqui aprofundar o tema, por ser inteiramente irrelevante para o objeto da consulta e demandar considerações de certa amplitude, a fim de ubicá-lo no panorama geral dos atos administrativos[10] e definir sua compostura teórica. Diga-se, apenas que, em nosso entender, o fenômeno aí ocorrente explica-se pela preposição do bem do particular ao jugo da "relação de administração", nos termos em que a configura Rui Cirne Lima,[11] de tal sorte que, por força dela, poderá operar como veículo de expressão do Poder Público (não sendo, pois, de cogitar-se de uma "delegação"). Em sintonia com o pensamento do eminentíssimo autor sobre a noção de relação de administração, em nosso entender, bens afetados a uma atividade pública (como ocorre na concessão, por exemplo) embora não passem, só por isto, à propriedade pública, ficam desde logo afetados pela sobredita relação. Por força disto, não poderão ser distraídos da finalidade pública, não poderão ser penhorados etc. Ou seja: o bem passa a ser um instrumento da satisfação de uma necessidade administrativa e como tal se qualifica. Eis porque dissemos que, no caso de parquímetros, de propriedade e sob guarda de empresa privada contratada pelo Poder Público, a expedição de multa por tais máquinas *não pressupõe delegação ao particular para a prática de ato jurídico de polícia.* É que a multa estará sendo expedida *pelo próprio Poder Público,* por via da máquina em apreço, a qual, por estar sujeita à relação de administração, servirá de veículo de expedição dela. Note-se que isto é possível por não haver aí atividade alguma do particular. A atividade deste se desenvolve apenas em relação à guarda e conservação do equipamento, *não na produção do ato, que é inteiramente automática.* Aliás, o advento das máquinas modernas e sua utilização na esfera pública já hoje desperta a necessidade de revisitar certos conceitos tradicionais do Direito Administrativo, como bem o demonstrou o eminente administrativista argentino Tomás Hutchinson.[12]

10. Em nosso *Curso de Direito Administrativo*, cit., p. 222, ns. 2 e 3, expusemos a possibilidade de atos administrativos serem praticados por máquinas e nos servimos precisamente desta hipótese como uma das razões que exibem a insuficiência dos critérios tradicionais de separação entre ato jurídico e fato jurídico, obrigando-nos a produzir o discrímen que entendemos capaz de apartá-los corretamente.

11. *Princípios de Direito Administrativo Brasileiro*, 3ª ed., Ed. Sulina, 1954, pp. 54 a 57 e 76 a 78, ns. 3 e 4. Conforme corretamente ensinou este notável administrativista, relação de administração e propriedade podem conviver, caso em que a primeira domina e paralisa a segunda.

12. "La actividad administrativa, la máquina y el Derecho Administrativo", *RDP* 55-56/37 a 45.

DOUTRINA

# DEZ ANOS DA CONSTITUIÇÃO DE 1988 (FOI BOM PARA VOCÊ TAMBÉM?)

LUÍS ROBERTO BARROSO
Professor Titular de Direito Constitucional da Universidade do Estado do Rio de Janeiro – *Master of Laws* pela Universidade de Yale – Procurador do Estado e Advogado no Rio de Janeiro

*I – Introdução. II – Antecedentes. O ocaso do regime militar. III – Instalação, ambiente político e métodos de trabalho da Assembléia Nacional Constituinte. O Preâmbulo do texto final aprovado. IV – Características gerais da Constituição de 1988. A estrutura do texto. Virtudes e defeitos. V – O desempenho das instituições sob a Constituição de 1988. As eleições de 1989. Os governos Fernando Collor, Itamar Franco e Fernando Henrique Cardoso. As reformas constitucionais. A reeleição. VI – Jurisdição constitucional e papel do STF sob a Constituição de 1988. VII – Conclusões.*

## *I – Introdução*

Suponha-se que o relógio tenha voltado no tempo cerca de vinte anos. Estamos no início de 1978, ano que marca a deflagração do movimento pela convocação de uma Assembléia Nacional Constituinte. *Livre* e *soberana*, como exigiam as palavras de ordem da época. Um ato público na Cinelândia, Rio de Janeiro, reúne cerca de duzentas pessoas. Quase ninguém interrompera sua rotina para aderir a uma reivindicação tão distante e abstrata. O cenário à volta era desolador.

O país ainda se recuperava do trauma do fechamento do Congresso Nacional para outorga do *Pacote de Abril*, conjunto de reformas políticas que eliminavam quaisquer riscos de acesso da oposição a alguma fatia de poder. Os atos institucionais que davam poderes ditatoriais ao presidente da República continuavam em vigor. O bipartidarismo artificial, a cassação de mandatos parlamentares e casuísmos eleitorais diversos falseavam a representação política. A imprensa ainda enfrentava a censura. Havia presos políticos nos quartéis e brasileiros exilados pelo mundo afora.

Mova-se o relógio, agora, de volta para o presente. Estamos no final de 1998. Refazendo-se da longa trajetória, o intrépido viajante intertemporal contempla a paisagem que o cerca, inebriado pelo marcante contraste com a aridez que deixara para trás: a Constituição vige com supremacia, há liberdade partidária, eleições livres em todos os níveis, liberdade de imprensa e uma sociedade politicamente reconciliada. Um prócer da antiga ordem, que se referira ao partido de sustentação política do regime militar como o maior partido do ocidente, de certo ficaria tentado a indagar ainda uma vez: "Que País é este?"

A viagem no tempo reforça a constatação evidente: um país muito melhor do que antes. Conforme o espírito e a ideologia de cada um, pode-se ter maior ou menor apreço pelo elenco; pode-se criticar o enredo, o texto e até, supremo preconceito, a incultura da platéia. Mas é inegável: sem embargo das dificuldades, dos avanços e dos recuos, das tristezas e decepções do caminho, a história que se vai aqui contar é uma história de sucesso. Um grande sucesso.

Sorria. Você está em uma democracia.

### *II – Antecedentes. O ocaso do regime militar*

A posse do general Ernesto Geisel na presidência da República, em 1974, marcou o início do processo "lento e gradual" de refluxo do poder ditatorial no Brasil. Não obstante a utilização de instrumentos discricionários – que ensejavam a cassação de mandatos parlamentares e a decretação do recesso do Congresso Nacional –, coube historicamente a Geisel a reação à violência física perpetrada pelo Estado brasileiro contra os adversários políticos. Ao término de seu governo, a Emenda Constitucional 11, de 13.10.78, revogou os atos institucionais e os atos complementares, símbolos do regime de exceção instaurado em 1964.

Indicado por Geisel após diversificada resistência, o general João Baptista de Oliveira Figueiredo foi eleito indiretamente pelo Congresso – derrotando o general Euler Bentes Monteiro, lançado pela oposição –, tomando posse em 15.3.79. O novo presidente assume, reafirmando o compromisso de restauração da legalidade democrática. Pouco à frente, ainda em 1979, é aprovada a lei da anistia, permitindo a volta dos brasileiros no exílio. No mesmo ano é votada a nova lei dos partidos políticos, rompendo com o bipartidarismo artificial e dando ensejo ao pluripartidarismo. O movimento sindical, duramente reprimido desde o golpe de 64, recomeça sua articulação pelo ABC paulista, desafiando a legislação restritiva vigente. Atentados terroristas cuja origem estava na própria base de sustentação militar do governo (OAB – 1980; Riocentro – 1981),[1] embora impunes, não comprometeram a lenta marcha em direção ao Estado Democrático.

A reivindicação pela convocação de uma Assembléia Nacional Constituinte começa a ganhar peso institucional, inclusive com a ampla adesão da comunidade jurídica, a partir de 1980. Na Conferência Nacional dos Advogados, realizada nesse ano, é aprovada a "Declaração de Manaus", na qual se clamava pela volta do poder constituinte ao povo, "seu único titular legítimo".[2] No ano seguinte, Raymundo Faoro, ex-presidente da OAB e figura destacada na transição democrática brasileira, publica um erudito manifesto no qual condena a fórmula então proposta da emenda constitucional à Carta de 1967/69 – "um corpo incongruente de regras não se harmonizará com a adição gramatical de pontos cirúrgicos" – e defende a convocação da constituinte, independentemente de um ato de ruptura formal: "é sempre legítimo o ato do governo, mesmo de fato, que restitui ao povo o Poder Constituinte, se esse é o titular do poder estatal".[3] Em 1982, na mesma linha, M. Seabra Fagundes publica o texto de conferência que proferia em diversas partes do país:

"Ao cabo de tantos anos de poder instalado e mantido sem efetiva ratificação popular, afigura-se que o Estado brasileiro só poderá ganhar legitimidade institucional mediante a convocação do povo para reu-

1. Sobre o tema, v. Júlio de Sá Bierrenbach, *Riocentro: Quais os Responsáveis pela Impunidade?*, 1996.

2. Anais da VIII Conferência Nacional da Ordem dos Advogados do Brasil, Manaus, maio de 1980.

3. Raymundo Faoro, *Assembléia Constituinte: a Legitimidade Recuperada*, 1981, pp. 82-83 e 85.

nir-se, pelos seus representantes, em Assembléia Constituinte.

"(...) É de ponderar, todavia, que se em uma Constituição votada pela representação do povo está a base máxima da legitimidade, esta não será plena enquanto a escolha do presidente da República se processar por eleição indireta, meramente homologatória de candidaturas oriundas de imposições militares."[4]

E, de fato, na dinâmica do processo político, a crescente e generalizada insatisfação com o regime militar desaguou em um amplo movimento suprapartidário pelo restabelecimento das eleições diretas para presidente da República. Nas principais capitais do país, centenas de milhares de pessoas acorrem às ruas em manifestações de oposição ao governo sob a palavra de ordem "Diretas Já". Em 25.4.84, sob estado de emergência decretado na capital federal, foi votada a proposta de emenda constitucional que restauraria o pleito direto. Embora tivesse obtido a maioria dos votos dos parlamentares, não foi atingido o *quorum* de dois terços necessários à modificação da Constituição. Sem embargo da frustração trazida pelo desfecho do movimento, a verdade é que o regime militar já não apresentava unidade interna nem contava com apoio político suficiente para prolongar-lhe a duração.

Após intensa disputa interna, o Partido Democrático Social (PDS), de sustentação do governo, indica como candidato à presidência o ex-governador de São Paulo, Paulo Maluf. Forma-se, no entanto, uma dissidência no PDS, que vai unir-se ao Partido do Movimento Democrático Brasileiro (PMDB), principal agremiação de oposição, formando a *Aliança Democrática*. Tancredo Neves, um dos principais líderes da oposição moderada ao longo de todo o regime militar, é lançado candidato à presidência, tendo como vice-presidente, na mesma chapa, José Sarney, que fora um dos principais articuladores civis do regime militar. Tancredo derrota Maluf na eleição indireta pelo Colégio Eleitoral realizada em 15.1.85. Em comovente fatalidade, no entanto, adoece antes de tomar posse e morre em 21 de abril daquele mesmo ano.

Assume José Sarney, em momento difícil e anticlimático. Salvo o breve período de sucesso do plano econômico de combate à inflação denominado *Plano Cruzado*, seu governo é marcado por crescente insatisfação política e social, para a qual não deixaram de contribuir a personalidade do presidente, os desacertos econômicos e as denúncias persistentes de corrupção e favorecimentos. Ao longo dos cinco anos do governo Sarney, que se estende até 15.3.90, afirma-se política e eleitoralmente o Partido dos Trabalhadores (PT). Em cumprimento do compromisso de campanha assumido por Tancredo Neves, é convocada, pela Emenda Constitucional 26, de 27.11.85, uma Assembléia Nacional Constituinte para elaborar nova Constituição para o Brasil.

### *III – Instalação, ambiente político e métodos de trabalho da Assembléia Nacional Constituinte. O Preâmbulo do texto final aprovado*

Previu a Emenda Constitucional 26/85 que os membros da Câmara dos Deputados e do Senado Federal se reuniriam, unicameralmente, em Assembléia Nacional Constituinte, livre e soberana, no dia 1º de fevereiro de 1987. Não prevaleceu a idéia, que teve amplo apoio na sociedade civil, de eleição de uma constituinte exclusiva, que se dissolveria quando da conclusão dos trabalhos.[5] Ao revés, optou-se pela outorga de poderes constituintes ao Congresso Nacional, tendo sido admitida, inclusive, a participação dos Senadores alcunhados de *biônicos*, resíduo autoritário do governo Geisel, que outorgara a Emenda Constitu-

4. M. Seabra Fagundes, *A Legitimidade do Poder Político na Experiência Brasileira*, publicação da OAB–Secção de Pernambuco, 1982, pp. 26-27.

5. Sobre o tema, v. Flávio Bierrenbach, *Quem Tem Medo da Constituinte?*, 1986.

cional 8, de 1977, na qual se previa que um terço das vagas do Senado seriam preenchidas por eleição indireta.

Instalada pelo presidente do Supremo Tribunal Federal, Ministro José Carlos Moreira Alves, a Assembléia Constituinte elegeu em seguida, para presidi-la, o deputado Ulysses Guimarães, que fora o principal líder parlamentar de oposição aos governos militares. Os trabalhos, a exemplo do que já ocorrera em 1946, desenvolveram-se sem a apresentação de um anteprojeto prévio. É de interesse assinalar que o próprio Poder Executivo havia instituído, em julho de 1985, uma Comissão Provisória de Estudos Constitucionais, conhecida, em razão do nome de seu presidente, como Comissão Afonso Arinos, que veio a apresentar um anteprojeto. Tal texto, todavia, a despeito de suas virtudes, não foi encaminhado à Constituinte pelo presidente Sarney, inconformado, dentre outras coisas, com a opção parlamentarista nele veiculada.

A ausência de um texto-base e a ânsia de participação de todos os segmentos da sociedade civil, arbitrariamente alijados do processo político por mais de vinte e cinco anos, dificultaram significativamente a racionalização e a sistematização dos trabalhos constituintes. Divididos os parlamentares, inicialmente, em vinte e quatro subcomissões, oito comissões temáticas e uma Comissão de Sistematização, o processo constituinte padeceu das vicissitudes inevitáveis a um empreendimento desse porte naquele contexto, assim como de ingerências excessivas do Executivo e da dificuldade de formação de maiorias consistentes, mesmo em questões meramente regimentais.

Após uma fase de conclusão penosa e desgastante, a Constituição é finalmente promulgada em 5.10.88, aclamada como a "Constituição Cidadã", na expressão do presidente da Assembléia, Ulysses Guimarães. No texto de seu *Preâmbulo*, a fotografia, retocada pela retórica e pelo excesso de boas intenções, do momento histórico de seu nascimento e das aspirações de que deveria ser instrumento:

"Nós, representantes do povo brasileiro, reunidos em Assembléia Nacional Constituinte para instituir um Estado Democrático, destinado a assegurar o exercício dos direitos sociais e individuais, a liberdade, a segurança, o bem-estar, o desenvolvimento, a igualdade e a justiça como valores supremos de uma sociedade fraterna, pluralista e sem preconceitos, fundada na harmonia social e comprometida, na ordem interna e internacional, com a solução pacífica das controvérsias, promulgamos, sob a proteção de Deus, a *seguinte Constituição da República Federativa do Brasil*".

### *IV – Características gerais da Constituição de 1988. A estrutura do texto. Virtudes e defeitos*

A Constituição brasileira de 1988 tem, antes e acima de tudo, um valor simbólico: foi ela o ponto culminante do processo de restauração do Estado Democrático de Direito e da superação de uma perspectiva autoritária, onisciente e não pluralista de exercício do poder, timbrada na intolerância e na violência. Ao reentronizar o Direito e a negociação política na vida do Estado e da sociedade, removeu o discurso e a prática da burocracia tecnocrático-militar que conduzira a coisa pública no Brasil por mais de vinte anos.

À medida em que se distancia no tempo, vai-se tornando possível o exame do ciclo que se encerrou em outubro de 1988, já agora sem a distorção das paixões políticas. O que se pode constatar, isentamente, é que o período ditatorial exibiu indicadores *econômicos* positivos e custos *sociais* dramáticos. Inserido na economia mundial como um dos dez grandes produtores de riquezas, o Brasil convivia e continua a conviver com índices sofríveis em áreas como educação, habitação e saúde. A inapetência política para enfrentamento da questão agrária acentuou os problemas urbanos, que em sua ponta mais visível se manifestam na criminalidade e na violência em geral.

No plano institucional, o exercício autoritário do poder desprestigiou e enfraqueceu os órgãos de representação política e afastou da vida pública as vocações de toda uma geração. O processo de amadurecimento democrático, de consciência política e de prática da cidadania ficou truncado. Agravou-se, ainda, pelo fisiologismo e clientelismo – que não podiam ser denunciados nem combatidos à luz do dia – a atávica superposição entre o público e o privado, com as perversões que a acompanhavam: favorecimentos, nepotismo, corrupção e descompromisso com a eficiência.

O processo constituinte que resultou na nova Carta Política teve como protagonistas, portanto, uma sociedade civil marcada por muitos anos de marginalização e um Estado apropriado pelos interesses privados que ditavam a ordem política e econômica até então. Na euforia – saudável euforia – de recuperação das liberdades públicas, a Constituinte foi um amplo exercício de participação popular. Neste sentido, é inegável o seu caráter democrático. Mas, paradoxalmente, foi este mesmo caráter democrático que fez com que o texto final expressasse uma vasta mistura de interesses legítimos de trabalhadores e categoria econômicas, cumulados com interesses cartoriais, corporativos, ambições pessoais etc. O produto final foi heterogêneo, com qualidade técnica e nível de prevalência do interesse público oscilantes entre extremos.

A doutrina constitucional caracteriza a Carta de 1988 como sendo compromissória, analítica e dirigente.[6] *Compromissória* por ser um texto dialético, sem predomínio absoluto de uma única tendência política. Em um mundo ainda marcadamente dividido em dois blocos ideológicos antagônicos, o texto buscou um equilíbrio entre os interesses do capital e do trabalho. Ao lado da livre iniciativa, alçada à condição de princípio fundamental da ordem institucional brasileira, consagraram-se regras de intervenção do Estado no domínio econômico, inclusive com a reserva de determinados setores econômicos à exploração por empresas estatais, alguns deles sob regime de monopólio. O texto contemplou, ademais, um amplo elenco de direitos sociais aos trabalhadores e impôs restrições ao capital estrangeiro.

O constituinte de 1988 optou, igualmente, por uma Carta *analítica*, na tradição do constitucionalismo contemporâneo, materializado nas Constituições portuguesa e espanhola, de 1976 e 1978, de países que, a exemplo do Brasil, procuravam superar experiências autoritárias. O modelo oposto é o que tem como paradigma a Constituição dos Estados Unidos, exemplo típico do constitucionalismo *sintético*, cujo texto se contém em apenas sete artigos e vinte e seis emendas (em sua maior parte aditamentos, e não modificações, à versão original). A tradição brasileira, a complexidade do contexto em que desenvolvida a reconstitucionalização do país e as características de nosso sistema judicial inviabilizavam a opção pela fórmula do texto mínimo, cuja importação seria uma equívoco caricatural. É inevitável a constatação, todavia, de que o constituinte de 1988 caiu no extremo oposto, produzindo um texto que, mais que analítico, é casuístico e prolixo.

Por fim, a Carta brasileira de 1988 é *dirigente*. O termo, trazido do constitucionalismo português, identifica uma opção pela inclusão no texto constitucional de grandes linhas programáticas, que procuram sinalizar caminhos a serem percorridos pelo legislador e pela Administração Pública. Estabelecem-se fins, tarefas e objetivos para o Estado e para a sociedade. Este tipo de constitucionalismo diminui, de cer-

6. Veja-se, por todos, Clèmerson Merlin Clève, "A teoria constitucional e o direito alternativo", estudo publicado na obra coletiva *Uma Vida Dedicada ao Direito – Homenagem a Carlos Henrique de Carvalho*. Merece referência, neste passo, a valiosa contribuição da doutrina constitucional portuguesa ao longo desta última década, tendo à frente os profs. Joaquim José Gomes Canotilho, da Universidade de Coimbra, e Jorge Miranda, da Universidade de Lisboa.

ta forma, a densidade jurídica do texto, embora represente um esforço para condicionar a atuação dos Poderes e impulsioná-los na direção eleita pelo constituinte, notadamente em domínios como os da educação, cultura, saúde e realização de valores como a justiça social e os direitos a ela inerentes. O constitucionalismo dirigente é extremamente dependente da atuação do Congresso Nacional na edição das leis ordinárias necessárias ao desenvolvimento dos programas meramente alinhavados na Constituição.[7]

A Constituição de 1988 convive com o estigma, já apontado acima, de ser um texto excessivamente detalhista, que em diversos temas perdeu-se no varejo das miudezas – seja no Capítulo da Administração Pública, como no Título da Ordem Tributária ou no elenco de mais de 70 artigos do Ato das Disposições Constitucionais Transitórias, para citar apenas alguns exemplos. Não escapou, tampouco, do ranço do corporativismo exacerbado, que inseriu no seu texto regras específicas de interesse de magistrados, membros do Ministério Público, advogados públicos e privados, polícias federal, rodoviária, ferroviária, civil, militar, corpo de bombeiros, cartórios de notas e de registros, que bem servem como eloqüente ilustração. Além disso, timbrou-se, em sua versão originária, pela densificação da intervenção do Estado na ordem econômica, em um mundo que caminhava na direção oposta, e por uma recaída nacionalista que impunha restrições ao ingresso de capital estrangeiro de risco, em domínios como o da mineração, telecomunicações, petróleo, gás etc.

Aliás, este caráter nacionalista e estatizante de diversos pontos da Constituição fez com que fossem ideologicamente atropelados pelos eventos simbolizados na queda do Muro de Berlim e pela constatação desconcertante, para muitos idealistas, de que o socialismo, tal como praticado, era a fracassada mistificação de um Estado autoritário e burocrático. Escrevi eu próprio, em 1990, a expressão dessa perplexidade, do desencontro histórico de uma geração:

"Em meio aos escombros, existe no Brasil toda uma geração de pessoas engajadas, que sonharam o sonho socialista, que acreditavam estar comprometidas com a causa da humanidade e se supunham passageiras do futuro. Compreensivelmente abalada, esta geração vive uma crise de valores e de referencial.

"De fato, onde se sonhou a solidariedade, venceu a competição. Onde se pensou a apropriação coletiva, prevaleceu o lucro. Quem imaginou a progressiva universalização dos países, confronta-se com embates nacionalistas e étnicos. Pior que tudo: os que viveram o sonho socialista não viam a hora de acordar e livrar-se dele. É indiscutível: *Eles* venceram."[8]

De parte isto, o texto não foi capaz de conter a crônica voracidade fiscal do Estado brasileiro, nem de impedir um sistema tributário que, na prática, constitui um cipoal de tributos que se superpõem, criando uma onerosa e ineficiente burocracia nos diferentes níveis de poder. O sistema de seguridade social, sobretudo no campo previdenciário, integra uma estrutura que se tornou economicamente inviável e incapaz de conter a sangria de recursos imposta pelas fraudes e pela corrupção. É preciso, todavia, conservar a capacidade de identificar as vicissitudes que podem e devem ser associadas ao texto constitucional de 1988

7. Sobre o tema, vejam-se dois momentos diferentes de J. J. Gomes Canotilho: *Constituição Dirigente e Vinculação do Legislador*, 1982; *Rever a ou Romper com a Constituição Dirigente*, conferência pronunciada no Instituto Pimenta Bueno, 1994. Acerca das *normas programáticas*, seu conteúdo, alcance e aplicabilidade, v. Luís Roberto Barroso, *O Direito Constitucional e a Efetividade de suas Normas*, 1996, pp. 113 e ss.

8. Luís Roberto Barroso, "Princípios constitucionais brasileiros ou de como o papel aceita tudo", in *RTDP* 1/168, onde se acrescentou: "*Eles*, no Brasil, não tem um conteúdo puramente ideológico de quem optou pelo modelo privatista. *Eles* traz um estigma: o dos que compactuaram com toda a violência institucional que preparou o caminho do modelo vencedor".

com outras tantas que fazem parte da crônica patologia institucional, social e cultural brasileira, e que não podem ser imputadas ao trabalho do constituinte, mas, sim, a um país fragilizado por sucessivas rupturas políticas e pelo desequilíbrio de suas relações sociais.

Não é possível, assim, debitar-se à Constituição de 1988, por exemplo, o crônico autoritarismo do sistema presidencial brasileiro, que nos tem mantido prisioneiros de líderes populistas, generais onipotentes ou, nos melhores momentos, de um certo despotismo esclarecido. Tampouco se deve contabilizar dentre suas culpas a exclusão social ampla que nos acompanha há 500 anos. A Constituição, como o Direito em geral, tem seus próprios limites e possibilidades. O amadurecimento dos povos é um processo com diferentes etapas, que não são abreviadas – mas antes retardadas – pelos *salvacionismos* em geral: seja dos golpes militares, dos partidos vanguardistas ou do constitucionalismo retórico e inócuo.

Nesta linha de raciocínio, é preciso evitar que a crítica, cabível e necessária,[9] venha a encobrir as virtudes e inovações criativas e valiosas trazidas pela Carta de 1988. Os direitos fundamentais, por exemplo, trazidos para o início do texto constitucional, antes da disciplina da organização do Estado e dos Poderes, configuram, a despeito da enunciação prolixa e desarrumada, uma valiosa carta de proteção dos cidadãos brasileiros contra os abusos, tanto estatais como privados. Novas ações judiciais, como o mandado de segurança coletivo, e a constitucionalização da ação civil pública ampliaram os mecanismos de proteção dos direitos, inclusive os de última geração, intitulados *direitos difusos*, que abrigam áreas importantes como a tutela do meio ambiente e do consumidor.

A nova Constituição, ademais, reduziu o desequilíbrio entre os Poderes da República, que no período militar haviam sofrido o abalo da hipertrofia do Poder Executivo, inclusive com a retirada de garantias e atribuições do Legislativo e do Judiciário. A nova ordem restaura e, em verdade, fortalece a autonomia e a independência do Judiciário, assim como amplia as competências do Legislativo. Nada obstante, a Carta de 1988 manteve a capacidade legislativa do Executivo, não mais através do estigmatizado decreto-lei, mas por meio das medidas provisórias, importadas do regime italiano, onde o sistema parlamentar de governo dá maior lastro de legitimidade ao instituto. Embora se tenha operado em todo o mundo, em maior ou menor intensidade, o esvaziamento da capacidade legislativa originária do Congresso ou do Parlamento, o fato é que a redação do texto constitucional e a timidez do Legislativo e do Judiciário deram ensejo ao abuso da utilização de instrumento que, nascido para acudir a situações excepcionais – de "relevância e urgência", como prevê o art. 62 – passou a integrar a rotina no processo de edição de normas jurídicas.

A Federação, mecanismo de repartição do poder político entre a União, os Estados e os Municípios, foi amplamente reorganizada, superando a fase do regime de 1967/69, de forte concentração de atribuições e receitas no Governo Federal. Embora a União tenha conservado ainda a parcela mais substantiva das competências *legislativas*, ampliaram-se as competências *político-administrativas* de Estados e Municípios, inclusive com a previsão de um domínio relativamente amplo de atuação *comum* dos entes estatais. A partilha das receitas *tributárias*, de outra parte, foi feita de forma mais equânime, sem a preva-

9. Na perspectiva essencialmente crítica, veja-se a fina ironia de Diogo de Figueiredo Moreira Neto, *A Revisão Constitucional Brasileira*, pp. 5-6: "A consciência cidadã, despertada do letargo de vinte anos, tinha pressa na redemocratização; 'diretas já', 'constituinte já', tudo 'já' (...), e com esse açodamento foi votada a mais extensa Carta Política de nossa História e uma das maiores do mundo: trezentos e quinze artigos, no total da Parte Permanente e da Parte Transitória; talvez por isso mesmo alcunhada de 'Constituição Coragem', o nascituro partejado 'da profunda crise', como o crismou o nosso Ulysses, então já próximo de sua última viagem".

lência quase absoluta da União, como no regime anterior. A prática tem revelado, no entanto, que os principais beneficiários do sistema de distribuição de receitas são os grandes Municípios. Os Estados brasileiros, nos dez anos de vigência da Constituição, a despeito da recuperação da plena autonomia política, não conseguiram, em sua grande maioria, encontrar o equilíbrio financeiro desejável. O reequacionamento do federalismo no Brasil é um tema à espera de um autor.

Em matéria eleitoral, a Constituição de 1988 reintroduziu o voto direto para a presidência da República (art. 77), transformado em cláusula pétrea (art. 60, § 4º, II), e estabeleceu a eleição em dois turnos na hipótese de nenhum candidato alcançar maioria absoluta na primeira votação (art. 77, §§ 2º e 3º).

### *V – O desempenho das instituições sob a Constituição de 1988. As eleições de 1989. Os governos Fernando Collor, Itamar Franco e Fernando Henrique Cardoso. As reformas constitucionais. A reeleição*

Em 3.10.89 realizou-se a primeira eleição de um presidente da República, por via direta, desde a sagração de Jânio Quadros em 1960. O Partido dos Trabalhadores, principal partido de oposição, e que ganhou densidade política e eleitoral no rastro do desgaste do Governo Sarney, lançou como candidato Luís Inácio Lula da Silva, sua principal liderança desde a fundação, uma década antes. No setor liberal-conservador, também beneficiado pelo descrédito das principais lideranças políticas, apresentou-se Fernando Collor de Mello, lançado pelo inexpressivo Partido da Reconstrução Nacional (PRN) e apoiado pelos setores empresariais e por alguns dos principais meios de comunicação. No primeiro turno das eleições, Collor obteve 28% dos votos, seguido de Lula, com 16%. Não se habilitaram para o segundo turno concorrentes de expressão, como Leonel Brizola (PDT), Ulysses Guimarães (PMDB) e Mário Covas (PSDB).

Collor derrotou Lula na rodada final, com 42,75% dos votos, contra 37,86%. Empossado, o novo presidente deflagrou um ambicioso plano econômico, que, em medida de duvidosa constitucionalidade, promoveu a retenção da quase totalidade dos ativos depositados em instituições financeiras, inclusive cadernetas de poupança. O *Plano Brasil Novo* foi instituído mediante utilização abusiva das recém-criadas medidas provisórias, e, em pouco mais de um ano, já havia se tornado uma nova aventura monetária fracassada.

A despeito do choque inicial, o discurso neoliberal e privatizante do presidente contou com amplo apoio da mídia e da opinião pública. Sua credibilidade, todavia, começou a desmoronar no início do segundo ano de governo. Um provinciano desentendimento entre o presidente e seu irmão trouxe à tona uma rede de extorsão e corrupção que comprometiam o chefe de Estado e a eminência parda de seu governo, o tesoureiro da campanha, Paulo César Farias.

A crise que se seguiu às denúncias de Pedro Collor de Mello levou à instauração de uma Comissão Parlamentar de Inquérito que, contrariando uma tradição de inconseqüência, revelou, para um país atônito, que o poder público fora tomado de assalto por personagens envolvidos em variados tipos penais. Ao final de agosto de 1992, quando a CPI deliberou pela responsabilização do presidente, por 16 votos a 5, o país já sofria o impacto das multidões que, em movimento espontâneo, exigiam o *impeachment* de Collor.

Em 29.9.92, a Câmara dos Deputados, ao apreciar o requerimento apresentado pelos presidentes da OAB (Ordem dos Advogados do Brasil) e da ABI (Associação Brasileira de Imprensa), aprovou a abertura de processo por crime de responsabilidade contra Collor, com a expressiva margem de 441 votos a favor. O presidente foi afastado do cargo. Na data de seu julgamento pelo Senado, após o início da sessão, o presidente enviou uma carta-renúncia, mas viu frustrado o artifício para livrar-se da cassação de seus direitos políticos por oito anos.

O desfecho exemplar do episódio revigorou as instituições e desfez o mito do golpismo. O país já era capaz de administrar suas crises políticas sem violentar a Constituição.

Com a destituição-renúncia de Collor, assume definitivamente o cargo o vice-presidente constitucional, Itamar Franco, tradicional político mineiro, que fora membro histórico do PMDB. Em 21.4.93, realiza-se o plebiscito sobre a forma e o sistema de governo, previsto no art. 2º do Ato das Disposições Constitucionais Transitórias: por 66% contra 10,2%, venceu a República sobre a Monarquia; e, por 55,4% contra 24,6%, o povo brasileiro reincidiu no modelo presidencialista, ficando vencida a proposta parlamentarista.

Nas eleições presidenciais de 3.10.94 saiu vitorioso, em primeiro turno, o ex-Ministro da Fazenda de Itamar Franco, Fernando Henrique Cardoso, do PSDB. Em segundo lugar ficou, ainda uma vez, Luís Inácio Lula da Silva, do PT. Com Cardoso finalmente chegou ao poder a geração que fora perseguida pelo regime de 64.

Fernando Henrique Cardoso atravessou seu primeiro mandato com expressivos índices de apoio popular. A oposição, enfraquecida e desarticulada, não foi capaz de dar densidade e repercussão à crítica ao governo pela fragilidade de sua atuação na área social. A eterna indignação pela existência atávica de uma legião de excluídos continuou a assombrar o país, sem soluções objetivas ou de curto prazo. O governo, no entanto, no período de 1995 a 1998, foi capaz de capitalizar como ganho político a duradoura estabilidade monetária. Em 4.6.97, foi aprovada, pelo *quorum* constitucional de 3/5 (três quintos) dos membros de cada Casa do Congresso, e em contraste com a tradição republicana brasileira, a Emenda Constitucional 16, que passou a permitir a reeleição do presidente da República e chefes dos Executivos estaduais e municipais por um período subseqüente.

Realizaram-se, ainda, neste quadriênio (observe-se que a Emenda Constitucional de Revisão 5, de 7.6.94, havia reduzido o mandato presidencial de cinco para quatro anos), reformas econômicas substanciais que mudaram significativamente a face do texto original da Constituição. É de proveito analisar mais detidamente o tema. As reformas envolveram três transformações estruturais que se complementam mas não se confundem. Duas delas tiveram de ser precedidas de emendas à Constituição, ao passo que a terceira se fez mediante a edição de legislação infraconstitucional e a prática de atos administrativos. Confira-se, a seguir, cada uma delas.

A primeira transformação substantiva da ordem econômica brasileira foi a *extinção de determinadas restrições ao capital estrangeiro*. A Emenda Constitucional 6, de 15.8.95, suprimiu o art. 171 da Constituição, que trazia a conceituação de empresa brasileira de capital nacional e admitia a outorga a elas de proteção, benefícios especiais e preferências. A mesma emenda modificou a redação do art. 176, § 1º, para permitir que a pesquisa e lavra de recursos minerais e o aproveitamento dos potenciais de energia elétrica sejam concedidos ou autorizados a empresas constituídas sob as leis brasileiras, dispensada a exigência do controle do capital nacional. Na mesma linha, a Emenda Constitucional 7, de 15.8.95, modificou o art. 178, não mais exigindo que a navegação de cabotagem e interior seja privativa de embarcações nacionais, nem que sejam brasileiros os armadores, proprietários e comandantes e, pelo menos, dois terços dos tripulantes.

A segunda linha de reformas que modificaram a feição da ordem econômica brasileira foi a chamada *flexibilização dos monopólios estatais*. A Emenda Constitucional 5, de 15.8.95, alterou a redação do § 2º do art. 25, abrindo aos Estados-membros a possibilidade de concederem a empresas privadas a exploração dos serviços públicos locais de distribuição de *gás canalizado*, que, anteriormente, só podiam ser delegados a empresa sob controle acionário estatal. O mesmo se passou com relação aos serviços de *telecomunicações* e de radiodifusão sonora e de sons e imagens. É que a Emenda Constitucional 8, de 15.8.95, modificou o texto dos incisos XI e XII, que só admitiam a concessão a empresa estatal. Na área do *petróleo*, a Emenda Constitucional 9 rompeu, igualmente, com o monopólio estatal, facultando à União Federal a contratação, com empresas privadas, de atividades relativas à pesquisa e lavra de jazidas de petróleo, gás natural e outros hidrocarbonetos fluidos, a refinação do petróleo nacional ou estrangeiro, a importação, exportação e transporte dos produtos e derivados básicos de petróleo (outrora vedados pela CF, art. 177 e § 1º, e Lei 2.004/53).

A terceira transformação econômica de relevo – a denominada *privatização* – operou-se sem alteração do texto constitucional, com a edição da Lei 8.031, de 12.4.90, que instituiu o Programa Nacional de Desestatização, depois substituída pela Lei 9.491, de 9.9.97. O programa de desestatização tem sido levado a efeito por mecanismos como (*a*) a alienação, em leilão nas bolsas de valores, do controle de entidades estatais, tanto as que exploram atividade econômica como as que prestam serviços públicos e (*b*) a concessão de serviços públicos a empresas privadas. No plano federal foram privatizadas empresas dos setores petroquímico, siderúrgico, metalúrgico, de fertilizantes e de telecomunicações. A venda de empresas tidas outrora como estratégicas, a exemplo da Cia. Vale do Rio Doce e da Telebrás, precisou superar reações populares localizadas e inúmeras ações judiciais.

Acrescente-se, em desfecho do levantamento aqui empreendido, que, além das Emendas Constitucionais 5, 6, 7, 8 e 9, assim como da Lei 8.031/90, os últimos anos foram marcados por uma fecunda produção legislativa em temas econômicos, que inclui diferentes setores, como: energia (Lei 9.427, de 26.12.96), telecomunicações (Lei 9.472, de 16.7.97) e petróleo (Lei 9.478, de 6.8.97), com a criação das respectivas agências reguladoras; modernização dos portos (Lei 8.630, de 25.2.93) e defesa da concorrência (Lei 8.884, de 11.6.94); concessões e permissões (Leis 8.987, de 13.2.95 e 9.074, de 7.7.95), para citar alguns exemplos.

Em 4.6.98 foi promulgada a Emenda Constitucional 19, concretizando a chamada Reforma Administrativa. Em extensa reformulação de dezenas de dispositivos do texto constitucional, foi modificada a disciplina jurídica de temas relevantes como a introdução do *subsídio* – parcela única, insuscetível de qualquer acréscimo – para retribuição pecuniária de diversas categorias de agentes públicos; supressão da previsão constitucional de regime jurídico único; a refixação de um limite máximo de remuneração dos servidores públicos, tendo como parâmetro o subsídio de Ministro do STF; a flexibilização do regime constitucional da *estabilidade*, para introdução de exceções ao princípio nas hipóteses de insuficiência de desempenho e necessidade de corte de despesas, em meio a outras inovações. No final de 1998 encontram-se em curso, perante o Congresso Nacional, emendas tendo por objeto amplas reformas de natureza política, tributária e previdenciária, assim como do Poder Judiciário.

Em 4.10.98, no primeiro precedente de reeleição na história brasileira, Fernando Henrique Cardoso foi reconduzido à Presidência da República, em primeiro turno, com 53,06 % dos votos. Luís Inácio Lula da Silva ficou mais uma vez em segundo lugar, com 31,71%, e Ciro Gomes em terceiro, com 10,97%.[10]

## VI – Jurisdição constitucional e papel do STF sob a Constituição de 1988

A Constituição de 1988 procurou acentuar o papel da Corte constitucional do STF. Foi criado, assim, um novo órgão Judiciário, o Superior Tribunal de Justiça, ao qual se transferiu, em meio a outras atribuições, a competência de uniformização da interpretação do direito infraconstitucional federal, mediante apreciação do recurso denominado especial. Pretendeu-se, assim, que o STF, desempenhasse, "precipuamente, a guarda da Constituição", na dicção expressa do *caput* do art. 102. O desempenho da jurisdição constitucional, ao longo dos dez anos de vigência da Constituição, foi marcado por altos e baixos.

O constituinte de 1988 tomou, sem maior debate político, a decisão grave de manter como integrantes do STF todos os Ministros que haviam sido investidos no Tribunal pelos governos anteriores. Vale dizer: sem embargo da inegável virtude pessoal e intelectual de muitos dos juízes que lá tinham assento, a Corte constitucional brasileira, encarregada de interpretar a nova Carta, era composta de juristas cuja nomeação era lançada a crédito do regime militar. Sem dever o seu título de investidura à nova ordem, e sem compromisso político com a transformação institucional que se operara no país, a Corte reeditou burocraticamente parte da jurisprudência anterior, bem como alimentou inequívoca má-vontade para com algumas inovações. Não se escapou, aqui, de uma das patologias crônicas da hermenêutica constitucional brasileira, que é a interpretação retrospectiva, pela qual se procura interpretar o texto novo de maneira a que ele não inove nada, mas, ao revés, fique tão parecido quanto possível com o antigo.[11] Com argúcia e espírito, Barbosa Moreira estigmatiza a equivocidade desta postura: "Põe-se ênfase nas semelhanças, corre-se um véu sobre as diferenças e conclui-se que, à luz daquelas, e a despeito destas, a disciplina da matéria, afinal de contas, mudou pouco, se é que na verdade mudou. É um tipo de interpretação em que o olhar do intérprete dirige-se antes ao passado que ao presente, e a imagem que ele capta é menos a representação da realidade que uma sombra fantasmagórica".[12]

Também comprometeu, em ampla medida, o trabalho do STF como Corte constitucional o elenco incrivelmente vasto de atribuições que não dizem diretamente com a interpretação da Carta. Em tal variedade se incluem competências em temas como extradição, homologação de sentenças estrangeiras, concessão do *exequatur* às cartas rogatórias (e os recursos que tais providências suscitam) e uma diversificada gama de hipóteses de *habeas corpus* e mandados de segurança. Mais que tudo, congestiona o Tribunal a sistemática do recurso extraordinário e a avalanche de agravos de instrumento contra a denegação de seu seguimento. Enquanto as Cortes constitucionais espalhadas pelo mundo, inclusive a Suprema Corte americana, inspiradora do modelo brasileiro, apreciam algumas centenas de processos por ano, o STF debate-se em dezenas de milhares de feitos, que desviam a atenção dos Ministros das questões verdadeiramente constitucionais e relevantes.[13]

10. *Jornal do Brasil*, 10.10.98, p. 5. O presidente foi reeleito com 35.936.918 votos.

11. Sobre este e outros aspectos da interpretação constitucional, v. Luís Roberto Barroso, *Interpretação e Aplicação da Constituição*, 1996.

12. José Carlos Barbosa Moreira, "O Poder Judiciário e a efetividade da nova Constituição", *RF* 304/151-152.

13. Nada obstante isto, faça-se justiça, os acórdãos do STF, do ponto de vista estritamente técnico e da discussão doutrinária, não ficam a dever, em pesquisa, erudição e conhecimento, às melhores manifestações das Cortes estrangeiras. A questão aqui, todavia, não é de técnica, mas, sim, de valorização da atividade de jurisdição constitucional por

Não se deve fugir, por igual, da crítica imperativa ao papel desinteressadamente omisso desempenhado pelo Senado Federal no processo de escolha dos Ministros do STF. Seguindo a tradição republicana brasileira, moldada no constitucionalismo norte-americano, os Ministros do STF são nomeados pelo presidente da República, "depois de aprovada a escolha pela maioria absoluta do Senado Federal" (art. 101, parágrafo único). Afastando-se, todavia, da tradição americana, o Senado jamais exerceu tal competência com aplicação e interesse, limitando-se a chancelar, acriticamente, o ungido do presidente. Convertida a nomeação, de fato, em uma competência discricionária unipessoal, a maior ou menor qualidade dos integrantes da Suprema Corte passa a ser tributária da sorte ou da visão de estadista do presidente da República. Que, como se sabe, nem sempre existe, ou, ao menos, sucumbe eventualmente à circunstâncias da política, da amizade e de outras vicissitudes do crônico patrimonialismo da formação nacional. De um potencial Ministro do Supremo Tribunal é legítimo que o Senado e o povo brasileiro queiram saber, antes de sua nomeação: de onde vem; que experiência tem; que posições doutrinárias sustenta; o que pensa sobre questões institucionais importantes como, por exemplo, a constitucionalidade da pena de morte, da união de pessoas do mesmo sexo, da reedição de medidas provisórias etc. Fora isto, é pura loteria. Não se prega nada como uma inquisição ou um patrulhamento ideológico, mas a valorização do cargo pela exposição pública da pessoa e do ideário de seu ocupante.

A crônica desatenção com a composição do STF na experiência constitucional brasileira tem reduzido a importância de seu papel em momentos graves. Sua falta de lastro representativo, de deferência institucional e de autoridade política efetiva tem impedido que a Corte, pela concretização afirmativa dos grandes princípios constitucionais, seja o árbitro das crises políticas. É por esse vácuo de poder que, nos momentos de incerteza, cresce e se desvirtua o papel das Forças Armadas. Minha proposição é simples: o fortalecimento de uma Corte constitucional, que tenha autoridade institucional e saiba utilizá-la na solução de conflitos entre os Poderes ou entre estes e a sociedade (com sensibilidade política, o que pode significar, conforme o caso, prudência ou ousadia), é a salvação da Constituição e o antídoto contra golpes de Estado.[14]

Deixando de lado a análise política, cumpre estudar, agora, o funcionamento efetivo dos mecanismos de afirmação da supremacia da Constituição na prática judicial. A jurisdição constitucional no Brasil, como se sabe, pode ser exercida por via incidental e por via principal.[15] O controle *incidental* de constitucionalidade é atribuído difusamente aos órgãos do Poder Judiciário, que podem deixar de aplicar, nos casos concretos submetidos à sua apreciação, norma que considerem inconstitucional. É o mecanismo inspirado na *judicial review* do direito norte-americano, que teve como grande precedente a decisão da Suprema Corte no caso *Marbury v. Madison*,[16] julgado em 1803.

seu caráter seletivo e excepcional. A banalização dos pronunciamentos do STF, pela recorrente incidência de temas menores, compromete a visibilidade e relevância de suas decisões constitucionais.

14. Sobre o papel das cortes constitucionais na ascensão do constitucionalismo no mundo moderno, v. Bruce Ackerman, *The Rise of World Constitutionalism*, Yale Law School Occasional Papers, Second Series, Number 3. Merece registro expresso o valioso empenho do Ministro Sepúlveda Pertence, quando presidente do STF, em dar visibilidade à Corte e difundir pela sociedade o debate sobre o papel institucional do Poder Judiciário. Não é irrelevante a constatação de que foi ele o primeiro Ministro que chegou ao Supremo após a promulgação da Constituição de 1988 a assumir-lhe a presidência.

15. Sobre o tema do controle de constitucionalidade, foram produzidos importantes trabalhos monográficos durante a vigência da Constituição de 1988, dentre os quais: Clèmerson Merlin Clève, *A Fiscalização Abstrata de Constitucionalidade no Direito Brasileiro*; Gilmar Ferreira Mendes, *Controle de Constitucionalidade*; Ronaldo Poletti, *Controle da Constitucionalidade das Leis*.

16. 5 U.S. 137.

Já o controle de constitucionalidade por via *principal*, ou por ação direta, é exercido de forma concentrada pelo STF, em se tratando de lei ou ato normativo federal ou estadual impugnado em face da Constituição Federal (art. 102, I, *a*).[17] Cuida-se de controle de natureza abstrata e o pronunciamento da Corte produz efeitos *erga omnes*. É neste domínio que se situa uma das principais inovações da Constituição de 1988.[18]

De fato, o florescente desenvolvimento da jurisdição constitucional no Brasil se deveu, substancialmente, à ampliação da legitimação ativa para propositura da ação direta de inconstitucionalidade. No regime constitucional anterior, o procurador-geral da República detinha o monopólio da deflagraçao do controle abstrato de constitucionalidade, mediante oferecimento de *representação*, para utilizar a designação então empregada. Pela nova Carta, nos termos do art. 103, podem propor a ação de inconstitucionalidade: o presidente da República, a Mesa do Senado Federal, a Mesa da Câmara dos Deputados, a Mesa de Assembléia Legislativa, o governador de Estado, o procurador-geral da República, o Conselho Federal da Ordem dos Advogados do Brasil, partido político com representação no Congresso Nacional e confederação sindical ou entidade de classe de âmbito nacional.

A fecunda produção do STF em matéria de controle de constitucionalidade desenvolveu ou consolidou inúmeras linhas jurisprudenciais de natureza processual na matéria, algumas delas sintetizadas nas proposições que se seguem:

. a decisão que pronuncia a inconstitucionalidade de uma norma tem caráter declaratório e produz efeitos retroativos;

. não cabe ação direta contra atos normativos secundários, como decretos regulamentares, instruções normativas, resoluções etc.;

. cabe ação direta contra regulamento autônomo, isto é, aquele que não visa a regulamentar uma lei, para o fim de verificar se não houve ofensa ao princípio constitucional da reserva legal;

. declaração de inconstitucionalidade é competência privativa do Poder Judiciário. Não cabe declaração de inconstitucionalidade de lei ou ato normativo feita por lei;

. não cabe ação direta contra leis anteriores à Constituição;

. revogada a lei argüida de inconstitucional, a ação direta perde o objeto;

. não cabe ação direta contrapondo lei municipal à Constituição Federal;

. a declaração de inconstitucionalidade de uma lei restaura a eficácia de norma que haja sido por ela afetada;

. os chefes dos Poderes Executivo e Legislativo podem determinar a não-aplicação de lei que considerem inconstitucional até a manifestação do Judiciário.

Não é possível, nas circunstâncias, percorrer a casuística das decisões de mérito do STF no exercício de sua jurisdição constitucional. Nada obstante, e com certa arbitrariedade, são selecionadas, a seguir, algumas linhas jurisprudenciais em temas institucionais relevantes.

Em matéria de *federação*, a jurisprudência do STF reproduziu o entendimento cristalizado no regime anterior no sentido de impor-se ao constituinte dos Estados-membros observância estrita do modelo federal, especialmente em relação ao pro-

17. A Constituição prevê, também, no art. 125, § 2º, o controle por via principal concentrada perante o Tribunal de Justiça dos Estados na hipótese de representação contra leis ou atos normativos estaduais ou municipais em face da Constituição do Estado.

18. Não será objeto de aprofundamento nestas notas a inovação introduzida pela EC 3/93, representada pela ação declaratória de constitucionalidade, instrumento que permite ao presidente da República, às Mesas do Senado e da Câmara e ao procurador-geral da República obter do STF o pronunciamento sobre a validade de determinada lei ou ato normativo federal, com caráter *erga omnes* e efeito vinculante relativamente aos demais órgãos do Poder Judiciário e ao Poder Executivo (CF, arts. 102, I, *a* e § 2º, e 103, § 4º).

cesso legislativo, inclusive no tocante à iniciativa reservada e aos limites do poder de emenda parlamentar.[19] Admitiu, ademais, a medida provisória em âmbito estadual, prática que, todavia, não se disseminou.[20] Considerou contrário ao princípio federativo o estabelecimento de equiparação ou vinculação entre servidores estaduais e federais para fins de remuneração.[21] Ainda em tema de federação, houve uma importante decisão do Superior Tribunal de Justiça que admitiu como constitucional norma de Carta estadual que condiciona a instauração de processo criminal contra o governador à prévia autorização da Assembléia Legislativa.[22]

No domínio das *relações entre os Poderes*, o STF exerceu a competência de declarar a inconstitucionalidade de emenda constitucional, votada pelo Congresso, sob o fundamento de que o poder constituinte derivado é subordinado à Constituição originária, não podendo violar cláusulas pétreas.[23] No controle das medidas provisórias, no entanto, a Corte reincidiu na antiga jurisprudência, firmada em relação aos decretos-lei, de não caber ao Judiciário a apreciação da presença dos requisitos de relevância e urgência exigidos pelo art. 62. Recentemente, todavia, sinalizou com a atenuação de tal entendimento, ao suspender, "excepcionalmente", determinado dispositivo "pela falta de urgência necessária à edição da medida provisória impugnada".[24]

Ainda no âmbito das relações entre Poderes, foi fértil a participação do STF quando da discussão do *impeachment* do presidente Collor de Mello. Diversos foram os acórdãos, merecendo destaque aquele que firmou as teses jurídicas de que (*a*) em matéria de crime de responsabilidade do presidente da República, o Direito brasileiro prevê duas penas autônomas: a perda do cargo e a inabilitação para o exercício de função pública; bem como que (*b*) a renúncia ao cargo, apresentada na sessão de julgamento, quando já iniciado, não paralisava o processo de *impeachment*.[25]

Vejam-se, por fim, alguns marcos na esfera dos *direitos fundamentais*. No tocante ao *mandado de injunção*, instrumento criado para permitir a efetivação de determinados direitos constitucionais prejudicados por omissão legislativa, o STF minimizou o instituto, tratando-o com desconfiança e má-vontade. Na verdade, o entendimento que prevaleceu foi o de que o objeto do mandado de injunção é o de dar mera ciência ao órgão omisso da existência da omissão – isto é, o mesmo da ação direta de inconstitucionalidade –,[26] e não, como prega toda a doutrina, a atribuição de competência ao Judiciário para formular, nos limites do caso concreto submetido à sua apreciação, a regra faltante. A atenuação da rigidez do entendimento inicial em alguns casos posteriores não serviu para a recuperação do instituto, que caiu no domínio da desimportância.[27]

No campo do *processo penal*, a Corte proferiu importantes decisões na rejeição às provas obtidas por meios ilícitos (art. 5º, LVI), dentre as quais incluiu as interceptações telefônicas clandestinas e mesmo as

19. *RDA* 199/173 e 191/194.
20. *RDA* 183/151.
21. *RDA* 197/100; *RTJ* 146/348.
22. *RDA* 184/192.
23. *RDA* 198/123.
24. *Informativo do STF* 106, medida cautelar na ADIn 1.753-DF, rel. Min. Sepúlveda Pertence, j. 16.4.98.

25. MS 21.689-DF, in *Impeachment*, publicação do STF, 1996. No processo por crime comum, no entanto, o STF, contra os votos dos Ministros Carlos Velloso, Sepúlveda Pertence e Néri da Silveira, absolveu o ex-presidente da denúncia por crime de corrupção passiva (*RTJ* 162/3, Ap 307-DF, rel. Min. Ilmar Galvão).

26. *RDA* 184/226, 1991, MI 107-3-DF, rel. Min. Moreira Alves.

27. Para uma ampla análise da jurisprudência e da doutrina sobre o tema, e uma proposta totalmente diversa para a solução das omissões legislativas violadoras de direitos constitucionais, v. Luís Roberto Barroso, "Mandado de injunção: o que foi sem nunca ter sido. Uma proposta de reformulação", in *Estudos em Homenagem ao Prof. Caio Tácito*, 1997, org. por Carlos Alberto Menezes Direito, p. 429.

autorizadas judicialmente, antes da promulgação da lei específica que regulamentou as hipóteses e a forma em que o sigilo poderia ser violado (art. 5º, XII).[28] O STF entendeu, também, com base no princípio do privilégio contra a auto-incriminação, não haver crime de desobediência na recusa do acusado em fornecer à autoridade policial padrões gráficos do próprio punho para instrução do processo.[29]

Ainda em matéria probatória, já agora no âmbito do processo civil, o Supremo, em votação dividida, decidiu que em ação de investigação de paternidade o réu não poderia ser compelido a submeter-se ao exame do DNA. O acórdão é assim ementado:

"Investigação de paternidade. Exame DNA. Condução do réu 'debaixo de vara'. Discrepa, a mais não poder, de garantias constitucionais implícitas e explícitas – preservação da dignidade humana, da intimidade, da intangibilidade do corpo humano, do império da lei e da inexecução específica e direta da obrigação de fazer – provimento judicial que, em ação civil de investigação de paternidade, implique determinação no sentido de o réu ser conduzido ao laboratório, 'debaixo de vara', para coleta do material indispensável à feitura do exame DNA. A recusa resolve-se no plano jurídico-instrumental, consideradas a dogmática, a doutrina e a jurisprudência, no que voltadas ao deslinde das questões ligadas à prova dos fatos".[30]

Em desfecho, é digna de menção a ascendente trajetória do princípio da *razoabilidade*, que os autores sob influência germânica preferem denominar princípio da proporcionalidade, na jurisprudência constitucional brasileira. O princípio, que a doutrina tem decomposto em três elementos – adequação entre meio e fim, necessidade da medida e proporcionalidade em sentido estrito (custo-benefíco da providência adotada) – é um valioso instrumento de proteção de direitos e mesmo do interesse público contra o abuso de discricionariedade, tanto do legislador quanto do administrador. De fato, por força do princípio, excepciona-se a regra tradicional de que os atos públicos sujeitam-se apenas ao controle de legalidade, pois a aferição da razoabilidade enseja exame de mérito.

Naturalmente, como não se deseja substituir a discricionariedade dos agentes políticos eleitos pela do Judiciário, a invalidação de leis e atos administrativos com esse fundamento somente deve ocorrer quando claramente arbitrários ou caprichosos.[31]

O STF, fundado na invocação do princípio, passou a inadmitir, por exemplo, discriminação em razão da idade na inscrição em concursos públicos, salvo se a restrição passar no teste da razoabilidade.[32] (Aliás esse princípio faz imperiosa parceria com o da isonomia: embora existam classificações suspeitas – como as fundadas em origem, raça, sexo, cor e idade (art. 3º, IV) – poderão elas subsistir validamente se atenderem, com razoabilidade, a um fim constitucionalmente legítimo). A Corte serviu-se do princípio, igualmente, para invalidar

28. *DJU* 26.11.93, HC 69.912-0-RS, rel. para acórdão Min. Carlos Mário Velloso.

29. *Informativo do STF* 122, HC 77.135-SP, rel. Min. Ilmar Galvão.

30. HC 71.373-4-RS, rel. Min. Marco Aurélio, j. 10.11.94, vencidos os Ministros Rezek, Pertence e Galvão. Sobre o tema, para uma perspectiva crítica da decisão, v. Maria Celina Bodin de Moraes, "Recusa à realização de exame de DNA na investigação de paternidade e direitos da personalidade", in *Direito, Estado e Sociedade*, Revista do Departamento de Direito da PUC/RJ, n. 9.

31. Sobre o tema da razoabilidade, v. os seguintes importantes trabalhos monográficos: Suzana de Toledo Barros, *O Princípio da Proporcionalidade e o Controle de Constitucionalidade das Leis Restritivas de Direitos Fundamentais*; e Raquel Denize Stumm, *Princípio da Proporcionalidade no Direito Constitucional Brasileiro*. V., também, Luís Roberto Barroso, *Interpretação e Aplicação da Constituição*, 2ª ed., 1998, pp. 198-219, onde o princípio da razoabilidade é analiticamente estudado como um dos princípios específicos de interpretação constitucional.

32. *RDA* 196/103, 1994, RE 174.548-7-AC, rel. Min. Carlos Mário Velloso; *RDA* 199/153, 1995, RO em MS 21.045-5-DF, rel. Min. Celso de Mello.

leis que impunham ônus exagerado a direito[33] ou as que instituíam vantagem absurda para servidores públicos.[34]

### VII – Conclusões

#### *1. O constitucionalismo como única alternativa democrática*

Desde as grandes revoluções que abriram caminho para o Estado liberal – inglesa (1689), americana (1776) e francesa (1789) –,[35] o *constitucionalismo* tem se mostrado como a melhor opção de limitação do poder, respeito aos direitos e promoção do progresso. Nada parecido com *o fim da história*,[36] porque valorizar e prestigiar a Constituição não suprime a questão política de definir o que vai dentro dela. Mas o fato é que as outras vias de institucionalização do poder praticadas ao longo do tempo não se provaram mais atraentes. Vejam-se alguns exemplos.

A história deste século relata uma proposta alternativa que empolgou corações e mentes pelo mundo afora: a implantação do socialismo científico, fundado nas teses do Manifesto Comunista, de 1848, e na densa produção teórica de Marx e Engels. De Lenin a Mao, o projeto de implantação de uma sociedade socialista depositava seus valores e sua fé não na Constituição, mas no *Partido*,[37] peça essencial e insubstituível no funcionamento das instituições políticas econômicas e sociais dos países que adotaram esse modelo.[38] Por mais sedutora que possa ter sido ao espírito humano, a idéia socialista de Estado e de sociedade fracassou, pervertida em uma experiência autoritária e burocrática.

Uma outra variante foi vivida e sofrida por grande número de países da América Latina, e ainda prevalece em boa parte da África: o exercício do poder sob a tutela das *Forças Armadas*, e não da Constituição e dos Tribunais. O fracasso desta via pode ser contabilizado em corpos, em dívidas ou em crise social, conforme o caso e a preferência. A tentação militar conduz, inevitavelmente, ao autoritarismo e ao predomínio das oligarquias que se acumpli-

33. *RDA* 194/299, 1993, e *RTJ* 152/455, 1995, ADIn 855-2-PR, rel. Min. Sepúlveda Pertence: deferiu-se a suspensão liminar de lei estadual que determinava a pesagem de botijões de gás liquefeito de petróleo à vista do consumidor.

34. *RDA* 200/242, 1995, ADIn 1.158-8-AM, rel. Min. Celso de Mello: deu-se por inválida lei que concedia gratificação de férias a servidores inativos.

35. Para uma análise preciosa da temática das revoluções, v. Hannah Arendt, *On Revolution*, 1987.

36. O autor norte-americano Francis Fukuyama publicou, em 1989, um artigo que se tornou célebre intitulado "The end of history" (in *The National Interest* 16/3, 1989). Ali, ao final da guerra fria, proclamava ele a vitória da democracia liberal como consenso universal e que, conseqüentemente, se teria chegado ao "ponto final da evolução ideológica da humanidade". E mais: "que não haveria mais progresso no desenvolvimento dos princípios e das instituições básicas, porque todas as questões realmente importantes estariam resolvidas". A polêmica tese virou tema de livro, com edição brasileira: *O Fim da História e o Último Homem*, 1992.

37 V. Bruce Ackerman, ob. cit., p. 8: "Increasingly (though not invariably), liberal constitutionalists turned away from constitutions as the supreme achievement of popular sovereignty. And then came 1917: Instead of placing their faith in a constituent assembly formulating a constitutional text, the Bolsheviks put their faith in a ruling party to serve as a continuing vehicle for the collective breakthrough. Their apparent success inspired many other revolutionary movements to look upon the party, not the constitution, as the great achievement that would serve to institutionalize their political success".

38. Expressando, didaticamente, conceitos desenvolvidos sobretudo por Lenin, fundador do Partido Operário Social-Democrata Russo, e principal líder da ala do Partido conhecida como Bolchevique, escreveu Caio Prado Júnior, *O Mundo do Socialismo*, 1967, pp. 111-112 e 121: "O partido comunista se faz então, por destinação natural que decorre de sua natureza (...) em órgão condutor e dirigente de todo processo histórico de transformação social que levará ao socialismo. Nessa altura, o partido comunista já não conserva mais nada, propriamente, ou muito pouco daquilo que correntemente se atribui no mundo capitalista aos partidos políticos. Ele será uma organização onipresente em todos os setores da vida social, e que tem por função orientar no seu conjunto, como em todos seus pormenores, a reorganização do país sobre bases socialistas. (...) É sobre eles que recai a maior responsabilidade nesses países: a da direção suprema da revolução socialista."

ciam com o poder. Assim é porque sempre foi.

O último quarto de século assistiu ao florescimento de um outro projeto alternativo: o *fundamentalismo islâmico*. Aqui, a Constituição é substituída pelo *Corão*, pondo fim à separação entre Estado e religião. O governo dos aiatolás funda-se no repúdio aos valores ocidentais, no rebaixamento da condição feminina e na intolerância política e religiosa. A atormentada experiência do Irã tem sido a vitrine desse modelo, que tem seguidores organizados em países como Egito, Argélia, Líbano e Afeganistão.

Constitucionalismo, unipartidarismo, militarismo e fundamentalismo. Estes os destinos possíveis. A escolha não é farta.

## 2. *O sucesso político-institucional da Constituição de 1988*

A Constituição de 1988 instrumentalizou a travessia de uma longa ditadura de quase um quarto de século para um Estado Democrático de Direito. Ao longo dos dez anos de sua vigência, marcados pela estabilidade política e pela continuidade institucional, os Poderes do Estado funcionaram regularmente e os direitos, em linhas gerais, foram respeitados. Mais notadamente, em um país marcado pelo golpismo desde os primórdios da República, a Constituição foi capaz de absorver, sem traumas na legalidade, conflitos eleitorais e políticos que, em outros tempos, teriam trazido abalos e mesmo rupturas.[39]

De fato, não é desimportante lembrar que, em 1989, o candidato do Partido dos Trabalhadores ficou a poucos pontos percentuais da conquista da presidência da República. Pela primeira vez na história brasileira, houve a possibilidade real de uma liderança da classe trabalhadora, com discurso que a dicotomia tradicional não hesitaria em qualificar como de *esquerda*, chegar ao poder. Não se cogitou de desrespeito ao eventual resultado das urnas nem de golpe de Estado. Pode ter passado despercebido, mas menos de dez anos antes o mesmo candidato estava preso e processado pela Lei de Segurança Nacional por liderar reivindicações sindicais. Não foi pequena a evolução.

Logo à frente, em 1992, o procedimento de *impeachment* do presidente Collor de Mello tramitou, tanto na Câmara dos Deputados como no Senado Federal, sem que se registrasse qualquer sobressalto institucional. Não são muitos os países em desenvolvimento que podem ostentar a pacífica destituição de um presidente da República dentro do quadro constitucional preestabelecido, com a posse do vice-presidente e conclusão regular do mandato. Ao longo do episódio, todas as instituições se superaram: o Congresso, o Judiciário, as Forças Armadas. As Forças Armadas, aliás, em prova de maturidade e assimilação dos novos tempos, permaneceram exemplarmente afastadas da efervescência política. Nenhuma *ordem do dia*. Quem soube a sombra, sabe a luz.

Poderes limitados (dentro, naturalmente, da tradição presidencial-imperial brasileira),[40] direitos individuais respeitados e

39. Para uma interessante análise de um observador externo sobre o insucesso crônico do constitucionalismo na América Latina, em contraste com seu êxito nos Estados Unidos, veja-se Keith S. Rosenn, "The success of constitutionalism in the United States and its failure in Latin America: an explanation", in *The Inter-American Law Review*, The University of Miami, v. 22, n. 1, 1990.

40. O maior legado que o presidente reeleito poderá deixar, do ponto de vista institucional, será a revisão do presidencialismo no Brasil, com redução de poderes do Executivo, profissionalização das comissões permanentes do Congresso e valorização do Judiciário. Sobre o tema, veja-se o agudo comentário de Roberto Mangabeira Unger: "Com o plebiscito, mantivemos o presidencialismo clássico, que é o grande potencial desestabilizador da política brasileira, o grande fator de imprevisão. Mas o presidencialismo clássico tem um defeito fatal para a nossa democracia. O presidente é forte para favorecer, mas é fraco para transformar. Eleito prometendo mundos e fundos para o eleitorado, logo encontra, entrincheirada no Congresso Nacional e nas outras instituições de elite, uma maioria cripto-conservadora. E

absorção institucional das crises políticas. Do ponto de vista político-institucional, a Constituição de 1988 foi um retumbante sucesso.[41]

*3. O defeito evidente: texto casuístico, prolixo e corporativo*

Já se reconheceu, em passagem anterior, que o constituinte de 1988 produziu um texto que, mais do que analítico, é casuístico, prolixo e corporativista em muitos momentos. Tal constatação reintroduz o discurso recorrente de que o ideal seria uma Constituição sintética, principiológica, que tornasse mais singelos e menos traumáticos os processos de mutação constitucional. A idéia é ótima, e não é nova: tem mais de 210 anos, se tomarmos como marco a Convenção de Filadélfia de 1787. Sua importação para o Brasil é uma tentação contínua. Naturalmente, para que pudesse dar certo, precisaríamos também importar os puritanos ingleses que colonizaram os Estados Unidos, assim como a tradição do *common law* e a declaração de Virgínia. Ajudaria, também, se permutássemos D. Pedro I por George Washington e José Bonifácio por James Madison. Ruy Barbosa ficaria. Ah, sim: sem uma guerra civil sangrenta e quinhentos mil mortos a importação também seria um fiasco.[42]

Superado o argumento, volta-se à inevitabilidade do texto analítico. Muitas são as causas que conduzem ao texto espichado. Algumas legítimas, outras patológicas. Em primeiro lugar, no caso brasileiro de 1988, como já observado, a ânsia de participação de uma sociedade longamente marginalizada do processo político. Em segundo lugar, pela razão constatada pelo grande jurista M. Seabra Fagundes, que ainda estava vivo e atuante quando do nascimento da Carta: "no Brasil é preciso dizer tudo *tintim por tintim*, senão não se cumpre". Por traz do prosaísmo do autor potiguar, a constatação inafastável: diz-se muito na Constituição por desconfiança de seus intérpretes. Não nos sentimos seguros nas mãos do Judiciário e do Congresso. Quanto menos subjetividade se deixar, melhor. E, reconheça-se, mesmo assim os sobressaltos se multiplicam.[43]

A terceira causa dos textos longilíneos é patológica, dramaticamente patológica: o atávico patrimonialismo da formação social brasileira. Em outro estudo qualificamos o termo:

"O colonialismo português, que, como o espanhol, foi produto de uma monarquia absolutista, assentou as bases do patrimonialismo, arquétipo de relações políticas, econômicas e sociais que predispõem à burocracia, ao paternalismo, à ineficiência e à corrupção. Os administradores designados ligavam-se ao Monarca por laços de lealdade pessoal e por objetivos comuns de lu-

aí se dá o dilema: ou o presidente se rende a essa maioria ou agita contra ela de forma cesarista, pondo a democracia em perigo" (Exposição na Assembléia Legislativa do Estado de Minas Gerais, 1993, mimeo.).

41. Em sentido diametralmente oposto, com implacável crítica à Constituição e seu desempenho, v. Fábio Konder Comparato, in *Crítica (CACO-UFRJ)*, pp. 12-13: "Não sejamos ridículos. A Constituição de 1988 não está mais em vigor. (...) É triste morrer tão moça, sem chegar nem mesmo à adolescência!".

42. Em observação pertinente, Bruce Ackerman, ob. cit., p. 3, assinalou que a Constituição norte-americana deve ser vista como um caso *especial*, e não como um modelo. Literalmente: "We must learn to look upon the American experience as a special case, not as the paradigmatic case".

43. Um exemplo, em meio a muitos, ilustra a tese. O inciso XI do art. 37 do texto original da Constituição estabelecia como limite máximo de remuneração "os valores percebidos como remuneração, em espécie, a qualquer título, por membros do Congresso Nacional, Ministros de Estado e Ministros do Supremo Tribunal Federal". A despeito da contundência da locução *a qualquer título*, a jurisprudência do STF, por maioria quase unânime (contra uma única dissidência, do Min. Marco Aurélio), entendeu que estavam excluídas as chamadas "vantagens pessoais", porta larga por onde entravam vantagens polpudas e irrazoáveis decorrentes de incorporações, acumulações e desvios variados. Foi preciso uma emenda constitucional para dizer o que já estava dito.

cro, antes que por princípios de legitimidade e dever funcional. Daí a gestão da coisa pública em obediência a pressupostos privatistas e estamentais, de modo a traduzir fielmente, na Administração Pública, as aspirações imediatas da classe que lhe compõe o quadro burocrático. O agente público, assim, moralmente descomprometido com o serviço público e sua eficiência, age em função da retribuição material e do prestígio social".[44]

A má definição entre o espaço público e o espaço privado, aliado ao populismo paternalista entranhado em nossa prática política, infla a Constituição com disposições que, de um lado, protegem os *cartórios*, tanto os literais[45] como os figurados,[46] e, de outro, acenam com benesses retóricas. O Estado, apropriado pelo estamento dominante, é o provedor de garantias múltiplas para os ricos e de promessas para os pobres. Em um país sem tradição de respeito aos direitos, a Constituinte termina sendo uma caça aos privilégios. Criam-se diferentes castas dos que são mais iguais. Alguns conseguem um lugar sob o sol da proteção constitucional direta. Outros ficam no mormaço das normas que sinalizam o *status*, mas precisarão ser integradas pelo legislador infraconstitucional. A maioria fica sob o sereno das normas programáticas, as que prometem saúde, cultura e terceira idade tranqüila. Mas só quando for possível.

Não sem certa ironia, o combate ao patrimonialismo também é responsável pelo alongamento do texto constitucional. O capítulo dedicado à *Administração Pública* esparrama-se por muitas dezenas de dispositivos nos quais se procura impedir, de forma detalhada e expressa, o que em outras sociedades prescinde de normas: o uso do Poder Público em proveito próprio. Ali estão, por exemplo, os preceptivos que visam a impedir o favorecimento pessoal e o nepotismo, dentre outros males crônicos, pela exigência de concursos públicos para provimento de cargos, licitação para contratação pela Administração e o estabelecimento de tetos e outras regras remuneratórias. Emblemática, na matéria, é a vedação expressa de promoção pessoal com dinheiro público, materializada no § 1º do art. 37: "A publicidade dos atos, programas, obras, serviços e campanhas dos órgãos públicos deverá ter caráter educativo, informativo ou de orientação social, dela não podendo constar nomes, símbolos ou imagens que caracterizem promoção pessoal de autoridades ou servidores públicos."

A verdade é que, em uma síntese de diversos males históricos, acumulamos, nesses primeiros 500 anos, as relações de dependência social do *feudalismo*, a voca-

44. *Patrimonialismo*, surpreendentemente, não é um vocábulo dicionarizado na língua portuguesa (v. Aurélio Buarque de Holanda, Caldas Aulete e Laudelino Freire). Trata-se de um conceito devido a Max Weber (v. *Ensaios de Sociologia*, 1971, onde se reproduz o ensaio "A política como vocação", traduzido do original "Politik als Beruf", publicado em 1910) e introduzido no Brasil por Sérgio Buarque de Holanda (*Raízes do Brasil*, cuja 1ª edição é de 1936). É ele objeto de densa reflexão por Raymundo Faoro (*Os Donos do Poder*, cit.) e está presente, também, embora sem referência expressa, em obra de Caio Prado Júnior (*Formação do Brasil Contemporâneo*, cuja 1ª edição é de 1942), notadamente no penúltimo capítulo, dedicado à "Administração". Em nosso *O Direito Constitucional e a Efetividade de suas Normas*, 1996, pp. 8-9, o tema foi abordado com o seguinte comentário: "Por trás das idas e vindas, do avanço e do recuo, diafanamente encoberta, a herança maldita do patrimonialismo: o cargo público. O poder de nomear, de creditar-se favores, de cobrar do agente público antes o reconhecimento e a gratidão do que o dever funcional. A lealdade ao chefe, não ao Estado, muito menos ao povo. A autoridade, em vez de institucionalizar-se, personaliza-se. Em seguida, corrompe-se, nem sempre pelo dinheiro, mas pelo favor, devido ou buscado". Veja-se, sobre esta e outras disfunções nacionais, Keith S. Rosenn, "Brazil's legal culture: the jeito revisited", in *Florida International Law Journal*, v. I, n. 1, 1984. Esse estudo ganhou uma edição brasileira, revista e ampliada, publicada sob o título *O Jeito na Cultura Jurídica Brasileira*, 1998.

45. Art. 236: "Os serviços notariais e de registro são exercidos em caráter privado, por delegação do Poder Público".

46. Art. 199, § 3º: "É vedada a participação direta ou indireta de empresas ou capitais estrangeiros na assistência à saúde no país, salvo nos casos previstos em lei".

ção autoritária do *absolutismo* e o modelo excludente da *aristocracia*. A Constituição de 1988 é vítima, e não causa, dessas vicissitudes. E a muitas delas combate com bravura. A outras capitulou. Em seu texto antológico publicado em 1981, já referido, escreveu Raymundo Faoro: "O que há no Brasil de liberal e democrático vem de suas constituintes e o que há no Brasil de estamental e elitista vem das outorgas, das emendas e dos atos de força. Nunca o Poder Constituinte conseguiu nas suas quatro tentativas vencer o aparelhamento de poder, firmemente ancorado ao patrimonialismo de Estado, mas essas investidas foram as únicas que arvoraram a insígnia da luta, liberando energias parcialmente frustradas. O malogro parcial não presta como argumento contra as constituintes, senão que, ao contrário, convida a revitalizá-las, uma vez que, franqueadas das escoltas estatais autoritárias, encontrarão o rumo da maioria e da sociedade real (...). O que a imperfeição da obra mostra é, apesar da adversidade, que o rio da democracia não tem outro leito por onde possa correr. O desastre histórico maior seria o salvacionismo das minorias, congeladas em privilégios, dispostas a, para mantê-los, afastar o povo das deliberações políticas".[47]

### 4. *A conseqüência inevitável: a mutação constitucional constante*

A Carta de 1988, como decorre dessa longa exposição, não é a Constituição da nossa maturidade institucional. É a Constituição das nossas circunstâncias. Transformada em um espaço de luta política, a Constituinte de 1988 produziu um documento que sofre em demasia o impacto de certas modificações conjunturais. Ao lado disso, há no Brasil uma crônica compulsão dos governantes de modificar a Constituição para fazê-la à imagem e semelhança de seus governos. Uma espécie de narcisismo constitucional.

Constituições devem ter vocação de permanência – ensina, de longa data, a melhor doutrina constitucional. Não temos aprendido a lição. Em parte por peculiaridades de sua elaboração e em parte por falta de sentimento constitucional dos governantes, a Carta brasileira tem variado ao sabor de conjunturas passageiras e polêmicas efêmeras. Daí o fato de cumprir seu décimo aniversário já tendo sofrido 25 reformas (19 emendas e 6 emendas de revisão, de 1993) e com a perspectiva imediata de outras tantas.

Por paradoxal que possa parecer, a reiterada sucessão de emendas revela uma preocupação nova: a de não descumprir simplesmente a Constituição, de não *atropelá-la*, como de nossa tradição, mas reformá-la na disputa política pelo *quorum* qualificado. É consolo pequeno. E é preciso reconhecer que, nesse particular, o ciclo do amadurecimento institucional brasileiro ainda não se completou.

### 5. *A efetividade da Constituição e o nascimento de um sentimento constitucional*

Ao longo da história brasileira, sobretudo nos períodos ditatoriais, reservou-se ao direito constitucional um papel menor, marginal. Nele buscou-se não o caminho, mas o desvio; não a verdade, mas o disfarce. A Constituição de 1988, com suas virtudes e imperfeições, teve o mérito de criar um ambiente propício à superação dessas patologias e à difusão de um sentimento constitucional, apto a inspirar uma atitude de acatamento e afeição em relação à Lei Maior. O último decênio é marcado pela preocupação, tanto do próprio constituinte como da doutrina e dos Tribunais, com a efetividade do texto constitucional, isto é, com o seu real cumprimento, com a concretização da norma no mundo dos fatos e na vida das pessoas.[48]

47. Raymundo Faoro, *Assembléia Constituinte: a Legitimidade Recuperada*, 1981, p. 92.

48. Para uma ampla análise do tema, v. Luís Roberto Barroso, *O Direito Constitucional e a Efetividade de suas Normas*, 1996.

A patologia do autoritarismo, aliada a certas concepções doutrinárias retrógradas, haviam destituído outras constituições de sua força normativa, convertendo-as em um repositório de promessas vagas e exortações ao legislador infraconstitucional, sem aplicabilidade direta e imediata. A Constituição de 1988 teve o mérito elevado de romper com este imobilismo. Embora ainda existam disposições inoperantes, o texto em vigor, tanto quanto carta de direitos quanto como instrumento de governo, é uma realidade viva na prática dos cidadãos e dos Poderes Públicos.

Uma Constituição não é só técnica. Tem de haver, por trás dela, a capacidade de simbolizar conquistas e de mobilizar o imaginário das pessoas para novos avanços. O surgimento de um *sentimento constitucional* no país é algo que merece ser celebrado. Trata-se de um sentimento ainda tímido, mas real e sincero, de maior respeito e até um certo carinho pela Lei Maior, a despeito da volubilidade de seu texto. É um grande progresso. Superamos a crônica indiferença que, historicamente, se manteve em relação à Constituição. E para os que sabem, é a indiferença, não o ódio, o contrário do amor.

# PROCESSO ADMINISTRATIVO TRIBUTÁRIO
## Princípios, amplitude, natureza e alcance das funções nele exercidas

EDUARDO D. BOTTALLO
Professor de Direito Financeiro e
Direito Constitucional das Faculdades de Direito da Universidade de São Paulo
e de São Bernardo do Campo — Juiz — Jurista do TRE/SP — Advogado

*1. Os princípios que informam o processo administrativo tributário. 2. O devido processo legal. 3. A natureza da atividade exercida pelo Estado no processo administrativo tributário. 4. O controle da constitucionalidade pelos Tribunais Administrativos.*

### *1. Os princípios que informam o processo administrativo tributário*

Diversos princípios constitucionais conjugam-se para fundamentar o entendimento de que é vedado à Administração exigir tributos e/ou aplicar penalidades a contribuintes sem assegurar-lhes prévia e ampla defesa: o da legalidade, os que garantem os direitos de propriedade, o de petição, o do devido processo legal e o do contraditório e ampla defesa (CF, arts. 5º, II, XXII, XXXIV, "a", LIV e LV).

Estes princípios, por seus respectivos títulos e alcance, condicionam amplamente toda a atividade estatal, de modo a impedir que se desenvolva senão dentro dos limites por eles previamente traçados.

Daí por que, sendo a atividade de apuração do "crédito tributário" (aqui tomado em sua expressão mais ampla, no sentido de abranger também as penalidades pecuniárias) eminentemente infralegal, deve ser exercida com a observância de procedimentos que resguardem os direitos de contribuintes (Geraldo Ataliba).

Da mesma forma como não se admite que o Estado arrecade tributos ou aplique sanções senão com base em lei, igualmente lhe é vedado fazê-lo, ainda que fundado em lei, se esta negar ou amesquinhar tais direitos.

Seria, por outro lado, manifestamente absurdo o raciocínio que se desviasse destas acatadas premissas, sob a alegação de que, em última análise, sempre cabe ao particular o direito de pleitear, perante o Judiciário, a correção ou anulação dos atos da Administração Pública que eventualmente viessem a causar lesões a seus direitos (CF, art. 5º, XXXV).

Na verdade, tal ponto de vista, de um lado, implicaria a inaceitável admissão de que, fora do Poder Judiciário, o Estado estaria autorizado a exercer, sem contraste, seu *imperium* e, de outro, que os direitos e garantias individuais, expressamente consignados na Carta Magna, somente teriam algum significado dentro do processo judicial, quando é certo que os mesmos existem exatamente para proteger os particulares contra eventuais abusos e arbítrios do

Poder Público em todos os seus desdobramentos.

A propósito do tema, Pontes de Miranda deixou preciosas considerações, que, embora voltadas para a Constituição de 1967/1969, não perderam atualidade: "*Defesa e direito público subjetivo* — Tanto o Direito Fiscal, quanto os outros ramos do Direito Administrativo, inclusive o Direito relativo às contribuições de empregados e empregadores, têm de atender ao *princípio da possibilidade de defesa*. Quem quer que encontre infração tem, logicamente, de encontrar ato que infringe lei; portanto, há de saber e dizer qual a lei e qual o ato, para que o apontado como coator possa apreciar a *comunicação de conhecimento*, que se faz, e defender-se, ou com a alegação de que a comunicação de conhecimento, o *statement of fact*, é falso, ou com a alegação de que não há a regra jurídica, que se invoca no auto de infração, ou que a regra jurídica, que se invoca, é contrária à lei, ou que, ainda quando lei, é contrária à Constituição. É preciso que o acusado de infringir possa discutir as argüições, quer impliquem *quaestiones facti*, quer impliquem *quaestiones juris*".

E, mais adiante, invocando lição de Manuel Lopes Ferreira: "É da tradição do nosso Direito que dos autos há de ter conhecimento o acusado e serem feitos com os requisitos para isso, porquanto cada um deve ser citado para dizer do seu direito o que tiver que alegar, porque a defesa é natural e a ninguém se deve negar" (*Comentários à Constituição de 1967 com a Emenda n. 1 de 1969*, t. II, São Paulo, Ed. RT, 1971, pp. 4 e 5).

Em interessante estudo sobre "A garantia da ampla defesa no Direito Administrativo Processual Disciplinar", Sérgio de Andréa Ferreira assim se expressa a respeito da garantia da ampla defesa na órbita administrativa:

"Originariamente, numa interpretação estrita, a garantia em questão diria respeito tão-somente ao processo judicial penal. A evolução tem mostrado, todavia, a ampliação de sua área de abrangência.

"(...)

"Ademais, é de se acentuar a ocorrência da chamada jurisdicionalização do procedimento administrativo, isto é, a recepção, pelo mesmo, de princípios e regras do processo judicial, notadamente no que se refere às garantias de defesa, tornando-o, sem tirar-lhe a natureza ou autocomposição, o mais justo possível na pesquisa da verdade" (*RDP* 19/61 e 62).

Esta observação, aliás, mostra bem a medida de que se deve valer a identificação do Estado de Direito, cujo conteúdo material acabou encontrando confortável acolhida no texto da Lei Maior, como bem revela o dizer sempre autorizado de Alberto Xavier:

"A Constituição anterior estabelecia no seu art. 153, § 15, que 'a lei assegurará aos acusados ampla defesa, com os recursos a ela inerentes', acrescentando, logo após, que 'não haverá foro privilegiado nem tribunais de exceção'. Verifica-se assim que o novo texto constitucional concedeu expressamente o direito de ampla defesa, não apenas aos 'acusados em geral' mas também aos 'litigantes', seja em processo judicial, seja em processo administrativo.

"Por sua vez, arvorou o 'contraditório' em princípio autônomo do de ampla defesa" (*Do Lançamento: Teoria Geral do Ato, do Procedimento e do Processo Tributário*, 2ª ed., Rio de Janeiro, Forense, 1997, p. 161).

## *2. O devido processo legal*

A especificação dos requisitos que o processo administrativo deve preencher, visando a atender adequadamente aos ditames constitucionais aos quais está preso, leva à análise da cláusula do devido processo legal (*due process of law*), garantia que — em perspectiva mais ampla, mas que cabe, sem qualquer rejeição, no presente contexto — Hélio Ivo Dória identifica como sendo a que "respeita não só às normas preexistentes de Direito Material e Formal, mas também se rege por dispositivos constitucionais pertinentes à organização e atuação do Poder Judiciário, ao contraditório e à amplitude da prova" (*Direito Processual Tributário*, São Paulo, José Bushatsky Editor, 1963, p. 36).

Dentre tantos que se debruçaram sobre o assunto, o ilustre administrativista Agustín Gordillo é, segundo nosso entendimento, o responsável por uma das melhores sínteses a respeito da aplicação da cláusula do devido processo legal ao procedimento administrativo tributário (o trabalho aqui referido foi publicado na *RDP* 10/16-24, sob o título "La garantía de defensa como principio de eficacia en el procedimiento administrativo"; trata-se, na verdade, da seção IV, ns. 16-21, pp. 72-87, do Capítulo I de seu livro *Procedimiento y Recursos Administrativos*).

Por esta razão, à qual se alia a de que as idéias expostas por este autor têm dimensões universais, sua invocação cerca-se de grande pertinência e propriedade.

Para Gordillo a garantia do devido processo legal compreende dois aspectos essenciais.

O primeiro deles consiste no que denomina de *direito de ser ouvido*, o qual, por sua vez, pressupõe: a) a publicidade do procedimento (direito de conhecimento), manifestada pelo leal conhecimento da autuação administrativa; b) a oportunidade de o administrado expressar suas razões antes da decisão e também depois (dupla instância de julgamento); c) a expressa consideração dos argumentos do administrado e das questões propostas, desde que voltadas para a solução do caso; d) o dever da Administração de decidir expressamente os requerimentos; e) o dever da Administração de proferir decisões fundamentadas, analisando os pontos levantados pela parte; e, finalmente, f) o direito do administrado de fazer-se representar por profissional habilitado ao patrocínio de seus direitos.

O segundo aspecto erigido por Gordillo consiste no *direito de oferecer e produzir provas*, o qual, por igual forma, se expressa em uma série de pressupostos: a) o direito a que toda a prova razoavelmente requerida seja produzida, ainda que pela própria Administração (requisição de informações etc.); b) o direito a que a produção da prova seja efetuada antes que se profira decisão sobre o mérito da questão; e c) o direito de controlar a produção da prova feita pela Administração.

Estes dois requisitos, com os seus respectivos desdobramentos, dão, com efeito, conteúdo e materialidade à cláusula do devido processo legal, na medida em que possibilitam uma adequada proteção ao direito de defesa de que são titulares todos quantos se vejam constrangidos pela ação sancionadora do Poder Público.

De um lado, o prévio conhecimento, por parte dos contribuintes, do conteúdo das prestações cujo cumprimento lhes está sendo exigido constitui inafastável condição para validade do procedimento administrativo tributário. Tal necessidade, cujas raízes remontam ao Direito Romano — *nemo inauditus damnare potest* —, a par de *aquisição colada à personalidade humana*, para usarmos a forte expressão de Pontes de Miranda (*Comentários ao Código de Processo Civil*, 2ª ed., t. III, Rio de Janeiro, Forense, 1974, p. 200), diz respeito também à observância de outro princípio, como seja, o da boa-fé, que adquire, no campo do Direito Tributário, importante expressão na figura da espontaneidade tal como definida no art. 138 do CTN (como ensinava o saudoso Mestre Geraldo Ataliba: "É um princípio jurídico universal — decorrente do princípio da boa-fé — que a espontânea denúncia de uma irregularidade exclui a aplicação de toda e qualquer sanção administrativa" — "Princípios do procedimento tributário", in *Novo Processo Tributário*, São Paulo, Resenha Tributária, 1975, p. 34).

A seu turno, o direito à produção de provas apresenta-se intimamente relacionado com a própria eficácia do procedimento, devendo ser respeitado ainda quando não expressamente previsto, sem o quê não haverá como atender-se ao pressuposto essencial à formação de qualquer juízo, que consiste em "verificar se o suporte fático concreto contém as notas desenhadas no suporte fático abstrato" (cf. Lourival Vilanova, *Proteção Jurisdicional dos Direitos numa Sociedade em Desenvolvimento*, ed. OAB/SP, 1970, p. 43).

Conforme conduza a concepção que se tenha acerca da área de atuação do procedimento administrativo tributário, ou, ainda, em função de limitações de maior ou menor amplitude que, em aspectos subsidiários, possam ser estabelecidas, alguns dos meios de expressão dos requisitos citados poderão eventualmente variar em seu dimensionamento.

Todavia, sua substância deve, em todos os casos, ser preservada, sob pena de esvaziamento da cláusula do devido processo legal, disso resultando, conseqüentemente, sua imprestabilidade para tutela de direitos e sua ineficácia como garantia para a distribuição do "justo legal" (Seabra Fagundes).

### 3. A natureza da atividade exercida pelo Estado no processo administrativo tributário

A clássica concepção da divisão dos Poderes leva, *grosso modo*, a identificar os atos do Legislativo, Executivo e Judiciário, respectivamente, como de criação da norma jurídica, de sua aplicação concreta e de solução de litígios que eventualmente possam resultar de tal aplicação.

Todavia, conforme adverte o mesmo Seabra Fagundes:

"Enquanto o conceito de função legislativa decorre facilmente do contraste entre os fenômenos de formação do Direito e os de realização, o mesmo não sucede com o das funções administrativa e jurisdicional.

"Constitui um delicado problema doutrinário fixar, para cada uma destas, o conceito específico, pois que ambas, se prendendo à fase de realização do Direito, identificam-se como funções de execução" (*O Controle dos Atos Administrativos pelo Poder Judiciário*, 4ª ed., Rio de Janeiro, Forense, p. 18).

A crescente e complexa gama de atribuições cometidas ao Estado e, conseqüentemente, das funções que deve desempenhar — certamente *più di tre* (Maximo Severo Giannini) —, demonstra estarmos, atualmente, muito longe daquela idéia de que as competências atribuídas a cada um dos "Poderes" deveriam ser absolutas, impenetráveis, para o fim de assegurar-se, adequadamente, as liberdades políticas e civis dos cidadãos.

Na verdade, Legislativo, Executivo e Judiciário não representam, em si, "Poderes", mas sim "centros", ou órgãos, que exercitam o *poder estatal*, tendo em vista as funções *normais* e características que lhes são atribuídas e das quais tomam sua denominação.

Nesta linha de raciocínio pode-se perfeitamente estabelecer, seja no plano científico, seja diante da realidade do Direito Positivo, a possibilidade de cada um desses "centros" ou órgãos de exercício do poder estatal executar, concomitantemente, funções consideradas legislativas, executivas ou jurisdicionais.

#### *3.1 Características da denominada função administrativa*

A mais típica e, sob o ponto de vista quantitativo, provavelmente mais presente manifestação da atividade que se reconhece como peculiar ao órgão Executivo do Estado se expressa no exercício da chamada função administrativa.

Referindo-se concretamente às mais freqüentes manifestações resultantes do desempenho desta função, e após destacar sua variedade e complexidade, Renato Alessi assim as enumera: a execução da organização do próprio Estado; o zelo e manutenção da segurança e ordem públicas; a prestação de serviços inerentes às necessidades físicas, econômicas, morais e intelectuais da coletividade; a preordenação do desenvolvimento da jurisdição em relação a seus órgãos; a preparação dos meios adequados para a defesa externa do Estado; o provimento dos meios necessários para o desenvolvimento de todas as funções estatais etc. (*Instituciones de Derecho Administrativo*, 3ª ed., Barcelona, Bosh Casa Editorial, p. 9).

A função administrativa, em suma, consiste na aplicação concreta da lei, determinada por fatores ou razões de interesse ou utilidade pública.

### *3.2 A atividade judicante como modalidade peculiar de função administrativa*

A par desta função, entretanto, apresenta-se outro tipo de atuação exercida pela Administração Pública, que Rubens Gomes de Sousa denominou de administração "judicante", em contraste com a por ele qualificada como "ativa", que, na essência, não é outra senão a anteriormente tratada:

"A administração ativa tem por objeto a atuação concreta da vontade do Estado declarada abstratamente na lei. (...)

"Não visa fazer justiça nem declarar direitos, senão apenas efetivar coativamente a realização de uma função administrativamente regrada ou discricionária.

"(...)

"A administração judicante, ao contrário, tem por objeto solucionar, conforme o Direito, as controvérsias surgidas com os administrados em conseqüência do funcionamento da administração ativa" ("Revisão judicial dos atos administrativos em matéria tributária por iniciativa da própria Administração", *RDA* 29/441).

Diferem, assim, em pontos fundamentais: a administração ativa age em função do interesse público; a administração judicante visa aos interesses da ordem jurídica, estando, conseqüentemente, voltada para o restabelecimento da plenitude desta, mediante solução de controvérsias originadas entre as partes, pela lesão de direito.

Vejamos, agora, brevemente, quais são os mais relevantes traços desta atividade judicante.

Em primeiro lugar, seu exercício se dá em uma situação de conflito, surgida no processo de aplicação do Direito.

Releva notar que tal situação contenciosa é *instaurada não pela Administração Pública, mas sim pelo particular*, na medida em que este, valendo-se da existência do processo administrativo, opõe resistência à pretensão estatal, mediante o exercício de seu direito de defesa.

Voltando os olhos para o caso específico da atividade tributária do Estado, notamos que, enquanto o lançamento (função administrativa típica) é sempre de iniciativa do Poder Público (CTN, art. 142), o processo contencioso só pode ser instaurado pelo particular, "porque a este compete alegar o que entenda ser de seu direito, seja contraditando o lançamento de iniciativa do Fisco, seja alegando diretamente que não deve ser lançado, seja ainda pedindo restituição do que já tenha pago" (Rubens Gomes de Sousa, *Compêndio de Legislação Tributária*, Financeiras, p. 121).

Em segundo lugar, pela função judicante realiza-se trabalho de interpretação do direito controvertido, como *modo* de alcançar sua finalidade.

Do exercício dessa função, com efeito, resulta mais do que mero ato de aplicação da norma jurídica, mas sim a fixação de seu sentido no caso concreto.

É certo que a interpretação assim alcançada nem sempre será definitiva, pelo menos quando dela decorrer prejuízo ou dano a direitos de particulares. Porém, até mesmo este sentido de definitividade muitas vezes está presente na atividade ora considerada, embora sem revestir-se da solenidade da *res judicata*.

Por último, o objetivo da função judicante é remover uma situação contenciosa.

Este dado pode, também, ser apropriadamente invocado como um dos traços característicos da referida função, na medida em que se reconhece que, pelo menos em uma hipótese, o resultado de seu exercício implicará forçosamente a eliminação definitiva do conflito, como seja aquela em que *a própria Administração* admite a improcedência ou invalidade da prestação em um momento anterior imposta ao administrado, determinando, em conseqüência, seu cancelamento.

Por outro lado, ainda quando o oposto ocorrer, isto é, mesmo nos casos em que a decisão proferida for no sentido da confirmação da exigência formulada, o litígio poderá desaparecer pela satisfação voluntária da obrigação por parte do atingido.

Por certo que esta última possibilidade é aqui apresentada com um objetivo mais definido do que meramente o de aventar o óbvio.

A consideração especial que nos leva a formulá-la é a de que muitas vezes os Tribunais Administrativos, "pela sua especialização técnica, possuem melhores elementos do que as próprias instâncias judiciais para apreciar certas condições de fato, e os dados técnicos necessários ao pleno conhecimento da controvérsia" (Themístocles Cavalcanti, *Teoria dos Atos Administrativos*, 2ª ed., São Paulo, Ed. RT, p. 139).

### *4. O controle da constitucionalidade pelos Tribunais Administrativos*

Uma das mais incompreensíveis limitações que, em geral, ainda se auto-impõem os órgãos singulares ou coletivos encarregados, na esfera administrativa, do julgamento de questões tributárias diz respeito à recusa na consideração de questões constitucionais suscitadas pelos contribuintes.

Criticando esta postura, o saudoso Gilberto de Ulhôa Canto, com muita acuidade, observava que ela decorre de um engano fundamental e de um argumento superado:

"O engano consiste em supor que desse ato (decisão administrativa) decorrem os efeitos que a Constituição reserva para o pronunciamento dos Tribunais Judiciais pela maioria absoluta de totalidade dos seus membros.

"(...)

"O argumento é o de que o funcionário é subordinado ao Poder Executivo... (devendo, portanto) obediência ao seu Ministro ou ao Presidente da República" (*Do Processo Tributário Administrativo — Teoria do Direito Tributário*, ed. da Secretaria da Fazenda do Estado de São Paulo, p. 103).

Quanto ao primeiro ponto, é bem de ver-se que não se trata, em absoluto, de atribuir à decisão administrativa os mesmos efeitos da declaração judicial de inconstitucionalidade, mas apenas de levar em conta a hierarquia que as diversas espécies de normas têm dentro do sistema jurídico.

Esta consideração é inexorável, porque sua negativa conduz ao absurdo de aceitar-se que, dentro do processo administrativo tributário, a Constituição pode ser desconhecida ou, como se fosse mera coisa fungível, ser "substituída", "modificada" ou "revogada" por portarias, regulamentos e outros atos administrativos.

A seu turno — e quanto ao segundo ponto —, as próprias características da função exercida dentro do processo administrativo tributário (cf. item 3.2, *retro*) revelam, ao menos sob o ponto de vista conceitual, uma clara independência dos órgãos julgadores em relação a outros setores da Administração.

Para gáudio da ordem jurídica, a conquista desta consciência gradativamente está se fazendo presente. Exemplo significativo de tão generosa postura é relatado por Celso Alves Feitosa, Juiz do Tribunal de Impostos e Taxas de São Paulo, ao assinalar que o Plenário dessa Corte, por esmagadora maioria, já assentou sua plena competência para julgar a ilegitimidade de norma inferior em face do texto da Constituição ("A crescente formalização do processo administrativo fiscal, sua transformação e conseqüências", in *Processo Administrativo Fiscal*, v. 3º, São Paulo, Dialética, p. 41).

Ademais, são reiterados os pronunciamentos — tanto do Poder Judiciário quanto da própria Consultoria-Geral da República — com respeito à faculdade reconhecida ao Executivo (*lato sensu*) de, espontaneamente, deixar de cumprir lei por considerá-la inconstitucional, assegurando-se aos eventuais prejudicados, como não poderia deixar de ser, pleno acesso à jurisdição (Gilberto de Ulhôa Canto, ob. e loc. cits.).

Esta compreensão é essencial, porque somente com a sua adoção é que se poderá atender ao propósito maior de possibilitar ao administrado, no âmbito do processo administrativo tributário, o exercício de seu direito de defesa nas dimensões em que, mesmo fora do Judiciário, a Constituição admite e assegura.

Como já se afirmou, "todo o Direito Administrativo é constituído em torno do binômio *prerrogativas da Administração/garantias do administrado*" (Garrido Falla).

Disto decorre que interesse público e direitos fundamentais não são conceitos antagônicos ou incompatíveis, mas, sim, valores igualmente prestigiados pela ordem jurídica — e, portanto, valores jurídicos —, que, como tais, se integram e harmonizam.

DOUTRINA

# RESPONSABILIDADE CIVIL POR IMPROBIDADE ADMINISTRATIVA

ANTONIO JOSÉ DE MATTOS NETO

**Doutor em Direito pela Universidade de São Paulo – Especialista em Direito Privado pela Universidade Federal do Pará – Professor de Direito Agrário no Mestrado da Universidade Federal do Pará – Membro da União Mundial de Agraristas Universitários-UMAU, com sede em Pisa (Itália) – Membro Fundador da Academia Paraense de Letras Jurídicas – Advogado – Procurador da Fazenda Nacional**

## *1. Delimitação da problemática*

No exercício de seu cargo, emprego ou função, o agente público pode cometer ilícitos que impliquem em infrações de três ordens: criminal, civil e administrativa. Todas com as devidas conseqüências legais.

O âmbito de investigação a que nos propusemos é circunscrita à questão da responsabilidade civil do agente público ou de terceiro por ato ímprobo perante a Administração Pública. Para o objeto de nossa pesquisa não interessa, pelo menos diretamente, as sanções penais e administrativas da improbidade administrativa. Nosso campo de atuação é, repetimos, a responsabilidade civil do ato ímprobo.

Nesse sentido, a legislação básica específica a considerar é a Lei da Improbidade Administrativa, Lei 8.429, de 2.6.92, que dispõe sobre as sanções aplicáveis aos agentes públicos nos casos de enriquecimento ilícito no exercício do mandato, cargo, emprego ou função na Administração Pública direta, indireta ou fundacional.

Assim, é tomando por base tal legislação e como ponto nuclear do estudo a responsabilidade civil que discorremos sobre o ato ímprobo.

## *2. O princípio da moralidade administrativa na CF*

O princípio da probidade administrativa é corolário do princípio da moralidade. Por isso, exige-se que se averigúe, ainda que *en passant*, qual o significado do princípio da moralidade administrativa em nossa ordem jurídica.

A moralidade administrativa, segundo Maurice Hauriou, que foi o sistematizador do conceito, não se constitui na *moral comum,* mas na *moral jurídica*, entendida como "o conjunto de regras de condutas tiradas da disciplina interior da administração".[1] Explica o administrativista francês que o agente público, de acordo com o ordenamento jurídico, deve distinguir entre o lícito e o ilícito, o legal e o ilegal, o justo e o injusto, o conveniente e o inconveniente. Mas também, tendo por base a relação humana, deve traçar a linha divisória entre o bem e o mal, o honesto e o desonesto, de tal sorte que o conteúdo jurídico de suas

1. *Apud* Hely Lopes Meirelles, *Direito Administrativo Brasileiro*, 18ª ed. São Paulo, Malheiros Editores, 1990, p. 83 (atual. por Eurico de Andrade Azevedo, Délcio Balestero Aleixo e José Emmanuel Burle Filho).

decisões não pode dissociar-se do alinhamento ético. E o ato administrativo deve ter por base não somente a lei jurídica, como igualmente a lei ética, até mesmo porque nem tudo que é legal é honesto, conforme já dito desde os romanos.[2]

Hodiernamente, tem-se que o ato administrativo para ser considerado consentâneo com a moralidade jurídica deve estar de acordo com a lei, e não ofender a moral pública, os bons costumes, as regras da boa-fé, os princípios de justiça e eqüidade, a idéia comum de honestidade.

Sinteticamente, nas palavras de Hauriou, a moral administrativa é imposta ao agente público por sua conduta interna, de acordo com as exigências da instituição a que serve e a finalidade do bem comum.[3]

Em homenagem a tal ética administrativa, a Constituição Federal de 88, art. 37, *caput*, elegeu o princípio da moralidade administrativa como uma das regras gerais norteadoras da Administração Pública brasileira.

Para dar efetividade ao princípio ético, o § 4º do referido dispositivo constitucional consagra o princípio da probidade administrativa.

No afã de traçar a diferença conceitual entre moralidade administrativa e probidade, Marcelo Figueiredo, em estudo pioneiro sobre probidade administrativa, doutrina que ambas são condutas e institutos diversos, sendo que o princípio da moralidade administrativa é de alcance maior e mais genérico conformando a todos os poderes e funções do Estado uma atuação conforme o padrão jurídico da moral, da boa-fé, da lealdade, da honestidade, enquanto que o princípio da probidade está exclusivamente vinculado ao aspecto da conduta (do ilícito) do administrador. Mencionado administrativista leciona que a probidade, desse modo, seria o aspecto "pessoal-funcional" da moralidade administrativa.[4]

### 3. *O princípio da probidade administrativa no ordenamento jurídico*

Estamos com Marcelo Figueiredo que entende ser o princípio da probidade espécie do gênero moralidade administrativa. E a figura central da probidade, no Direito Positivo brasileiro, é o enriquecimento ilícito.[5]

Enriquecimento ilícito ou locupletamento sem causa vai buscar seus fundamentos nos princípios clássicos e universais romanos do *suum cuique tribuere* (a cada um o que é seu) e do *neminem laedere* (não lesar a ninguém), constituindo em operação que empobreça injustamente outrem, sem qualquer razão jurídica.

Os atos de improbidade administrativa têm sanção prevista na CF e são de ordem política, administrativa e patrimonial (art. 37, § 4º). Em obediência a este princípio estrutural ético, a legislação infraconstitucional dispõe norma de conduta que requer do administrador, enquanto tal, atos leais e honestos perante a Administração Pública. Assim, o Regime Jurídico Único dos Servidores Civis Públicos da União (Lei 8.112/90), o Regime Jurídico Único dos Servidores Civis Públicos do Estado do Pará, impõem conduta proba ao agente público. E o sistema jurídico abraça medidas jurisdicionais que coíbem o ato ímprobo, a exemplo da ação popular.

Contudo, é com a Lei 8.429/92 que o Direito brasileiro veio conhecer a sistematização jurídica sobre improbidade administrativa.

2. Idem, ibidem, p. 84.
3. Idem, ibidem, p. 84.
4. Marcelo Figueiredo, *Probidade Administrativa: Comentários à Lei 8.429/92 e Legislação Complementar*, São Paulo, Malheiros Editores, 1995, p. 20.
5. Idem, ibidem, p. 15.

Do conteúdo da lei, ou melhor, de suas regras fundantes, extrai-se que o princípio da probidade administrativa é norma superior e exige do agente público e de terceiros atos honestos e leais para com a Administração Pública.[6]

Observe-se, assim, que o legislador, em respeito ao constituinte, no seu ditame axiológico, sobrelevou o valor ético-jurídico, a ponto de, na interpretação sistemática entre a Constituição e a lei, verificar-se que se um ato ainda que não cause dano material à administração, ou mesmo não resulte em enriquecimento ilícito, ainda assim, é considerado ímprobo se ofender ao princípio da probidade e, *ipso facto, o* da moralidade.

Vejamos quais condutas ou atos a ordem jurídica brasileira considera ímprobos, nos termos da Lei 8.429/92, não sem antes verificarmos quais são os sujeitos que praticam a ação ilícita.

### *4. Sujeito ativo da ação de improbidade*

Sabiamente, a Lei 8.429/92 estendeu seus tentáculos de abrangência a toda e qualquer pessoa que se envolva com a Administração Pública, inclusive que dela não faça parte, mas se beneficie, ainda que tergiversamente, da ação imoral.

Assim, o art. 1º, *caput*, inicia dispondo quem pode praticar o ato. E o art. 2º define, especificamente, o conceito legal de agente público. A conjugação desses dispositivos resulta na interpretação de que podem praticar o ato ímprobo a seguinte classe de pessoas:

*a*) os servidores públicos das entidades públicas. Entendendo-se por servidor público, o estatutário, o celetista ou os remanescentes de regimes pretéritos, e por entidade pública a Administração direta, autarquia e fundação pública;

*b*) servidores públicos celetistas dos entes governamentais privados, tais como fundações governamentais privadas, sociedades de economia mista e empresas públicas;

*c*) contratados, particulares exercendo provisoriamente funções estatais, sem vínculo profissional, a saber: representações da sociedade civil em conselhos ou comissões de licitação, jurados, mesários em eleição etc.;

*d*) agentes políticos, obedecidas as disposições constitucionais;

*e*) eleitos, nomeados, designados, contratados temporários, empregados, enfim, toda e qualquer sorte de gente que se relacione diretamente com a administração.[7]

Pretendendo a lei cercar-se de todas as formas de abrangência da administração da coisa pública, no parágrafo único do art. 1º fez incluir que também é ato de improbidade o praticado contra o patrimônio de entidade que receba subvenção, benefício ou incentivo fiscal ou creditício, de órgão público, bem como daquelas para cuja criação ou custeio o Erário haja concorrido ou concorra com mais de cinqüenta por cento do patrimônio ou da receita anual.

E como a lei, de fato, quer proteger os recursos públicos em seu mais amplo espectro e modalidades, considerou no art. 3º que subjugados às suas regras estão também terceiros que não agentes públicos, mas que induzam ou concorram para a prática de ato de improbidade, ou dele se beneficiem sob qualquer forma, direta ou indiretamente. Graças a este dispositivo, todo aquele que não esteja incluído na definição de agente público dos arts. 2º e 1º, e seu parágrafo único, mas que direta ou indiretamente seja beneficiado com a ação ilícita, pode ser enquadrado nos termos da Lei de Improbidade.[8]

Note-se que o servidor ou agente público é quem é o autor do ato estatal lesivo,

6. Juarez Freitas, "Do princípio da probidade administrativa e de sua máxima efetivação", *RDA* 204(65-84), abr.-jun./96, pp. 70-71.

7. Marcelo Figueiredo, ob. cit., p. 23.

8. Idem, ibidem, p. 27.

pois é ele quem dispõe dos meios e condições para tanto. O terceiro, ou particular, induz ou concorre para a prática do ato administrativo imoral – é um co-partícipe.[9]

A boa hermenêutica recomenda que tais dispositivos legais sejam conjugados com o art. 70 da *Lex Mater*, resultando daí que qualquer pessoa física ou entidade pública que utilize, arrecade, guarde, gerencie ou administre dinheiros, bens ou valores públicos ou pelos quais a União responda, ou que, em nome desta, assuma obrigações pecuniárias, igualmente estão alcançados pelo império da Lei de Improbidade.

Passemos, então, às espécies de improbidade.

## 5. *Espécies legais de improbidade administrativa*

Antes, curial que se diga que a Lei 8.429/92 é provida de conceitos indeterminados e ambíguos para cuja avaliação teleológica da norma exige do intérprete a incessante busca de paradigmas superiores, como os princípios gerais da Administração Pública.

Nesse diapasão, o intérprete aquilata a gradação axiológica e princípios hierarquizados, dentro do contexto significante da lei e do sistema normativo, extraindo o valor jurídico tutelado por ordem jurídica.

Diante desta postura, vejamos os atos ímprobos.

Em arremedo ao *tipo* penal, a Lei 8.429/92 criou o, poderíamos dizer, tipo administrativo ou tipo de improbidade. A lei classifica e define três espécies de atos de improbidade: *a*) os que importam em enriquecimento ilícito (art. 9º); *b*) os que causam prejuízo ao Erário Público (art. 10); e *c*) os que atentam contra os princípios da Administração Pública (art. 11).

Iniciemos pelos atos que importem em enriquecimento ilícito.

9. Idem, ibidem, p. 27.

Segundo o art. 9º, *caput*, há o enriquecimento ilícito quando o agente auferir qualquer tipo de vantagem patrimonial indevida em razão de seu vínculo com a Administração Pública. Marcelo Figueiredo alerta que a expressão da lei *vantagem patrimonial* não significa apenas seu caráter econômico, mas se refere inclusive a aspectos da moralidade administrativa, no seu sentido ético ao se analisar a licitude da conduta.[10]

No art. 9º, a lei enumera doze incisos que capitulam específicas maneiras de enriquecimento ilícito. Enfadonho seria elencá-las. Entretanto, chama atenção a prevista no inciso VII, segundo a qual é ato de improbidade "adquirir, para si ou para outrem, no exercício de mandato, cargo, emprego ou função pública, bens de qualquer natureza cujo valor seja desproporcional à evolução do patrimônio ou à renda do agente público".

Nessa norma, consagra-se o aumento patrimonial injustificado, em que há desproporção entre as rendas e rendimentos auferidos pelo agente público e sua respectiva capacidade de adquirir bens.

A fim de que se possa aquilatar objetivamente o acréscimo patrimonial ilegal, a Lei de Improbidade, no art. 13, condiciona a posse e o exercício do agente público à apresentação de declaração, anualmente atualizada, dos bens e valores que compõem seu patrimônio privado. Não bastasse, a Lei 8.730/93 estabelece a obrigatoriedade da declaração de bens e rendas, com indicação de suas fontes, para o exercício de cargos, empregos e funções nos Poderes Executivo, Legislativo e Judiciário.

Sobre o assunto, Hely Lopes Meirelles leciona que, nesta hipótese de improbidade, há inversão do ônus da prova, pois o enriquecimento ilícito é presumido. Desta feita, cabe ao agente público a prova da licitude do acréscimo patrimonial, indican-

10. Idem, ibidem, p. 37.

do a origem dos recursos necessários à aquisição.[11]

A outra acepção de atos de improbidade são os que causam prejuízo ao Erário Público, capituladas no art. 10 e seus treze incisos. O *caput* da referida regra consigna como ato de improbidade o que resulta prejudicial ao Erário quando o sujeito, por ação ou omissão, dolosa ou culposa, enseja perda patrimonial, desvio, apropriação, malbaratamento por desaviso ou negligência, ou dilapidação dos bens ou haveres das entidades públicas.

Em geral, o ato de locupletamento sem causa gera lesão ao Erário. No entanto, é possível haver enriquecimento ilícito sem prejuízo patrimonial ao Erário. Imagine-se a hipótese do servidor que recebe presente para dar andamento célere ao requerimento do administrado. Nesse caso, não há lesão patrimonial ao Erário, mas tão-só a lesão moral, também prevista no dispositivo em comento.[12] A *voluntas legis* é evitar e coibir qualquer tipo de lesão ao Tesouro Público.

Por sua vez, a terceira classe de improbidade correspondc aos atos que atentam contra os princípios da Administração Pública. O art. 11 da lei em apreço estatui que constitui improbidade atentatória contra os princípios reitores da Administração Pública qualquer ação ou omissão que viole os deveres de honestidade, imparcialidade, legalidade e lealdade ao interesse público. Em sete incisos, arrola outras condutas que, especificadamente, também ofendem aqueles princípios básicos.

Na lição de Celso Antônio Bandeira de Mello os princípios constitucionais brasileiros estão expressos ou implícitos no bojo legislativo. São expressos os da legalidade, impessoalidade, moralidade, publicidade; implícitos são os que, embora não expressamente consagrados em lei, estão abrigados no sistema jurídico nacional, tal como sói com o princípio da supremacia do interesse público sobre o interesse privado, o princípio da finalidade, o princípio do controle judicial dos atos administrativos, o princípio da razoabilidade.[13]

O texto legal peca por falha técnica, ao confundir os princípios de imparcialidade e legalidade com os deveres funcionais de honestidade e lealdade. Registre-se que o pecado técnico é tanto maior quando se observa que a própria lei, no seu art. 4º, reconhece explicitamente a legalidade e a impessoalidade como princípios vetores da Administração Pública.

Entretanto, infere-se a *ratio legis:* quer a lei cometer responsabilidade ao agente desonesto e desleal para com a Administração Pública, maculando, assim, o princípio da probidade administrativa.[14]

Em perspicaz e inteligente tirocínio, Juarez Freitas giza que o art. 11 e suas hipóteses ilustrativas dizem respeito ao dano moral perpetrado contra a Administração Pública brasileira.[15] Com efeito, os tipos descritos no mencionado dispositivo legal atentam desarrazoadamente contra o conteúdo ético, extrapatrimonial, numa palavra – probo – que deve nortear a conduta do administrador brasileiro.

### *6. A responsabilidade civil pelo ato ímprobo*

Os atos de improbidades dentre outros efeitos, gera a responsabilidade civil.[16] Isto

11. Hely Lopes Meirelles, *Direito Administrativo Brasileiro,* 18ª ed., São Paulo, Malheiros Editores, 1993, p. 422. Juarez Freitas não concorda com as teses da culpa presumida e inversão do ônus da prova, nem mesmo nos atos de improbidade que afetem direitos do usuário de serviços públicos abrangidos pelo Código de Defesa do Consumidor (v. Juarez Freitas, ob. cit., pp. 74-75).

12. Marcelo Figueiredo, ob. cit., p. 49.

13. Celso Antônio Bandeira Mello, *Curso de Direito Administrativo*; Marcelo Figueiredo, ob. cit., p. 59.

14. Juarez Freitas, ob. cit., p. 78.

15. Idem, ibidem, p. 67.

16. Curiosamente, o art. 12 da Lei 8.429/92 estabelece que "independentemente das sanções penais, civis e administrativas, previstas na legislação específica, está o responsável pelo ato de improbi-

significa dizer que o patrimônio do agente responde pelo dano material e/ou moral que causar à Administração Pública. Afinal, "os bens do responsável pela ofensa ou violação do direito de outrem ficam sujeitos à reparação do dano causado;" (art. 1.518 do Código Civil).

A base legal da responsabilidade civil está no art. 150 do Código Civil que consagra um verdadeiro princípio de que todo aquele que causa prejuízo a outrem está obrigado a reparar.

Desta regra universal, infere-se que o ilícito civil é formado pelos seguintes elementos indispensáveis: ação ou omissão antijurídica, culpa ou dolo, relação de causalidade entre a ação ou omissão e o dano, e a existência de dano. Ocorrendo a existência de todos esses fatores, há o ilícito civil.

A configuração do ilícito civil independe do administrativo e do penal, bem assim suas conseqüências. Portanto, as responsabilidades civil, penal e administrativa são independentes e podem ser apuradas conjunta ou isoladamente. A condenação criminal, entretanto, importa o reconhecimento das duas outras implicações, a teor do normatizado no art. 1.525 do Código Civil, posto que não se pode questionar sobre a existência do fato, ou quem seja seu autor, quando estas já se acham decididas no âmbito penal. Por outra via, a sentença penal absolutória não negando a existência do fato ou sua autoria, limitando-se a considerá-lo atípico, não elide a responsabilidade civil.

Na Lei 8.429/92, conforme já expendido, o ato ímprobo pode causar, e geralmente causa, dano material ao Erário, mas também pode gerar lesão de cunho moral contra a Administração, porque o agente foi desleal ou desonesto para com o Poder Público.

dade sujeito às seguintes cominações:...". Da dicção legal, conclui-se que há também sanções por improbidade, consoante pressuposto por Marcelo Figueiredo (ob. cit., p. 67).

Nesse sentido, é intuitivo dizer que a recomposição do ilícito deve ser feita por dano patrimonial e extrapatrimonial. A indenização ao Poder Público imbrica reparação civil de dano material e/ou moral.

Nos termos da lei em comento, tem *legitimatio ativa ad causam* para ingressar com a ação civil de indenização do dano o Ministério Público ou a pessoa jurídica interessada (arts. 16 e 17), podendo requerer, preparatória e acauteladamente, o arresto de bens do agente público ou terceiro que tenha enriquecido ilicitamente ou causado dano ao patrimônio público, podendo o pedido incluir a investigação, o exame e o bloqueio de bens, contas bancárias e aplicações financeiras mantidas pelo indiciado no território nacional ou, mesmo, no exterior, segundo a lei e tratados internacionais.

Observe-se que a lei literalmente denomina a medida acautelatória como sendo seqüestro, e não arresto. É um equívoco legal, eis que o seqüestro visa, especificamente, garantir a entrega de coisa determinada, enquanto que o arresto é a constrição a todo e qualquer valor ou bem capaz de assegurar o êxito da execução forçada por quantia certa contra devedor solvente, que é o ponto final natural para onde desaguará a ação civil em tela.[17]

Outra medida cautelar prevista em lei, é a disposta no art. 7º, aplicada nos casos de enriquecimento ilícito ou lesão ao patrimônio público: a indisponibilidade dos bens do indiciado. Entende a melhor doutrina que a indisponibilidade de bens, como medida cautelar inominada que é, tem por finalidade a proibição de alienar, negociar, transacionar, dispor de bens e valores, sendo medida anterior ao arresto, que a lei equivocadamente chama seqüestro, este, medida cautelar nominada, visa a apreensão da coisa litigiosa, certa e determinada, entregue a um depositário. A indisponibilidade é dos bens genericamente considerados, enquanto que o arresto é de um bem

17. Juarez Freitas, ob. cit., p. 81.

específico e requerido toda vez que houver fundados indícios de responsabilidade.

O foro competente é o cível da justiça federal ou comum, dependendo se tenham sido afetados bens, serviços ou interesses da União, suas autarquias, empresas públicas etc., ou não.

No que pertine a ação competente para ressarcimento do dano, Marcelo Figueiredo propõe ação autônoma, denominando "ação civil de reparação de dano" causado pela improbidade, entendendo que a ação civil pública não se mostra viável para os fins ressarcitórios, justificando que o objeto da ação civil pública é a condenação em dinheiro ou o cumprimento da obrigação de fazer ou não fazer (art. 3º, Lei 7.347/85) e tem raio da ação menor que o objeto da ação de reparação por ato de improbidade. Ratifica seu posicionamento declarando que "previsão específica da presente lei, que contempla e inaugura uma nova ação".[18]

De nossa parte, entendemos que tal concepção não deve ser tomada pacificamente porquanto a CF, art. 129, ao consignar as funções institucionais do Ministério Público, no inciso III, outorga competência para o *Parquet* promover ação civil pública para proteção do patrimônio público e social, dentre outros bens e valores. No entanto, ao se recorrer à Lei 7.347/85, de fato, não prevê expressamente a proteção ao patrimônio público, mas apenas aos interesses difusos e coletivos lá estampados, dentre outros. E, convenhamos, seria o legislador infraconstitucional extremamente desidioso e negligente se deixasse de contemplar expressamente tão relevante interesse público – o patrimônio – na regulamentação da ação civil pública. Ademais, a própria jurisprudência é conflituosa sobre a matéria. Vejamos abaixo:

"Para se obter a restituição ao Erário Público Municipal de dinheiro desviado por prefeito, a via processual cabível é a ação popular e não a ação civil pública, porquanto a primeira visa à declaração de nulidade ou à anulação dos atos lesivos ao patrimônio público e à moralidade administrativa, e a segunda destina-se à proteção de determinados direitos e interesses difusos ou coletivos previstos em lei específica" (*RT* 716/253).

"Conflito de competência. Ação contra prefeito municipal. Danos ao patrimônio público. Competência da Justiça comum do Estado e não da Justiça Eleitoral. Tratando-se de ação civil pública ajuizada pelo representante do Ministério Público contra o prefeito municipal no pleno exercício das suas funções, para as quais foi regularmente eleito, sob a acusação de estar fazendo promoção pessoal, utilizando-se dos recursos públicos, a competência é da Justiça Estadual. Uma vez exaurida a competência da Justiça Eleitoral, com a diplomação dos eleitos, a matéria não é mais de caráter eleitoral, mas de ordem administrativa, sendo os atos, que buscam reparação de danos causados ao patrimônio público, praticados pelo administrador e não por candidatos" (CComp 3.170-8-CE, rel. Min. Hélio Mosimann).

O conflito jurisprudencial está decididamente instalado.

De qualquer sorte, se o Ministério Público não atuar como parte, deve intervir obrigatoriamente como *custos legis* (art. 17, § 4º da Lei 8.429/92).

Esclareça-se que além da legitimação processual conferida às instituições referidas, prossegue incólume o acesso democrático à justiça de qualquer cidadão para propor ação popular que vise anular ato lesivo à moralidade administrativa (CF, art. 5º, LXXIII).

As penalidades por ato de improbidade estão previstas no art. 12 da Lei 8.429/92.

De início, interessante gizar que a lei anuncia que "independentemente das sanções penais, civis e administrativas, previstas na legislação específica, está o responsável pelo ato de improbidade sujeito às seguintes cominações".

18. Marcelo Figueiredo, ob. cit., p. 91.

Por esta dicção, óbvio que além das penalidades cominadas nos incisos do artigo legal, ao responsável pelo ato ímprobo pode ser infligida outra sanção civil, prevista em lei específica. Ocorre que, conforme veremos a seguir, a própria Lei de Improbidade é plena de sanção de natureza civil, ou seja, de jaez indenizatório. Como a lei não contempla antinomia, sendo apenas aparente a contradição, e, por outro lado, em homenagem ao princípio da proibição do *bis in idem,* interpreta-se sistematicamente a norma no sentido de que se for o caso de ingresso com ação de indenização por danos e o órgão legitimado a tanto não o fizer, o outro legitimado tem o poder legal de requerer a sanção civil competente em lei específica.

Para os atos de improbidade que importam em enriquecimento ilícito, o art. 12, I, dentre outras penas de naturezas diversas, impõe como sanção civil a perda dos bens ou valores acrescidos ilicitamente ao patrimônio, o ressarcimento integral do dano, quando houver, e o pagamento de multa civil de até três vezes o valor do acréscimo patrimonial.

Diga-se, logo, que tais sanções, bem assim as demais deste inciso e as outras previstas nos demais incisos para outras classes de ato de improbidade, podem ser aplicadas isolada ou cumulativamente, pelo juiz. O juízo de convicção do julgador sereno, imbuído do espírito de razoabilidade e proporcionalidade de inflição da pena à conduta ilícita, discricionariamente determinará a penalidade ou penalidades adequadas ao caso. E tanto assim deve ser que o parágrafo único do art. 12 prevê que para eleição da pena e sua dosimetria, o juiz deve levar em conta a extensão do dano e o proveito patrimonial logrado pelo agente. O caso concreto vai determinar qual pena ou quais penas serão aplicadas, bem como sua quantidade, cuja inflição dependerá da gravidade do fato, da conduta do agente, do grau de culpa, de seu passado funcional, da análise do dano e sua extensão etc.[19]

19. Marcelo Figueiredo, ob. cit., p. 77.

O ressarcimento integral do dano é efeito que a lei não dispensa, em hipótese alguma, toda vez que o agente público ou terceiro promover lesão ao patrimônio público por ação ou omissão, dolosa ou culposa. Literalmente assim determina a Lei de Improbidade no seu art. 5º.

A condenação civil independe da criminal, pois as sanções são independentes. Conseqüentemente, não há necessidade de se aguardar a condenação criminal, que pode até inexistir, mas, ainda assim, a pessoa jurídica interessada tem direito a pleitear recomposição integral do dano, se houver.

Se o enriquecimento ilícito for praticado contra o patrimônio de entidade que recebe subvenção, benefício ou incentivo, fiscal ou creditício, do Poder Público ou entidade custeada pela Erário, a sanção patrimonial é restrita à repercussão do ilícito sobre a contribuição dos cofres públicos (art. 1º, parágrafo único, *in fine*).

Havendo enriquecimento ilícito, em qualquer das formas do art. 9º, o agente ímprobo ou o terceiro beneficiário perde os bens ou valores acrescidos ilegalmente ao seu patrimônio (art. 6º, Lei 8.429/92). A perda desses bens e valores é dada por sentença judicial transitada em julgado que reconheça a prática do ato contrário à moralidade pública. Mas, se houver ameaça ou fundado receio da transferência desses bens e valores para terceiros, dificultando a ação protetiva do patrimônio público, a lei, conforme visto, oportuniza o legitimado a lançar mão de medidas cautelares (nominadas ou inominadas).

Prevê a lei que a Fazenda Pública deve promover ação necessária à complementação do ressarcimento do dano patrimonial público. A *ratio legis* é que, pelo sistema da lei, se os legitimados para ingressarem com ação civil de indenização não obtiverem o ressarcimento integral, a Fazenda Pública, por meio de instrumentos administrativos e jurisdicionais adequados, perseguirá a complementação.

A multa civil é sanção pecuniária por ofensa ao princípio da probidade administrativa, cujo parâmetro legal é o valor do acréscimo patrimonial havido com a conduta ilícita.

Para os atos de improbidade que causam prejuízo ao Erário Público, o art. 12, II, inflige como sanção civil o ressarcimento integral do dano, quando houver, a perda dos bens ou valores acrescidos ilicitamente ao patrimônio, se concorrer esta circunstância, e o pagamento da multa civil de até duas vezes o valor do dano, além de outras penas de cunhos diversos.

Observe-se que as cominações previstas para esta classe de atos de improbidade são exatamente as mesmas da classe anterior, com as ressalvas de que a multa é quantitativamente menor.

Frise-se, uma vez mais, que a indenização do dano engloba também o ressarcimento do dano moral, nos mesmos moldes que o ilícito por enriquecimento injustificado.

Adverte Juarez Freitas que a lei, neste passo, uma vez mais equivocou-se ao aplicar a perda de bens e valores acrescidos ilicitamente ao patrimônio, posto que se tal sucedesse, em boa técnica, estar-se-ia perante ato de improbidade por enriquecimento ilícito, e não improbidade por causar dano ao Erário. Entretanto, pela interpretação sistemática, o mandamento sancionador legislativo remanesce incólume.[20]

Ainda sobre este ato ímprobo, a lei faz acrescentar a expressão "se concorrer esta circunstância", inexistente quando do tratamento da improbidade por enriquecimento ilícito. A diferença se faz necessária porque nas condutas ímprobas por locupletamento sem causa, previstas no art. 9º, pressupõem ofensa direta e frontal à boa administração, à moralidade pública.[21]

Finalmente, para a terceira espécie de atos de improbidade, o art. 12, III, comina as penalidades civis de ressarcimento integral do dano e pagamento da multa de até cem vezes o valor da remuneração percebida pelo agente público.

Trata-se aqui de sanções ao dano especificamente moral contra a Administração Pública, tendo em vista que o ato violou os deveres de honestidade e lealdade do administrador para com a Administração. As penas são as mesmas, com pequenas variações. A multa civil já está estipulada em lei, e para Juarez Freitas constitui a punição certa ao dano imaterial, uma vez que o ato de improbidade quase sempre traz prejuízo material para a Administração, e quanto a este dano, a lei prevê o ressarcimento integral. Por essa via de raciocínio, continua aquele jurista, a reparação dos danos morais há de ser pleiteada nos lapsos prescricionais do art. 23, I e II da Lei 8.429/92, enquanto que a ação de indenização integral do dano material ao Tesouro é imprescritível, nos moldes constitucionais inseridos no art. 37, § 5º, da CF.[22]

A Lei de Improbidade sistematiza a punição ao ato ímprobo de forma independente da ocorrência efetiva de dano material e da aprovação ou rejeição das contas pelos órgãos de controle interno ou externo (art. 21, Lei 8.429/92).

De resto, digno de nota é que a Lei de Improbidade no art. 8º, estatui que o sucessor *causa mortis* daquele que causar dano ao patrimônio público ou se enriquecer ilicitamente fica subjugado às cominações da referida lei até o limite do valor da herança.

Finalmente, quanto à base teórica da responsabilidade do agente público ou terceiro perante a Administração Pública por ato de improbidade, a nosso ver, é fundamentada nos termos da legislação civil comum. Não se trata aqui da responsabilidade da Administração Pública perante seus administrados, como previsto no art. 37, § 6º, da Carta Magna, cujo fundamento teórico é indubitavelmente objetivo. No mo-

20. Juarez Freitas, ob. cit., p. 77.
21. Marcelo Figueiredo, ob. cit., p. 76.
22. Juarez Freitas, ob. cit., p. 79.

mento, tratamos da responsabilidade do administrador ou terceiro perante o Tesouro Público, e como tal perquire-se a culpa.

### 7. À guisa de conclusão

A Moral e o Direito sempre andaram *pari passu* na normatização das relações humanas. A regra jurídica, positivada ou não, apresenta conteúdo ético, o mínimo possível, pelo menos.

O Direito brasileiro não foge à regra. Entretanto, a partir da CF/88, o primado axiológico da moral passou a ser expressamente norma orientadora dos valores cultuados pela sociedade brasileira.

Dentro deste enquadramento ideológico-jurídico, o constituinte ressaltou sobremaneira a questão moral, ética. Assim, é que pela primeira vez no Direito Positivo brasileiro ficou consagrado explicitamente a tutela ao dano moral, independente do dano material, inclusive como um direito fundamental do homem brasileiro.

Nesse sentido, a Administração Pública brasileira também passou a ser eticizada expressamente. Por isso é que está contemplado o princípio da moralidade pública e seu corolário princípio da probidade como norteadores da Administração Pública nacional.

Para concretização efetiva dessas normas é que o legislador fez editar a Lei 8.429, de 2 de junho de 1992.

E, nesta lei, indene de dúvidas, a novidade mor está, ainda, no aspecto ético. O legislador infraconstitucional plasmou, definitivamente, o dano moral contra a Administração Pública. Nesse contexto, ainda que não haja prejuízo econômico-patrimonial ao Erário, ainda assim, se houver prejuízo moral, o ofensor é penalizado.

DOUTRINA

# REFLEXÕES SOBRE O PAPEL DO ESTADO FRENTE À ATIVIDADE ECONÔMICA

FRANCISCO DE QUEIROZ BEZERRA CAVALCANTI
Professor Adjunto da Faculdade de Direito da UFPE
– Juiz Federal

Utilizando-se como referencial os dois últimos séculos, ver-se-á a variação de postura do Estado frente aos fenômenos que compõem a vida econômica. Sem descer a detalhes, ou às peculiaridades dos mais variados sistemas e adotando como universo, basicamente, o Ocidente, pode-se afirmar que o século passado e o início do corrente século caracterizaram-se pela atitude abstencionista do Estado frente à vida econômica. Na segunda década deste século, motivada sobretudo pelos fatos ocorridos na Rússia, com a adoção de um sistema econômico estatizante, vitorioso com a revolução de 1917, a doutrina, quer como síntese, quer como contraposição ao novo sistema, começou a defender a participação do Estado na ordem econômica e social, a abandonar a conduta de mero gendarme de direitos e obrigações, passando a ter ativo papel na vida econômica e social. Apresenta-se como primeiro fruto dessa nova postura, a Constituição de Weimar [não se deve, entretanto, olvidar que a Constituição mexicana, de 1917, já continha uma ordem econômica explícita]. Como lembram A. Santos, Maria Eduarda Gonçalves e Maria Manuel Leitão Marques, com essa nova postura "a ordem constitucional da economia passa a servir não só para garantir o livre funcionamento do mercado (o princípio da auto-regulação, típico das constituições liberais) mas também para enunciar formas de hetero-regulação necessárias ao seu equilíbrio. Consagra, ainda, outros direitos (p. ex.: dos trabalhadores, dos consumidores, ao meio ambiente) e impõe obrigações ao Estado relativas à sua efetivação".[1] Esse modelo de Estado intervencionista desenvolveu-se, como padrão básico, em praticamente toda a Europa ocidental e nos Estados que usualmente a adotam como paradigma, o que ocorre, dentre outros, com os Estados latino-americanos. Exemplos dessa concepção, com algumas variações fruto de momentos históricos, são as Constituições brasileiras de 1934 e as subseqüentes, quer em períodos ditos autoritários, como as de 1937, de 1967 e a EC n. 1/69, quer em períodos de maior liberdade democrática, como a Carta de 1946 e a própria Constituição de 1988, com a sua redação original. Adotou-se um padrão de Estado interventor, em três linhas: a) o Estado como sujeito da atividade econômica; b) o Estado como ente regulador, basicamente com o exercício do poder de polícia sobre as atividades econômicas (tendo, também, atividades de planificação); o

1. António Carlos Santos, Maria Eduarda Gonçalves, Maria Manuel Leitão Marques, *Direito Económico*, Coimbra, Almedina, 1995, p. 37.

Estado exercendo atividades indutoras, através, p. ex., de política fiscal e creditícia no sentido de motivar atividades consideradas relevantes para o desenvolvimento econômico e social. Com essas formas mestras o Estado influencia o exercício das "funções alocativa, redistributiva e estabilizadora".[2] Vem-se constatando, entretanto, nas duas últimas décadas, tendências de reversão nesse processo de crescimento da intervenção estatal na atividade econômica. Prega-se, novamente, o afastamento do Estado do cerne da atividade econômica, defende-se dever deixar o ente público de ser ente produtivo, com sensível e, em algumas situações, até drástica redução do seu papel na ordem econômica. As idéias básicas de competitividade, liberdade de mercado (inclusive e sobretudo a nível internacional) com restrições a quaisquer mecanismos protecionistas, privatização e globalização são facetas dessa nova conjuntura, que se apresenta, sobretudo após o desmoronamento da URSS, o período Tatcher no Reino Unido, a consolidação das comunidades econômicas e a formação da OCM. A idéia básica de que "a competitive economic system to be necessary for a prosperous and equitable society",[3] desenvolvida sob vários matizes, em várias escolas, vem se consolidando, tendo hoje marcante influência no Brasil, e provocando mudança de posturas do Estado brasileiro sobre o campo econômico, algumas de grande relevância, como aquelas representadas por recentes modificações do texto constitucional, tanto no tocante à competência da União Federal (art. 21), dos Estados (art. 25) e no tratamento específico da própria ordem econômica (art. 170 e ss.).

Alguns fenômenos responsáveis por essas mudanças devem ser mencionados, ainda que com brevidade.

O primeiro deles é a "globalização". Vale ressaltar que apesar de tratar-se de termo corrente não é unívoco. Apresenta várias acepções, algumas delas concêntricas que se sobrepõem em relação continente/conteúdo, outras, nem tanto. É de se destacar, também, o que adverte Zecchini, quando leciona que globalização "cannot simply be equated with the liberalization of national markets for goods, services and factors of production, especially capital markets, nor with the fast that economic boundaries between countries are gradually disappearing because of the free movements of goods and factors of production".[4] O cerne da idéia de globalização alcança-se não apenas pela abertura dos mercados e o abrandamento das fronteiras, mas pelo próprio papel alterado dos participantes da atividade econômica se cotejado com posturas tradicionais. Pode-se seguir a trilha de Zecchini e afirmar: "Globalization can be described as a process of cross-national interlinking at three levels, among markets, private economic agents and the government to behave in perspective that looks beyond national boundaries and aims at worldwide activities. At the core of this process, there is, on the one side, the interaction between the liberalisation of the national markets and the tendency to make their rules and structures uniform and, on the other side, the enterprises behaviour aimed at seizing the opportunities this process offers in view of developing activities on a worldwide scale".[5] Dúvida não há, sobretudo ante a ausência de qualquer fenômeno significativo a contrapor-se, que a globalização se consolidará. Tal assertiva não significa entendimento de que seja fenômeno salutar para a redução das desigualdades regionais, para melhoria das condições de vida de relevantes parcelas da população mundial, mas, tão-somente, a

2. Manuel Afonso Vaz, *Direito Económico – A Ordem Económica Portuguesa*, 3ª ed., Coimbra, Coimbra ed., 1994.

3. David J. Gerber, "Constitutionalizing the economy: german neo-liberalism, competition law and the 'New Europe'", *The American Journal of Comparative Law*, v. 42, 1(1994), Berkley, p. 25.

4. Salvatore Zechini, "Globalization and international institutions", *Rivista di Politica Economica-SIPI*, jun./95, Roma, p. 37.

5. Idem, p. 38.

constatação de um fato.[6] A interdependência que se constata não é apenas de mercados consumidores. As "linhas de produção" tornaram-se transnacionais. Esse fator é, também, de grande importância, inclusive por reduzir o poder dos Estados (sobre as empresas produtoras), onde se acham implantadas apenas partes, ou parcelas da atividade produtiva. Deve-se ressaltar que a evolução do antigo GATT e o surgimento da Organização Mundial do Comércio (OMC) daquele fato decorrente, são de grande importância para a consolidação do quadro globalizante hoje existente com ele, reduzindo-se o papel dos Estados como indutores de atividades econômicas, sobretudo no campo internacional[7] (a Ata Final da Rodada Uruguai foi aprovada no Brasil pelo Decreto Legislativo n. 30, de 15.12.94 e promulgada pelo Decreto n. 1.355, de 30.12.94). Além dessa liberação de mercados, o que dificulta qualquer política protecionista, sobretudo quando praticada por Estados ditos periféricos ou emergentes [face à impossibilidade de se contraporem às instituições internacionais, sobretudo de cunho financeiro como o BIRD, o "Fundo Monetário Internacional"] é de se ressaltar o surgimento de segmentos econômicos transnacionais, de cunho regional, alguns de objetivos mais reduzidos como o "NAFTA", outros com objetivos extremamente mais amplos como a hoje a União Européia-EU, ou o embrionário Mercosul.

Em relação à EU pode-se afirmar que alcançou aquela instituição densidade bem superior à de uma mera zona de integração econômica. Mário Chiti, com precisão, destaca que "the european community, in fact, represents a new legal order with original characteristics... the Community is not a state; it is, however, a new legal order, as often stated by the court of Justice... community treaties established a new legal order for the benefit of which the states have limited their sovereign rights, in ever wider fields, and the subjects of which comprise not only member states but also their nationals. The essencial characteristics of the Community legal order which has thus been established are in particular its primacy over the law of the member states and the direct effect *of a whole series* of provisions which are applicable to their nationals and to the members states themselves".[8] Partindo, inicialmente, das antigas Comunidade Européia do Carvão e Aço, da Euratom e da posterior Comunidade Econômica Européia progrediu-se, paulatinamente, até alcançar a União Européia [Tratado de Maastricht, de 7.2.92],[9] criando, na prática, um direito "pré-federal", com instrumentos normativos diretamente aplicáveis aos nacionais de cada Estado-membro e com órgãos institucionais de cunho executivo, legislativo e judiciário. O que se vem constatando é que essa organização,

6. Sobre os efeitos da integração econômica sobre a pobreza e o seu crescimento nas duas últimas décadas, merece consulta Pierre Strobel, em seu estudo sobre o problema na Europa. Destaca aquele mestre francês: "In the 1980s and 1990s there has been a powerful resurgence of poverty in Europe. The rapid integration of national economies in Worldwide competition, large-scale industrial restructuring, and the increasing insecurity of wage-earning employment have been accompanied by the rise of structural unenplyment which has had a profound and lasting effection some social groups such as unskilling young people, women, and older workers, and has led to the spiralling decline of some sectors of activity, areas of employment andentire regions. New forms of poverty and marginalization have thus burgeoned, increasing the risk of declining social cohesion in Europe and threatening the very structure of the Community" ("From poverty to exclusion: a wage-earning society or a society of human rights?", *International Social Science Journal*, n. 148, jun./96, Blackwell/Unesco, p. 171).

7. Para se verificar o efeito limitador do tratado sobre o papel dos Estados, dois aspectos daquele diploma poderiam ser ressaltados: 1. o anexo 1, no tocante às atividades exercidas por empresas estatais e, ainda no anexo 1, o compromisso em matéria de competição em exportações, no que se refere à não concessão de benefícios por Estados-membros.

8. Mário P. Chiti, *Regulation and Market in the Public Procurement Sector,* ERPL/REDP, v. 7, n. 2, summer/été, 1995.

9. Consulte-se T. C. Hartley, *The Foundations of European Community Law,* 2ª ed., Clarendon/Oxford.

ao nível da comunidade internacional, funciona como uma unidade apta a firmar acordos, tratados e outros atos de direito internacional convencional, no interesse de seus integrantes. Funciona no nível interno como instrumento de integração e no nível externo como mecanismo de proteção, de amparo de bens e serviços europeus frente a economias poderosas como a japonesa e a norte-americana.

Tal tipo de união, sem dúvida, fragiliza mais ainda o poder de negociação de Estados economicamente mais frágeis, nas relações econômicas com essas pessoas.

A formação de comunidades, ou pelo menos de zonas de livre comércio, ou de integração econômica é tendência constatada quer a nível dos países asiáticos de maior relevo econômico como Hong Kong, Taiwan, Coréia etc. e mesmo em nível de países sul-americanos. Exemplo mais significativo dessa tendência na América do Sul é o "Mercosul", cujos objetivos básicos podem ser constatados a partir do art. 1º do texto do Tratado que o instituiu.[10] Verifica-se, com a instituição criada, que os Estados integrantes perdem parcela, embora ainda não significativa [com exceção da EU, já com integração mais densa], da soberania em sua acepção tradicional.[11]

Este o contexto atual, dentro do qual o Estado brasileiro se debate frente à atividade econômica. Encontra-se no nível internacional mais comprometido com a liberdade de comércio, integrando-se no Mercosul, além disso, sem grandes verbas para investimentos quer em áreas de relevo econômico, quer em áreas de relevância social.

Dentro desse contexto é que deve ser examinado o papel atual do Estado brasileiro frente às três formas básicas de intervenção na ordem econômica.

• *Estado como agente da atividade econômica.* É princípio basilar da ordem econômica na CF/88 que a exploração direta de atividades econômicas compete à iniciativa privada, só sendo permitida a exploração dessas atividades pelo Estado *quando necessária aos imperativos de segurança nacional ou a relevante interesse coletivo, conforme definidos em lei* (art. 173 da CF/88).[12]

• Mantido pela nova Constituição as características básicas das entidades exploradoras de atividades econômicas integrantes da Administração Pública: sociedades de economia mista e empresas públicas, com natureza jurídica de direito privado e com os perfis definidos a partir do Decreto-lei n. 200/67, art. 5º, da Lei das Sociedades Anônimas, da CF/88, arts. 37 e 173 e seus parágrafos, sendo desnecessário tecer considerações sobre essas entidades e suas subsidiárias por serem temas já bas-

10. Tratado aprovado no Brasil, pelo Decreto Legislativo n. 197, de 25.9.91:

"Art. 1º. Os Estados-partes decidem constituir um Mercado Comum, (...) que se denominará 'Mercado Comum do Sul' (Mercosul).

"Este Mercado comum implica:

"• a livre circulação de bens, serviços e fatores produtivos entre os países, através, entre outros, da eliminação dos direitos alfandegários e restrições não tarifárias à circulação de mercadorias e de qualquer outra medida de efeito equivalente;

"• estabelecimento de uma tarifa externa comum e a adoção de uma política comercial comum em relação a terceiros Estados ou agrupamentos de Estados e a coordenação de posições em foros econômico-comerciais regionais e internacionais;

"• a coordenação de políticas macroeconômicas e setoriais entre os Estado-partes – de comércio exterior, agrícola, industrial, fiscal, monetária, cambial e de capitais, de serviços, alfandegária, de transportes e comunicações e outras que se acordem – a fim de assegurar condições adequadas de concorrência entre os Estados-partes e o compromisso dos Estados-partes de harmonizar suas legislações, nas áreas pertinentes, para lograr o fortalecimento do processo de integração."

11. Vide Heber Arbuet Vignali, "O atributo da soberania", em *Estudos de Integração*, v. 9º, Senado Federal, Brasília, 1996.

12. Trata-se de dispositivo mais restritivo que o constante do art. 170, §§ 1º, 2º e 3º da EC n. 1/69, que assegurava preferência às empresas privadas na exploração de atividades econômicas, fixando o caráter suplementar da iniciativa estatal, mas sem a limitação de hipóteses previstas na nova Carta.

tante dissecados pela doutrina e pela jurisprudência.[13]

É relevante, entretanto, destacar algumas das mais recentes modificações do texto constitucional, relacionadas com a ordem econômica, tendentes a reduzir o papel do Estado como *agente da atividade econômica*.

A primeira delas foi a nova redação dada ao inciso XI do art. 21 da CF/88, afastando a necessidade de ser a concessionária, ou permissionária de serviços de telecomunicações empresa sobre controle estatal. Tal alteração possibilita não só a privatização de empresas estatais do setor, mas também a participação de empresas tipicamente privadas, nesse campo de atividade econômica, após habilitação em regular licitação, tal como previsto na lei recentemente promulgada que regulamenta a matéria.

Outra alteração de relevo, também introduzida pela EC n. 5/95 foi a que modificou a redação do § 2º do art. 25 do texto constitucional, possibilitando a concessão de *serviços locais de gás canalizado* a empresas não sujeitas a controle societário direto do Estado.

Importante, também, ressaltar que com a revogação do art. 171 da CF/88 e o novo inciso IX do art. 170, desapareceu a proteção então existente para a "empresa brasileira de capital nacional", ficando em pé de igualdade pessoas jurídicas constituídas em território nacional, sob as leis brasileiras, quer seja o capital societário de origem nacional, ou não. Tal fato é importante se examinado em conjunto com a ampliação das áreas antes sujeitas a exploração por empresas estatais e hoje com permissivo de transferência da exploração de serviços para particulares, nacionais ou não (não se olvide que o conceito de empresa brasileira leva em consideração, tão-somente, a sede e as leis de regência e não a origem do capital).

Outra relevante alteração na disciplina da ordem econômica foi a referente ao § 1º do art. 176 da CF/88, objeto da EC n. 6/95, que passou a exigir em relação à *pesquisa e a lavra de recursos minerais e o aproveitamento de potenciais de energia elétrica* que as pessoas jurídicas concessionárias ou autorizadas sejam *empresas constituídas sob as leis brasileiras e que tenham sede e administração no país*.

Como decorrência dessa alteração constitucional foi editada a Lei n. 9.314, em 14.11.96, trazendo sensíveis alterações no Decreto-lei n. 227/67.[14]

Por outro lado, mister se faz referência à alteração da disciplina da importação, refino, pesquisa e lavra de petróleo e gás natural, cujo monopólio pela União Federal passou a comportar as exceções previstas nos §§ 1º e 2º do art. 177 da CF/88, rompendo com posicionamento de mais de quarenta anos. Idem se diga em relação à abertura da cabotagem a embarcações estrangeiras.

Para instrumentalizar a exploração de serviços "públicos" em sentido amplo, de cunho econômico, ou atividades periféricas do Estado (elevadas à condição de estatal por força de previsão constitucional) por particulares, foi necessária a edição de uma norma básica sobre concessões e permissões, um verdadeiro estatuto básico a

13. Nota: É relevante observar que o modelo de "economista mista", com o surgimento de empresas com participação estatal criadas no Brasil, a partir da década de sessenta, correspondeu a fenômeno similar ocorrido em toda a América Latina, fruto de "orientações", "recomendações" etc. de fontes financiadoras internacionais. Para se constatar a simetria das estruturas consulte-se, p. ex., em relação ao Chile, Raul Bernando Garrido Valenzuela, *Las Empresas Estatales*, Santiago, Editorial Jurídica de Chile, 1966; em relação à Argentina, José Roberto Dromi, *Derecho Administrativo Económico*, Buenos Aires, Astrea, 1985, ts. I e II.

14. De acordo com o novo texto legal são os seguintes os regimes de aproveitamento de substâncias minerais: "a) regime de concessão (...); b) regime de autorização (...); c) regime de licenciamento (...); regime de monopolização, quando em virtude de lei especial, depender de execução direta ou indireta do Governo Federal".

assegurar direitos e fixar deveres de concessionários e permissionários, reduzindo inclusive as possibilidades do poder concedente fixar "preços políticos", com quebra do equilíbrio econômico-financeiro dos contratos. Tal diploma – a Lei n. 8.987, de 13.2.95 –, motivará empresas privadas, amparadas pela nova lei, a participarem de procedimentos de licitação tendo como objeto concessões e permissões, com bem mais segurança e redução de riscos que sob o regime anterior, não amparado por uma lei básica. Verifica-se que o Estado reduziu o elenco de atividades econômicas por ele exploradas com exclusividade e propiciou maiores garantias ao particular para explorar serviços sob concessão, ou permissão.[15]

Por outro lado, para instrumentalizar a redução de sua atuação como agente da atividade econômica, pretende o Estado brasileiro cumprir programa de "desestatização" a partir de programa básico aprovado pela Lei n. 8.031, de 12.4.90, e de inúmeros outros textos complementares.

O tema privatização é extremamente complexo e apresenta variados matizes, sempre, entretanto, a partir da idéia de redução da intervenção do Estado como ente produtor. Em alguns Estados, sobretudo naqueles com elevado nível de poupança interna, como, p. ex., o Reino Unido, foi possível a transferência dos controles societários e a venda de unidades produtoras de bens e serviços com a democratização dos capitais e com a obtenção de ponderáveis valores pelos acervos colocados à venda.

*Nos países subdesenvolvidos, entretanto, tais programas não têm alcançado o mesmo sucesso, quer pela não democratização dos capitais privatizados, quer face à falta de poupança interna capaz de absorver os patrimônios colocados à venda.*

Por outro lado, verifica-se que apesar dos objetivos fundamentais elencados no art. 1º da Lei n. 8.031/90 (no caso brasileiro), o que se constata, em muitas situações, é que a privatização, ou desestatização se dá não em função daqueles princípios básicos elencados, mas em função da exaustão financeira do Estado, incapaz de investir em suas empresas e limitado em relação à concessão de quaisquer benefícios a essas empresas, não só em função de limitações de ordem jurídica, inclusive em nível internacional, mas, também, em função de falta de recursos financeiros.[16] De qualquer maneira, embora reconhecendo a necessidade da preservação da capacidade do Estado de desenvolver sobretudo atividades de infra-estrutura em setores e áreas geográficas carentes, forçoso é reconhecer que a grande maioria das empresas estatais brasileiras pecam por problemas de má gestão, o que inclui administrações não profissionais, pautadas em interesses meramente políticos, tornando-as entes extremamente deficitários e onerosos aos cofres públicos.[17]

A segunda forma de intervenção do Estado na ordem econômica é como *ente regulador das atividades*. Esse papel, em verdade, não tende a sofrer sensível redução com a nova postura do Estado. Se por um lado há reduções das áreas objeto de disciplina estatal, por outro lado deve haver aprimoramento das áreas sob regulamentação, mormente para proteção dos princípios básicos que pautam a ordem econômica. No caso brasileiro, os princípios basilares acham-se expressos no art. 170 da

15. Sobre o novo regime de concessões e permissões, indispensável, dentre outros, Arnoldo Wald, Alexandre Rangel de Moraes, e Alexandre Wald , *O Direito de Parceria e a Nova Lei de Concessões*, Ed. RT, 1996.

16. Para se constatar esse fato, observe-se, por exemplo, o demonstrativo de execução orçamentária da União Federal publicado pela Secretaria do Tesouro Nacional, no *DOU* de 22.10.96, seção 1, pp. 20.500 e ss.

17. Sobre o tema privatização, merecem leitura, dentre outros, Jaime Rodriguéz-Arana, *La Privatización de la Empresa Pública*, Madri, Montecorvo, 1991; Eduardo J. Rodriguez Chirillo, *Privatización de la Empresa Pública y Post Privatización*, Buenos Aires, Abeledo-Perrot, 1995; Marcos Jordão Teixeira do Amaral Filho, *Privatização no Estado Contemporâneo*, São Paulo, Cone, 1996.

Carta Constitucional e urge que o Estado os faça cumprir, não apenas editando normas, mas tornando-as efetivas, inclusive com aprimoramento dos instrumentos necessários ao regular e democrático exercício do Poder de polícia em suas várias fases, inclusive a imposição de sanções, quando necessárias. Tal, pelo que se constata, não ocorre, dentro do limite do razoável no Brasil. Observe-se, a título de exemplo, a questão do meio ambiente, cujas violações freqüentes não são evitadas em função da tipificação de condutas infratoras, sobretudo em função de anacrônicos procedimentos sem maior base científica e, também, pela falta de recursos humanos e materiais para o exercício das funções.

Em Estados como o Brasil, muitas vezes, a falta não é de normas jurídicas, mas de cumprimento dessas normas.

Em relação a essa forma de intervenção, o que se constata é que com a redução do papel do Estado como agente da atividade econômica ela se torna mais relevante para assegurar os princípios básicos, os direitos dos destinatários da atuação dos produtores de bens e serviços e também de direitos coletivos e difusos. A título de exemplo poder-se-ia citar a importância dos *regulatory powers* exercidos nos EUA pelas *"Regulatory Agencies": Civil Aeronautics Board; Federal Communications Commission; Federal Power Commission; Federal Trade Commission; Interstate Commerce Commission; National Labor Relations Commission; Securities and Exchange Commission...* Tanta é a importância da atuação desses órgãos no exercício da atividade regulamentar e de fiscalização que Bernard Schwartz salienta "The agencies' decisions directly affect the national economy and the quality, service, prices paid by consumers in well-nigh every category of trade and commerce...".[18] Grande é a importância do Estado, no exercício do poder de polícia em matéria econômica. No Brasil, com a redução do papel do Estado como agente da atividade econômica, imprescindível o fortalecimento do exercício do poder de polícia nessa área, como forma de evitar a ocorrência ou a ameaça de danos a bens e interesses jurídicos individuais e transindividuais.

*Quanto ao papel do Estado como planificador*,[19] previsto no art. 174 da CF/88, é de se observar que mesmo antes das alterações no disciplinamento do papel do Estado na ordem econômica, em relação ao planejamento tal era considerado meramente indicativo para o setor privado da economia. Mas, mesmo com essa característica, não se pode olvidar a importância da atuação estatal, sobretudo quando esse planejamento vem acompanhado de medidas concretas de incentivo para o desenvolvimento de atividades setoriais ou regionais. Ocorre que quando se tem Estado, como o caso atual brasileiro, sem grandes condições de investimento, o papel do planejamento se reduz, pela impossibilidade de implementação de qualquer projeto, regra geral, a depender de recursos externos, cuja captação depende, naturalmente, da possibilidade de concessão de incentivos pelo Estado e do interesse da instituição financiadora, nem sempre coincidente com os interesses nacionais.

*A terceira forma de intervenção do Estado na ordem econômica é através de atividades indutoras.* Nesse campo, pode valer-se da política fiscal, com a concessão de incentivos fiscais setoriais ou regionais, utilizando a maior ou menor incidência de carga tributária como mecanismo redutor de custos e estimulador de atividades econômicas. Poder-se-ia lembrar a conseqüência para a produção de veículos

18. Bernard Schwartz, *Administrative Law*, Boston/Toronto, L. B., 1977, p. 13.

19. Vide Jean Kerninon, *Les Cadres Juridiquers de l'Economie Mixte*, 2ª ed., Paris, LGDJ, 1994, pp. 113 e ss.

automotores de até 1.000 c.c., com a redução da alíquota do IPI no início da década de noventa. No tocante à política fiscal é relevante destacar que a maior integração econômica do Brasil na comunidade internacional e os compromissos decorrentes do Mercosul reduziram o universo de incentivos passíveis de concessão pelo Estado brasileiro, na medida em que esses incentivos impliquem em situação de maior competitividade dos produtos brasileiros no mercado internacional ou comunitário (do Mercosul).

*Quanto à política monetária* tal representa, ainda hoje, o mais forte instrumento de interferência do Estado no campo econômico, quer pelas conseqüências decorrentes da fixação de câmbio para fins de exportação e importação, pelas variações do limite do encaixe obrigatório no BACEN sobre depósitos bancários, pelo valor dos juros atribuídos a títulos públicos etc.[20]

Após essa breve exposição sobre os principais instrumentos de atuação do Estado frente à atividade econômica, algumas reflexões são pertinentes:

• Sem dúvida, com a integração econômica, os compromissos internacionais assumidos, de modo praticamente irreversível, a integração dos processos produtivos que ampliaram a interdependência das economias nacionais vem perdendo o Estado nacional tradicional parte da parcela de poder que detinha e que fora consagrado e enaltecido a partir da segunda década deste século como elemento de grande relevo, para interferir na atividade econômica.

• A integração econômica, o crescimento de grandes grupos econômicos, vem criando novos centros de poder distintos e até mais poderosos que muitos Estados, enquanto esses, paulatinamente, vem tendo reduzido seu poder de interferir na ordem econômica. Tal situação agrava-se em função da falta de equilíbrio na ordem internacional.

• Chega-se a afirmar, como Alvin Toffler, que "we live at a moment when the entire structure of power that held the world togheter is now disintegrating. And this is happening at every level of human society".[21] De fato, de modo preocupante desintegram-se estruturas de poder, vive-se a crise do Estado, mais aguda, ainda, em Estados "emergentes" e não se encontram estruturas e instituições adequadas para suprir essas lacunas.

• Deterioram-se condições de vida, apesar do crescimento econômico; surgem e consolidam-se situações de desemprego crônico, aumenta-se a violência, reduzem-se tradicionais conquistas sociais. Privilegia-se o econômico em detrimento do social. O Estado fragilizado não tem sido capaz de dar resposta adequada a esse conjunto de problemas.

• *La Revue Administrative*, de set.-out./95, traz editorial sob o sugestivo título "La fin de l'État National?", no qual ressalta a necessidade da manutenção dessa instituição secular, sobretudo pela necessidade de "corriger certains abus de l'economie mondiale jouer son rôle de redistributeur de la richesse nationale".[22] Se tal é pertinente frente à realidade francesa, muito mais o é face à realidade brasileira, com estrutura social concentradora de riquezas e fomentadora de desigualdades, ambiente propício a grandes turbulências sociais, como aquela que se externa através da violência urbana.

• Relevante constatar, pois, que a redução do papel do Estado pelo menos como instrumento de indução de atividades econômicas pode ter conseqüências extremamente graves, pois a iniciativa privada, pela

20. Sobre o papel dos Bancos Centrais, consulte-se José N. Recio e Julio A. Viller, *El Banco Central y la Intermediación Financiera*, Buenos Aires, Depalma, 1989.

21. Alvin Toffler, *Powershift – Knowledge, Wealth, and Violence at the Edge of the 21st. Century*, Nova York, Bantam, 1991.

22. *La Revue Administrative* 287, pp. 449-451.

sua própria natureza, voltada para a busca do lucro, não pode suprir a lacuna estatal sobretudo em áreas de baixa rentabilidade econômica.

• Por outro lado, urge aprimorar não apenas os instrumentos normativos, mas também os instrumentos institucionais para que haja efetividade do conjunto normativo representativo do exercício do poder de polícia do Estado brasileiro em matéria econômica, para que haja respeito aos princípios básicos da ordem econômica.

# ATO ADMINISTRATIVO "STRICTO SENSU"

ADRIANO DALEFFE
Mestrando em Direito Administrativo da PUC/SP – Advogado em Curitiba–PR

*I – Introdução. II – Função administrativa e ato administrativo. III – Noção de função administrativa. IV – "Provvedimento amministrativo". V – Ato administrativo "stricto sensu". VI – Conclusão. VII – Bibliografia.*

## *I – Introdução*

Tem-se o conceito de ato administrativo como uma técnica de controle pontual do exercício do Poder Público. É no ato administrativo (assim como é na lei e na sentença) que o Poder se realiza concretamente e torna-se sindicável para o indivíduo. O ato administrativo nada mais é do que o poder que se punctualiza, que se articula com as variantes do caso concreto e interfere na esfera jurídica do administrado.

Com base nessa premissa, a doutrina desenvolve esforços na disquisição dos elementos que compõem o ato administrativo. Quanto maior o número de partes em que se puder cindir idealmente o ato, tanto melhor o controle que sobre ele será feito, e mais eficaz será a identificação dos defeitos que o ato pode apresentar.

Não se pode negar que o desenvolvimento do Direito Administrativo traduziu-se, entre outras coisas, na criação de técnicas mais sofisticadas e quiçá mais eficazes de controle do uso do poder, como o conceito de procedimento, que permite contrastar os elementos que dão lugar ao nascimento de certos atos antes mesmo da sua perfeição, e cuja estrutura concatenada de atos permite que, na medida em que se aproxima do ato final, restrinja-se paulatinamente a remissibilidade da decisão a critérios de discricionariedade.

Há autores que afirmam a superação (em termos de importância conceitual) do ato pelo procedimento, vez que aquele, sobre consistir apenas no remate de uma série de outros atos que lhe dão ensejo, veio para responder tão-somente à necessidade de controle dos atos da Administração pelos particulares, além de estar contaminado pela noção privatística de ato.[1]

Deste modo, encontrando-se no procedimento técnica mais adequada para o controle do exercício do poder, justamente por retratar com maior fidelidade o exercício da função que lhe corresponde,[2] com a

1. Nesse sentido, Sabino Cassese, *Le Basi del Diritto Amministrativo*, p. 299.

2. Ignazio Scotto afirma que "si sostienem e si ritiene a ragione che, cosí come il processo rappresenta la forma della funzione giurisdizionale ed il procedimento legislativo quella della funzione legislativa, il procedimento amministrativo sia la forma della funzione amministrativa, con ció in definitiva interdendosi che nello Stato moderno (a differenza dallo Stato meno recente quando l'attivitá amministrativa si svolgeva in forma o libera a disciplina episodica), la funzione amministrativa si

vantagem de não ter derivado de qualquer categoria típica do direito privado, imagina-se poder relevar a noção de ato a um segundo plano, ou mitigar a reverência que a doutrina um dia já lhe prestou.

Porém, há setores que resistem em afirmar que o Direito Administrativo ainda se apóia no conceito de ato administrativo, "el núcleo del denominado régimen exorbitante".[3]

Segundo Juan Carlos Cassagne, "puede afirmarse que el progresso alcanzado por el derecho administrativo contemporáneo se debe principalmente al desarrollo de la teoría del acto administrativo, la cual constituye el eje a cuyo alrededor giran de un modo u otro la mayoría de las instituciones de la materia".[4] Héctor Jorge Escola lecciona que "es opinión aceptada pacíficamente la de que el derecho administrativo moderno se estructura y desarrolla sobre la base de un instituto fundamental, de especial y general importancia: el acto administrativo".[5]

Não se pretende afirmar a existência de uma disputa doutrinária em torno da indicação do conceito que melhor sintetiza o Direito Administrativo, ou *a* instituição administrativa por excelência, que deva resumir todas as suas peculiaridades. É válida a advertência de Eduardo García de Enterría e Tomás-Ramón Fernández, segundo os quais não se pode sobrecarregar o conceito de ato administrativo e pretendê-lo como "el microcosmo definitorio, la sustantividad y peculiaridad entera del Derecho Administrativo".[6]

O ato administrativo é mais um instituto do Direito Administrativo, tão marcado pelo regime jurídico próprio quanto qualquer outro que se queira isolar. Segundo dito autor, a idéia de concentrar todos os esforços doutrinários em torno de um único conceito para identificar todo um setor do ordenamento jurídico (como ocorreu, a seu tempo, com o ato de comércio, no Direito Comercial, a relação jurídica processual, no Direito Processual Civil, a relação jurídica tributária etc.) é inocente.

Quer-se apenas encarecer que, muito embora o conceito de ato já não se preste, com exclusividade, ao controle do exercício de função pública em uma de suas modalidades, "ato administrativo" ainda é uma das vozes fundamentais do discurso do Direito Administrativo. E se a procedimentalização do agir administrativo (ou o reconhecimento de que nenhum ato realiza-se *one shot*, como diz Sabino Cassese) vem a atender de forma mais eficaz a necessidade de controle do exercício do poder, tanto melhor. Contudo, isso não reduz a importância do conceito de ato, tampouco retira a validade do estudo que pretende, dentro da heterogeneidade dos atos praticados pela Administração Pública, isolar um que lhe diga respeito em plenitude, e que por isso mesmo mereça a qualificação de ato administrativo *stricto sensu*.[7]

Ressalvamos que não é nosso interesse classificar os atos administrativos e, ao depois, perquirir acerca dos elementos de umas das espécies classificadas. Mesmo porque a adjetivação de uma categoria jurídica por *stricto sensu* não se presta, ao menos num primeiro momento, a objetivos meramente classificatórios. Ao se utilizar dessa expressão latina, busca-se, na verda-

dispiega in forme preordinate dalla legge per l'intero arco del suo svolgimento" (*Diritto Amministrativo*, p. 193).

3. Rodolfo Carlos Barra, em estudo preliminar ao *Privatización de la Empresa Pública y Post Privatización*, p. 33. O autor vai além e afirma que o Direito Público no Estado contemporâneo "seguirá estando fundado en el acto administrativo, como centro de estas prerrogativas de poder y de ejercicio de las garantias pertinentes. El acto administrativo será, continuará siendo, la base de las restantes instituciones iusadministrativas...".

4. *El Acto Administrativo*, p. 81.

5. *Compendio de Derecho Administrativo*, p. 489.

6. *Curso de Derecho Administrativo*, p. 454.

7. Há quem diga *strictu sensu*. Preferimos *stricto sensu* e seu antônimo *lato sensu*, acompanhando lição de Napoleão Mendes de Almeida, *Dicionário de Questões Vernáculas*.

de, reduzir o objeto adjetivado à sua consistência mínima, àquilo que o identifica como tal. Muito menos pretenderíamos aproximar o ato administrativo (*stricto sensu*) do ato jurídico de direito privado (ato jurídico *stricto sensu*) que recebe tal adjetivação.

A idéia que preside a realização do presente trabalho é a possibilidade de isolar uma categoria de atos praticados no exercício da função administrativa que lhe seja própria, peculiar, e que por isso mereça ser chamado de ato administrativo *stricto sensu*.

## *II – Função administrativa e ato administrativo*

Parece tautológica a afirmação de que o ato administrativo é o resultado do exercício de função administrativa. Afirmação dessa ordem não oferece nem um conceito de ato, nem de função administrativa. Enquanto um dos elementos (ato ou função) não for preenchido de acordo com um critério objetivo, subjetivo ou misto, a oração restará inócua. Não se pode adotá-la como formulação científica acerca dos elementos nela cogitados.

Levando essa afirmação às últimas conseqüências, a perfeita correspondência entre ato e função administrativa implica admitir que todos os elementos identificadores do ato sejam localizáveis no conceito de função, e vice-versa, e que então bastará oferecer o conceito de um para que o outro se individualize automaticamente.

Porém, não há essa perfeita correspondência entre ato e função administrativa, ao menos a todo o momento. A pertinência ao exercício de função administrativa é condição necessária mas não suficiente para a localização conceitual do ato. O ato administrativo sempre decorrerá do exercício de função administrativa;[8] mas nem todo o exercício de função administrativa ensejará o surgimento de atos administrativos.

A função administrativa não se exterioriza exclusivamente na forma de atos administrativos. Há fatos imputáveis à Administração que não calha classificar como atos administrativos. Não basta precisar o endereço "função" para que se possa dar como encontrado o endereço "ato", nem o contrário.

Muito embora isso, deve-se guardar perfeita coerência lógica no ponto em que os conceitos de função e de ato se relacionam intimamente – justamente aquele ponto onde a pertinência à função administrativa é condição necessária de existência do ato administrativo. Vale dizer, malgrado o conceito de ato não se esgote na pertinência ao exercício de função administrativa, não se pode admitir que a função administrativa seja isolada das demais funções do Estado mediante um critério material enquanto o ato o seja dos demais atos do Estado mediante um critério subjetivo ou formal, por exemplo. Essa incoerência lógica não é incomum e pode ser localizada em doutrinas da maior autoridade.

André Gonçalves Pereira, por exemplo, chega a um conceito de ato administrativo após distingui-lo do conceito de regulamento, de ato tácito e de ato jurisdicional.[9] Seu conceito de ato administrativo é o seguinte: "o acto voluntário de um órgão da administração que, no exercício da função administrativa, e usando de um poder público, concretiza em comandos individualizados o comando contido abstratamente na norma jurídica".[10] Diz que a expressão *função administrativa* é usada no sentido que lhe atribui Marcello Caetano.

8. Para que não pairem dúvidas acerca desse ponto basta verificar que em nosso sistema há a equiparação das pessoas que praticam certos atos com cunho de autoridade para fins de controle via mandado de segurança, mas não há a equiparação do ato em si mesmo ao ato administrativo. Ou seja, o ato de autoridade continua sendo ato de autoridade, e não ganha foros de administrativo pelo fato de concretizar função pública.

9. *Erro e Ilegalidade do Ato Administrativo*, pp. 92 e ss.

10. *Erro...*, cit., p. 95.

Ao comparar o ato administrativo com a sentença do tribunal administrativo, André Gonçalves Pereira afirma que a diferença entre ambos não deve ser buscada na distinção entre iniciativa e passividade, já que se admite a existência de um número de atos administrativos que só podem ser praticados a pedido do administrado. Ou seja, a passividade, característica da atividade jurisdicional, seria encontrável em certos casos no exercício da atividade administrativa. Porém, o conceito de função administrativa de Marcello Caetano,[11] ao qual André Gonçalves Pereira adere expressamente, está pautado exatamente na noção de iniciativa, enquanto que a função jurisdicional se assentaria sobre a noção de passividade, garantia de imparcialidade para o órgão jurisdicional.

Ora, isso significa que são incoerentes os conceitos de ato e de função adotados por André Gonçalves Pereira. Já que a função administrativa é a execução de comandos legais por órgãos ativos e, justamente por isso, parciais, os atos praticados pelos órgãos administrativos a pedido do administrativo restariam fora da categoria de atos administrativos. Seu interesse em conceituar o ato, plenamente justificável em face do objeto do estudo a que se propôs – a determinação da possível relevância do erro com causa de invalidade no ato administrativo –, suplantou sua preocupação com o exato conceito de função administrativa.

Seja como for, o mérito da doutrina de André Gonçalves Pereira está em não desprender o ato da função administrativa. A primeira aproximação conceitual em direção ao ato administrativo deve partir da função administrativa.

Mais rigorosa se apresenta a lição do prof. Celso Antônio Bandeira de Mello, que afirma a pertinência à função administrativa como pressuposto de existência do ato administrativo.[12] Mas não só por isso. O autor se vale da noção de regime jurídico-administrativo para caracterizar o Direito Administrativo e, pois, a função administrativa. O critério do regime jurídico, de valor metodológico inegável, não permite que se incorra na incoerência lógica acima indicada.

Isso posto, o primeiro passo para isolar o ato administrativo dos demais atos praticados pelo Estado, então, está justamente na identificação da função administrativa em cotejo com as demais funções do Estado.

### *III – Noção de função administrativa*

O estudo acerca das funções do Estado parte, sempre, da teoria da separação dos poderes de Montesquieu. O estágio mais avançado de desenvolvimento da Ciência Política é o reconhecimento de que a execução da lei deve ser desempenhada por pessoa diversa da encarregada de formulá-la, bem como a uma terceira deve ser entregue o controle dessa execução.[13] Segundo Gordillo, a teoria da separação dos poderes significa fixar "que el que hace las leyes no sea el encargado de aplicar ni de ejecutarlas; que el que las ejecute no pueda hacerlas ni juzgar de su aplicación; que el que juzgue no las haga ni las ejecute".[14]

O problema começa a surgir no momento em que, invertendo-se a tábua de valores, pretende-se adaptar todos os atos praticados pelo Estado aos rígidos limites da tripartição clássica. Nesse ponto a críti-

11. *Manual de Direito Administrativo*, pp. 10 e ss.

12. *Curso de Direito Administrativo*, p. 239.

13. Nesse ponto é possível verificar quão pertinente é a afirmação de Afonso Rodrigues Queiró (*Estudos de Direito Público*, p. 91) acerca da caracterização do Estado de Direito como o resultado da confluência da teoria da separação de poderes de Montesquieu com a teoria de Rousseau, e da possível superioridade desta última. Afinal, a noção de superioridade da lei fixa um ponto de amarração para a teoria da separação dos poderes, onde as diversas funções do Estado passam a orbitar em torno da idéia fixa de legalidade.

14. *Tratado de Derecho Administrativo*, pp. IX-2.

ca de Francis Paulo Benoît é procedente.[15] Genaro Carrió já advertira que as classificações é que devem ser acomodadas aos fenômenos, e não o contrário.[16] Na ciência do direito, a existência precede a essência.

Por outro lado, não se pode imaginar que o modelo proposto por Montesquieu tenha caducado ante o fenômeno pendular de alargamento/retração das dimensões do Estado no decorrer do tempo. É válida a ressalva de Gordillo ao destacar que, muito embora tenham variado as funções (materiais) assumidas pelo Estado no campo econômico e social, num aspecto puramente formal-jurídico as funções do Estado ainda podem ser tratadas conforme a visão clássica. A roupagem tripartida ainda é válida, não importando a dimensão e a quantidade das atividades materiais que o Estado venha a assumir.

A solução dos problemas existentes na identificação das funções do Estado passa, necessariamente, pelo reconhecimento de que há certas atividades que o Estado desempenha à margem da ordem jurídica infraconstitucional interna, e de que entre os Poderes regularmente constituídos há desvãos não alcançados por nenhum dos modelos de função da teoria clássica.

Diante disso, a escolha da melhor formulação teórica terá de partir dessa constatação: há uma parcela de atos do Estado que não interessa acomodar na teoria da separação clássica, ou seja, não seriam legislativos, jurisdicionais ou administrativos em sentido estrito.

Nessa categoria incluem-se os atos regidos pelo direito privado, meros atos materiais de execução e os famigerados atos de governo ou atos políticos.[17] Quanto a estes últimos, muito embora a terminologia varie de autor para autor, Gordillo adverte que são sempre os mesmos e podem ser assim classificados:[18]

*a*) atos relativos às relações internacionais – declaração de guerra, assinatura de tratados, relações diplomáticas;

*b*) atos relativos à segurança interna – declaração de estado de sítio, intervenção federal;

*c*) relações entre os três Poderes – indulto, designação de magistrados, veto, sanção, abertura e encerramento das sessões legislativas, envio de projetos de lei etc.

Trata-se de atos ou praticados sob o direito das gentes, ou praticados sob inflexão direta de norma constitucional. Melhor será então reconhecê-los de uma vez por todas como atos imputáveis ao Estado e designá-los simplesmente de atos de Administração. A atribuição do nome de atos de governo deve ser precedida da ressalva de que, em nosso sistema, não se confundem com aqueles assim denominados pela doutrina européia, de feição completamente diversa porque submetidos a controle apenas político e não jurisdicional.

Ressalve-se que a admissão da existência de atos de governo não significa afirmar sua imunidade ao controle de legalidade pelo Poder Judiciário, o que seria inconcebível num sistema nos moldes do ora vigente. Cabe apenas reconhecer que sua insubmissão à ordem infraconstitucional empresta-lhe fisionomia própria, justificando classificação em apartado.

Muito embora aparentemente complexa, a formulação teórica de Gordillo é válida no tocante às premissas adotadas para classificar as funções do Estado.[19]

Em primeiro lugar, assiste-lhe razão ao afirmar que cada sistema de Direito Positivo promove um arranjo diverso das atribuições do Estado de molde a contemplar em sua Constituição as idéias mestras da teoria de Montesquieu. Vale dizer, cada sistema distribui de modo diverso as funções conferidas ao Estado de forma a evitar que um mesmo órgão desempenhe duas ou mais funções, que legisle e execute, ou que exe-

15. *Le Droit Administratif Français*, pp. 28 e ss.

16. *Notas sobre Derecho y Lenguaje*, p. 99.

17. Celso Antônio, *Curso...*, cit., p. 229.

18. Gordillo, *Tratado...*, cit., t. 2, pp. XIV-1 e ss.

19. Gordillo, *Tratado...*, t. 1, pp. IX-1 e ss.

cute e julgue e assim por diante. O *leit-motif* da teoria de Montesquieu permanece válido, como projeto de realização da defesa das liberdades.

Logo, o arranjo próprio de cada sistema não pode ser olvidado pelo cientista, sob pena de criarem-se classificações estéreis ou de nenhum apelo prático. Em suma, deve-se ter em conta o Direito Positivo a partir do qual se trabalha.

Depois, é válida a remissão que faz Gordillo ao regime jurídico de cada uma das funções para identificá-las, muito embora o autor não tenha se contentado com esse critério. Gordillo recorre ao regime jurídico toda a vez em que o critério misto por ele adotado se mostra insatisfatório.

Porém, pode-se levar a formulação de Gordillo adiante e dizer que o critério do regime jurídico não é apenas subsidiário dos demais, mas é tudo em matéria de classificação das funções do Estado. Os demais critérios desenvolvidos pela doutrina é que assumirão posição secundária diante do regime jurídico. Quando muito, a constatação de que em determinado sistema o regime jurídico da função jurisdicional seja aplicado a dada atividade desempenhada com exclusividade por tais e quais órgãos, havendo então certa pertinência subjetiva na caracterização da função, servirá como reforço de sistematização. O que não se pode admitir é que se diga, diante desse mesmo sistema, que o critério de classificação é subjetivo para tal função.

De nada adiantará dizer, em termos apriorísticos, que a função legislativa é a produção de comandos jurídicos em caráter originário pelo Poder Legislativo se, diante do sistema jurídico em questão, constatar-se que também órgãos vinculados a outros poderes estão aptos a inovar a ordem jurídica mediante instrumento do jaez equivalente ao da lei.[20]

Pode-se dizer que o critério do regime jurídico consome todos os demais critérios de classificação das funções do Estado. Ao depois de encontrar o regime jurídico de cada função, todas as características ora assumidas como de critérios de classificação passam para posição secundária. A circunstância de, para a função administrativa servir a pertinência do ato à pessoa que o edita, e para a função judicial bastar a pessoa, deixará de apresentar qualquer valor classificatório em si mesmo.

Isso posto, cabe formular uma classificação das funções do Estado partindo da ordem jurídica vigente, aludindo aos critérios ordinariamente propostos pela doutrina em caráter meramente alegórico e, pois, secundário.

A função legislativa consiste na dicção de comandos em caráter jurídico originário (ou seja, com aptidão para inovar a ordem jurídica) pelo órgão legislativo – como tal definido na Constituição.

Destaque-se que não se reconhece na generalidade e abstração características essenciais dos atos legislativos. A nosso ver, é procedente a asserção de Norberto Bobbio ao vislumbrar na vinculação entre lei, de um lado, e generalidade/abstração, de outro, caráter mais ideológico do que lógico.[21] Considerando a estrutura lógica das prescrições normativas, em que há um destinatário-sujeito e uma ação-objeto, não há impedimento algum a que tanto o destinatário quanto o objeto contenha caráter singular, sem que com isso reste comprometida a prescrição.

O não reconhecimento do caráter de lei à famigerada "lei individual" ou "lei de efeitos concretos" deriva de um apego ao critério objetivo material, além do que decorre de uma visão ideológica de que só a generalidade da lei atende ao princípio da igualdade. Desde que vertida em linguagem prescritiva e proveniente do Poder Legis-

20. A hipótese é apenas exemplificativa, não derivando de nenhuma condescendência (ideológica ou científica) para com instrumentos distorcidos de alteração da ordem jurídica, *rectius*, medida provisória.

21. Bobbio, *Teoria della Norma Giuridica*, pp. 227 e ss.

lativo, o ato será lei, não importando seu conteúdo substancial.

Porém, o regime jurídico da função legislativa só vai aplicar-se à atividade desenvolvida com base nos critérios acima e outro mais: a obediência a uma tipologia prevista constitucionalmente, e a um procedimento rigorosamente fixado igualmente na Constituição. Lei, então, não será todo o ato que provenha do Poder Legislativo (mais especificamente, do Congresso Nacional e dos órgãos encarregados da função legislativa nas demais esferas da Federação), mas sim todo o ato cujo desenho (externo e preenchimento) subsuma-se perfeitamente ao desenho de lei fixado na Constituição, e que tenha respeitado ao procedimento de sua elaboração.

Já a função judicial apresenta outra feição.[22] Tal como ocorre com a função legislativa, a vinculação ao órgão encarregado do desempenho da função é irrefutável. Logo, consistirá desempenho de função judicial toda a atividade do órgão judicial – como tal definido na Constituição.

E enquanto o ato-produto da função legislativa tem a aptidão de inovar a ordem jurídica, o ato-produto da função judicial goza de aptidão específica de imutabilidade, ou seja, do caráter de coisa julgada. Nenhum outro ato praticado pelo Estado pode gozar de efeito equivalente.

Por sua vez, o regime jurídico da função administrativa a diz como o desempenho de atividade sob a lei e em sua obediência – desprovida da aptidão de inovar a ordem jurídica e da força da coisa julgada, realizada por órgãos hierarquicamente estruturados e sujeito ao controle de legalidade pelo Poder Judiciário.

A atividade administrativa é necessariamente infralegal, ou seja, desenvolve-se sob a lei. A função administrativa encontra na lei seu impulso e seu limite. No dizer de Fritz Fleiner, "administração legal é aquela posta em movimento pela lei e exercida dentro dos limites de suas disposições".[23] Alessi destacou que a relação da atividade administrativa com a lei não é apenas de não contradição, mas de integral submissão.[24] Logo, a lei não é apenas um limite negativo como também positivo para a Administração.

A função administrativa, tal como acima definida, é desempenhada em sua grande parte pelos órgãos vinculados sob modelo hierárquico ao Poder Executivo, mas não exclusivamente.[25] Há exercício (atípico, diga-se) de função administrativa igualmente pelos órgãos dos demais Poderes do Estado. Vale dizer, cada um dos órgãos do Estado desempenha funções típicas e funções atípicas, com exceção dos órgãos do Poder Executivo, que desempenham exclusivamente função administrativa. Os órgãos legislativos e judiciais, ao lado de suas funções típicas, desempenham, em caráter marginal, função administrativa.

Das questões polêmicas freqüentemente mencionadas pela doutrina, reputamos estar vencida a aparente confusão existente quanto à lei de efeito concreto ou lei individual, ambas leis para todos os efeitos, e da jurisdição voluntária, excluída da esfera da função judicial por faltar-lhe aptidão para produzir atos qualificados pela coisa julgada.

Jurisdição voluntária, pois, é função administrativa.

Partindo das premissas fixadas por André Gonçalves Pereira,[26] o regulamento, apesar de incluído na função administrativa, apresenta diferenças de regime jurídico que permitem diferenciá-lo do ato

22. Evita-se aqui a menção a função jurisdicional porque, em nosso sistema, diante da unidade de jurisdição, não há prática de atos materialmente judiciais que possam gerar confusões de relevo.

23. Citação de Celso Antônio, *Curso...*, p. 575.

24. Alessi, *Sistema Istituzionale del Diritto Amministrativo Italiano*, p. 225.

25. A noção de hierarquia ora assumida é aquela de Adolf Merkl, que se traduz no direito a dar ordens do órgão superior e no dever de obedecê-las do órgão inferior. Cf. Gordillo, *Tratado...*, t. I, pp. VII-3, nota 8.

26. *Erro...*, cit., pp. 78 e ss.

administrativo em sentido estrito. O regulamento está mediatamente referido ao administrado, enquanto o ato administrativo é imediato, podendo ser controlado pelo Poder Judiciário independente de posterior complementação; o processo de publicização de um e de outro é diverso; o regulamento tem precedência hierárquica sobre o ato; os regulamentos voltam-se ao regramento da atuação da própria Administração, enquanto o ato volta-se diretamente para esfera jurídica do administrado.

Por fim, as decisões administrativas em recursos hierárquicos, pelo fato de se aproximarem materialmente da função judicial, não deixam de corresponder ao exercício de função administrativa.

Enfim, a função administrativa é o estofo formal da atividade desenvolvida pelo Estado, e justamente por isso a doutrina encarece a validade do critério residual na sua identificação. Todos os Poderes do Estado (em sentido orgânico) a realizam, seja típica, seja atipicamente. E onde houver exercício de função administrativa, não importa quem a esteja exercendo, poderá haver ato administrativo.

Porém, reputamos ser possível ir adiante e procurar localizar, na gama dos atos praticados no exercício da função administrativa (atos administrativos *lato sensu*), um que lhe diga respeito de forma positiva e que mereça o rótulo de ato administrativo *stricto sensu*. Para tanto, seguiremos a trilha metodológica fixada por Renato Alessi, extraindo dela tão-somente aquilo que interessa, com as correções e adaptações que se mostrarem necessárias.

## *IV – "Provvedimento amministrativo"*

Renato Alessi parte da constatação de que a atividade administrativa é deveras heterogênea. Essa heterogeneidade manifesta-se quanto à posição jurídica assumida pela Administração (agindo como sujeito superior e estranho à relação, como sujeito da relação etc.), quanto à função do ato (composição abstrata de conflitos de interesses, certificação, registro, notificação etc.), bem como quanto à estrutura do ato (que seria a tradução da diversidade da posição assumida pela Administração conjugada com a diversidade de funções que o ato poderia assumir).

Disso decorre que uma formulação útil do conceito de ato administrativo deve iniciar-se pela separação daqueles atos que traduzem a atividade normal e típica da Administração.[27] Não é conveniente a formulação do conceito a partir de uma noção única de ato administrativo. Sua proposta é delimitar uma específica categoria do ato administrativo (que ele denomina *provvedimento amministrativo*), que se contrapõe aos demais atos administrativos, como os atos certificativos, atos monitórios, pareceres, vistas, aprovações, regulamentos etc.

Alessi considera que a atividade típica e mais significativa da Administração consiste em sua atuação como expressão do Estado agindo na satisfação de interesses públicos concretos a ela confiados, mediante uma posição soberana. Trata-se de manifestações de poder soberano, dirigidas a relações em que a Administração seja parte, a fim de satisfazer interesses públicos concretos. Isso só seria realizável mediante *provvedimento amministrativo*.

*Provvedimento amministrativo* é, então, a "manifestazione volontaria di attività di un'autorità amministrativa, avente autonomia strutturale e funzionale, diretta alla immediata e concreta realizzazione di interessi pubblici concreti".[28]

27. Segundo Giannini (*Enciclopedia del Diritto*, v. IV, *Atto-Bana*, Giuffrè, verbete "Atto amministrativo"), é equivocado imaginar que a maior parte da atividade administrativa é desempenhada sob a forma de ato administrativo. Na verdade, a Administração Pública desenvolve-se em sua normalidade mediante formas de direito privado. A superioridade do ato administrativo em face das demais formas de atuação, então, é antes qualitativa que quantitativa.

28. Alessi, *Sistema...*, cit., p. 235.

Segundo Alessi, são elementos essenciais do *provvedimento amministrativo* a manifestação voluntária de atividade com autonomia estrutural e funcional, a proveniência de uma autoridade administrativa e a função de realizar de modo imediato interesses públicos concretos.

Pode-se enxergar em seu conceito os seguintes elementos:

*a)* o elemento formal, consistente na manifestação de uma atividade e recognoscível enquanto tal;

*b)* e o elemento conteúdo, que está na própria manifestação da atividade, não necessariamente uma declaração de vontade, mas podendo ser também uma deliberação, declaração de outra índole e até mesmo comportamento material de órgãos administrativos juridicamente relevantes porque provocam modificações jurídicas, muito embora tratem-se de atos meramente materiais.

Além disso, o autor enuncia como elementos do *provvedimento amministrativo*, muito embora se trate, rigorosamente, de requisitos ou pressupostos:

*a)* a vontade, que se traduz na vontade de manifestar a atividade, não necessariamente de ver produzidos os efeitos jurídicos decorrentes;

*b)* a autonomia, estrutural e funcional, da manifestação;

*c)* a pertinência ao exercício da função administrativa;

*d)* a finalidade, sempre de interesse público.

A construção teórica de Alessi tem o mérito de reconhecer a heterogeneidade da função administrativa da Administração e de partir da identificação uma certa categoria de atos que representa o agir normal e típico da Administração Pública. Essa sua premissa é deveras pertinente.

Além disso, o autor encarece que o ato administrativo típico possui autonomia estrutural e funcional. Com a noção de autonomia restariam afastados do conceito de *provvedimento* os meros atos instrumentais, serventes ou satélites do ato administrativo mais importante, qual seja, o próprio *provvedimento*. Tais atos, sobre estruturalmente não gozarem da mesma estatura do *provvedimento*, por lhes faltar algum dos elementos, funcionalmente não realizariam, por conta própria, interesses públicos concretos.

Indo avante, o elemento formal de Alessi é mais compreensivo do que aquele adotado pela doutrina, vez que bastaria a recognoscibilidade externa de certo agir da Administração para que ali se identificasse a existência de um *provvedimento*.

Muito embora não concordemos com a noção de função administrativa formulada pelo autor, não há como negar seu mérito em identificar, seja como elemento, seja como pressuposto do ato, a sua pertinência ao exercício da função administrativa.

Por fim, é de se identificar no *provvedimento amministrativo* a função de realizar imediata e diretamente interesses públicos concretos, ou seja, não em caráter genérico ou contencioso, e nunca em caráter meramente ancilar ou instrumental da realização de interesses públicos.

Porém, não é possível aderir ao seu conceito de *provvedimento amministrativo in totum*.

Em primeiro lugar, afastamos a possibilidade de que o conteúdo do ato administrativo se esgote em comportamentos materiais de órgãos administrativos juridicamente relevantes, pois provocam modificações jurídicas. O conteúdo do ato administrativo é necessariamente uma declaração, uma fala prescritiva.[29] Quando houver o reconhecimento de efeitos jurídicos decorrentes não de declarações ou prescrições, imputáveis à Administração, estar-se-á diante de fatos administrativos, não de atos administrativos.

Quanto ao elemento vontade, nossa discordância com relação à formulação de

29. Celso Antônio, *Curso*..., p. 228.

Alessi é apenas parcial. Numa primeira leitura, a construção do autor dá a entender que o *provvedimento amministrativo*, ou seja, o ato administrativo típico, seria o ato discricionário, justamente porque nele (*provvedimento*) nunca faltaria, ainda que em grau mínimo, um "giudizio di idoneità, tra l'interesse da realizzare ed il mezzo adottato, giudizio che porta all'adozione dello steso, e che non sempre appare in primo piano attraverso quella che è la motivazione del provvedimento, potendo talora restare nello sfondo".[30] Após esse juízo de idoneidade, viria uma determinação volitiva no sentido da adoção do meio escolhido ou da própria realização do interesse. Disso decorre que no *provvedimento* haveria sempre um aporte de avaliação subjetiva do administrador.

Porém, ao classificar os *provvedimenti*, Alessi reconhece a existência de *provvedimenti vincolati* e *provvedimenti discrezionali*. A discricionariedade poderia residir no própria emanação do ato ou no seu conteúdo. Isso significa que, na verdade, o *provvedimento amministrativo* não se confunde com o ato discricionário ou, com maior rigor, com o ato praticado no exercício de competência discricionária. A vontade é aceita como elemento essencial e relevante do *provvedimento* por estar presente em todo e qualquer *provvedimento*, não só no discricionário.

Porém, pode-se imaginar a possibilidade de dar mais um passo no sentido da caracterização do ato administrativo típico, ou do ato que represente a "tipica ed essenziale funzione della amministrazione", nas palavras de Alessi.

### *V – Ato administrativo "stricto sensu"*

Assumindo as premissas fixadas por Alessi, é de todo pertinente isolar uma específica forma de exteriorização da função administrativa que lhe seja própria e peculiar, sobre a qual se possa assentar uma precisa teorização acerca do ato administrativo e, quiçá, uma disquisição positiva das funções do Estado. Afinal e como dito, a função administrativa é heterogênea, manifestando-se de diversas formas. Além do mais, o Estado é essencialmente Administração; quando faltar qualquer dos elementos de identificação das demais funções do Estado, estar-se-á diante de função administrativa.

Do que ficou exposto, pode-se dizer que o ato administrativo é o ato jurídico praticado no exercício de função administrativa, de forma unilateral e destinado a realizar interesse público concreto.

Porém, isto não basta. Até aí poder-se-á identificar o conceito tão-somente do ato administrativo *lato sensu*. Deve-se acrescentar ao conceito ainda outro elemento para que se possa atribuir-lhe a nota da irredutibilidade: é a circunstância de o exercício da função administrativa estar referida a competência discricionária.

Em outras palavras, o ato administrativo *stricto sensu* é o ato discricionário ou, com maior precisão, o ato praticado no exercício de competência discricionária. Esse é o ato sobre o qual se pode pretender a qualificação de ato administrativo típico, em sentido próprio, porque exterioriza prerrogativa que a função administrativa apresenta com exclusividade.

Ato praticado no exercício de competência discricionária está sendo tomado como o ato "que a Administração pratica dispondo de certa margem de liberdade para decidir-se, pois a lei regulou a matéria de modo a deixar campo para uma apreciação que comporta certo subjetivismo".[31]

Pode-se dizer que o ato administrativo *stricto sensu* é o ponto máximo de compreensão do conceito de ato administrativo de molde a isolá-lo dos demais atos do Estado e dos demais fatos e atos administrativos em sentido amplo. Nesse ponto, é pos-

30. Alessi, *Sistema...*, cit., p. 230.

31. Celso Antônio, *Curso...*, cit., p. 262.

sível identificar aquilo que o exercício da função administrativa tem de próprio e exclusivo, ou seja, a prerrogativa de escolher, entre alternativas igualmente válidas, aquela mais adequada à satisfação do interesse público concreto, ou para escolher a "providência ótima", isto é, "aquela que realize superiormente o interesse público alvejado pela lei aplicanda".[32]

Essa margem de liberdade (sempre adstrita aos limites legais, porque criada e outorgada pela lei) pode até surgir no desempenho das demais funções do Estado, sob outro rótulo, mas nunca com a mesma feição encontrada na hipótese de função administrativa: em nenhum outro momento estará sendo manuseada para fins de realização de interesse público concreto.

Se a idéia de Alessi era localizar uma categoria de atos que dissesse respeito ao agir normal e típico da Administração, ou que traduzisse a essencial função da Administração, faltou-lhe acrescentar que, sobre prover de maneira imediata e concreta interesses públicos de caráter concreto, esse "provimento" seria qualificado por certa margem de liberdade do administrador.

O reconhecimento de que o ato praticado no exercício de competência discricionária é o ato administrativo *stricto sensu* – equivalente, no caso, ao conceito de *provvedimento amministrativo* de Alessi –, implicaria trazer para o primeiro plano da anatomia do ato o elemento vontade, já que somente nesse caso a vontade do agente administrativo que praticou o ato assume relevância jurídica.

No plano da distinção das funções do Estado, essa mesma tomada de posição representaria uma afirmação da teoria da separação dos poderes, já que seria reservada à função administrativa algo não compartilhável pelas demais funções do Estado, ou seja, a realização de interesses públicos concretos valendo-se de certa margem de liberdade, muito embora dentro dos limites fixados em lei.

32. Celso Antônio, *Curso...*, cit., p. 271.

## *VI – Conclusão*

A voz ato administrativo desempenha fundamental importância no discurso do Direito Administrativo, muito embora o desenvolvimento desse ramo do Direito tenha se traduzido na criação de outros mecanismos mais sofisticados e quiçá mais eficazes de controle do exercício do poder.

O conceito de ato administrativo não pode ser formulado a despeito da noção de função administrativa que se tenha adotado. O endereço conceitual do ato é a função.

A adoção do critério do regime jurídico para distinguir a função administrativa das demais funções do Estado não permite que se incorra na incoerência lógica de definir a função a partir de um critério e o ato a partir de outro.

O regime jurídico da função administrativa a diz como o desempenho de atividade sob a lei e em sua obediência – desprovida da aptidão de inovar a ordem jurídica e da força da coisa julgada, realizada por órgãos hierarquicamente estruturados e sujeito ao controle de legalidade pelo Poder Judiciário.

Não há perfeita correspondência entre os conceitos de ato administrativo e função administrativa. A pertinência ao exercício de função administrativa é condição necessária mas não suficiente para a caracterização de ato administrativo.

Bem por isso, dentro do universo da função administrativa, calha isolar uma categoria de atos administrativos que represente a função administrativa na sua forma típica.

Renato Alessi partiu dessa premissa e alcançou o conceito de *provvedimento amministrativo*, que pode ser discricionário ou vinculado, tanto na emanação do ato quanto no seu conteúdo.

Porém, o ato administrativo que representa a função administrativa em sua forma típica é o ato praticado no exercício de competência discricionária (entendida esta como a margem de liberdade da Administração dentro dos limites legais), vez que é na discricionariedade que a função administrativa se realiza em sua plenitude e se distingue das demais funções do Estado.

Justamente por isso, o ato administrativo que representaria a função administrativa em sua forma normal e típica seria o ato praticado no exercício de competência discricionária, merecedor do rótulo de ato administrativo *stricto sensu*.

## *VII – Bibliografia*

ALESSI, Renato. *Sistema Istituzionale del Diritto Amministrativo Italiano*, Milão, Giuffrè Editore, 1953.

BANDEIRA DE MELLO, Celso Antônio. *Curso de Direito Administrativo*, 9ª ed., São Paulo, Malheiros Editores, 1997.

BENOÎT, Francis-Paul. *Le Droit Administratif Français*, Dalloz, 1968.

BOBBIO, Norberto. *Teoria della Norma Giuridica*, Torino, G. Giappichelli.

CAETANO, Marcello. *Manual de Direito Administrativo*, v. I, 10ª ed., Almedina, 1984.

CARRIÓ, Genaro. *Notas sobre Derecho y Lenguaje*, 4ª ed., Buenos Aires, Abeledo-Perrot.

CASSAGNE, Juan Carlos. *El Acto Administrativo*, 2ª ed., Buenos Aires, Abeledo-Perrot.

CASSESE, Sabino. *Le Basi del Diritto Amministrativo*, Garzanti, 1995.

CHIRILLO, Eduardo J. Rodríguez. *Privatización de la Empresa Pública y Post Privatización*, Buenos Aires, Abeledo-Perrot, p. 33.

ENTERRÍA, Eduardo García de, FERNÁNDEZ, Tomás-Ramón. *Curso de Derecho Administrativo*, v. I, 4ª ed., Madri, Editorial Civitas, 1980.

ESCOLA, Héctor Jorge. *Compendio de Derecho Administrativo*, v. I, Buenos Aires, Depalma, 1990.

GORDILLO, Agustín. *Tratado de Derecho Administrativo*, Parte General, t. 1, 3ª ed., 1995; t. 2, 1991.

PEREIRA, André Gonçalves. *Erro e Ilegalidade do Ato Administrativo*, Lisboa, Ed. Ática, 1962.

QUEIRÓ, Afonso Rodrigues. *Estudos de Direito Público*, v. I, por Ordem da Universidade de Coimbra, 1989.

SCOTTO, Ignazio. *Diritto Amministrativo*, 3ª ed., Giuffrè Editore, 1995.

***Dicionários e Enciclopédias***

*Dicionário de Questões Vernáculas*, Napoleão Mendes de Almeida, 2ª ed., LCTE, 1994.

*Enciclopedia del Diritto*, verbete "Atto amministrativo", de Massimo Severo Giannini, v. IV, *Atto-Bana*, Giuffrè Editore.

# PARECERES

# COMPETÊNCIA CONSTITUCIONAL DE REFORMA – PROCESSO DE ELABORAÇÃO DE EMENDA CONSTITUCIONAL – INTERPRETAÇÃO DO ART. 60, § 5º, DA CF

CÁRMEN LÚCIA ANTUNES ROCHA

**Advogada – Professora Titular de Direito Constitucional da Faculdade Mineira de Direito da PUC/MG**

e

FÁBIO KONDER COMPARATO

**Professor Titular da Faculdade de Direito da USP – Doutor em Direito da Universidade de Paris**

*Ementa:* Competência constitucional de reforma. Processo de elaboração de Emenda Constitucional. Interpretação do art. 60, § 5º, da Constituição da República.

*1.* O poder constituinte derivado de reforma constitucional subordina-se aos limites formais e materiais estabelecidos nas normas fundamentais de garantia do sistema.

*2.* A transgressão ou ofensa a essas normas constitucionais limitadoras da atuação constituinte derivada impõe a invalidade jurídica da deliberação congressual.

*3.* A Constituição brasileira veda nova deliberação de matéria constitucional de proposta de Emenda Constitucional rejeitada na mesma sessão legislativa, nos expressos e taxativos termos do § 5º, do art. 60, da Constituição da República.

*4.* O exercício da guarda da Constituição pelo Supremo Tribunal Federal impõe a esse órgão máximo do Poder Judiciário da República o pronunciamento jurídico que determine a cessação de agressões cometidas contra a Constituição Federal.

## *Consulta*

Consulta-nos a deputada Sandra Meira Starling, deputada federal pelo PT/MG, sobre a constitucionalidade de tramitação da Proposta de Emenda Constitucional 033-A, de 1995, que "modifica o sistema de previdência social, estabelece normas de transição e dá outras providências".

Relata a eminente consulente que a PEC 033-A/95 foi objeto de Parecer, na Comissão Especial designada para examinar e opinar sobre a matéria, *tendo o Plenário da Câmara de Deputados rejeitado a conclusão do mesmo, no sentido da apro-*

*vação da Proposta. Significa, pois, que a própria Proposta de Emenda Constitucional foi rejeitada pela Casa Legislativa.*

Todavia, a rejeição da PEC 033-A/95, em 6.3.96, não impediu que a Mesa da Câmara dos Deputados determinasse a renovação do processo legislativo de Emenda Constitucional da mesma matéria, colocando-se, mais uma vez, para o Plenário da Casa novo relatório sobre a Proposta antes rejeitada em 21.3.96, vale dizer, menos de vinte dias após ter havido a primeira e negativa deliberação. O novo relatório apelidou-se de Emenda Aglutinativa e resgatava a Proposta de Emenda Constitucional inicialmente rejeitada. Daí o questionamento feito se, nos termos do § 5º, do art. 60, da CF poderia haver nova apresentação da mesma Proposta de Emenda Constitucional 033-A/95, antes rejeitada.

Salienta, ainda, a nobre deputada, ora consulente, que em face do ocorrido, busca a jurisdição constitucional, tendo impetrado mandado de segurança perante o Supremo Tribunal Federal contra o ato da Mesa da Câmara que determinou aquele comportamento questionado em face do ditame constitucional expresso, pelo que solicita se aborde, também, no presente exame a possibilidade jurídica de ser conhecida e decidida a matéria pelo mais alto órgão do Poder Judiciário brasileiro.

Estudadas as questões postas na consulta, opinamos.

## *Parecer*

### *1. Natureza e exercício do poder constituinte de reforma constitucional*

A matéria abordada na consulta versa sobre a extensão e o exercício do denominado "poder constituinte derivado de reforma constitucional" e a possibilidade de se incorrer em inconstitucionalidade no exercício dessa competência.

Escoliando o tema ensina limpidamente J. J. Gomes Canotilho que "Sieyès distinguiu entre *poder constituinte e poderes constituídos. Há, porém, um poder – o poder de modificar a constituição em vigor segundo as regras e processos nela prescritos* – que é também considerado como *constituinte,* embora, por outro lado, ele seja instituído pela própria Constituição. Este poder – poder constituinte derivado, poder de revisão, poder constituinte em sentido impróprio – distingue-se do poder constituinte originário. (...) *Os poderes constituídos movem-se dentro do quadro constitucional criado pelo poder constituinte. O poder de revisão constitucional é, conseqüentemente, um poder constituído tal como o poder legislativo.* Verdadeiramente, o poder de revisão só em sentido impróprio se poderá considerar constituinte; será, quando muito, uma 'paródia do poder constituinte verdadeiro'. (...) mal se concebe que o fenômeno da criação constitucional se produza fora dos esquemas constitucionais existentes, o que, logicamente, nos afasta das características assinaladas ao poder constituinte originário" (*Direito Constitucional*, Coimbra, Almedina, 1993, p. 95).

Não há qualquer dissonância na teoria da Constituição e na prática democrática do Estado de Direito sobre a natureza instituída ou derivada e limitada e condicionada do denominado "poder constituinte de reforma".

O poder reformador da Constituição é posto no sistema normativo fundamental exatamente para garantia da permanência do Direito, pois se esse poder-competência não existisse a Lei Magna poderia ter que ser afrontada quando não se obtivesse modificações parciais socialmente necessárias em determinado momento histórico.

De outra parte, se a limitação e o condicionamento do poder-competência reformadora não se pusessem na própria Constituição, dificilmente se poderia chamar de suprema essa lei, pois a cada capricho, interesse ou conveniência governamental de momento poder-se-ia sobrepujar o sistema e arvorar-se o grupo eventualmente detentor dos cargos governamentais em elaborador de nova Constituição.

Por isso mesmo, prelecionava em magistral lição o constitucionalista maior do Império que "a sociedade tem, pois, embora deva usar com suma prudência, o direito de melhorar sua Constituição, e desde então a sabedoria aconselha que a própria Constituição se encarregue de prever e estabelecer os meios legais, segundo os quais o melhoramento deva ser realizado (...)" (*Direito Público e Análise da Constituição do Império*, Rio, Ministério da Justiça e Negócios Interiores, p. 476).

A limitação do poder-competência reformadora constitucional assegura a estabilidade e a rigidez da Constituição, impedindo o seu abatimento e destruição ilegítimos.

Como se tem por plenamente consabido, a Constituição rígida assegura-se contra eventuais fraudes e agressões afirmando em seu sistema as normas que limitam o exercício da reforma constitucional e contra as quais qualquer comportamento eivase de vício indelével de inconstitucionalidade.

Sobre o tema, Vanossi pronuncia-se no sentido de que "la regulación de la reforma constitucional en la propia constitución, haciendo de ella un 'proceso predeterminado', es evidentemente una instancia o eslabón más en el intento del constitucionalismo por asegurar mediante la previsión y la calculabilidad el mayor número posible de actividades del Estado, evitando toda discrecionalidad o arbitrariedad en el ciclo de la creación del ordenamiento jurídico-institucional en virtud del predominio absoluto del principio de legalidad (racionalización y despersonalización del poder, normación general y abstracta etc.) (...)" (*Teoría Constitucional*, v. I, Buenos Aires, Depalma, p. 341).

O poder-competência reformadora não dispõe, portanto, de "liberdade" de ação ou de adoção de procedimentos segundo conveniências de momento. Antes, submete-se integralmente ao quanto constitucionalmente definido na parte considerada o núcleo de garantia da própria Constituição e que, no Estado Democrático de Direito, dispõe de dois instrumentos principais: a descrição do processo e limites da reforma constitucional e o controle da constitucionalidade das leis e atos normativos.

Sem esses dois instrumentos constitucionais fundamentais a supremacia e fundamentalidade da Constituição reduzir-se-ia a uma proposta, sugestão ou possibilidade e não a um dado essencial que a caracteriza.

Pela natureza instituída, derivada, limitada, condicionada da competência reformadora da Constituição, é que o seu exercício legítimo e válido juridicamente não se dá a processos postos e impostos senão nas normas do próprio sistema, não podendo ser objeto de tratamento inovador em norma infraconstitucional de qualquer natureza.

É o que acentua, dentre outros, Christian Starck ao afirmar que "la suprèmatie de la Constitution se révèle être la conséquence logique de ce que la Constitution établit, structure et limite le pouvoir de l'État, règle ses devoirs, ses procédures et ses compétences. Toute l'activité du pouvoir d'État se réalise sur la base ou dans le cadre de la Constitution; tout le droit posé par le pouvoir d'État est créé sur la base et dans le cadre e la Constitution. La suprématie de la Constitution s'effondrerait si le législateur était autorisé à modifier la Constitution selon la procédure législative ordinaire. Ceci a été reconnu très tôt déjà. (...) Dans la pratique constitutionnelle, la nécessité s'est très vite faite sentir d'incorporer à la Constitution des clauses sur la révision de la Constitution (...)" (*La Constitution Cadre et Mesure du Droit*, Paris, Economica, 1994, p. 16).

Ninguém discorda ou polemiza no tema em foco.

Tanto na doutrina brasileira, quanto entre os professores de Direito Constitucional, todos são unânimes em acatar que a reforma constitucional obedece a um processo predefinido pelo próprio sistema, processo esse incontornável e imodificável ou inobservável pelo órgão reformador igualmente identificado pela norma fundamental.

Assim, por exemplo, a fala de Michel Temer, segundo o qual "(...) no texto permanente da Constituição, eu verifico essa possibilidade de olhar para modificar por meio de Emenda Constitucional e verifico que, na verdade, o processo é especial, qualificado, diferenciado.

"Estou dizendo aqui o óbvio, mas apenas para revelar que modificar a Constituição é uma coisa extremamente difícil, complicada. (...) Então, aqui comigo, leitor da Constituição, eu digo: 'Muito bem, aqui nas disposições permanentes eu posso rever, mas é extremamente difícil'. E há uma razão. Eu que milito na área jurídica, nós que militamos na área jurídica, dizemos: *'Há uma razão para tanto; é que a Constituição não é chamada Lei das Leis, Lei Magna, Carta Magna etc. sem razão: é que o único objetivo do Direito, especialmente desse Direito Máximo, dessa Lei Magna, é conferir estabilidade às relações de um povo estavelmente fixado num território; é indicar que as regras do jogo em tese são permanentes*; é indicar aos habitantes de um Estado, àqueles que querem investir, àqueles que querem trabalhar, àqueles que querem formar a sua família, àqueles que querem educar-se, àqueles que querem contratar (...) *é dizer que o sistema estabelecido é um sistema estável, tão estável que se houver violação àquelas regras máximas, o próprio sistema prevê um mecanismo pelo qual aquela norma transgressora do sistema constitucional é retirado dele; impede-se o seu ingresso no sistema pelas chamadas ações de inconstitucionalidade, seja por ação, seja por omissão.* Portanto, quem lê a Constituição, quem conhece o conteúdo da carta Magna verifica a razão para rigidez dessas normas constitucionais. (...) Portanto, *quando examino o texto permanente da Constituição, eu digo: 'é razoável que haja uma rigidez constitucional; é razoável que haja dificuldade para modificação, porque, afinal, os sócios dessa sociedade chamada Estado têm de saber quais são as regras do jogo e saber que em tese elas são permanentes, que só um processo muito qualificado, muito especial pode levar à modificação do texto constitucional'"* (Conferência pronunciada no 11º Encontro Nacional de Procuradores da República, em Fortaleza, em 1.11.94, grifos nossos).

Verifica-se, portanto, que não há qualquer discussão quanto à natureza e vinculação do exercício do poder-competência reformadora, pois tanto a característica limitada e condicionada material e formalmente, quanto a sua indispensabilidade para garantia da supremacia e permanência da Constituição são aceitos sem discrepância de qualquer origem.

Note-se que a Constituição concebe as normas referentes ao processo de sua reforma em núcleo considerado de observância estrita, obrigatória e vinculada.

## 2. *Natureza do vício derivado de contrariedade a norma constitucional limitadora do exercício da competência reformadora*

Considerando-se a natureza limitada e vinculada do poder-competência reformadora ao quanto constitucionalmente estabelecido, é de se examinar a situação do vício nascido da contrariedade a norma fundamental no processo de modificação constitucional.

Também nesse passo não destoam os constitucionalistas: a contrariedade a norma constitucional relativa a processo de reforma implica em afronta de natureza gravíssima à Constituição. É inconstitucional o comportamento do órgão reformador que destoe do comando constitucional relativo aos limites que se lhe foram impostos, sejam esses limites materiais ou processuais.

Como explana José Afonso da Silva, entre os elementos da Constituição, vale dizer, "normas que incidem sobre matérias de natureza e finalidades as mais diversas, sistematizadas num todo unitário e organizadas coerentemente pela ação do poder constituinte que as teve como fundamentais para a coletividade estatal", encontram-se os "elementos de estabilização constitucional, consagrados nas normas destinadas a assegurar a solução de conflitos constitucionais, a defesa da Constituição, do Estado e das instituições democráticas, premunindo os meios e técnicas contra sua alteração e infringência, e são encontrados (...) nos arts. 59, I, e 60 (processo de emenda constitucional)" (*Curso de Direito Constitucional Positivo*, São Paulo, Malheiros Editores, 1996, p. 46). A agressão aos elementos de estabilização corresponde a uma fraude derrocadora da própria ordem constitucional, pelo que o sistema firma um instrumento impeditivo de qualquer tentativa ou ocorrência de tal conduta, qual seja, o controle da constitucionalidade.

Tomando-se, para tal verificação e apuração de vício de inconstitucionalidade, a Constituição como parâmetro, paradigma e o comportamento público – inclusive o de feitura de normas e mesmo o de normas modificativas da Lei Fundamental da República – como objeto verificado, é certo que em nosso sistema a conclusão sobre a desconformidade entre o parâmetro e o objeto com ele confrontado importa em concluir-se sobre a invalidade desse por conter em si o vício insuperável e inconvalidável da inconstitucionalidade.

### *3. O § 5º, do art. 60, da CF e o comportamento congressual quanto à PEC 033-A/95*

O art. 60 da CF estabelece, em seus incisos, as normas fundamentais sobre o exercício do poder-competência reformadora. Ali se contém não apenas os limites materiais, mas também os limites formais-processuais e circunstanciais ao exercício daquele poder-competência. Constituiu-se, assim, aquele conjunto de normas em núcleo permanente e garantidor da própria Lei Fundamental.

Dentre as normas ali positivadas se tem no § 5º o seguinte mandamento: "Art. 60. A Constituição poderá ser emendada mediante proposta: (...) § 5º. A matéria constante de proposta de emenda rejeitada ou havida por prejudicada não pode ser objeto de nova proposta na mesma sessão legislativa".

É indisputável, portanto, que ao constituinte reformador não se permite, no sistema vigente no constitucionalismo positivo brasileiro, submeter-se à deliberação da Casa Legislativa competente a "matéria constante da proposta", uma segunda vez, na mesma sessão legislativa.

A parcimônia e cuidado que se exigem no processo de modificação constitucional não são inéditas ou novidades do sistema constitucional inaugurado em 5 de outubro de 1988.

Já na Constituição Imperial de 1824 se exigia que "admitida a discussão, e vencida a necessidade de reforma do artigo constitucional, se expedirá lei, que será sancionada e promulgada pelo Imperador, em forma ordinária, e na qual se ordenará aos eleitores dos deputados *para a seguinte legislatura, que nas procurações lhe confiram especial faculdade para a pretendida alteração ou reforma*" (art. 176).

Também na Constituição da República de 1891 se estabelecia no art. 90, que "considerar-se-á aprovada a reforma, quando (...) § 2º. Essa proposta dar-se-á por aprovada, se no ano seguinte o for, mediante três discussões, por maioria de dois terços dos votos nas duas Câmaras do Congresso".

A Constituição de 1934, por sua vez, determinava, em seu art. 178, que: "Dar-se-á por aprovada a emenda que for aceita, em duas discussões, pela maioria absoluta da Câmara dos Deputados e do Senado Federal, em dois anos consecutivos".

E, na vigência dessa Constituição, em caso de revisão a submissão de proposta de revisão seria submetida "na legislatura seguinte, a três discussões e votações em duas sessões legislativas, numa e noutra casa".

A Carta de 1937, no seu espírito autoritário e concentrador de competências nas mãos do Presidente da República, é a única, no constitucionalismo pátrio, a determinar que "a Constituição poderá ser emendada, modificada ou reformada por iniciativa do Presidente da República ou da Câmara dos Deputados" (art. 174), ali se estabelecendo, em seu § 1º, que "o projeto de iniciativa do Presidente da República será votado em bloco por maioria ordinária de votos da Câmara dos Deputados e do Conselho Federal, sem modificações ou com as propostas pelo Presidente da República, ou que tiverem a sua aquiescência, se sugeridas por qualquer das Câmaras".

Mas manteve, seguindo a sua vocação, no § 3º daquele dispositivo a exigência de que "o projeto de emenda, modificação ou reforma da Constituição, quando de iniciativa da Câmara dos Deputados, uma vez aprovado mediante o voto da maioria dos membros de uma e outra Câmara, será enviado ao Presidente da República. (...) A nova tramitação só poderá efetuar-se no curso da legislatura seguinte".

A Constituição de 1946 restabeleceu a exigência do interregno para a aprovação de Emenda Constitucional, estatuindo, em seu art. 217, § 2º: "Dar-se-á por aceita a emenda que for aprovada em duas discussões pela maioria absoluta da Câmara dos Deputados e do Senado Federal, *em duas sessões legislativas ordinárias e consecutivas*".

Foi, então, a partir da Constituição de 1967, de vocação autoritária e centralizadora, que se resgatou a atribuição ao Presidente da República a faculdade da iniciativa de Emendas Constitucionais e se excluiu, então, a garantia de repetição em sessões legislativas subseqüentes do processo de aprovação.

A Constituição de 1988 não incluiu, em seu texto, a imperiosidade, antes experimentada, pois, em nosso constitucionalismo, de se terem votações em sessões legislativas sucessivas para se considerar aprovada uma Emenda Constitucional.

Mas, movido pelo mesmo interesse de se resguardar a Constituição contra condições precárias, eventuais ou vinculadas a maiorias parlamentares efêmeras, adotou a regra posta no § 5º, do art. 60. Quer-se dizer, com o que se tem nesse dispositivo se assegura a mesma firmeza para se considerar aprovada a proposta de Emenda Constitucional. Se nas primeiras Constituições brasileiras necessária se fazia a repetição da votação e conclusão positiva da proposta em sessões legislativas sucessivas, agora se tem uma exigência de igual natureza e fim, mas de teor diferente. Permite-se aprovação por votações que se sucedam na mesma sessão legislativa, mas se numa delas for rejeitada a matéria constante da proposta de Emenda Constitucional na mesma sessão legislativa não poderá ser reapresentada a matéria para a deliberação do Congresso Nacional.

A questão sujeita à análise nesse parecer destaca exatamente a aplicação do § 5º, do art. 60, da CF ao ocorrido na Câmara dos Deputados quanto à Proposta de Emenda Constitucional 033-A/95.

Essa Proposta foi oferecida ao Congresso Nacional, tendo sido encaminhada, conforme manda a CF , à Câmara dos Deputados.

Ali, submetida inicialmente à Comissão de Justiça e Constituição onde se a considerou conforme às exigências materiais da Lei Magna, foi encaminhada à Comissão Especial para o relatório e posteriormente decisão do Plenário.

Em 6 de março de 1996 o relatório do deputado Euler Ribeiro foi levado, contudo, não à Comissão Especial, mas ao Plenário da Câmara dos Deputados diretamente, em razão das dificuldades havidas em sua tramitação e votação exclusivamente pelos membros da própria Comissão.

O Parecer levado à decisão do Plenário da Câmara dos Deputados na data acima mencionada concluiu:

"Em face de todo o exposto ***este parecer conclui pela aprovação da PEC n. 33-A, de 1995***, nos termos, porém, do substitutivo em anexo, rejeita as proposições apensas e acolhe integral ou parcialmente as sugestões contidas nas seguintes emendas (...)."

Vê-se, portanto, que o que foi votado *e rejeitado, em 6 de março de 1996, pelo Plenário da Câmara dos Deputados, foi o Parecer no sentido da aprovação da Proposta de Emenda Constitucional n. 33-A, de 1995.*

Não apenas "a matéria constante de proposta", mas, mais ainda, a própria Proposta foi rejeitada.

Daí que não se haveria mais de falar, diante dos expressos termos do que se tem no § 5º, do art. 60, da CF, em nova apresentação para deliberação da matéria na sessão legislativa de 1996, pois a Proposta foi rejeitada em 6 de março desse ano.

Emendas de qualquer natureza, oferecidas a essa proposta, somente poderiam ter lugar e ser objeto de análise se a Proposta tivesse sido aprovada, porque, então, poderia haver uma outra fase de exame de sugestões de mudanças a serem nelas introduzidas.

Entretanto, recusada que foi a própria Proposta de Emenda Constitucional como se cuidar de outras fases de deliberação sem afronta flagrante ao art. 60, § 5º?

Se a própria Proposta de Emenda Constitucional não resistiu à deliberação dos membros da Câmara dos Deputados o que se poderia ter, à guisa de sugestões sobre ela, que não constituíssem uma inovação, uma nova apresentação da mesma matéria rejeitada?

Dir-se-ia, talvez, querendo-se argumentar, que o Congresso Nacional pelas suas Casas poderia ter, no seu regimento interno, normas que possibilitassem a inovação. Como normas internas de funcionamento de um órgão do poder constituído poderia afrontar o quanto posto pelo constituinte originário? Como se compreender ou aceitar que norma constitucional limitadora da competência e exercício da reforma da Lei Fundamental pudesse se sujeitar a padrões normativos diversos e anuladores do comando maior determinados por regras que lhe são hierarquicamente inferiores e submetidos?

Não se há de duvidar que quando a Câmara dos Deputados, pelo seu Plenário, rejeitou a Proposta de Emenda Constitucional 33-A, de 1995, determinou-se, no caso, a aplicação insuperável do § 5º, do art. 60, da CF e ficou vedada a reapresentação da matéria para nova apreciação na mesma sessão legislativa.

Ora, narra-se, na consulta, que não apenas na mesma sessão legislativa, mas menos de vinte dias após aquele primeiro pronunciamento da Câmara, voltou a matéria à análise e deliberação da mesma Casa, com uma nova "proposição", agora embutida no que ali se apelidou de "emenda aglutinativa", ou seja, num documento proponente no qual se "ajeitaram" várias sugestões dirigidas à Proposta rejeitada.

Dê-se o nome que se pretender e não haverá, sob novo rótulo, senão a situação vedada constitucionalmente, vale dizer, matéria rejeitada sujeita a novo exame da Casa Legislativa na mesma sessão legislativa.

### 3.1 Interpretação do art. 60, § 5º, da CF

Cabe, aqui, uma palavra sobre a natureza da norma havida no § 5º, do art. 60, da CF e sobre a sua interpretação e eficácia.

No exame das Constituições, cuidam os estudiosos de analisarem as diferentes naturezas que assumem as normas fundamentais.

As normas que cuidam do processo de reforma constitucional são consideradas normas garantidoras da própria Constituição, como acima lembrado, tanto que, na Constituição do Império do Brasil de 1824 as normas relativas a tal processo e respectivo procedimento sediavam-se no Título VIII, "Das Disposições Gerais e Garantias dos Direitos Civis e Políticos dos Cidadãos Brasileiros".

Explanando sobre os princípios constitucionais afirma J. J. Gomes Canotilho que "designam-se por princípios politicamente conformadores os princípios constitucionais que explicitam as valorações políticas fundamentais do legislador constituinte. (...) Expressando as concepções políticas triunfantes ou dominantes numa assembléia constituinte, os princípios político-constitucionais são *o cerne político de uma constituição política, não admirando que:* (1) sejam reconhecidos como limites do poder de revisão; (2) se revelem os princípios mais directamente visados no caso de alteração profunda do regime político" (ob. cit., p. 172).

De igual conteúdo é a exposição de Paulo Bonavides, segundo o qual "as garantias constitucionais tanto podem ser garantias da própria Constituição (acepção lata) como garantias dos direitos subjetivos expressos ou outorgados na Carta Magna, portanto, remédios jurisdicionais mais eficazes para a salvaguarda desses direitos (acepção estrita).

"Na primeira acepção as garantias são concebidas para manter a eficácia e a permanência da ordem constitucional contra fatores desestabilizantes, sendo em geral a reforma da Constituição, nesse caso, um mecanismo primordial e poderoso de segurança e conservação do Estado de Direito (...) e de outros remédios excepcionais, fadados a manter de pé, em ocasiões de crise e instabilidade, as bases do regime e o sistema das instituições" (ob. cit., p. 488).

Não dissente dessas abalizadas lições, a sempre límpida palavra de José Afonso da Silva, para quem "(...) as garantias dos direitos humanos fundamentais podem ser de dois tipos: (1) garantias gerais; (2) garantias constitucionais. E estas últimas também se distinguem em duas classes: (1) garantias constitucionais gerais, que são instituições constitucionais que se inserem no mecanismo de freios e contrapesos dos poderes e, assim, visam impedir o arbítrio, com o que constituem, ao mesmo tempo, técnicas assecuratórias de eficácia das normas conferidoras dos direitos fundamentais; tais são, por exemplo, a existência de constituição rígida que declare os direitos fundamentais e suas garantias e estruture órgãos jurisdicionais dotados de independência e imparcialidade, com capacidade, de fato e de direito, para solucionar conflitos de interesse interindividuais (...)" (ob. cit., p. 392).

Tem-se, pois, que a interpretação do § 5º, do art. 60, da CF há que obedecer à própria natureza da norma que se contém articulada no texto.

O dispositivo traz uma vedação, expressa, taxativa, incontornável, à atuação reformadora.

Qualquer forma ou modalidade de se buscar superar a proibição ali havida deságua em inconstitucionalidade, agressão frontal ao quanto se põe como defeso ao legislador reformador.

Não poderá se apresentar ao exame e deliberação do congressista matéria constante de Proposta de Emenda Constitucional rejeitada na mesma sessão legislativa. Tal vem a ser o quanto se proíbe na norma em causa.

O limite processual e temporal aqui posto – ou seja, a rejeição de matéria constante de Proposta de Emenda Constitucional numa sessão legislativa extingue, no tempo de duração da mesma sessão, a tramitação da PEC – impede reiteração de condutas congressuais no período determinado constitucionalmente quanto ao exame de matéria constante de Proposta, que tenha sido objeto de análise e rejeição dos congressistas.

Descabida é a tentativa de se burlar o dispositivo constitucional criando-se uma regulamentação interna nas Casas do Congresso que permita o prosseguimento do processo de Emenda na mesma sessão sob o título de apreciação de sugestões que tinham sido feitas à Proposta rejeitada, ou reapresentação de matéria sobre novo enfoque, ou qualquer outro ardil.

Em qualquer caso, a norma-garantia que enucleia o sistema, assegurando a sua permanência e intangibilidade fora dos limites nele previstos, teria sido violada e agredida em sua essência, em sua forma e em seus fins.

A mácula que tisna e enodoa o comportamento havido fora dos estritos e vinculativos padrões constitucionais torna a atuação nula em face do sistema fundamental.

Tal eiva nasce no momento mesmo em que a Constituição foi desobedecida pela reapresentação da matéria constante de Proposta rejeitada para deliberação da Casa Congressual na mesma sessão legislativa.

### 3.2 A PEC 033-A/95 e a chamada "emenda aglutinativa" relativa à proposta inicialmente rejeitada

Afirma-se, no caso em apreço, que após a rejeição da matéria constante da Proposta de Emenda Constitucional 033-A/95 pelo Plenário da Câmara dos Deputados, em 6 de março de 1996, continuaria, ainda, o processo legislativo da mesma Emenda, da mesma matéria e, o que é mais inusitado, da mesma Proposta... rejeitada.

O argumento desenvolver-se-ia da seguinte maneira:

Rejeitada a Proposta de emenda constitucional, conforme antes comprovado pelos expressos termos da conclusão do relatório apreciado pelos Deputados em 6 de março de 1996 ("... este parecer conclui pela aprovação da PEC 33-A, de 1995...") – e note-se, pois, que o que foi objeto da rejeição não foi apenas a matéria, mas a Proposta oferecida pelo Presidente da República sobre a matéria – cuidou-se de fazer ressurgir a mesma Proposta rejeitada por uma reformulação material num documento a que se denominou de "emenda aglutinativa".

Verifica-se da análise dessa com o quanto inicialmente se votara e se rejeitara no Plenário da Câmara dos Deputados que são repetidos, em todos os seus termos, várias disposições contidas no Parecer rejeitado do relator, deputado Euler Ribeiro, em 6.3.96.

*Assim, o que se reiterou, na mesma sessão legislativa, e se recolocou para a deliberação dos congressistas, menos de vinte dias após a primeira rejeição, não foi apenas a matéria antes rejeitada, mas a matéria tal como antes articulado, examinado e deliberado contrariamente pelo Plenário daquela Casa.*

Assim, fica patenteado o descumprimento do dispositivo constitucional proibitivo de tal comportamento.

Não se argumente, na espécie, que o regimento interno de qualquer das Casas do Congresso poderia permitir o que a Constituição não permite, e admitir que, mesmo rejeitada, pelo Plenário de qualquer das Casas, a Proposta de Emenda Constitucional após exame da matéria nela constante, prosseguiria o processo legislativo, reapreciando-se "a proposta original e todas as emendas apresentadas pelos parlamentares". Divulgou-se em 19 de abril do ano em curso, que após a "rejeição da emenda com o seu substitutivo apresentado", surgiria, nos termos do regimento interno da Câmara, "a possibilidade de um décimo de deputados ou líder que represente esse número apanharem o texto do projeto original e das emendas apresentadas *para oferecer um novo projeto, fruto da aglutinação dessas emendas*" ("Reforma da Previdência: respeito ao Direito", Michel Temer in *Folha de S. Paulo*, 19.4.96, p. 3).

A questão jurídico-constitucional que se põe é: vedada pela Constituição nova apreciação de matéria constante de Proposta de Emenda Constitucional rejeitada por qualquer das Casas do Congresso Nacional na mesma sessão legislativa na qual se tenha dado a rejeição, pode ser admitida, no sistema jurídico como norma válida, determinação interna de órgão de poder constituído ladeando e ultrapassando a proibição fundamental?

Parece certo e insofismável que não.

Nem por lei formal, menos ainda por norma infralegal, se poderia cogitar de aceitar uma possibilidade cunhada em sede de vedação constitucional. O poder constituído, como é a natureza do Poder Legislativo, não pode enfrentar e superar proibição constitucional, porque estaria a modificar, por ato próprio e para si mesmo, o que foi decidido e determinado no âmbito exclusivo e soberano do poder constituinte originário.

A Proposta de Emenda Constitucional 33-A/95 foi rejeitada em 6.3.96. A matéria nela constante somente poderá ser objeto de nova proposta à deliberação do Congresso Nacional na próxima sessão legislativa.

Qualquer comportamento diverso incorre em lesão a texto expresso de norma-garantia constitucional, dirigida exatamente ao legislador reformador, incorrendo em óbvia ruptura do sistema constitucional e, por isso mesmo, inválida e sujeita à declaração de nulidade.

### *4. A função de guarda da Constituição pelo STF e seu exercício no Direito brasileiro*

Solicita a eminente deputada, autora da consulta formulada, seja examinada, bem que a breve passo, a questão da possibilidade de se ter sede de jurisdição constitucional no caso em foco.

Há que se partir do exame do papel constitucional do STF, de quem se busca a prestação jurisdicional contra o comportamento relatado na consulta.

O STF detém a sede máxima da jurisdição constitucional no sistema brasileiro. Nele se põe o coração da jurisdição constitucional no Estado Democrático de Direito do Brasil.

A ele compete examinar, em grau definitivo e máximo ou como instância única, conforme o caso, a matéria de Constituição e de constitucionalidade.

A afirmação do papel magno do STF torna esse órgão detentor não do direito, mas da competência-dever de conhecer e julgar todas as afrontas constitucionais que se lhe cheguem por provocação individual, coletiva ou institucional.

De resto, não é de hoje que o STF recebeu tal papel. Antes mesmo da criação desse órgão, quando ainda existia o que lhe precedeu constitucionalmente, o Supremo Tribunal de Justiça do Império, foram assinalados os julgamentos nos quais esse órgão forçou o exercício, ainda que tíbio e dificultado, de uma forma incipiente de controle, negando a aplicação de norma constitucional, como salientado por Macedo Soares.

Mesmo quando carente de meios, na ausência do mandado de segurança, não ainda surgido quando vigente a primeira Constituição Republicana, agigantou-se o Supremo Tribunal Federal como principal baluarte e garantia dos direitos do cidadãos ao criar a denominada "doutrina brasileira do *habeas corpus*". Então, prestigiada pela magnitude humana e cidadã de Pedro Lessa e pela advocacia insuperável de Ruy Barbosa, o STF foi, não "guarda da Constituição", mas um verdadeiro "anjo da guarda" da Constituição brasileira.

Nunca se precisou, de resto, ter se escrito expressamente nos textos constitucionais para que os Tribunais incumbidos da competência jurisdicional constitucional retirassem do leito do sistema e da demanda política da sociedade estatal vivida nas bases do Direito a sua competência para conhecer e decidir da matéria constitucional, quando fosse ela o núcleo central discutido em dado caso.

Assim, ao insuperável Marshall não foi barreira para que liderasse os seus pares, na Suprema Corte Americana, e firmasse os fundamentos do controle da constitucionalidade das leis, a inexistência de norma expressa nesse sentido no texto da Constituição dos Estados Unidos.

A função constitucional dos Tribunais incumbidos constitucionalmente de fazer o controle da constitucionalidade é maior, mais densa e mais grave que o texto expresso da Lei.

Mas, no sistema brasileiro hoje vigente, não falta qualquer linha na norma, que ficasse a depender de interpretação do órgão julgador para o exercício dessa competência-dever de jurisdição constitucional.

A CF estabelece, no art. 102, que "*compete ao Supremo Tribunal Federal, precipuamente, a guarda da Constituição,* cabendo-lhe (...)".

Ora, o exercício de competência, máxime competência para assegurar a eficácia, aplicação e observância de norma constitucional garantidora da própria Lei Fundamental da República, é dever permanente, vitalício e inamovível do órgão detentor da jurisdição constitucional. Essa a função mais nobre do STF. Esse o seu dever mais grave, do qual depende a sorte não apenas de uma dada situação, mas da garantia do Estado Democrático de Direito.

Segundo Carlos Nino, "la revisión que los jueces deben hacer del procedimiento democrático no tien sólo un sentido remedial sino también correctivo para el futuro: tanto cuando los jueces descalifican una ley por no haberse cumplido con propiedad alguna condición esencial para que tenga presunción de validez, como cuando, en una modalidad más activa, prescriben modificaciones a tal o cual procedimiento con el fin de maximizar su calidad epistémica, esto tiene un sentido de promover un mayor acercamiento del proceso democrático al ideal deliberativo que fundamenta su justificación" (*Fundamentos del Derecho Constitucional*, Buenos Aires, Astrea, 1992, p. 694).

Tal é a natureza do exercício da jurisdição constitucional entregue pela Constituição ao STF. Tal é a sua vocação mais aguçada e patenteada no texto da Lei Fundamental.

Na solicitação feita na consulta sobre a prestação da jurisdição constitucional, na forma buscada pela nobre consulente, parece transparecer uma preocupação de dupla natureza: saber-se se por meio de mandado de segurança, vale dizer, por essa forma ativa de provocação da jurisdição poderia se analisar e decidir sobre a matéria, e, ainda, se o exame da matéria constitucional em cotejo com a prática congressual seria inexpugnável à ação controladora do Poder Judiciário, mormente, no caso, do STF.

### 4.1 O mandado de segurança e a função controladora da constitucionalidade pelo STF

Examinemos, inicialmente, a questão de se saber se o mandado de segurança poderia servir à provocação da jurisdição constitucional no caso em foco.

Ao dispor sobre o processo de reforma constitucional a Constituição estabelece uma vedação ao órgão competente para o exercício limitado dessa função.

E se ao órgão competente é vedada submeter, uma segunda vez, na mesma sessão legislativa, matéria rejeitada por uma das Casas à sua deliberação, é certo que, configura direito do congressista o devido processo legislativo.

Qualquer agravo a seu direito de não ter que ver submetido a nova deliberação matéria antes examinada e rejeitada, na mesma sessão legislativa, constitui lesão sujeita, nos termos do art. 5º, incisos XXXV e LXIX, da CF, ao controle do Poder Judiciário. Mais manifesta é a possibilidade de tal questionamento e provocação da jurisdição quando a lesão é decorrente de agravo à ordem constitucional, à garantia da Constituição e ao direito ao devido processo legislativo que o parlamentar deve ao cidadão que representa.

Nos termos da legislação e da prática reiterada dos Tribunais brasileiros, mesmo que ainda não tivesse ocorrido a lesão, mas devidamente configurada a ameaça objetiva, iminente ou atual, à quebra do Direito Constitucional, poder-se-ia ter esse questionamento.

Todavia, o que se tem no caso em foco é a lesão cometida, praticada, acabada, pela colocação a exame e deliberação do Plenário da Câmara dos Deputados de matéria constante de Proposta já rejeitada quase vinte dias antes dessa segunda convocação, agredindo-se, pois, os direitos de que são eles sujeitos a não terem que apreciar uma segunda vez a mesma matéria na mesma sessão legislativa.

Pela ação de mandado de segurança se tem o exercício do controle da constitucionalidade no caso concreto, quando a inconstitucionalidade praticada tenha lesado direito líquido e certo, "quando o responsável (...) for autoridade pública ou agente de pessoa jurídica no exercício de atribuições do Poder Público".

Na espécie em apreço, a inconstitucionalidade é de comportamento público, tendo lesado direito líquido e certo do congressista, donde a perfeita adequação da ação mandamental à finalidade buscada pela nobre consulente.

### 4.2 O dever-poder da prestação da jurisdição constitucional do STF

A segunda preocupação que se extrai da consulta refere-se à matéria, porquanto se cuida, aqui, de processo de elaboração de Emenda Constitucional, entregue à competência constitucional do Congresso Nacional.

Duas são as questões que mereceriam algum destaque nessa passagem: saber-se se a matéria poderia ser considerada "matéria política", indevassável pelo Poder Judiciário, ou se seria matéria de exclusivo interesse da Casa Legislativa e de seus membros, a chamada *interna corporis*, sobre a qual não se pronuncia o Poder Judiciário.

Há que se fazer uma advertência inicial e que constitui o fio condutor do raciocínio a permitir o desate da questão posta à análise.

Toda e qualquer lesão à Constituição configura objeto de exercício da jurisdição constitucional, a qual, no sistema brasileiro, é da exclusiva competência do Poder Judiciário. Não há qualquer ato, comportamento ou prática que, afrontando a Constituição, permita-se dar ao deleite da exclusão do exame jurisdicional.

Guarda da Constituição como é o STF seria diluir a sua função e amesquinhar a sua ação se se pudesse, no Estado Democrático de Direito, permitir-se que uma prática de agente, órgão ou poder público, pudesse se excluir da apreciação e decisão do Poder Judiciário.

*4.2.1* Assim, a tormentosa questão da "matéria política" tida como intangível à mão do Poder Judiciário, foi cuidada no Direito brasileiro desde os primeiros momentos da República com um vigor sempre renovado. De pronto cabe lembrar a assertiva do inigualável Ruy Barbosa no sentido de que "'não há nada, realmente, mais artificial', diz um respeitável autor moderno, 'do que a distinção entre questões políticas e jurídicas'. Questões políticas há (...) que são questões jurídicas. Político fora da presença da justiça, um litígio pode assumir o caráter de judiciário, assumindo a forma regular de uma ação.

"O efeito da interferência da justiça, muitas vezes, não consiste senão em transformar, pelo aspecto com que se apresenta o caso, uma questão política em questão judicial.

"*Mas a atribuição de declarar inconstitucionais os atos da legislatura envolve, inevitavelmente, a justiça federal em questões políticas. É, indubitavelmente, um poder, até certa altura, político, exercido sob as formas judiciais. Quando a pendência toca a direitos individuais, a justiça não se pode abster de julgar, ainda que a hipótese se entenda com os interesses políticos de mais elevada monta.*

"Para ver que esta função, pelo menos no Tribunal Supremo, é, substancialmente e às vezes eminentemente política, basta refletir que política, no mais alto grau, é a fixação das relações constitucionais entre a União e os Estados, e, todavia, ao Supremo Tribunal é que toca restabelecê-la. Políticas vêm a ser, indubitavelmente, as questões suscitadas sobre o direito a cargos políticos. E, não obstante, da competência da justiça federal na decisão de tais controvérsias, ainda mesmo quando o título discutido seja o de Governador de Estado, não minguam de todo arestos, na jurisprudência americana. (...)

"Cem vezes se tem dito que *casos políticos*, no sentido em que se utiliza esta qualificação, para excluir a ingerência da justiça, vêm a ser os que o são *exclusivamente*, e tem o caráter de absolutamente discricionários.

"*Mas ainda no aplicar deste critério, sob qualquer das duas formas em que ele se enuncia, convém proceder com o maior tento; porque uma e outra, quando não utilizadas com a devida atenção, nos podem equivocar sobre as verdadeiras divisas, que extremam o território político do judicial.* (...)

"Por outro lado, ainda em relação ao exercício das funções discricionárias, pode caber a interferência judicial, ensinam os mestres da jurisprudência americana, se delas *abusar clara e grosseiramente* o poder, a quem competirem. Dar-se-á essa hipótese, quando, por exemplo, a pretexto, em nome ou sob a cor de exercer atribuições tais, o Governo as ultrapassarem, perpetrando atos, que, evidentemente, nelas não caibam.

"*Ainda quando se trate de poderes totalmente discricionários, o de que não conhecem os tribunais, é do modo como tais poderes, uma vez existentes, são exercidos, nas raias que lhe traçou a eles a lei. Mas da alçada incontestável dos tribunais será entenderem na matéria, para examinar duas questões, se forem levantadas: a da existência desses poderes e a da sua extensão, comparada com o acto controverso. Se a autoridade invoca uma atribuição inexistente ou exorbita de uma atribuição existente, embora discricionária dentre dos seus limites, não pode a justiça recusar o socorro legal ao direito do indivíduo ou do Estado, que para ela apelar*" (*Comentários à Constituição Federal Brasileira*, v. IV, São Paulo, Saraiva, 1933, p. 43).

A extensa citação tem o condão de pôr a claro, pela lavra do mais nobre e valoroso advogado constitucionalista que o Brasil conheceu até aqui, a imperiosidade do exercício da jurisdição constitucional pelo Poder Judiciário, quando seja ele provocado e se verifique lesão a direito ou comportamento público irregular que afronte a CF.

De resto, cumpre enfatizar e relembrar a lição de outro grande vulto do Direito brasileiro sobre a matéria. Em efeito, não há como cuidar da matéria aqui enfocada sem se fazer menção ao nome de Pedro Lessa, que deixou expressa a sua manifestação sobre a matéria: "Já nos seus primeiros anos incorria a Corte Suprema na tacha de proferir decisões políticas. As sentenças de Marshall, ditadas pelo pensamento de dar maior expansão às atribuições dos poderes federais levantam contra aquele tribunal as mais veementes acusações. Ainda há poucos anos, no começo deste século, julgou a Corte Suprema nove litígios, que, agrupados sob a denominação comum de Casos Insulares, ofereceram novo ensejo à argüição de que o poder judiciário mais uma vez se envolvia na decisão de questões políticas, estranhas à sua esfera. (...) *A pecha de sentenças fundadas em motivos políticos e proferidas sobre assuntos políticos, é impossível muitas vezes evitar às decisões que, declarando-os inconstitucionais, julgam inválidos e inexeqüíveis os atos da legislatura ou do poder executivo.*" (*Do Poder Judiciário*, Rio de Janeiro, Livraria Francisco Alves, 1915, p. 55).

Conquanto ainda persista alguma polêmica doutrinária sobre o tema, neste final de século já não se cogita, como antes, de ser apolítica a função jurisdicional, pelo menos aquela que trata a questão constitucional. Tendo a Lei Fundamental conteúdo político indiscutível, seria surpreender-se o Poder Judiciário com um amesquinhamento perigoso, reprochável e indesejável excluir-se de sua atuação parcela considerável de sua função mais nobre e grave.

Ademais, é a própria CF que cuida de fazer temperamentos à ação de um poder na esfera de atuação do outro, impondo que a prática constitucional do sistema de freios e contrapesos se faça tendo-se sempre em vista a prevalência da ordem constitucional. Assim é que, inobstante independentes e harmônicos os Poderes, o Poder Legislativo pode "sustar os atos normativos do Poder Executivo que exorbitem do poder regulamentar ou dos limites da delegação legislativa" (art. 49, V, CF).

Como se poderia, então, negar ao Poder Judiciário o exercício de sua função típica e mais densa, a de realizar o controle da constitucionalidade, em nome da manutenção da esfera de ação exclusiva de outro poder, quando o que se põe à sua análise é que, no desempenho de sua competência, esse outro Poder exorbitou da competência constitucional de elaborar as normas procedimentais segundo o quanto posto na Lei Magna? Mais ainda, quando num determinado comportamento, concreta e objetivamente, um dos Poderes da República atuou contra e além dos limites postos pela CF? Quando com tal comportamento a CF foi deixada de lado e afrontada em suas normas assecuratórias de sua essência e de sua permanência? O que seria da CF sem o controle da constitucionalidade nesse caso? E o que seria do Poder Judiciário sem a CF para exercer a sua função jurisdicional típica?

*4.2.2* A segunda questão a preocupar a ilustrada consulente refere-se à chamada "matéria *interna corporis*". O processo legislativo de elaboração de Emenda Constitucional, no que diz respeito ao acatamento e observância das normas-garantias constitucionais podem ser considerado excepcionado do controle jurisdicional ao argumento de se cuidar de matéria de interesse interno da Casa Legislativa?

Não se tem, no Direito Constitucional brasileiro, um "cavalo de Tróia", a dizer, um sistema concebido para um Estado Democrático de Direito, com um Poder Judiciário organizado e competente para o controle da constitucionalidade das leis e atos normativos, com um espaço de ação pública sem que se pudesse exigir o cumprimento da Constituição.

Nem tudo o que emana do Congresso Nacional pode ser considerado *interna corporis*. O sentido de "*interna corporis*" entende, exclusivamente, com o que é do exclusivo interesse e repercussão no seio da Casa Legislativa. Na lição abalizada de Hely Lopes Meirelles, "*interna corporis* são só aquelas questões ou assuntos que entendem direta e imediatamente com a economia interna da corporação legislativa, com seus privilégios e com a formação ideológica da lei (...). Daí não se conclua que tais assuntos afastam, por si sós, a revisão judicial. Não é assim. O que a Justiça não pode é substituir a deliberação da Câmara por um pronunciamento judicial sobre o que é da exclusiva competência discricionária do Plenário, da Mesa ou da Presidência. *Mas pode confrontar sempre o ato praticado com as prescrições constitucionais, legais ou regimentais que estabeleçam condições, forma ou rito para seu cometimento*. (...) *Nesta ordem de idéias, concluir-se que é lícito ao Judiciário perquirir da competência das Câmaras e verificar se há inconstitucionalidades, ilegalidades e infringências regimentais nos seus alegados 'interna corporis'*, detendo-se, entretanto, no vestíbulo das formalidades, sem adentrar o conteúdo de tais atos, em relação aos quais a corporação legislativa é, ao mesmo tempo, destinatária e juiz supremo de sua prática.

"*Nem se compreenderia que o órgão incumbido de elaborar a lei, dispusesse do privilégio de desrespeitá-la impunemente, desde que o fizesse no recesso da corporação. Os 'interna corporis' só são da exclusiva apreciação das Câmaras naquilo que entendam com as regras ou disposições de seu funcionamento e de suas prerrogativas institucionais atribuídas por lei*" (*Direito Administrativo Brasileiro*, São Paulo, Malheiros Editores, 1995, p. 613).

Acentue-se que o próprio STF já teve oportunidade, em ações de mandado de segurança anteriormente julgadas, de se pronunciar sobre o que órgãos do Poder Legislativo alegavam ser *interna corporis*. Todavia, tendo o Supremo Tribunal apurado que os atos questionados envolviam afronta a direitos não titubeou em adentrar o mérito das impetrações, julgando e concedendo a segurança pleiteada.

Assim se deu, muito recentemente, no mandado de segurança impetrado por ex-Presidente da República, que, processado perante o Senado Federal, alegou que o número de sessões que lhe era facultado para apresentação de defesa era insuficiente para o exercício desse seu direito constitucional. Embora o Congresso Nacional tivesse alegado que se cuidava de *interna corporis*, o STF reconheceu que a conduta do órgão legislativo atuava em desacordo com a norma constituída e reconheceu o direito do impetrante ao prazo ampliado para apresentação de sua defesa. Nem mesmo os que advogavam contra aquela autoridade viram na decisão ruptura do princípio da separação de poderes, invasão de competências pelo STF ou algo que o valha.

Seria difícil, senão impossível, conceber-se um sistema democrático de direito, no qual os poderes são, assim, limitados na forma do Direito posto, e que se concluísse que tal limitação constitucional ficasse na esfera única dos próprios titulares das competências. Assim, seria de se esperar, seria mesmo de se acreditar que cada Poder, cada órgão, cada agente abstivesse de qualquer prática lesiva ou transgressora da ordem jurídica. Todavia, se tal esperança não se concretizasse, nada poderia ser feito. E todos os cidadãos, todas as normas que compõem o Direito, ficariam, então, a depender dos homens de boa vontade...

A conquista da democracia jurídica pela humanidade cunhou, exatamente, a limitação possível de ser averiguada e sanada pela ação equilibrada dos poderes, que se freiam e se equilibram, garantindo que a ordem jurídica democrática não repousa no âmbito da exclusiva vontade e interesse dos homens. Sistema que assim operasse, de resto, não seria de leis, mas de homens, o que representa o oposto da proposta democrática.

Destarte, também quanto a essa segunda preocupação demonstrada na consulta, é de se esclarecer que não é *interna corporis* o que se afirma como matéria de Constituição, como processo legislativo previsto e assegurado em norma-garantia constitucional impositiva expressa dirigida exatamente ao legislador.

Fosse essa matéria *interna corporis* e seria irretorquível o argumento de que as normas do art. 60, da CF brasileira de 1988, não seriam jurídicas, pois ineficazes e despojadas do vigor impositivo que as caracterizam. Em efeito. Se a Constituição dita as normas limitadoras do exercício do poder-competência reformadora para que se imponham ao órgão incumbido de exercê-la e tal órgão, nesse mister, não pode ser controlado, nem confrontado, sob a alegação de que apenas a ele diz respeito a forma, o processo e tramitação de Proposta de Emenda Constitucional, como se assegurar, sancionar e desfazer as agressões que, porventura, venham a ocorrer?

Direito é feito para ser seguido e por isso mesmo tem que ser controlado. E Constituição não é sugestão, ou aviso, ou convite. É norma jurídica de cumprimento obrigatório, necessário e insuperável, e nada há nela que diga respeito exclusivamente a alguns agentes públicos. Tudo o que se fizer contra a Constituição atinge todos os cidadãos, todas as pessoas, mais diretamente ainda, em alguns casos, como nesse que se dá a saber aqui, a quem tem o direito líquido e certo de ter um processo legislativo previamente definido pela Norma Magna. Nada há de interno a qualquer corporação. Os sinos dobram por todos. A Constituição também...

*Conclusão*

Pelo exposto, concluímos no sentido de que:

*1.* tem-se, na hipótese em exame, uma questão constitucional grave, tocada pelo comportamento formal da Câmara dos Deputados;

*2.* a PEC 33-A/95 foi rejeitada na votação de 6 de março de 1996;

*3.* a rejeição da Proposta de Emenda Constitucional impossibilita a continuidade do processo ou o oferecimento de "nova proposta" sobre a matéria da mesma sessão legislativa, em face dos expressos termos do art. 60, § 5º, da CF;

*4.* o vício que macula o processo é de inconstitucionalidade;

*5.* a inconstitucionalidade pode ser alegada, em caso concreto, em qualquer momento em que se dê, perante o Poder Judiciário;

*6.* o Poder Judiciário e, em especial, o STF, "guarda da Constituição", não pode se esquivar de apreciar "qualquer lesão ou ameaça a direito", mormente aquelas que advenham do desacato à CF, inexistindo entraves, barreiras ou espaços inexpugnáveis ao exercício da competência jurisdicional buscada para o restabelecimento da ordem jurídico-constitucional.

É o parecer, s.m.j.

Belo Horizonte, 25 de abril de 1996

# CONSTITUCIONALIDADE DE LEI MUNICIPAL QUE CONCEDE O USO DE BENS PÚBLICOS DE USO COMUM DO POVO A ASSOCIAÇÃO DE MORADORES

TOSHIO MUKAI
Mestre e Doutor em Direito do Estado pela USP
– Ex-Professor de Direito Administrativo da Faculdade de Direito da Universidade Mackenzie

Constitucionalidade de lei municipal que autoriza a concessão de uso de bens públicos de uso comum do povo em loteamento a associação de moradores dos adquirentes de lotes, a realização de serviços de manutenção destes bens e outros de interesse dos moradores, bem como a construção de portarias para identificação de pessoas que por eles transitem ou deles usufruam com vistas à preservação da segurança dos moradores do loteamento.

***A consulta***

A Congregação das Associações da Serra da Cantareira, entidade que representa 18 associações de moradores dos loteamentos da Serra da Cantareira no Município de Mairiporã, por intermédio de seu Diretor-Presidente, senhor Gian Paolo Daverio, nos esclarece preliminarmente o seguinte:

– o Município de Mairiporã aprovou, além da Lei n.1.796, de 16 de outubro de 1997, diversas outras de conteúdo idêntico ao desta por meio das quais desafetou e transferiu da categoria de bens de uso comum do povo para a de bens dominicais as vias e praças públicas localizadas no Loteamento denominado Alpes da Cantareira e Beverly Hills Park, implantado e registrado muitos anos antes, e nos outros 18 loteamentos representados também por associação de moradores com base nas respectivas leis autorizativas;

– a mesma lei municipal autorizou ainda o Poder Executivo Municipal a firmar contrato de concessão gratuita de uso das referidas à ALBEV-Associação de Proprietários nos Loteamentos Alpes da Cantareira e Beverly Hills Park pelo prazo de 30 anos;

– nos termos de seu art. 3º, a mesma lei municipal tornou a referida associação "... responsável pelo desempenho de serviços, que em princípio competiriam à Prefeitura de Mairiporã, tais como organizar o serviço civil de bombeiros (formação de corpo de voluntários), promover a coleta de lixo domiciliar, o assentamento de guias e sarjetas, limpeza e conservação de vias e praças públicas, controle do trânsito e tráfego interno, pavimentação e calçamento, construção de galerias de águas pluviais na área do loteamento, com a observância das normas técnicas adequadas e emprego de material apropriado, qualitativa e quantitativamente, assim como proteger as áreas cujo uso lhe é concedido contra invasão, turbação e degradação do meio ambiente";

– além disto, constou da mesma lei que tais serviços seriam prestados gratuitamente, cabendo à mesma associação "(...) organizar o sistema de vigilância na área do loteamento, com o objetivo de preservar os bens e equipamentos públicos, assim como a tranqüilidade e segurança dos moradores, podendo para tanto implantar sistemas de portarias, com portões e/ou cancelas para o controle de acesso sem prejuízo do poder de polícia da União, Estado e Município";

– os §§ 1º e 2º do art. 4º da mesma lei estabeleceram expressamente:

"Art. 4º. (...) § 1º. Em nenhuma circunstância será proibido o trânsito de qualquer pessoa nas referidas áreas. § 2º. O descumprimento do disposto no parágrafo anterior implica no cancelamento da presente concessão".

– determinou mais a mesma lei que, em caso de dissolução da concessionária, sem sucessão por qualquer outra com os mesmos objetivos, no prazo de 90 dias da extinção, tornar-se-á finda a presente concessão, passando a integrar o patrimônio municipal toda e qualquer obra realizada nas referidas áreas, independente de qualquer indenização, seja a que título for;

– na justificativa do respectivo projeto de lei, dentre outras assertivas, o senhor Prefeito Municipal esclarece: "O Município de Mairiporã tem uma configuração diversa dos demais municípios brasileiros, porquanto é constituído de bairros isolados, que são freqüentados por amantes da natureza sendo cobertos de matas naturais, com diversidade de víveres, animais, aves e com cobertura exuberante, que deve ser preservada";

– a despeito desta e de outras leis municipais com idêntico conteúdo referentes a outros loteamentos na Serra da Cantareira, o Ministério Público do Estado de São Paulo ingressou com ação civil pública, alegando que a associação de moradores desses loteamentos colocou cancelas e guardas para interceptar, identificar, fiscalizar e até impedir o ingresso e a circulação dos cidadãos ao loteamento, inclusive fixando horários para o ingresso de veículos de carga e que este comportamento deveria ser coibido por ser absolutamente ilegal;

– esta ilegalidade teria ocorrido por não ser admissível o arruamento privado ou mesmo a rua particular em zona urbana, uma vez que todo sistema viário de uma cidade é de uso comum do povo, o que afasta a possibilidade jurídica de vias urbanas particulares, nem que a associação intercepte ou identifique os cidadãos que transitam pelas vias públicas de Mairiporã, o que contraria a liberdade de locomoção assegurada pela Constituição Federal;

– com estes argumentos, o Ministério Público requereu o reconhecimento da procedência de seu pedido para obrigar a Associação de Moradores e a Prefeitura de Mairiporã a remover todas as portarias e todos os obstáculos nelas existentes e manter as entradas do loteamento livres de quaisquer restrições e obstáculos à circulação de pedestres sob pena de pagamento de multa diária de elevado valor.

Diante deste contexto, a consulente indaga se a Lei Municipal n. 1.796, de 16 de outubro de 1997, é inconstitucional e se os fatos acima narrados configuram alguma ilegalidade.

***Parecer***

O Município deve zelar pelo crescimento urbano ordenado, pleno desenvolvimento das funções sociais da cidade e bem-estar de seus habitantes como determina o art. 182, *caput*, da Constituição Federal.

Para fazê-lo, o Município goza de autonomia administrativa assegurada expressamente no art. 18 da Constituição Federal com tal vigor que sua inobservância pelo Estado Federado pode acarretar a intervenção federal neste último para restaurá-la, conforme expressamente autoriza a alínea "c", do inciso VII, do art. 34, da Constituição Federal.

Além de poder auto-organizar-se mediante a aprovação de Lei Orgânica própria pela Câmara Municipal (art. 29 da Constituição Federal de 1988) – o que até aquele ano não era possível, pois a organização municipal era determinada pelo Estado Federado mediante lei complementar estadual –, o art. 30, inciso I, do mesmo texto constitucional determinou que *compete expressamente ao Município legislar sobre assunto de interesse local*.

Como posiciona-se hoje no mesmo nível hierárquico do Estado Federado e da União, não sendo hierarquicamente subordinado a qualquer deles, o Município, em sua atuação administrativa e legislativa, deve observar primacialmente a Constituição Federal e sua própria Lei Orgânica. Isto, sem prejuízo da observância da legislação federal e estadual editada, na forma e no conteúdo, legitimamente de acordo com a Constituição Federal.

Como ensina o saudoso e ainda festejado mestre Hely Lopes Meirelles:

"*A Constituição Federal de 1988* mantém, em seu texto, além da autonomia política do Município (composição de seu governo e legislação local), *a administração própria no que concerne ao interesse local*, mais a organização e execução dos serviços públicos de sua competência e a ordenação urbanística de seu território (art. 30, incisos IV, V, VI, VII, VIII e IX).

"*O conceito de administração própria não oferece dificuldades de entendimento e delimitação – é a gestão dos negócios locais pelos representantes do povo do Município, sem interferência dos poderes da União ou do Estado-membro*" (cf. *Direito Municipal Brasileiro*, 6ª ed. atualizada, São Paulo, Malheiros Editores, 1993, p. 98).

Outro constitucionalista renomado, o prof. José Afonso da Silva, ensina no mesmo sentido ao referir-se às funções administrativas municipais nos seguintes termos: "As segundas – *as funções administrativas do Prefeito* – absorvem grande parte de sua atividade. Dentre elas sobrelevam a *execução das leis*, pondo em movimento a máquina administrativa, a nomeação e exoneração de seus auxiliares, o provimento de cargos públicos municipais, a expedição de atos referentes à vida funcional dos servidores locais, a arrecadação e guarda das rendas municipais, tomando providências sobre sua aplicação, autorizando pagamentos; *a gestão do patrimônio e bens municipais, enfim, supervisionando todos os serviços locais*, executando obras públicas reclamadas pelo desenvolvimento da comunidade local" (cf. *Curso de Direito Constitucional Positivo*, 10ª ed. revista, São Paulo, Malheiros Editores, 1995, p. 595).

Portanto, no interior do conceito de autonomia municipal, encontra-se a autonomia administrativa por meio da qual, dentre outras atividades, a Prefeitura Municipal executa as leis aprovadas pela Câmara Municipal, administra os bens públicos e os serviços municipais. Tais poderes executivos autorizam a Prefeitura a conceder o uso de bens públicos sejam estes de uso comum do povo ou dominicais ou a delegar a particulares a execução de determinadas obras ou serviços municipais atendendo ao interesse público local. Do mesmo modo, a Câmara Municipal pode aprovar lei desafetando bens públicos, mudando sua afetação ao uso comum do povo para o patrimônio dominical do Município.

Tais comportamentos do Poder Público Municipal não são ilegais nem, menos ainda, inconstitucionais. Pretender que o Município não possa, mediante lei municipal, desafetar bens destinados ao uso comum do povo seja para aliená-los, seja para conceder a particulares o seu uso atendendo ao interesse público significa infringir a autonomia municipal e, portanto, o disposto no art. 18 da Constituição Federal.

Defender esta impossibilidade implica manietar e engessar a Administração Municipal, impedindo-a de atender ao interesse público local, que somente ela tem o poder de definir em face das singularidades de cada Município. Os Municípios apresentam realidades muito diferentes uns dos outros em razão do que o interesse público local deve variar em função das circunstâncias específicas de cada um. Não se pode uniformizá-lo abstrata e genericamente, pois isto tornaria rígida e inflexível a gestão municipal.

Cada Município deve exercer seu juízo discricionário para determinar o que possa representar o interesse público local em seu território sem intromissões indevidas dos demais níveis de governo ou de quem quer que seja. O limite constitucional para a determinação do interesse local surge quando o impacto de uma matéria de interesse local possa afetar a população de outros municípios, o que não é o caso objeto deste parecer.

Aliás, neste caso concreto, o loteamento foi realizado com plena observância dos preceitos legais aplicáveis. Apenas, muito mais tarde, com o passar dos anos, diante do agravamento dos problemas de segurança e de deterioração ambiental é que a Administração Municipal e os moradores chegaram a um acordo com vistas a garantir a primeira e impedir a segunda.

Dentro desta perspectiva, considerou-se a distância em relação ao centro urbano do Município, os custos elevados que o Município tem que suportar para atender minimamente as demandas sempre intensas da população local e suas escassas disponibilidades financeiras. Concluiu-se, então, com plena aprovação da Câmara Municipal, que seria melhor para todos os munícipes e para a própria Prefeitura a delegação de determinadas obras e serviços municipais a associação de moradores dos adquirentes de lotes em situações como o do loteamento a que alude este parecer e de outros similares.

Assim procedendo, a própria municipalidade, que, com seus parcos recursos humanos e financeiros, não disporia de meios para manter serviços adequados em todos os quadrantes do território municipal, passaria a contar com a colaboração da própria população interessada para preservar a boa qualidade ambiental e manter sempre nas melhores condições e perfeito funcionamento os serviços municipais de proteção ambiental, de limpeza pública, de escoamento de águas pluviais, de limpeza e conservação de vias públicas, diga-se de passagem, de interesse dos próprios moradores.

Tudo isto foi idealizado e executado, preservando-se o interesse público. De um lado, as obras e serviços municipais delegados seriam executados pela associação de moradores às próprias expensas sem qualquer ônus financeiro para o erário público municipal (vide § 2º, do art. 3º, da Lei Municipal n. 1.796, de 16.10.97). De outro lado, sem perda de possibilidade de uso público dos bens públicos cujo uso foi concedido à associação de moradores, assegurou-se, portanto, o livre acesso de qualquer munícipe aos referidos bens para seu uso e desfrute (vide § 1º, do art. 4º da Lei Municipal n. 1.796, de 16.10.97).

Conseqüentemente, não se infringiu qualquer dispositivo da legislação federal sobre licitações e contratos administrativos, pois a associação de moradores não foi contratada pela Prefeitura para a execução dos serviços delegados nem como concessionária do uso dos bens públicos integrantes do loteamento. Tanto os serviços, quanto as obras e a própria concessão de uso foram transferidos à associação de moradores sem qualquer ônus ou encargo financeiro para a Prefeitura, isto é, gratuitamente, cabendo exclusivamente à associação arcar com todas as despesas necessárias para mantê-los permanentemente em boas condições de limpeza e uso.

Trata-se, sob este aspecto, de hipótese de inexigibilidade de licitação autorizada no *caput* do art. 25 da Lei Federal n. 8.666/93 porque inviável a competição neste caso. De fato, tal concessão de uso somente poderia ser dada à associação de moradores do loteamento porque, além de serem os maiores beneficiários, são também os maiores interessados em manter os serviços em perfeita ordem e adequação.

Não têm sentido pretender obrigar o Poder Público Municipal a licitar a concessão para, ao final do processo, contratar o vencedor, eventualmente um terceiro que não seja morador do loteamento, que certamente exigiria remuneração em contrapartida pela realização dos serviços exigidos para a concessão.

A licitação só tem sentido quando possível a comparação entre duas ou mais propostas diferentes para a seleção da mais vantajosa. No caso em apreço, a licitação somente possibilitaria a obtenção de proposta menos vantajosa do que a concedida à associação de moradores do loteamento.

Aliás, a própria Lei Orgânica do Município de Mairiporã, no § 4º do art. 100, ao dispor sobre a concessão de uso de bem imóvel municipal a terceiros, autoriza expressamente que a lei municipal autorizativa da concessão de uso, além de fixar o prazo da concessão e sua gratuidade ou remuneração, dispense a licitação no caso de destinatário certo, havendo interesse público manifesto. Sua palavras textuais melhor expressam este conteúdo: "Art. 100. (...) § 4º. A lei estabelecerá o prazo da concessão e a sua gratuidade ou remuneração, podendo dispensar a licitação *no caso de destinatário certo, havendo interesse público manifesto*".

Embora a lei municipal tenha usado impropriamente a palavra dispensa quando o correto seria inexigir, a hipótese em apreço consiste em destinatário certo, não havendo outro em melhores condições para satisfazer o interesse público e este é verdadeiramente manifesto.

Em suma, a Prefeitura não contratou a associação de moradores para que lhe prestasse serviços ou realizasse obras ou recebesse a concessão de uso remuneradamente.

Para que todos estes benefícios fossem realizados, a Municipalidade de Mairiporã entendeu necessária a desafetação ou, em outras palavras, a mudança de destinação das vias e praças do loteamento da categoria de bens de uso comum do povo para a de bens dominicais. Esta mudança legal de destinação não era indispensável porque bens de uso comum do povo também podem ter seu uso concedido a terceiros por razões de interesse público. De qualquer modo, a atitude da municipalidade mostra o cuidado, a diligência e a prudência com que se houve neste caso.

Ao proceder a esta desafetação, o Município de Mairiporã não infringiu qualquer preceito legal ou constitucional. Muito ao contrário, agiu no pleno e legítimo exercício de suas prerrogativas constitucionais expressamente asseguradas no art. 18 da Constituição Federal. Não procede, por ser destituída de fundamento jurídico, a alegação de que, assim agindo, estaria infringindo o disposto no inciso VII do art. 180 da Constituição do Estado de São Paulo que, inconstitucionalmente, proíbe a alteração, em qualquer hipótese, da destinação das áreas definidas em projeto de loteamento como áreas verdes e institucionais.

O absurdo deste preceito da Constituição Estadual fica evidente quando se pensa que, se válido fosse o seu conteúdo proibitivo, seria impossível e ilegal qualquer obra de reurbanização de grande porte, pois certamente sua realização implicaria a mudança de localização das vias públicas, áreas verdes e institucionais até então existentes ou a simples modificação de sua destinação originária para tornar possível a concretização do interesse público superveniente com a reurbanização.

As competências expressamente atribuídas na Constituição Federal a um nível de governo não podem ser desrespeitadas pelos demais sob pena de infração aos preceitos constitucionais que determinam a adoção da forma federativa de Estado (art. 1º) e a autonomia de cada qual em relação aos demais (art. 18). Destarte, não pode o Estado Federado fixar na Constituição Estadual preceito cujo conteúdo se insira no âmbito do interesse local, que a Constituição Federal expressamente reservou ao Município.

É bem verdade, que o art. 29 da CF/88 determinou ao Município que, no momento da aprovação de sua Lei Orgânica, observasse os princípios eventualmente inseridos na Constituição Estadual, obviamente, cujo conteúdo estivesse situado no âmbito da competência estadual. Contudo, a Constituição Federal reservou aos Estados Federados a disciplina legal das matérias de interesse da população de um ou mais municípios situados em seu território.

Ora, assim sendo, os princípios aos quais os Municípios devem obediência em sua Lei Orgânica são aqueles cujos conteúdos reflitam as questões, matérias ou problemas de impacto intermunicipal. Em conseqüência, os Municípios não devem obediência a preceitos da Constituição Estadual cujo conteúdo diga respeito ao interesse local de cada Município. O simples fato de a disposição constitucional estadual infratora da autonomia municipal ser redigida de modo genérico e abstrato, sem referência específica a algum município, não basta para assegurar o respeito à autonomia municipal. É indispensável que a matéria legislada na Constituição Estadual espelhe interesses coletivos cujos efeitos ultrapassem o território de cada município.

E mais, o destinatário da prescrição de observância dos princípios da Constituição Estadual é a Câmara Municipal quando elabore ou modifique a Lei Orgânica Municipal. Somente esta poderá descumpri-los. Não cabe, portanto, a aplicação direta de preceito inconstitucional da Constituição Estadual sem, antes, a declaração judicial de inconstitucionalidade de preceito da Lei Orgânica que, eventualmente, tenha infringido princípio da Constituição Estadual aplicável aos Municípios, sob pena de infração à autonomia municipal. Portanto, tais preceitos da Constituição Estadual não são auto-executáveis, como restou demonstrado.

Assim sendo, o Município, desde 1988, deixou de ser pessoa jurídica de direito público interno criada e organizada pelo Estado Federado mediante Lei Orgânica Estadual, que determinava as competências municipais desde que respeitada a autonomia que lhe era constitucionalmente assegurada para atender ao seu peculiar interesse. Naquele momento, o Município brasileiro, diferentemente do que ocorre em todos os demais Estados Nacionais que adotaram o federalismo como forma de Estado, foi elevado à condição de membro integrante do pacto federativo nacional, conforme consta expressamente dos arts. 1º e 18 da Constituição Federal de 1988.

Juridicamente, o Município não é subordinado ao Estado Federado nem à União. Assim como qualquer pessoa física ou jurídica, o Município só está obrigado ao cumprimento das Leis Estaduais que forem legitimamente editadas, nos termos do art. 24 da Constituição Federal, para atendimento das peculiaridades estaduais e, portanto, intermunicipais, cujo conteúdo não ultrapasse o campo que a Constituição Federal reservou ao Estado Federado.

As competências municipais estão estabelecidas na própria Constituição Federal, que deu ao Município o poder de auto-organização mediante Lei Orgânica própria. A ele cabe o atendimento do interesse local (art. 30 da CF) e ao Estado Federado compete, no plano legislativo, o atendimento de suas peculiaridades (§ 3º do art. 24 da CF) e, no plano executivo, o exercício, nos termos da lei, das competências que não lhe tenham sido vedadas pela Constituição, mas tudo isto sem prejuízo das demais competências que são outorgadas ao Município e à União ao longo do texto constitucional.

Neste momento, é importante considerar a posição do Estado Federado no contexto do federalismo brasileiro, especialmente refletindo sobre o que justificaria sua existência neste sistema. Sem dúvida, o campo próprio da atuação do Estado Federado situa-se no equacionamento e solução dos problemas coletivos que afetem as populações de dois ou mais municípios, assim como o do Município na solução das questões coletivas que atinjam apenas a população de seu território e o da

União localiza-se no enfrentamento dos problemas nacionais que afetem a totalidade da população brasileira ou a de dois ou mais Estados Federados.

Este entendimento é perfeitamente coerente e compatível com a existência de matérias simultaneamente atribuídas à competência destes níveis de governo, pois, como regra geral, nesta hipótese, cada um deles deve restringir sua atuação ao seu próprio campo, sem sufocar ou invadir o dos outros entes federativos.

No âmbito legislativo, são discriminadas as matérias da competência legislativa concernente e, no executivo, as matérias da competência comum. Não se confunda competência concorrente com competência comum. São conceitos distintos. O que o legislador constituinte pretendeu com esta distinção foi dar maior flexibilidade ao sistema constitucional de repartição de competências, estimular a capacidade de iniciativa dos Estados Federados e Municípios e possibilitar, em caso de omissão, a ação supletiva do nível de governo interessado para atendimento de interesse coletivo comum.

Adotando este complexo sistema de distribuição de competências, o legislador constitucional privilegiou a obtenção de resultados, o alcance efetivo do interesse público pelo nível de governo que estivesse concretamente em melhores condições de realizá-lo em detrimento da determinação burocrática de compartimentos estanques de atribuições. Entretanto, cada um deles, ao exercê-las, deve buscar alcançar o interesse público que lhe cabe precipuamente cuidar em função de sua posição no seio do sistema federativo brasileiro: a União deve perseguir o interesse nacional ou interestadual; o Estado Federado, o interesse estadual ou intermunicipal e o Município, o interesse local ou municipal.

Agora chegou o momento de retornar à demonstração da inconstitucionalidade do inciso VII do art. 180 da Constituição do Estado de São Paulo, que prescreve: "Art. 180. (...) o Estado e os *Municípios* assegurarão: (...) VII – as áreas definidas em projeto de loteamento como áreas verdes ou institucionais não poderão, em qualquer hipótese, ter sua destinação, fim e objetivos originariamente estabelecidos alterados".

A primeira inconstitucionalidade deste dispositivo da Constituição do Estado relaciona-se com o disposto no art. 29 da Constituição Federal que, além de determinar que o Município observe em sua Lei Orgânica os princípios estabelecidos na Constituição Federal, prescreveu também que o Município observe, em sua Lei Orgânica, os *princípios fixados na Constituição do respectivo Estado.*

Ora, torna-se indispensável elucidar o significado jurídico-constitucional do vocábulo *princípios* no contexto em que foi utilizado. Trata-se de saber qual o seu conteúdo, limites e extensão.

Em primeiro lugar, princípio constitucional não se confunde com mera norma de conduta. O constitucionalista Luís Roberto Barroso distingue as normas-princípio das normas-disposição: "As normas-disposição, também referidas como regra, têm eficácia restrita às situações específicas às quais se dirigem. Já as normas-princípio, ou simplesmente princípios, têm, normalmente, maior teor de abstração e uma finalidade mais destacada dentro do sistema" (*Interpretação e Aplicação da Constituição*, São Paulo, Saraiva, 1996, p. 141).

Ainda o mesmo autor, na mesma obra, assim se manifesta: "O ponto de partida do intérprete há que ser sempre os princípios constitucionais, que são o conjunto de normas que espelham a ideologia da Constituição, seus postulados básicos e seus fins. (...)

"Os princípios constitucionais consubstanciam as premissas básicas de uma dada ordem jurídica, irradiando-se por todo o sistema" (idem, ob. cit., pp. 141 e 143).

Este autor procede a uma análise percuciente dos princípios constitucionais, chegando a classificá-los em princípios fundamentais, princípios gerais e princípios setoriais ou especiais e a uma extensa enumeração de cada qual. O disposto no inciso VII do art. 180 da Constituição do Estado de São Paulo não se enquadra em qualquer das classificações do ilustre constitucionalista por não ser um princípio constitucional.

O administrativista Celso Antônio Bandeira de Mello leciona no mesmo sentido do constitucionalista acima citado: "*Princípio* — já averbamos alhures — *é*, por definição, *mandamento nuclear de um sistema, verdadeiro alicerce dele, disposição fundamental que se irradia por diferentes normas compondo-lhes o espírito e servindo de critério para sua exata compreensão e inteligência exatamente por definir a lógica e a racionalidade do sistema normativo no que lhe confere a tônica e lhe dá sentido harmônico.* É o conhecimento dos princípios que preside a intelecção das diferentes partes componentes do todo unitário que há por nome sistema jurídico positivo" (*Curso de Direito Administrativo*, 8ª ed. rev. e ampliada, São Paulo, Malheiros Editores, 1996, pp. 545-546) (os grifos são nossos).

Sob o pretexto do estabelecimento de diretrizes e normas relativas ao desenvolvimento urbano, o inciso VII do art. 180 pretendeu proibir que os Municípios do Estado de São Paulo autorizassem, mediante lei municipal, a alteração da destinação, fim e objeto originariamente estabelecidos das áreas definidas em projeto de loteamento como áreas verdes ou institucionais. Como se sabe, o Município é entidade pública de direito público interno situada, constitucionalmente, no mesmo nível hierárquico do Estado de São Paulo e, portanto, não lhe é subordinado.

Ora, esta formulação não configura um princípio constitucional estadual capaz de vincular o Município na aprovação de sua Lei Orgânica nos termos autorizados no *caput* do art. 29 da Constituição Federal. Não se enquadra no conceito de princípio constitucional, conforme compreendido por juristas de renome como os acima citados.

Assim sendo, há que, forçosamente, concluir: o legislador constituinte paulista praticou uma ilegalidade, ou melhor, uma inconstitucionalidade, perante a Constituição Federal de 1988, ao pretender impor aos Municípios paulistas a referida proibição, porque esta Carta — vale repetir — não autoriza senão a estabelecer verdadeiros princípios constitucionais para sujeitar o Poder Legislativo Municipal na elaboração e aprovação de sua Lei Orgânica Municipal.

Portanto, resulta evidente de toda a argumentação ora desenvolvida, que *a Constituição Federal não autoriza que a Constituição Estadual estabeleça falsos princípios com o objetivo de obrigar os Municípios, situados no território estadual, ao seu cumprimento qualquer que seja o pretexto invocado, inclusive o de estabelecer objetivos e diretrizes.* O Município não é mais entidade pública organizada pelo Estado Federado.

A segunda inconstitucionalidade decorre do fato de que, ao fixá-los, além de infringir o art. 29 da Constituição Federal, a Constituição Estadual, no inciso VII do art. 180, afrontou o princípio constitucional da autonomia municipal previsto no art. 18, e na alínea "c" do inciso VII do art. 34, ambos da Constituição Federal.

A propósito, em nota de rodapé, o saudoso mestre Hely Lopes Meirelles posiciona-se expressamente sobre o inciso VII do art. 180 da Constituição do Estado de São Paulo nos seguintes termos: "A Constituição do Estado de São Paulo, de 5.10.89, ao cuidar do desenvolvimento urbano, dispôs que 'as áreas definidas em projeto de loteamento como 'áreas verdes ou institucionais' não poderão, em qualquer hipótese, ter sua destinação, fim e objetivos originariamente estabelecidos alterados' (art. 180, VII). Com a devida vênia, consideramos *inconstitucional* a restrição constante desse item, quando veda, *em qualquer hipótese*, alteração da destinação de área verde ou institucional, constante de projeto de loteamento, pelo Município, *visto que ofen-*

*de a sua autonomia para a ordenação do território*. Ocorre que, em muitos casos, a destinação originária pode deixar de atender, no futuro, às necessidades ou conveniências do traçado urbano" (idem, ob. cit., p. 231).

Neste ponto, o mestre foi brilhante em gênero, número e grau. *O inciso VII do art. 180 da Constituição do Estado de São Paulo é inconstitucional por ofender a autonomia municipal, prevista nos arts. 18, 30 e 34 da Constituição Federal, tanto para a ordenação do território quanto para a administração dos bens públicos municipais da maneira que melhor consulte ao interesse público local.*

No mesmo sentido e a propósito do mesmo art. 180 da Constituição Estadual manifestou-se outro conceituado jurista: "As operações de afetação e desafetação são da competência única e exclusiva da pessoa política proprietária do bem, a quem também se reconhece a competência exclusiva para dizer *se* e *quando* um bem que integra seu patrimônio poderá ser afetado ou desafetado. Essas competências são expressões da autonomia que a Constituição outorgou a cada uma das entidades componentes da Federação. Se assim não for, de que vale a autonomia se a proprietária não pode afetar ou desafetar bens segundo o interesse que lhe cabe perseguir? Por tudo isto, entendemos inconstitucional a regra consubstanciada no inciso VII do art. 180 da Constituição de São Paulo, que veda toda alteração, sob qualquer pretexto, na destinação, no fim e nos objetivos originariamente estabelecidos para as áreas verdes e institucionais definidas em projeto de loteamento. No mesmo sentido é a inteligência de Adílson de Abreu Dallari, expressada no n. 4 da *Revista Informativo Municipalista* (mar./90, p. 9). Destarte, não nos parece a melhor inteligência, data vênia, a professada pelo Tribunal de Justiça de São Paulo (ADIn 17.067-0/4) e que considerou inconstitucional lei municipal de São José dos Campos que desafetou área verde constante do Loteamento Cidade Jardim — Secção Bosque dos Eucaliptos e contrariou o citado dispositivo da Lei Maior de São Paulo" (cf. Diógenes Gasparini, *Direito Administrativo*, 4ª ed. revista e ampl., São Paulo, Saraiva, 1995, p. 476).

Assim sendo, alterar a destinação, fim e objetivos originariamente estabelecidos de áreas definidas em projeto de loteamento como áreas verdes ou institucionais significa alterar a destinação de bens públicos municipais de uso especial ou de uso comum do povo. De fato, esta alteração da destinação de bens públicos por desafetação, mediante lei municipal, constitui matéria de Direito Administrativo pertencente exclusivamente ao Município. Portanto, a possibilidade desta alteração encontra-se contida no âmbito da autonomia administrativa municipal.

O mestre Hely Lopes Meirelles ensina com a sua proverbial clareza: "Ao Município incumbe a administração de seus bens, no uso regular da autonomia constitucional que lhe é assegurada para cuidar de tudo que é de seu interesse local (art. 30, I)" (*Direito Municipal Brasileiro*, 6ª edição atualizada, São Paulo, Malheiros Editores, 1993, p. 230).

Tanto é assim que o Supremo Tribunal Federal, em acórdão proferido na Ação Direta de Inconstitucionalidade n. 927-3-RS, considerou inconstitucionais, suspendendo sua eficácia, as prescrições das alíneas "b" e "c" do inciso I e das alíneas "a" e "b" do inciso II, ambos do art. 17 da Lei n. 8.666/93 (lei federal que institui normas gerais sobre licitações e contratos).

Tais dispositivos foram considerados inconstitucionais por afrontarem a autonomia dos Estados e Municípios quanto à disposição de bens públicos. O entendimento foi que, sendo estes os proprietários destes bens, cabe-lhes dispor a respeito e não à lei federal sobre licitações e contratos sob o pretexto de instituir normas gerais sobre esta matéria. Em outras palavras, cabe a cada um destes níveis de governo estabelecer para quem querem doar ou permutar bens imóveis.

Ora, se a lei federal não pode intrometer-se na alienação de bens mediante doação ou permuta por Estados ou Municípios com maior razão cabe exclusivamente a estes determinar como querem administrar seus bens, inclusive quando, em que condições e para quem desejam conceder o uso de seus bens.

Para melhor elucidação da questão, torna-se oportuno transcrever trecho do referido acórdão a respeito:

"A alínea "b" do aludido inciso I do art. 17 se constitui em outra situação de usurpação de competência inserta na autonomia dos Estados e Municípios. O legislador federal não tem competência para aniquilar com a autonomia dos Estados e Municípios de dispor de seus bens, conferida pela Constituição Federal" (vide Toshio Mukai, *O Novo Estatuto Jurídico das Licitações e Contratos Públicos*, 3ª ed., São Paulo, Ed. RT, 1994, p. 37).

De igual modo, é destituída de fundamento eventual argumentação calcada no art. 22 da Lei Federal n. 6.766, de 19.12.1979, pois este apenas disciplina a transferência de domínio sobre as áreas reservadas para uso público do loteador privado para o Poder Público Municipal mas não regula a alteração posterior da destinação das áreas reservadas para uso público em loteamento.

Além de a Lei n. 6.766/79 ser lei ordinária hierarquicamente inferior à Constituição Federal, sua interpretação não pode contrariar o preceito constitucional da autonomia municipal. A par disto, estes preceitos legais são dirigidos ao loteador.

O art. 17 da mesma lei também dirige-se ao loteador e não ao Poder Público Municipal ao proibir que este altere unilateralmente a destinação das áreas reservadas para uso público em loteamento. Muito ao contrário, o art. 28 da Lei n. 6.766/79 permite expressamente a alteração parcial ou total de loteamento registrado, o que inclui inevitavelmente a possibilidade de alteração não só da localização mas também da destinação das áreas reservadas para uso público.

Aliás, o jurista Marco Aurélio S. Viana em estudo monográfico sobre o tema vai mais longe do que a Municipalidade de Mairiporã. Esta admitiu a concessão de uso das vias públicas, praças e áreas verdes e institucionais, com a construção de portarias e cancelas na entrada do loteamento sem prejuízo de seu uso por qualquer cidadão mesmo que não seja morador na área loteada. O referido autor, todavia, considera absolutamente legal o chamado "loteamento fechado" no qual as vias públicas, praças e áreas verdes do loteamento, embora permaneçam como bens públicos, são entregues em concessão de uso para desfrute exclusivo dos moradores do loteamento fechado.

Suas próprias palavras bem esclarecem a questão: "Mas *loteamento fechado* tem sido o termo escolhido por alguns para indicar o loteamento constituído na forma da Lei n. 6.766/79, por ela regido, mas que se afasta do loteamento tradicional porque as vias de circulação e os logradouros públicos, que passam ao domínio público, têm sua utilização assegurada apenas aos proprietários dos lotes, o que se faz mediante *permissão* ou *concessão de uso*" (cf. *Loteamento Fechado e Loteamento Horizontal*, Rio de Janeiro, AIDE, 1991, p. 29).

"A concessão de uso é o meio adequado para que as ruas, praças e demais espaços públicos, que integram o loteamento fechado, passem à utilização privativa dos proprietários. O tráfico da vontade encontra trânsito relativo, o que enseja sejam estabelecidas condições favoráveis para os contratantes. Questões como a coleta de lixo, manutenção das vias, para citar apenas dois casos, encontram condições favoráveis de solução. Nos loteamentos localizados em distâncias maiores do centro, que dificultariam os serviços que cumpre ao Município prestar, encontram nessa modalidade de loteamento solução pronta e satisfatória para todos" (idem, ob. cit., p. 63).

Finalmente, também não foi infringido nenhum direito ou garantia individual do cidadão, especialmente, pelo fato de ter sido instalada portaria com cancela na entrada do loteamento. Não implicou qualquer desrespeito à livre locomoção de quem quer que seja pelas vias públicas, praças e áreas verdes do loteamento.

A portaria foi instalada para identificação de pessoas e veículos que queiram transitar pelo interior do loteamento. Jamais se impediu a entrada e a passagem de quem quer que seja pelas vias públicas do loteamento. De qualquer maneira, se tal tivesse ocorrido o adequado seria tomar medidas judiciais para assegurar o direito à livre locomoção sem que tais medidas impliquem a demolição da portaria e da cancela.

O art. 4º da Lei Municipal n. 1.796, de 16.10.97, expressamente determina:

"Art. 4º. (...)

"§ 1º. *Em nenhuma circunstância será proibido o trânsito de qualquer pessoa nas referidas áreas.*

"§ 2º. *O descumprimento do disposto no parágrafo anterior implica cancelamento da presente concessão.*"

Aliás, exigir a identificação para o ingresso em edifícios públicos ou particulares constitui prática corriqueira nos dias de hoje sem qualquer restrição ao direito de locomoção. Não se conhece qualquer caso que tenha sido levado ao Poder Judiciário, questionando esta prática com base nesta argumentação e, menos ainda, qualquer decisão judicial que a considere inconstitucional. Em outras palavras, a mera identificação por razões de segurança não implica qualquer restrição ao direito de livre locomoção assegurado às pessoas pelo inciso XV do art. 5º da Constituição Federal.

Portanto, concluindo, a Lei Municipal de Mairiporã n. 1.796, de 16 de outubro de 1997, é perfeitamente constitucional, não se configurando nela qualquer ilegalidade capaz de manchar os atos praticados com base em seus termos.

A desafetação foi feita no pleno exercício da autonomia constitucionalmente assegurada no art. 18 ao Município para atendimento de interesse local que, nos termos do art. 30 da Constituição Federal, consiste no conceito nuclear determinador da competência municipal.

A concessão de uso foi efetuada em perfeita obediência à Lei Federal n. 8.666/93 (art. 25, *caput*) e à Lei Orgânica do Município de Mairiporã.

A construção de portaria com cancela na entrada do loteamento, por si só, não implica qualquer infração ao direito de livre locomoção dos cidadão assegurado no inciso XV do art. 5º da Constituição Federal e, menos ainda, a prática do crime de constrangimento ilegal. Exigir a simples identificação do interessado para ingresso no loteamento não significa impedi-lo.

É o parecer, s.m.j.

São Paulo, 22 de abril de 1998

# DISPENSA DE LICITAÇÃO PARA CONTRATAÇÃO DE EMPRESA MUNICIPAL CRIADA PARA PRESTAR SERVIÇOS À PREFEITURA (INTERPRETAÇÃO DO ART. 24, VIII, DA LEI 8.666/93)

ANTÔNIO CARLOS CINTRA DO AMARAL

Advogado e Coordenador-Geral do CELC–Centro de Estudos sobre Licitações e Contratos

***Consulta***

A consulente, empresa municipal criada para o fim específico de prestar serviços à Prefeitura, expõe o seguinte:

A consulente teve sua criação autorizada pela Lei municipal 215, de 7 de março de 1975.

Estão surgindo dúvidas sobre a possibilidade jurídica de ser a consulente contratada pela Prefeitura, mediante dispensa de licitação, para execução de obras e prestação de serviços.

À vista dessas dúvidas, indaga a consulente:

Pode ela ser contratada pela Prefeitura, mediante dispensa de licitação, para execução de obras e prestação de serviços contidos em seu objeto social?

Anexa ela exemplar da Lei municipal 215/75 e solicita-me emitir opinião sobre o assunto.

É o que farei a seguir.

***Parecer***

A consulente é uma sociedade de economia mista, cuja criação foi autorizada pela Lei municipal 215, de 7.3.75. De acordo com essa lei, teria ela como um de seus objetivos "incumbir-se da execução, direta ou indiretamente, de obras e serviços públicos de caráter físico, social, econômico e turístico, quando tais obras e serviços lhe forem cometidos" (art. 1º, *d*). O controle acionário da sociedade deveria ser mantido, em caráter permanente, pelo Município (§ 1º do art. 8º).

Empresas como a consulente foram criadas, especialmente na década de 70, em decorrência da conjugação de dois fatores:

*a)* a rigidez da Administração Pública direta ou centralizada; e

*b)* a frustração da solução autárquica.

O Poder Público, federal, estadual e municipal, tentou flexibilizar, em muitos setores, o exercício da função administrativa, criando autarquias. Mas estas fracassaram em sua missão original. Em maio de 1978, tive oportunidade de escrever ("As empresas governamentais como instrumentos de atuação do Poder Público", publicado na *Revista do Tribunal de Contas do Distrito Federal* 10/145):

"A estrutura de *pessoa pública*, regida por normas rígidas e submetida a controles excepcionais, não se revela adequada e, às vezes, compatível com o exercício de atividades que exigem resultado econômico satisfatório para atender aos fins sociais a que se destinam.

"Os órgãos públicos estão submetidos a normas rígidas de pessoal, econômico-financeiras e de contratações, que dificultam sua atuação no campo econômico, por um lado porque impedem a agilidade de sua atuação em um campo distinto do especificamente administrativo, por outro lado porque não levam em consideração suas características próprias, específicas, sobretudo quando se trate de atividade que não tenha similar na Administração Direta.

"As dificuldades dos órgãos públicos, nesse setor, nem sempre (ou apenas) residem, pois, em um esquema de administração deficiente – hipótese em que poderiam ser superadas mediante medidas que visassem à racionalização administrativa, sem transformações estruturais – mas sim no fato de ser órgão da Administração direta, voltado para o exercício de atividades que não são próprias de uma *pessoa pública.*"

Escrevi, ainda (ob. cit., p. 146): "A autarquia é uma pessoa pública. Surgiu como instrumento jurídico adequado a uma maior flexibilidade da ação administrativa. Com o tempo, porém, verificou-se que sua flexibilidade não era a desejável. Em parte, porque tinha personalidade pública. Em parte, porque foi surgindo, com o tempo, equiparação de regimes – de pessoal, de material, de patrimônio e financeiro – entre o autárquico e o da Administração direta".

E mais (ob. cit., p. 146): "Por isso é que a criação de empresas controladas pelo Poder Público se vem constituindo instrumento útil à atuação estatal, seja na prestação de serviços que lhe são próprios, seja no exercício de atividade econômica. Vêm sendo elas encaradas como solução adequada de descentralização administrativa, tomando o lugar que, há algum tempo, foi ocupado pelas autarquias".

Citei Alfredo de Almeida Paiva (*Revista de Direito Administrativo* 60/15): "Torna-se, por isso mesmo, indispensável não se repita com tais tipos de sociedades o que ocorreu com as entidades autárquicas, que, segundo Oscar Saraiva, envelheceram precocemente: surgidas, diz ele, em maior número no qüinqüênio de 1937 a 1942, trazendo em si condições de independência de ação e liberdade administrativa que as tornavam instrumentos flexíveis e eficientes de ação, logo a seguir as influências centralizadoras de padronização, uniformização e controle as alcançaram, tornando em muitos casos sua administração quase tão rígida quanto a do próprio Estado *e fazendo desaparecer as razões de conveniência que originaram sua instituição*".

Na época, tive oportunidade de efetuar uma classificação de empresas estatais:

*I — empresas que exercem serviço público:*

*a)* empresas que exercem serviço público da esfera da pessoa jurídica de direito público interno que controla seu capital;

*b)* empresas que exercem serviço público da esfera de pessoa jurídica de direito público interno diversa da que controla seu capital;

*II — empresas que exercem atividade própria da iniciativa privada:*

*a)* empresas que exercem atividade privada em caráter monopolístico, excludente, pois, da iniciativa privada;

*b)* empresas que exercem atividade privada em caráter suplementar à iniciativa privada, sob regime de competição;

*III — empresas auxiliares do Poder Público.*

Vale notar, com Genaro Carrió *(Notas sobre Derecho y Lenguaje,* Buenos Aires, Abeledo-Perrot, 1973, p. 72), que: "as classificações não são verdadeiras nem falsas, são *úteis* ou *inúteis*; suas vantagens estão submetidas ao interesse que guia quem as formula e a sua fecundidade para apresentar um campo de conhecimento de uma maneira mais facilmente compreensível ou mais rica em conseqüências práticas desejáveis".

À luz da classificação acima, que me parece ainda hoje útil para o adequado conhecimento da realidade, verifica-se que a consulente é uma empresa auxiliar do Poder Público. Suas funções poderiam ser desenvolvidas por órgãos da Administração direta ou centralizada. Isso não ocorre porque a necessidade de flexibilidade administrativa levou à criação de empresas para o desenvolvimento de atividades típicas do Poder Público. Atividades que continuam *públicas*, apesar de desenvolvidas por pessoas *privadas*. Essas empresas, portanto, não constituem intervenção do Estado na ordem econômica, já que exercem funções *públicas* e não *privadas*.

A rigor, a execução de serviços por essas empresas não constitui uma típica execução *indireta* pela Administração. Porque se por um lado tal execução se faz por intermédio de pessoa jurídica distinta da pessoa jurídica de direito público interno que a criou, por outro essa intermediária exerce função pública por delegação e está submetida a controle acionário da criadora.

A contratação dessas empresas pelo Poder Público que as criou era, coerentemente, dispensada de licitação.

O Decreto-lei federal 200, de 25.2.67, contemplava a hipótese de maneira talvez demasiado ampla. Dispensava a licitação (art. 126, § 2º, *f*): "f) quando a operação envolver concessionário de serviço público ou, exclusivamente, pessoas de direito público interno ou entidades sujeitas ao seu controle majoritário".

O Decreto-lei 2.300, de 21.11.86, disciplinou a hipótese como sendo de *inexigibilidade* e não de *dispensa* de licitação e acrescentou (art. 23, inc. IV): "exceto se houver empresas privadas que possam prestar ou fornecer os mesmos bens ou serviços, hipótese em que todas ficarão sujeitas à licitação".

Em 24.7.87, o Decreto-lei 2.348 fez retornar essa norma ao artigo que tratava de *dispensa* de licitação (art. 22, inc. X) e acrescentou parágrafo único a esse mesmo artigo 22, dispondo que não se aplicava a exceção prevista no inciso X "no caso de fornecimento de bens ou prestação de serviços à própria Administração federal, por órgãos que a integrem, ou entidades paraestatais, *criadas para esse fim específico*" (grifei).

Saliente-se que sempre foi entendido esse dispositivo como se aplicando também a Administrações estaduais e municipais que observavam as normas do Decreto-lei 2.300/86.

Veio a Lei 8.666, de 21.6.93 (art. 24, inc. VIII), e voltou à redação original do art. 23, inc. IV, do Decreto-lei 2.300/86, embora continuasse a tratar a hipótese como *dispensa* e não *inexigibilidade*. Omitiu a norma do parágrafo único do mesmo artigo, acrescentado pelo Decreto-lei 2.348/87.

Por sua vez, a Lei 8.883, de 8.6.94, alterando o inc. VIII do art. 24 da Lei 8.666/93, dispôs: "Art. 24. É dispensável a licitação: (...) VIII – para a aquisição, por pessoa jurídica de direito público interno, de bens produzidos ou serviços prestados por órgão ou entidade que integre a Administração Pública e que tenha sido criado para esse fim específico em data anterior à vigência desta Lei, desde que o preço contratado seja compatível com o praticado no mercado".

Quer dizer: se o Poder Público pretender contratar empresa estatal para fornecimento de bens ou prestação de serviços – a ele e não ao público –, poderá fazê-lo mediante dispensa de licitação desde que:

*a)* a empresa tenha sido criada para esse fim específico;

*b)* sua criação tenha sido anterior a 22.6.93, data da vigência da Lei 8.666/93 (e não a 9.6.94, data da vigência da Lei 8.883/94, como desavisadamente se poderia entender);

*c)* que essa empresa integre a Administração Pública contratante, não se admitindo, por exemplo, a contratação, mediante dispensa de licitação, de empresa municipal pela Administração federal ou por

Administração estadual ou, ainda, por outra Administração municipal; e

*d)* que o preço contratado seja compatível com o praticado no mercado.

Note-se que a dispensa de licitação abrange *bens* e *serviços*, mas não *obras*. Entendo que a palavra *serviços* está, no inc. VIII do art. 24, assim como no restante da Lei 8.666/93, empregada em sentido estrito.

A norma é clara e não me parece inconstitucional, à vista das considerações acima expostas sobre a classificação das empresas estatais. Limito-me, pois, a este passo, a referir-me a considerações de Carlos Ari Sundfeld sobre esse dispositivo legal (*Licitação e Contrato Administrativo*, São Paulo, Malheiros Editores, 1994, pp. 53 e ss.). Concordo quase que totalmente com o autor quando ele, ao analisar o referido art. 24, inc. VIII, escreve (p. 56):

"Nem se alegue, como óbice a uma norma do tipo, que ela estaria criando, a empresas estatais de intervenção no domínio econômico, benefício contrário ao princípio, implícito no art. 173 da Constituição Federal, da igualdade entre elas e as empresas particulares. Os serviços públicos e as atividades administrativas instrumentais, nestas últimas incluídas a realização de obras públicas e a produção de material para o serviço público, não são atividades econômicas, mas atividades tipicamente administrativas ('serviço público' em sentido amplo). Portanto, às empresas estatais que as desenvolvam, prestadoras de serviço público em sentido amplo, é inaplicável, enquanto no exclusivo exercício dessas atividades, o disposto no art. 173, donde a legitimidade da reserva, que se lhes faça por lei, dos fornecimentos às entidades estatais."

Ou quando afirma (p. 57): "Os contratos diretos entre entidades da mesma Administração Pública, conseqüência que são do processo de descentralização, são operações legítimas, escoradas em competência constitucional inegável. Têm, destarte, por força do próprio direito constitucional, especificidades que inviabilizam o certame licitatório. Daí a inexigibilidade".

Note-se que Sundfeld chega a considerar, nesses casos, a licitação *inexigível*, vale dizer, *inviável*, apesar de a lei a ela referir-se como *dispensável*.

### *Conclusão*

À vista do exposto, concluo:

*A)* A Prefeitura pode contratar a consulente, mediante dispensa de licitação, para prestação de serviços constantes de seu objeto social (e não obras), de acordo com o art. 24, inc. VIII, da Lei 8.666/93, com a redação dada pela Lei 8.883/94, já que ela integra a Administração municipal e foi criada, em data anterior a 22.6.93, para esse fim específico.

*B)* A dispensa de licitação abrange os serviços diretamente prestados à Prefeitura pela consulente, inclusive gerenciamento e fiscalização de obras.

*C)* Os serviços devem ser contratados por *preço compatível com o praticado no mercado*.

*D)* Ao contratar ou subcontratar bens, obras e serviços com terceiros, a consulente deve efetuar licitação prévia, na conformidade da Lei 8.666/93, salvo nas hipóteses de dispensa ou inexigibilidade de licitação contempladas na referida lei.

É meu parecer.

São Paulo, março de 1995

## PARECERES

# LICITAÇÃO E PRESTAÇÃO DE SERVIÇOS PÚBLICOS — PRIVATIZAÇÃO E FORNECIMENTO DE GÁS POR TARIFA DIFERENCIADA

EROS ROBERTO GRAU

Professor Titular de Faculdade de Direito da USP — Professor Visitante da Faculdade de Direito da Universidade de Montpellier I (França)

A OPP Petroquímica S.A. encaminhou-me a seguinte

***Consulta***

A Petrobrás, a Cesp e os grupos OPP e Ultra pretendem associar-se para a constituição de usina termoelétrica em Paulínia (Termoelétrica do Planalto Paulista), com até 750 MW de potência, para atuar como produtor independente de energia elétrica, mediante a utilização de gás natural TCO importado da Bolívia.

Além das quantidades contratadas originalmente com o programa Brasil-Bolívia (TCQ), a Petrobrás antecipou o pagamento de tarifa de transporte referente a 6MM $m^3$/dia, que foram posteriormente elevados a 9MM $m^3$/dia, utilizando financiamento do BNDES, dando origem a parcela de gás denominada TCO (*transportation capacity option*). Em razão da antecipação da tarifa e da utilização da capacidade extra existente no gasoduto (que tem capacidade para transportar 30MM $m^3$/dia), este gás tem um preço menor do que aquele contratado originariamente pela Petrobrás.

O TCO objetiva aumentar a participação do gás na matriz energética nacional, elevando a competitividade nacional e reduzindo-o a "custo Brasil". Por isso mesmo, sendo o BNDES responsável pela coordenação do processo de alocação do gás TCO, em dezembro de 1996 foi assinado protocolo entre o próprio BNDES, a Petrobrás, a Eletrobrás e o Finame, no qual foram estabelecidos os critérios de utilização/destinação da parcela de 9MM $m^3$/dia dele. Esse protocolo define, entre seus pontos básicos, o destino obrigatório do gás TCO para a produção de energia elétrica e a previsão de que a tarifa a ser cobrada pelas empresas estaduais de distribuição deste gás deva ser a menor possível e compatível aos custos reais associados ao serviço de distribuição.

A usina termoelétrica que se pretende constituir em Paulínia utilizará, na primeira fase do projeto, dois milhões $m^3$/dia de gás, que deverão ser contratados à Comgás. Prevê-se que 1,2 milhão $m^3$/dia de gás sejam objeto de contrato específico de aquisição de gás TCO, sendo o complemento de oitocentos mil $m^3$/dia originário do gás boliviano entregue pela Petrobrás à Comgás.

A Comgás se dispõe a fornecer todo o gás para a termoelétrica adicionando o valor fixo de dez centavos de dólar aos preços de custo do gás TCO e do gás boliviano, incluindo os impostos, PIS e COFINS e excluindo o ICMS.

Indaga-se:

*1.* A Comgás pode contratar o fornecimento de gás TCO, à Termoelétrica do Planalto Paulista, por preço/tarifa diferenciado?

*2.* Na hipótese de privatização da Comgás, o seu futuro controlador estará vinculado por esse contrato?

*3.* A contratação de que se trata deve ser necessariamente antecedida de licitação?

***Parecer***

*1.* A Comgás é delegada, no Estado de São Paulo, dos serviços locais de gás canalizado.[1] A prestação desse serviço público envolve a *distribuição*, no âmbito local do gás.[2]

O § 2º do art. 25 da Constituição de 1988 diz que aos Estados competem *os serviços locais de gás canalizado*. Serviços locais de gás canalizado são serviços de fornecimento (do gás) aos seus usuários finais. Daí teremos que *distribuição* (do gás) significa a entrega de gás canalizado de edifício em edifício, residencial ou não.

A expressão *serviços locais de gás canalizado* abrange todos eles, sem exceção. Inclusive os serviços locais de fornecimento de gás canalizado a indústrias.

Este ponto merece também ser enfatizado. O fornecimento de gás canalizado a indústrias constitui *serviço público*.

Observo, inicialmente, que o preceito constitucional não autoriza conclusão diversa. Insista-se no óbvio: não cabe ao intérprete distinguir onde o texto normativo não distinguiu.

De resto, também incumbe ao Estado, nas sociedades capitalistas, prestar serviços aos agentes econômicos, colocando-se ao serviço do capital industrial. Negá-lo equivaleria a sustentar que o fornecimento de energia elétrica e a prestação de serviço de telefonia a indústrias não constitui serviço público, o que ninguém munido de um mínino de bom-senso sustentaria.

*2.* Cuida-se, no caso, da utilização de gás natural TCO importado da Bolívia pela Petrobrás, bem assim de gás boliviano. A Comgás dispõe-se a fornecê-los, adicionando o valor fixo de dez centavos de dólar aos preços de custo do gás TCO e do gás boliviano, incluindo os impostos, PIS e COFINS e excluindo o ICMS.

Indaga-se inicialmente se a Comgás pode contratar esse fornecimento, à Termoelétrica do Planalto Paulista, por preço/tarifa diferenciado.

Em outros termos, e de modo incisivo, indaga-se se pode fazê-lo, a Comgás, sem violação do princípio da *isonomia*.

*3.* Decorreria, o princípio da *igualdade*, do princípio da *universalidade* das leis — *jura non in singulas personas, sed generaliter constituintur*.[3] Os dois, reunidos, assim se traduzem: *a lei é igual para todos e todos são iguais perante a lei*.[4]

O art. 5º, *caput*, da Constituição do Brasil consagra o princípio da igualdade não apenas em termos formais, mas também em termos materiais. O que postula, expressamente, é o entendimento segundo o qual a tão-só igualdade *perante a lei* pouco ou nada significa.[5] A igualdade se manifes-

1. § 2º do art. 25 da Constituição de 1988, com a redação da EC 5/95. A respeito da situação de *delegada*, e não de *concessionária* do serviço público, v. meu *A Ordem Econômica na Constituição de 1988*, 3ª ed., São Paulo, Malheiros Editores, 1997, pp. 150 e ss.

2. Note-se que o inc. XXII do art. 5º da Lei n. 9.478, de 6 de agosto de 1997, superpõe, identificando uma com a outra, distribuição de gás canalizado e serviços locais de comercialização de gás junto aos usuários finais.

3. Ulpiano, 1, 2, 10, 8.

4. Cf. Vicente Ráo, *O Direito e a Vida dos Direitos*, 1º v., São Paulo, Max Limonad, 1960, p. 210.

5. Cf. Kelsen, *A Justiça e o Direito Natural*, trad. de João Baptista Machado, Coimbra, Arménio Amado, 1963, pp. 66 e ss.

ta, no texto, qual observa José Souto Maior Borges,[6] como instrumento de preservação de si própria: a igualdade formal garante a igualdade material, e a igualdade material garante a igualdade formal. Não basta que a todas se aplique; é necessário que o seu conteúdo alcance todos igualmente.

A concreção do princípio da igualdade reclama a prévia determinação de quais sejam os iguais e quais os desiguais, até porque — e isso é repetido quase que automaticamente, desde Aristóteles — a igualdade consiste em dar tratamento igual aos iguais e desigual aos desiguais.

Vale dizer: o direito deve distinguir pessoas e situações distintas entre si, a fim de conferir tratamentos normativos diversos a pessoas e a situações que não sejam iguais. Tudo se torna mais claro na medida em que considerarmos o quanto afirma Kelsen:[7] "os homens (assim como as circunstâncias externas) apenas podem ser considerados como iguais, ou, por outras palavras, apenas há homens iguais (ou circunstâncias externas iguais), na medida em que as desigualdades que de facto entre eles existem não sejam tomadas em consideração. Se não há que tomar em conta quaisquer desigualdades sejam elas quais forem, todos são iguais e tudo é igual". E prossegue, adiante,[8] observando que o princípio "postula não *apenas* um tratamento igual mas também um tratamento desigual. Por isso, tem de haver uma norma correspondente a este princípio que expressamente defina certas qualidades em relação às quais as desigualdades hão-de ser tidas em conta, afim de que as desigualdades em relação às outras qualidades possam permanecer irrelevantes, afim de que possam haver de todo em todo, portanto indivíduos 'iguais'. 'Iguais' são aqueles indivíduos que, em relação às qualidades assim determinadas, não são desiguais. E o poderem, de todo em todo, existir indivíduos 'iguais' é a conseqüência do facto de que, se não todas, pelo menos certas desigualdades não são consideradas" (grifo no original).

*4.* O fornecimento de gás natural TCO importado da Bolívia, e de gás boliviano, à usina termoelétrica opera-se de modo a caracterizar situação bem específica.

O preço do gás TCO é menor do que o preço do assim chamado "gás boliviano". A utilização do gás TCO é administrada nos termos de protocolo celebrado entre o BNDES, a Petrobrás, a Eletrobrás e o Finame, sendo ele obrigatoriamente destinado a produção de energia elétrica, prevendo-se ainda, como esclarecido na consulta, "que a tarifa a ser cobrada pelas empresas estaduais de distribuição deste gás deva ser a menor possível e compatível aos custos reais associadas ao serviço de distribuição".

Há desigualdades bem marcadas, como se vê, entre a relação a ser estabelecida entre a Comgás e a Termoelétrica do Planalto Paulista, de um lado, e, de outro, as relações estabelecidas entre a Comgás e demais pessoas, físicas e jurídicas, às quais fornece exclusivamente o "gás boliviano".

Além disso, há evidente relação de pertinência lógica entre os fatores diferenciais considerados (preço menor do gás TCO e sua obrigatória destinação à produção de energia elétrica, sob a menor tarifa possível, compatível aos custos reais associados ao serviço de distribuição) e o fornecimento à Termoelétrica do Planalto Paulista, por preço/tarifa diferenciado, sem que a atribuição desse benefício seja adversa a interesses acolhidos no sistema constitucional.[9]

Por fim, observe-se o disposto no art. 13 da Lei federal n. 8.987, de 13.2.95: "As tarifas poderão ser diferenciadas em fun-

6. Parecer inédito, sobre a isenção do IOF nas operações de importação. V. meu *O Direito Posto e o Direito Pressuposto*, cit., pp. 118-121.

7. Ob. cit., p. 67.

8. Idem, pp. 70-71.

9. Valho-me, aqui, da dicção de Celso Antônio Bandeira de Mello ao tratar do tema (*O Conteúdo Jurídico do Princípio da Igualdade*, São Paulo, Ed. RT, 1978, pp. 49 e 54).

ção das características técnicas e dos custos específicos provenientes do atendimento aos distintos segmentos de usuários".

Daí porque a resposta a ser conferida ao primeiro quesito proposto na consulta há de ser afirmativa: a Comgás pode contratar o fornecimento de gás TCO, à Termoelétrica do Planalto Paulista, por tarifa diferenciada.

*5.* Indaga-me ainda a consulente se, na hipótese de privatização da Comgás, o seu futuro controlador estará vinculado por esse contrato.

Respondendo prontamente, por certo que sim. O contrato de fornecimento vincula o prestador do serviço, não o seu controlador. Não há que tratar, no caso, nem mesmo de sucessão ou de sub-rogação de posição contratual. A pessoa jurídica Comgás permanece vinculada pelas obrigações que assumiu contratualmente independentemente de ser este, ou aquele, o seu acionista controlador.

Ocorre além disso que, no caso, cuidamos de *serviço público*, razão pela qual a *tarifa* pelo fornecimento de gás (gás TCO e "gás boliviano") há de ser estabelecida pelo poder concedente, que é o Estado de São Paulo.[10] É certo, pois, que mesmo após eventual transferência do controle acionário da Comgás[11] para o setor privado o Estado de São Paulo permanecerá a fixar o valor das tarifas a serem por ela praticadas.[12]

Daí a relevância do pleno e prévio conhecimento, pelo adquirente privado do controle acionário da Comgás, do contrato de fornecimento de gás TCO de que cogitamos e de outros mais, por ela celebrados, cujos efeitos serão fundamentais na determinação da equação do equilíbrio econômico e financeiro da relação de concessão do serviço.

Por isso, o edital de licitação da venda das ações do capital da Comgás há de deixar bem explicitadas essas suas relações contratuais, de modo que, no futuro, possa o poder concedente definir a política tarifária do setor de modo a preservar os interesses contemplados quando da celebração desses contratos.

Assim, respondo ao que me é indagado no segundo quesito afirmando que, na hipótese de privatização da Comgás, o seu futuro controlador estará vinculado por esse contrato.

*6.* O terceiro quesito proposto na consulta respeita à necessidade, ou não, de a contratação de que se trata ser antecedida de licitação.

Diz o inc. XXI, do art. 37, da CF:

"XXI – ressalvados os casos especificados na legislação, as obras, serviços, compras e *alienações* serão contratadas mediante processo de licitação pública que assegure igualdade de condições a todos os concorrentes, com cláusulas que estabeleçam obrigações de pagamento, mantidas as condições efetivas da proposta, nos termos da lei, o qual somente permitirá as exigências de qualificação técnica e econômica indispensáveis à garantia do cumprimento das obrigações" (grifei).

Define, por sua vez, o art. 17 da Lei n. 8.666, de 21.6.93:

"Art. 17. A alienação de *bens da Administração Pública*, subordinada à existência de interesse público devidamente justificado, será precedida de avaliação e obedecerá às seguintes normas: (...) II – quando móveis, dependerá de avaliação prévia e de licitação, dispensada esta nos seguintes casos: (...)" (grifei).

10. As tarifas praticadas pela Comgás são atualmente fixadas pela Secretária da Fazenda do Estado de São Paulo, não pela Secretaria de Energia, como parece ser adequado.

11. Essa transferência de controle acionário, que importará em que a Comgás *privatizada* atue como efetiva concessionária do serviço público, há de ser procedida no quadro do Programa Estadual de Desestatização, a que respeita a Lei estadual n. 9.361, de 5.7.96.

12. Essa fixação de tarifas será procedida observando-se o disposto na Lei estadual n. 7.835, de 8.5.92; veja-se especialmente o disposto em seus arts. 8º, incs. V e VI; 11; 12 e parágrafo único; e 14.

*7.* Esses bens, cuja alienação está sujeita a *licitação*, são os *bens públicos* (*bens da Administração Pública*).

Diz o art. 66 do Código Civil: "Os bens públicos são: I – os de uso comum do povo, tais como os mares, rios, estradas, ruas e praças. II – os de uso especial, tais como os edifícios ou terrenos aplicados a serviço ou estabelecimento federal, estadual ou municipal. III – os dominicais, isto é, os que constituem o patrimônio da União, dos Estados, ou dos Municípios, como objeto de direito pessoal ou real de cada uma dessas entidades".

Os *bens públicos*,[13] de uso comum do povo, de uso especial e dominicais, integram, todos eles, o patrimônio público. Repita-se: os *bens públicos* constituem *bens da Administração Pública*.

Sucede que o gás natural, ainda que seja suscetível de avaliação patrimonial, não é aplicado à formação do patrimônio público.

O gás, como outros bens adquiridos ou produzidos pelo Estado (a energia elétrica, *v.g.*), instrumenta, consubstanciando-a a prestação de um serviço público. A alusão a um conceito contábil é, aqui, virtuosa: a propriedade do gás constitui um fluxo contábil, que passa pelo ativo circulante, não pelo ativo imobilizado do(s) ente(s) da Administração. Em outros termos: o gás instrumenta o cumprimento de suas finalidades pelo(s) ente(s) da Administração incumbidos do seu transporte e de sua distribuição.

Não se o pode ter, portanto, como um autêntico *bem público*.

*8.* Isso é de extremada importância porque a *norma jurídica* (*proposição normativa*) é dotada de estrutura peculiar: representa determinada situação objetiva, hipotética (o *Tatbestand*, hipótese, pressuposto de fato, *facti species*) à qual estão ligadas certas conseqüências práticas, ou seja, os efeitos por ela prescritos (*Rechtsfolge*, estatuição, injunção). A norma jurídica prescreve os efeitos enunciados na estatuição ou injunção em relação à situação de fato que prevê possa vir a se verificar, desde que ela se verifique. Por isso é dotada de caráter logicamente hipotético: enuncia hipótese que produz conseqüências jurídicas.[14] O caráter formal das proposições jurídicas é expresso na conexão entre uma *hipótese* e uma *estatuição* de conseqüência jurídica.[15]

Impõe-se distinguirmos, no entanto, a *norma* de seu *enunciado normativo*, *proposição* e *enunciado proposicional*.[16-17] Daí

13. A primeira leitura do art. 67 do Código Civil causa a impressão de que esse bens, todos eles, são inalienáveis; "só perderão a inalienabilidade, que lhes é peculiar — diz o preceito — nos casos e forma que a lei prescrever". Observa, contudo, Mário Masagão (*Curso de Direito Administrativo*, 6ª ed., São Paulo, Ed. RT, 1977, p. 139): "Não podendo o art. 67 do Código Civil ser entendido como soa, por se não admitir interpretação que leva ao absurdo, é mister compreendê-lo à luz da natureza das coisas. A interpretação que se nos afigura admissível é a seguinte: o art. 67 não visou declarar a analienabilidade dos bens públicos mas preceitua sobre a perda dessa inalienabilidade. Com efeito, o texto declara como e quando os bens mencionados no artigo antecedente (66) perderão a inalienabilidade. Mas não se trata de inalienabilidade genericamente. Trata-se *da* inalienabilidade que lhes é *peculiar*. Assim, os bens que forem peculiarmente alienáveis (a saber, os de uso comum e os de uso especial), poderão ser alienados nos casos e forma que a lei prescrever; e os bens dominicais, ou patrimoniais, justamente porque não são peculiarmente inalienáveis, ficam livres dessa restrição".

14. Castanheira Neves, *Curso de Introdução ao Estudo do Direito*, Coimbra, ed. policopiada, 1971-1972, p. 269.

15. Karl Larenz, *Methodenlehre der Rechtswissenchaft*, 5ª ed., Berlim, Springer, 1983, p. 33.

16. V. Robert Alexy, *Theorie der Grundrechte*, Frankfurt am Main, Suhrkamp, 1966, pp. 40 e ss. Passo à margem, aqui, da distinção que Kelsen (*Teoria Pura do Direito*, trad. de João Baptista Machado, 5ª ed., Coimbra, Arménio Amado, 1979, pp. 110 e ss.) faz entre norma jurídica e proposição jurídica; a propósito, note-se que Larenz (ob. cit., p. 130) usa *Rechssatzen* – "proposição jurídica" – como sinônimo da *Rechtsnorm* – norma jurídica: a regra de direito (norma jurídica) tem a forma lingüística de uma proposição, a "proposição jurídica". Não obstante, a proposição jurídica é também referida como a nor-

observar Lourival Vilanova[18] que o revestimento verbal das normas jurídicas positivas não obedece a nenhuma forma padrão; o que importa, a fim de que determinado enunciado, ainda que assuma a forma descritiva, possa restar caracterizado como normativo, é a possibilidade de sua renunciação segundo a seguinte fórmula de linguagem lógica: "se se dá um fato F qualquer, então o sujeito S deve fazer ou deve omitir ou pode fazer ou pode omitir conduta C ante outro sujeito S".[19]

Ora, o art. 17 da Lei n. 8.666/93, como vimos, sujeita a licitação a alienação de *bens da Administração Pública*, vale dizer, a alienação de *bens públicos*.

Mas o gás natural, também foi visto, não pode ser tido como um autêntico *bem público*, já que, intrumentando a prestação de um serviço público, não é aplicado a formação do patrimônio público. Daí porque não cabe cogitarmos da *estatuição* (= *licitação*) quando estiver ele sendo fornecido (= *alienado*) a seus usuários. Aí não se verificando a *hipótese* ou *pressuposto de fato*, à qual corresponde a *estatuição*, esta não é cabível.

***9.*** Além de tudo o mais, o fato é que o inc. XXI do art. 37 da Constituição do Brasil sujeita à licitação apenas as obras, os serviços, as compras e as alienações efetuadas pela Administração. Explicitando, teremos que, em regra, devem ser licitadas: (i) as obras e os serviços a serem prestados à Administração; (ii) as compras feitas pela Administração; e (iii) a alienação de bens da Administração (= bens públicos).

Ora, o preceito constitucional — e, por isso, a legislação infraconstitucional disso não cuida — dizia, *não sujeita a licitação a prestação dos serviços públicos*, mesmo porque isso seria francamente absurdo e impraticável.

Reafirma-se, destarte, o quanto linhas acima demonstrado: não cabe cogitarmos de *licitação* (= *estatuição*) quando estivermos a tratar da *prestação de serviço público*, que não se inclui na descrição da *hipótese* ou *pressuposto de fato* à qual corresponde aquela *estatuição*.

É isso que explica porque a prestação do serviço público ao usuário é efetivada independentemente de licitação, questão em relação à qual a doutrina mantém significativo silêncio. Isso se dá — repito — porque o bem cujo fornecimento ao usuário do serviço torna concreta a sua prestação não se caracteriza como *bem público* ou *bem da Administração*.

A prestação de serviço público pelo Estado não está, como se vê do disposto no art. 37, XXI, da Constituição do Brasil e no art. 17 da Lei n. 8.666/93, sujeita a licitação ainda e mesmo quando essa prestação envolver o fornecimento de algum bem ao usuário do serviço.

***10.*** Em face de todo o exposto, dou as seguintes respostas aos quesitos propostos na consulta:

***1.*** *Sim*; a Comgás pode contratar o fornecimento de gás TCO, à Termoelétrica do Planalto Paulista, por tarifa diferenciada;

***2.*** *Sim*; na hipótese de privatização da Comgás, o seu futuro controlador estará vinculado por esse contrato; observe-se, a propósito, o exposto no item 5, acima;

***3.*** *Não*; a contratação de que se trata *não* deve ser antecedida de licitação.

É o que me parece.

São Paulo, 12 de setembro de 1997

ma jurídica apta – e somente ela – a exercer a função de premissa maior em um silogismo judicial (Dietrich Jesch, *Ley y Administración*, trad. de Manuel Heredero, Madri, Instituto de Estudios Administrativos, 1978, pp. 31-32).

17. Observo, neste passo, tomar a *norma* como *produção* do intérprete; daí a distinção, necessária, entre *texto* (enunciado normativo, enunciado proposicional) e *norma* (proposição).

18. *As Estruturas Lógicas e o Sistema do Direito Positivo*, São Paulo, Ed. RT, 1977, p. 50.

19. Assim, embora as proposições jurídicas sejam *prescritivas* (deônticas) e não meramente *descritivas* (apofônticas), podem ser enunciadas – e isso ocorre com freqüência – sob revestimento verbal não-prescritivo. Exemplifico com o que dispõe o art. 22, I, da Constituição de 1988: compete privativamente à União legislar sobre direito civil; o que está aí afirmado é que, se Estado-membro, o Distrito Federal ou Município legislar sobre direito civil, estas legislações serão inválidas (ao passo que, se o fizer a União, a legislação será válida).

# AÇÃO ESPECIAL PARA TUTELA DE DIREITOS FUNDAMENTAIS EM FACE DE PARTICULARES

PAULO ROBERTO DE GOUVÊA MEDINA

Professor da Faculdade de Direito da UFJF – Conselheiro Federal da OAB por Minas Gerais

*I — A efetividade do processo e o anseio pela rápida solução dos litígios. II — Instrumentos de proteção de direitos fundamentais e sua aplicabilidade em face de particulares. Exame do tema no Direito Comparado. III — Instituição, no Brasil, de ação especial para proteção de direitos fundamentais em face de particulares.*

## *I — A efetividade do processo e o anseio pela rápida solução dos litígios*

As modernas concepções do processo, centradas no seu caráter instrumental e na preocupação com a efetividade de suas normas, têm posto em relevo a necessidade de estabelecerem-se procedimentos aptos a permitir a rápida e eficaz composição dos litígios, notadamente quando esses envolvem pretensões resultantes de direitos fundamentais constitucionalmente assegurados.

Os autores que, *ex professo,* têm versado o tema, salientam que a efetividade do processo, entendida como a sua aptidão "para realizar os fins ou produzir os efeitos a que se ordena",[1] pressupõe, entre outros requisitos, que o processo deva "dispor de instrumentos de tutela adequados, na medida do possível, a todos os direitos (e outras posições jurídicas de vantagem) contemplados no ordenamento"[2] ou deva "ser apto a cumprir integralmente toda a sua função sócio-político-jurídica, atingindo em toda a plenitude todos os seus escopos institucionais".[3]

A adequação dos instrumentos de tutela processual se mede, em certos casos, pela celeridade com que atuam ou pela pronta resposta que, por meio deles, o Estado concede a quem sofreu lesão em seu direito, possibilitando-lhe, assim, oportuna reparação.

Sob essa perspectiva, explica-se a freqüência com que se faz uso, entre nós, do mandado de segurança, a despeito do âm-

1. José Carlos Barbosa Moreira, "Notas sobre o problema da 'efetividade' do processo", in *Temas de Direito Processual*, terceira série, São Paulo, 1984, pp. 27 e ss.

2. José Carlos Barbosa Moreira, ensaio cit., *ibidem.*

3. Cândido R. Dinamarco, *A Instrumentalidade do Processo*, São Paulo, 1987, p. 385.

bito restrito dessa ação e da exigência de que se configure para que seja ela cabível um *direito líquido e certo*, isto é, originário de fato em si mesmo indiscutível ou que outras provas não requeira para a respectiva elucidação que a prova meramente documental.

Do mesmo modo, é a consciência de que as delongas dos procedimentos comuns não se compadecem com a tutela efetiva que se busca para determinadas lesões, o que justifica o emprego de medidas cautelares, especialmente as medidas cautelares atípicas ou inominadas, com o sentido de solução definitiva ou plenamente satisfativa — e não simplesmente provisória, como seria de sua índole.

O fenômeno, aliás, não é peculiar ao nosso país. Fritz Baur, em sua clássica monografia, analisando a "expansão da tutela jurídica provisória", aponta, como uma das causas dessa hipertrofia das medidas cautelares, a deficiência do processo ordinário, especialmente a sua longa duração. Observa, a esse respeito, o professor da vetusta Universidade de Tübingen: "As partes não podem ou não querem aguardar até que o tribunal, no processo ordinário, profira julgamento de seu litígio após anos de espera. Então, procuram no procedimento da medida cautelar uma decisão rápida, já que, com razão, lhes cabe argüir que um processo ordinário demasiadamente moroso pode levar à periclitação e, até mesmo, ao aniquilamento de sua posição jurídica. Como já foi mencionado, freqüentemente as partes se contentam com a decisão prolatada no procedimento cautelar, com a resultante de este procedimento substituir o processo ordinário. (...) Desta sorte, pode-se constatar em muitos casos que a tutela jurídica provisória antecipa a tutela jurídica definitiva"... ou "cumpre a postulação — sempre reclamada do processo ordinário, mas nunca atendida — de uma tutela judiciária célere".[4]

4. Fritz Baur, *Tutela Jurídica Mediante Medidas Cautelares*, trad. de Armindo Edgar Laux, Porto Alegre, 1985, p. 18.

Em conferência proferida no Rio de Janeiro, três anos atrás, o eminente Prof. Moniz de Aragão tocou na mesma tecla, fazendo "a apologia do processo cautelar inominado; do processo cautelar apto a proporcionar soluções imediatas, rápidas, para problemas angustiantes", tornando-se, assim, tanto quanto as liminares em mandado de segurança, medida satisfativa ou indo além do escopo provisório de manter o *status quo*.[5]

A via cautelar se mostra, muita vez, o caminho presto para a solução dos litígios e não apenas um meio de assegurar a eficácia do processo em que essa solução seria obtida. Dá-se, com isso, uma inversão do princípio segundo o qual o acessório segue o principal. Mas possibilita-se, desde logo, o pleno exercício da função jurisdicional, mediante a antecipação da tutela concernente ao mérito da lide. Ou em outras palavras: consente-se, desse modo, em situações especiais, que o demandante corte caminho, tomando a via secundária que o conduzirá mais rapidamente ao destino final da Justiça.

A solução que, por essa forma, se adota é sábia, mas insatisfatória e apresenta aspectos negativos, o maior dos quais é o de fazer depender a concessão da medida, demasiadamente, da discrição judicial.[6]

De qualquer modo, atende essa solução a um anseio pela rápida solução dos litígios, tanto mais justificável quando se cuida de tutelar direito fundamental, inscrito no texto da Constituição. E corresponde, ainda que de forma imperfeita, ao "remédio efetivo" para os atos que violem direitos dessa natureza, de que fala a Declaração Universal dos Direitos do Homem.

Dispõe, com efeito, aquela Declaração, emanada da Assembléia-Geral da ONU,

5. E. D. Moniz de Aragão, "Poder cautelar do juiz (medidas provisórias)", *Revista de Direito da Procuradoria-Geral* 42/37 e ss., especialmente p. 49, Rio de Janeiro, 1990.

6. E. D. Moniz de Aragão, conferência cit., *ibidem*.

no seu art. 8º: "Todo homem tem direito a receber dos tribunais nacionais competentes remédio efetivo para os atos que violem os direitos fundamentais que lhe sejam reconhecidos pela Constituição ou pela Lei".

Por sua vez, estabelece a Convenção Americana sobre Direitos Humanos, subscrita pelos Estados Americanos em São José da Costa Rica, a 22.11.69 (o chamado "Pacto de São José da Costa Rica"), no art. 25, acerca da Proteção Judicial: "Toda pessoa tem direito a um recurso simples e rápido ou a qualquer outro recurso efetivo perante os juízes ou tribunais competentes, que a ampare contra atos que violem seus direitos fundamentais, reconhecidos pela Constituição, a Lei ou a presente Convenção, ainda quando tal violação seja cometida por pessoas que atuem no exercício de suas funções oficiais".

Impende analisar, pois, à luz desses preceitos e comparativamente com os de outros ordenamentos jurídicos, os instrumentos de que dispomos para a proteção dos direitos fundamentais, de modo a aferir-se a real efetividade das normas processuais correspondentes.

### *II — Instrumentos de proteção de direitos fundamentais e sua aplicabilidade em face de particulares. Exame do tema no Direito Comparado*

Entre nós, os direitos fundamentais contam com instrumentos hábeis de proteção relativamente a lesões originárias de atos de autoridades públicas. O *habeas corpus*, na esfera criminal e o mandado de segurança individual, na órbita civil, garantias clássicas, convivem, hoje, ao lado de ações recentemente instituídas pela CF/88, quais sejam o mandado de segurança coletivo, o mandado de injunção e o *habeas data,* sem falar na ação civil pública, de natureza infraconstitucional, que, embora sujeita a procedimento comum e a despeito de não conferir legitimação ativa, diretamente, ao lesado, possibilita, por meio da concessão de medida liminar, eficaz proteção, especialmente ao consumidor. De todas essas ações, contudo, somente a última pode ser exercitada em face de pessoas físicas ou jurídicas que desempenhem atividade de natureza privada. As demais destinam-se, precipuamente, à tutela de direitos públicos subjetivos ou de pretensões a que correspondem obrigações de órgãos públicos ou no exercício de atividade pública.

Noutros países, em que os instrumentos de proteção dos direitos fundamentais não têm a mesma característica do nosso mandado de segurança, verifica-se acentuada tendência de estender-lhes o campo de atuação à esfera privada, de modo a servirem, igualmente, de tutela contra atos de particulares.

Assim, na França e na Bélgica, onde o *référé* — espécie de ordem judicial expedida por Presidentes de Tribunais para fazer cessar a prática de um ato ou determinar o cumprimento de uma obrigação de fazer — é empregado tanto em relação ao Poder Público quanto em face de particulares. E essa medida, sem embargo de sua natureza cautelar, enseja decisões satisfativas ou de mérito, sendo comumente requerida como ação autônoma, bastante em si mesma.[7]

No Chile, o *recurso de protección*, instituído pelo Ato Constitucional n. 3, de 1976, em seu art. 2º, e hoje consagrado pelo art. 20 da Constituição de 1980, cumpre igual papel.[8]

Dispõe o citado dispositivo da Constituição chilena:

"Quem, em virtude de atos ou omissões arbitrários ou ilegais sofrer privação, perturbação ou ameaça no legítimo exercício dos direitos e garantias estabelecidos

7. Enrique Paillas, *El Recurso de Protección ante el Derecho Comparado*, Santiago, Editorial Jurídica de Chile, 1990, p. 18.

8. Enrique Paillas, ob. cit., p. 73.

no art. 19, números ... (direitos fundamentais) 16º no que diz respeito à liberdade de trabalho e ao direito à sua livre escolha e livre contratação e ao estabelecido no inciso quarto ... poderá dirigir-se por si ou por qualquer pessoa em seu nome à Corte de Apelação respectiva, que adotará de imediato as providências que julgue necessárias para restabelecer o império do direito e assegurar a devida proteção ao afetado, sem prejuízo dos demais direitos que possa fazer valer perante a autoridade ou os tribunais correspondentes.

"Caberá, também, o recurso de proteção no caso do n. 8 do art. 19 (direito de viver em um meio ambiente livre de contaminação), quando o direito a viver em um meio ambiente livre de contaminação for afetado por um ato arbitrário e ilegal imputável a uma autoridade ou pessoa determinada."

Enrique Paillas, Professor de Direito Processual na Universidade do Chile, em monografia recente,[9] estuda amplamente o *recurso de protección*, apontando alguns casos em que a decisão proferida, confirmada pela Corte Suprema, foi de caráter satisfativo.

Assim, em determinada questão na qual o recorrente reclamava contra a recusa da entidade controladora da loteria esportiva ("Polla Gol") em pagar-lhe o prêmio, ao argumento de que esse já caducara, por força de regulamento administrativo que fixava o prazo para o respectivo recebimento, o Tribunal reconheceu o direito da parte e ordenou o pagamento do prêmio, por considerar que semelhante prazo só mediante lei formal poderia ser estipulado; em outro processo, a Corte acolheu impugnação de valor de tarifa de energia elétrica, determinando à companhia concessionária do serviço que recebesse o pagamento da conta na base pretendida pelo recorrente; num terceiro caso, foi anulado o ato de expulsão de certo aluno da Pontifícia Universidade Católica do Chile, determinando-se a readmissão do estudante.[10]

Em outros processos, o *recurso de protección* foi deferido para que determinada indústria se abstivesse de continuar fabricando produtos alimentícios de sua especialidade enquanto não instalasse e pusesse em funcionamento um sistema de ventilação para escapamento de gases segundo as normas do serviço de saúde; assegurando a certa pessoa o direito de ingressar no recinto da Federação de Xadrez do Chile, que pretendera proibir-lhe o acesso às suas dependências sem motivo fundado; determinando ao Boletim de Informações Comerciais, publicado pela Câmara de Comércio, que esclarecesse publicação acerca do protesto de cheques emitidos pelo recorrente, a fim de que este não sofresse prejuízo patrimonial em virtude de um ato tido como arbitrário; resguardando o direito de acesso do recorrente ao prédio de sua propriedade por passagem que utilizava havia muitos anos e que fora fechada pelo vizinho, no exercício arbitrário das pretensas razões.[11]

Em uma ou outra dessas situações, sobressai o caráter cautelar da medida; na maioria delas, porém, o *recurso de protección* atuou como ação autônoma. É importante sublinhar a circunstância de que, em quase todos os casos exemplificados, a medida foi requerida em face de particulares ou para coibir atos de natureza essencialmente privadas.

Assim sucede, igualmente, em impetrações de *référé* que o autor citado menciona em seu livro. O remédio processual do Direito francês e do Direito belga, que bastante se assemelha ao *recurso de protección* chileno, costuma ser usado para resguardar o direito à privacidade, seja por meio de ordens para que se insira tal e qual advertência ou retificação em jornais ou revistas que fizeram publicações ou exibiram fotos ofendendo o direito alheio, seja

9. Enrique Paillas, ob. cit., *passim*.

10. Enrique Paillas, ob. cit., pp. 74 a 76.

11. Enrique Paillas, ob. cit., pp. 80 a 85.

com o escopo de apreender e retirar de circulação periódicos que abusaram da liberdade de imprensa, causando danos morais a terceiros.[12]

O *amparo* de outros países hispano-americanos é, por natureza, medida destinada a proteger o cidadão contra atos de autoridades públicas. No México, cujo ordenamento jurídico serviu de matriz para o instituto, o *amparo* atende a tríplice finalidade: a de ação de inconstitucionalidade, a de recurso de cassação e a de mandado de garantia.[13] Traço comum a essas três versões do *amparo* é o de servir de instrumento à composição de conflitos entre o requerente e a autoridade.[14]

O *amparo* argentino, igualmente, não tem sido admitido para tutela de direitos subjetivos de caráter privado.

Esse instituto surgiu, na Argentina, como criação pretoriana. A Corte Suprema consagrou-o em 1957 como garantia da liberdade de imprensa e do direito do trabalho, em famoso caso (caso "Siri Ángel S."), de interesse do jornal *Mercedes*, cujas instalações achavam-se interditadas.[15] No ano seguinte, no julgamento do caso "Kot", a Corte deu dimensão maior ao *amparo,* admitindo-o em litígio de ordem privada, decorrente da invasão de uma fábrica por operários em greve, cuja desocupação se buscava, assim, obter.[16]

Em ambos os casos, a decisão da Corte Suprema assentou-se na premissa de que "as garantias individuais existem e protegem os indivíduos pelo só fato de estarem consagradas na Constituição e independentemente de leis regulamentadoras". Noutras palavras: bastava, ao ver da maioria da Corte, que a Constituição declarasse determinados direitos sob proteção para que se lhe atribuísse o adequado instrumento de tutela. As normas constitucionais referentes aos direitos fundamentais haveriam de ser interpretadas à luz do princípio que a todo direito faz corresponder uma ação que o assegure.[17]

No caso "Kot", a exegese do texto constitucional foi ainda mais ampla, entendendo a Corte que "nada há, nem na letra nem no espírito da Constituição, que permita afirmar que a proteção aos chamados "direitos humanos" — porque são direitos fundamentais do homem — esteja circunscrita aos ataques que provenham somente da autoridade: menos ainda nos tempos presentes, em que grandes empresas, consórcios, sindicatos, associações profissionais etc., assumem um enorme poderio material ou econômico. Não é essencial, aos fins da proteção constitucional, que a restrição ilegítima provenha de atos de autoridade pública ou de particulares: o importante "não é a origem da restrição ilegítima a qualquer dos direitos fundamentais da pessoa humana, senão estes direitos em si mesmos, a fim de que sejam salvaguardados".[18]

Essa linha evolutiva do *amparo* argentino, tão bem descrita por Néstor Pedro Sagües em seu tratado, viria estancar, mais tarde, ante a regulamentação do instituto em lei federal. Tal ocorreu por via da Lei 16.986, de 18.10.66, cujo art. 1º está assim concebido: "A ação de amparo será admissível contra todo ato ou omissão de autoridade pública que, de forma atual ou iminente, lese, restrinja, altere ou ameace, com arbitrariedade ou ilegalidade manifesta, os direitos ou garantias explícita ou implicitamente reconhecidos pela Constituição Nacional, com exceção da liberdade individual tutelada pelo *habeas corpus*".[19]

12. Enrique Paillas, ob. cit., pp. 19 a 26.

13. Niceto Alcalá-Zamora y Castillo, "El mandado de seguridad brasileño", in *Estudios de Teoría General e Historia del Proceso*, t. II, México, Universidad Nacional Autónoma del Mexico, 1974, p. 653.

14. Niceto Alcalá-Zamora y Castillo, ob., t. e p. cits.

15. Néstor Pedro Sagües, *Acción de Amparo*, Buenos Aires, Editorial Astrea, 1988, p. 9.

16. Néstor Pedro Sagües, ob. cit., p. 12.

17. Néstor Pedro Sagües, ob. cit., p. 10.

18. Néstor Pedro Sagües, ob. cit., p. 13.

19. Néstor Pedro Sagües, ob. cit., p. inicial, s/n.

A doutrina argentina, não obstante a disposição legal expressa e a despeito de manifestações do então Ministro da Justiça no sentido da inadmissibilidade do *amparo* para tutela de direitos na esfera privada, insistiu, ainda, na tese de que, correspondendo o instituto a garantia constitucional, seu cabimento haveria de ser mais extenso, assinalando Bidart Campos que "com lei não podemos estar pior do que sem lei".[20]

Pouco tardou, entretanto, para que uma solução fosse encontrada no Direito Positivo. Essa adveio com o Código de Processo Civil e Comercial da Nação, de 1967, "por meio de um 'processo sumaríssimo' (arts. 321 e 498), que regulou legislativamente o *amparo* contra atos de particulares". A Exposição de Motivos do Código, segundo informa Néstor Pedro Sagües, assinala expressamente que o projeto incorpora a doutrina positiva que havia admitido a Corte Suprema de Justiça da Nação, no caso "Kot", através de um processo que permite, "em razão de sua simplicidade formal, obter a rápida solução que a índole do prejuízo requeira".[21]

Dispõe o citado art. 321 do Código de Processo Civil (federal) da Argentina, *caput* e item 2º:

"Art. 321. Será aplicável o procedimento estabelecido no artigo 498: (...)

"2º. Quando se reclamar contra um ato ou omissão de particular que, de forma atual ou iminente, lese, restrinja, altere ou ameace, com arbitrariedade ou ilegalidade manifesta algum direito ou garantia explícita ou implicitamente reconhecidos pela Constituição Nacional, sempre que for necessária a reparação urgente do prejuízo ou a cessação imediata dos efeitos do ato, e a questão, por sua natureza, não deva resolver-se por algum dos processos estabelecidos por este Código ou outras leis."

Como se observa, é significativa a semelhança entre o texto do art. 1º da Lei do Amparo e a parte inicial do dispositivo transcrito do Código de Processo Civil argentino. Pode dizer-se que esse conferiu àquele dimensão maior, estendendo, efetivamente, a tutela do *amparo* às lesões resultantes de atos de particulares.

No sistema jurídico anglo-americano, o *writ of injunction* atua como instrumento de tutela de direitos individuais, tanto em face do Poder Público quanto diante de particulares. Trata-se de remédio jurídico que, do mesmo modo que o *amparo* mexicano, apresenta variedade de formas e objeto, em alguns casos assemelhando-se ao nosso mandado de segurança, em outros ficando mais próximo dos interditos possessórios ou das ações cominatórias. Por outro lado, quando enseja decisões adotadas por eqüidade, a *injuction* parece servir de modelo ao nosso mandado de injunção.[22]

Na versão que pode assumir de instrumento de proteção de direitos constitucionais, a *injunction* reveste a mesma natureza das medidas aqui examinadas e cabe, indiscriminadamente, contra atos de autoridade e contra atos emanados de pessoas jurídicas de direito privado ou pessoas físicas.[23]

### *III — Instituição, no Brasil, de ação especial para proteção de direitos fundamentais em face de particulares*

No Brasil, houve, recentemente, uma tentativa frustrada de estender-se a proteção do mandado de segurança a direitos privados, sob a forma de uma *ação mandamental*. O caminho seguido lembra, de cer-

20. Néstor Pedro Sagües, ob. cit., p. 534.
21. Néstor Pedro Sagües, ob. cit., p. 535.

22. Alfredo Buzaid, "Mandado de segurança, 'injuctions' e 'mandamus'", in *Revista de Processo* 53/7; José Afonso da Silva, *Mandado de injunção e "habeas data"*, São Paulo, 1989, pp. 12 e 28.

23. José Afonso da Silva, ob. cit., p. 13; Celso Agrícola Barbi, *Do Mandado de Segurança*, Rio de Janeiro, 1977, p. 41.

to modo, o exemplo do *amparo* argentino, que, conforme vimos, encontrou em procedimento sumaríssimo do Código de Processo Civil o seu equivalente, para fins de tutela de direitos fundamentais, na órbita privada.

Tal se verificou com o projeto do Código do Consumidor, que assim dispunha em seu art. 85: "Contra atos ilegais ou abusivos de pessoas físicas ou jurídicas que lesem direito líquido e certo, individual, coletivo ou difuso, previsto neste Código, caberá ação mandamental que se regerá pelas normas da lei do mandado de segurança".

O artigo em referência foi, contudo, vetado, quando da sanção do projeto que se transformou na Lei 8.078, de 11.9.90.

As razões do veto ao referido artigo e ao art. 86, que estendia o *habeas data* à tutela dos direitos e interesses dos consumidores, foram as seguintes: "As ações de mandado de segurança e de *habeas data* destinam-se, por sua natureza, à defesa de direitos subjetivos públicos e têm, portanto, por objetivo precípuo, os atos de agentes do Poder Público. Por isso, a sua extensão ou aplicação a outras situações ou relações jurídicas é incompatível com sua índole constitucional. Os artigos vetados, assim, contrariam as disposições dos incisos LXIX e LXXI do art. 5º da Carta Magna".[24]

Nos comentários ao Código de Defesa do Consumidor organizados pelos autores do anteprojeto, Kazuo Watanabe rebateu de forma incisiva e candente as razões do veto, observando: "Em nenhum momento está dito nesses preceitos constitucionais que o provimento e o procedimento do Mandado de Segurança são privativos da tutela de direitos públicos subjetivos. Se os direitos patrimoniais, como a posse, os créditos de instituições financeiras e outros mais podem ter um processo com provimento mais adequado e eficaz com procedimento simplificado e célere nas relações entre particulares, por que para a tutela de 'direito líquido e certo, individual, coletivo ou difuso' previsto no Código, lesado por atos ilegais ou abusivos de pessoas físicas ou jurídicas, não pode ser concebida uma ação mandamental cujo processo se discipline pelas normas da lei de Mandado de Segurança? (...) O que a doutrina mais avançada hoje acentua é, precisamente, a necessidade de urgente criação de processos mais ágeis e dotados de maior efetividade para a tutela de relações jurídicas entre particulares, principalmente as de natureza não-patrimonial, o que, ainda desta vez, não foi possível em razão da estreiteza de visão do veto presidencial".[25]

De fato, a circunstância de ter o mandado de segurança sede constitucional não impede que se crie ação análoga para tutela de direitos fundamentais contra lesões de origem diversa, em nível infraconstitucional.

Talvez o reparo que possa merecer a solução preconizada pelo projeto do Código do Consumidor decorra da exagerada semelhança que se quis infundir à ação mandamental relativamente ao seu modelo, o que acabaria por tornar por demais estreita a área de abrangência da nova ação.

Não parece, com efeito, adequado aos fins da ação mandamental em referência o pressuposto básico do mandado de segurança, isto é, a exigência de um *direito líquido e certo*. Uma vez que esse somente se configura quando se trata de direito subjetivo decorrente de relação jurídica cujo fato gerador — o fato jurígeno — seja, em si mesmo, incontroverso, muitas lesões a direitos, na órbita privada, poderiam escapar à proteção da nova ação mandamental, por envolverem fatos complexos e, em razão disso, demandarem a produção de provas orais.

24. *Código de Defesa do Consumidor*, ed. do Instituto Brasileiro de Defesa do Consumidor-IDEC, p. 124.

25. *Código Brasileiro de Defesa do Consumidor*, Rio de Janeiro, 1991, pp. 531 a 532.

Demais disso, até mesmo o nome atribuído à ação que se pretendeu criar não se mostra estreme de críticas. *Ação mandamental*, como se sabe, é categoria de ação, proposta por Kuttner[26] e difundida por Pontes de Miranda,[27] em nosso país, onde, aliás, não teve boa acolhida, já que a doutrina dominante preferiu cingir a classificação das ações de conhecimento segundo a natureza da prestação jurisdicional, a três classes, apenas: ação declaratória, ação condenatória e ação constitutiva.[28]

Melhor fora que se optasse por outro *nomen iuris* – o de *ação de garantia*, por exemplo –, ou, então, que se deixasse de lado a preocupação com o nome, sabido que as ações dispensam denominações, por corresponderem sempre e simplesmente a um direito à prestação jurisdicional. Bastaria, assim, como fez o Código argentino, estruturar-se um procedimento sumaríssimo especial, que seria seguido na tutela desejada.

Muitas são, realmente, as hipóteses que reclamam esse tipo de tutela.

Nas relações de consumo, um instrumento de tal ordem para a composição das lides viria servir de complemento indispensável aos direitos do consumidor, erigidos pela Constituição vigente à eminência de direitos fundamentais, sendo digno de nota que o dispositivo que os consagra na Lei Maior contém, a um tempo, o direito e a garantia, ao preceituar que "o Estado promoverá, na forma da lei, a defesa do consumidor" (CF, art. 5º, inc. XXXII). Significa isso dizer que a própria Constituição cuidou de recomendar a adoção de adequado instrumento de defesa em prol do consumidor.

Situações ocorrentes no cotidiano de nossas vidas estão a indicar, igualmente, a necessidade do meio de tutela de que aqui cogitamos. Assim: *a*) para salvaguardar a pessoa em relação a atos de discriminação racial ou por motivo de sexo (CF, art. 5º, *caput* e inc. I); *b*) para eximi-la de obrigações não previstas em lei (art. 5º, II); *c*) para assegurar direito de resposta, conforme previsto no inciso V do mesmo artigo; *d*) para resguardar a privacidade (art. 5º, XI); *e*) para proteger o direito autoral (art. 5º, XXVII); *f*) para dirimir questões relativas à liberdade de associação ou aos direitos dos sócios ( art. 5º, XVII e XX); *g*) para garantir direitos relativos à propriedade industrial e ao nome da empresa (art. 5º, XXIX).

As ações comuns não se revelam instrumentos à altura do caráter que a Constituição atribui a esses direitos. E uma vez que a lesão provenha de ato de natureza privada, não há como invocar a tutela do mandado de segurança. Daí a tendência de forjar a solução pretendida por via da ação cautelar, com todas as inconveniências e as insuficiências que a esse respeito se verificam.

É hora, pois, de pensar-se em solução mais consentânea com a natureza dos direitos em foco e com a urgência que sua proteção, geralmente, requer. Nós que tanto nos ufanamos da doutrina brasileira do *habeas corpus*, fonte do mandado de segurança, só seremos dignos da imaginação criadora de seus corifeus na medida em que soubermos conceber, nos dias de hoje, o novo instrumento de tutela jurisdicional que os tempos modernos estão a exigir. Do contrário, teremos de conformar-nos com a situação de desvantagem que a tutela dos direitos fundamentais, entre nós, já apresenta em relação a outros ordenamentos jurídicos.

26. James Goldschmidt, *Derecho Procesal Civil*, trad. de Leonardo Prieto Castro, c/aditamentos de Niceto Alcalá-Zamora Castillo, Editorial Labor, 1936, p. 113.

27. Pontes de Miranda, *Tratado da Ação Rescisória*, 5ª ed., Rio de Janeiro, 1976, p. 46; *Tratado das Ações*, t. I, São Paulo, 1970, pp. 122 e 211.

28. José Frederico Marques, *Instituições de Direito Processual Civil*, v. II, 3ª ed., Rio de Janeiro, 1966, p. 49; José Ignácio Botelho de Mesquita, *Da Ação Civil*, São Paulo, 1975, p. 101.

# ELABORAÇÃO DA NORMA JURÍDICA POR INTERPRETAÇÃO — CONSTRUÇÃO NO DIREITO CONSTITUCIONAL

MIRTÔ FRAGA
Mestre em Direito – Consultora da União

*1. Introdução. 2. O Direito Constitucional e a sua interpretação. 3. A interpretação construtiva no Direito Constitucional americano. 4. A interpretação construtiva no Direito brasileiro: 4.1 "Habeas corpus". Admissibilidade nos casos de prisão efetuada durante o estado de sítio, desde que, cessada a sua vigência, persista a detenção; 4.2 A teoria brasileira do "habeas corpus": 4.2.1 O caso do Conselho Municipal do Distrito Federal; 4.2.2 O caso da duplicata de Assembléia Legislativa no Rio de Janeiro; 4.2.3 O caso da Bahia; 4.2.4 "Habeas corpus" para garantir a liberdade de manifestação do pensamento; 4.2.5 "Habeas corpus" para publicação de discurso; 4.3 A interpretação da igualdade perante a lei. Interpretação construtiva para relevar a prescrição; 4.4 Mandado de segurança. Cabimento contra a Câmara dos Deputados. Sigilo bancário: restrições; 4.5 O veto parcial: limites. 4.6 O alcance da sanção a projetos viciados de usurpação de iniciativa reservada; 4.7 Imunidades parlamentares: o alcance da exceção. 5. Conclusão.*

## *1. Introdução*

### *Ciência Jurídica – Técnica Jurídica – Política Legislativa*

A Ciência Jurídica é um conjunto de conceitos e esses conceitos, na medida em que se coordenam, formam um sistema, que lhes deve dar projeção prática. É preciso, então, averiguar como compatibilizar os fatos com a realidade social, sobretudo quando se vê que, na realidade social, o comportamento dos indivíduos envolve conflitos, que devem ser resolvidos pela soberania da ordem jurídica. O meio, o processo pelo qual se encontra a solução para os problemas é a técnica jurídica. Como a elaboração científica do Direito varia com a diversidade dos povos, é evidente que a técnica legislativa também se diversifica. Assim, o conceito de propriedade do Direito romano diverge do de nosso tempo, porque o Direito, sendo instrumento da evolução social, deve refletir as necessidades sociais. O conceito de propriedade não é unitário no tempo e no espaço: um conceito pode se prolongar, em determinados povos, por longo período, mas ele se modifica.

A política legislativa é, também, importante. Nenhum conceito, nenhum princípio jurídico é criado para ficar no abstrato, mas para satisfazer a necessidade de solução do problema humano. Retomando o exemplo acima, a propriedade é o direito que assegura a alguém o domínio de alguma coisa. Mas com que finalidade? Quando e como se configura? Quando ocorre o abuso? Quando a propriedade tem função social? Quando tem função individual? Para Du Pasquier, "a política jurídica atua sobre as realidades sociais que trata de modelar. Elas são de ordem material e prática ou de ordem moral e espiritual, elas se impõem ao legislador como a matéria se impõe ao escultor; Geny as denomina 'o dado'; seu estudo corresponde à ciência".[1]

A filosofia política do governo, a política legislativa dá o traçado no qual o instituto deve e pode vigorar. A técnica jurídica fornece o processo adequado a fazê-la alcançar esse fim. O conceito é estabelecido pela Ciência Jurídica. Ela nos fornece a idéia. Mas a idéia deve atender aos fins de cada sociedade, uma vez que as sociedades divergem entre si. O problema da Política é, então, verificar se o instituto é compatível com a filosofia de vida da sociedade. A técnica jurídica, especialmente a técnica legislativa, fornece o processo por meio do qual se conseguirá o instituto, a estrutura prevista pela necessidade da política legislativa. Ensina Du Pasquier que, *na técnica, não se trata da ciência que observa e que descobre, mas da arte que constrói.*[2] A técnica jurídica é o conjunto de procedimentos mediante os quais o Direito transforma em regras claras e precisas, práticas, as diretrizes da política jurídica. É ela, no dizer de Dabin, citado por Du Pasquier,[3] que assegura a *mutação do optativo político em imperativo jurídico*, subministrando os meios de se fazer uma regulamentação apta a ser respeitada, praticada e aplicada pela sociedade a que se destina.

De diversos meios se serve a técnica jurídica. Um deles é a elaboração das leis, designado, freqüentemente, de técnica legislativa.[4] Mas a técnica não é escrava, não é inteiramente subordinada à filosofia. Assim, ao apreciar a viabilidade da adoção do divórcio no Brasil, a política examinou a conveniência do instituto numa sociedade que se diz católica. Era ou não compatível com a realidade brasileira? Num dado momento, concluindo pela resposta afirmativa, o legislador não instituiu, pura e simplesmente, o divórcio, mas previu as condições que ensejava a medida, regulou o patrimônio do casal, a situação dos filhos após o divórcio etc.

Na técnica legislativa, há três fases: a elaboração da norma, a sua interpretação e a sua aplicação. Os processos de elaboração ou criação da norma divergem, conforme se trate de direito escrito ou consuetudinário, de Estado unitário ou de Estado composto, de Federação segundo o modelo americano ou segundo o modelo brasileiro e o mexicano etc.

A interpretação da norma não é feita apenas pelo magistrado, mas por todos quantos devam cumpri-la, fazer cumpri-la ou pleitear o cumprimento da norma. Assim, o próprio legislador, o próprio Poder Legislativo, em princípio, deve interpretar, por exemplo, a Constituição, para saber, pelo menos, os limites de sua própria competência.

Ao interpretar a norma, o exegeta, sobretudo o magistrado, e, mais ainda, a Corte Suprema do Estado, pode extrair dela o direito ou pode criá-lo: poderá interpretar simplesmente, ou poderá criar, construir.

A nossa Constituição de 1988, no seu art. 59, enumera os atos compreendidos no processo legislativo. É evidente que a enumeração não é exaustiva, mas exemplificativa, uma vez que, em outros dispositivos, faz referência a diversos atos enumerados como integrantes do processo legislativo,

1. Claude Du Pasquier, *Introducción a la Teoría General del Derecho y a la Filosofía Jurídica*, 2ª ed., trad. de Juan Bautista de Lavalle e Julio Ayasta Gonzalez, Lima, Librería Internacional del Peru, 1950, p. 160.

2. Idem, p. 160.

3. Idem, p. 160, nota 2.

4. Idem, p. 161.

entre eles, os Regimentos Internos dos Tribunais, os Regimentos Internos da Câmara dos Deputados e do Senado Federal, as normas do Banco Central, do Conselho Federal de Educação, do Conselho Monetário Nacional e tantos outros.

Este trabalho é dividido em três partes. Na primeira, serão abordadas as normas de interpretação que devem reger as regras constitucionais; na segunda, será vista a interpretação construtiva do Direito Constitucional americano, com a análise de algumas das decisões de Marshall; na terceira, finalmente, cuidar-se-á da interpretação construtiva no Brasil, quando serão examinadas algumas das decisões mais importantes, desde a instalação do Sistema Federativo de Estado.

## *2. O Direito Constitucional e a sua interpretação*

Direito não é só norma. É também fato e valor, como ensinam tantos autores, dentre eles Miguel Reale[5] e Carlos Cóssio. O fato consagrado na norma jurídica, pelo Direito Positivo passa a ter um valor juridicamente protegido. A legalidade do fato se refere ao Direito Positivo; a sua legitimidade, ao Direito Natural. Uma norma, em conseqüência, pode ser legal, embora não seja legítima. A legitimidade está na relação do fato com a idéia do justo. Se o fato é justo, então será legítimo e deverá ser legal. Se é injusto, não é legítimo e, embora consagrado pela norma jurídica, embora legal, pode e deve ser discutível. A tese segundo a qual o poder confere legitimidade à norma encontra apoio nos positivistas, para os quais a certeza da segurança do Direito, pela consagração legal, é o supremo bem, esquecendo-se, porém, de que a segurança da certeza pode se transformar em certeza de insegurança.

O Direito Constitucional, em virtude do aparecimento das Constituições escritas, tem, no dizer de Leslie Lipson, citado por Ferreira Filho,[6] conotações definidas: "vincula-se à noção do império da lei e abrange a idéia de que não se há de permitir a um Governo agir conforme arbítrio de suas autoridades, devendo, ao contrário, conduzir-se de acordo com as normas eqüitativas estabelecidas mediante acordo".

Logo, nos regimes constitucionais pluralistas, o primado da lei – legalidade – é inspirado pela idéia do primado do Direito – Justiça –, considerado como tal, num dado momento, por determinada sociedade. Opõe-se radicalmente à idéia da chamada legalidade socialista adotada nos regimes de partido monopolista marxista, que impõe o respeito à lei, mas também a sua interpretação, segundo o escopo revolucionário.[7]

A supremacia do Direito, isto é, a primazia do justo sobre os comandos do legislador, é princípio que hoje se encontra em ascensão devido, sobretudo, ao reflorescimento do Direito Natural, cujos princípios estiveram esquecidos, durante certo tempo, por influência do positivismo exagerado. É claro que as instituições vigentes, embora construídas para assegurar tal supremacia, ainda conduzem à primazia do legislador, qualquer que seja o seu conteúdo. É que nelas a lei aparece como processo de elaboração do Direito, sem considerar o caráter justo ou injusto de suas disposições. E, assim, o respeito à lei pode se transformar em desrespeito ao Direito.[8] Preconizam os positivistas o respeito à lei, tendo em vista a segurança. Mas a contraposição entre lei e Direito é perigosa para a paz e a estabilidade sociais. A segurança da certeza se transforma, então, em certeza de insegurança. Desde que não haja ofensa à Lei

5. Miguel Reale, *Teoria Tridimensional do Direito*.

6. Leslie Lipson, *Os Grandes Problemas da Ciência Política*, citado por Manuel Gonçalves Ferreira Filho, *Do Processo Legislativo*, São Paulo, Saraiva, 1968, p. 10.

7. Manuel Gonçalves Ferreira Filho, ob. cit., p. 10.

8. Idem, p. 1.

Suprema, a norma jurídica é legal e deve ser considerada legítima.

Ao intérprete, sobretudo ao aplicador da lei, competirá, na sua exegese, examinar se a lei é justa ou injusta e, na segunda hipótese, refutá-la, procurando fundamentos no Direito Natural, na Sociologia, na Filosofia, na Ontologia do Direito, buscando, enfim, verificar se a norma se adapta ao sistema jurídico estabelecido pelo Estado. A tarefa do juiz não é meramente a de verificar se o fato de que tem conhecimento se enquadra em algum dispositivo. Se o fato se lhe apresenta justo, mas em oposição a alguma lei, é seu dever, na sua função de, em nome do Estado, distribuir a justiça, rechaçar a legalidade em nome da legitimidade, sob pena de trair o Direito. Em algum ponto, quer no contexto do sistema jurídico vigente, quer na Ontologia do Direito, quer na Constituição do Estado, interpretada segundo a Ontologia, a Política, a História do Estado, ele encontrará, na maioria das vezes, o fundamento para a sua decisão.

Assim, um estudo jurídico não se completa se ficar na exegese "das normas, se não integrar nessa tarefa primordial a verificação da realidade e a identificação dos valores a inscrever. Sem dúvida, o exame dos valores pertence, precipuamente, ao campo da Filosofia, sem dúvida, o estudo da realidade social é objeto de ciência específica, mas a interpretação de qualquer norma pressupõe um e outro, devendo o jurista, para ser verdadeiramente um cultor da ciência, saber integrar na exegese das normas a apreciação dos fatos e o julgamento dos valores".[9]

### *3. A interpretação construtiva no Direito Constitucional americano*

Como toda ciência prática, o Direito Constitucional tem seu ponto de partida na Filosofia ou numa filosofia. É de uma visão do mundo que se descobrem as suas normas. E é com base em concepções da vida e do mundo que iremos apreciar, analisar, interpretar as normas. Os princípios fundamentais do Direito Constitucional e sua interpretação dependem de uma determinação filosófica, consciente ou não, dos valores inspiradores do Direito e das instituições políticas em geral. A indagação axiológica é importante, porque só ela pode determinar o rumo de uma institucionalização ou corrigir o rumo seguido pelas instituições existentes. Os ensinamentos da Ciência Política são importantes, uma vez que, entre a descrição do governo resultante da sistematização das normas constitucionais e a realidade do governo amoldado pelas forças sociais, não raro existe um abismo profundo. As normas podem ter sido copiadas de uma constituição para outra, mas os pressupostos e as condições que as fazem respeitadas ou ignoradas, cumpridas ou inaplicadas, não, segundo ensina Ferreira Filho. Nos textos, o presidencialismo latino-americano pouco difere do norte-americano; os direitos do cidadão francês não são maiores que os do argelino.[10] A Constituição francesa de 27.10.46 nem enumera direitos, referindo-se apenas à Declaração dos Direitos do Homem e do Cidadão. A atual (1958) também não contém uma enumeração das liberdades individuais e, como a anterior, faz apenas, no preâmbulo, referência à *Declaração de 1789, confirmada e completada pelo preâmbulo da Constituição de 1946*.

O exegeta deve pesquisar não só os fins queridos pelo legislador, à época da elaboração, mas sobretudo os fins atuais, as necessidades atuais. Muitas vezes, a norma é criada no momento de uma crise que precisa ser superada e o legislador se esquece de revogá-la, permitindo sua subsistência quando outra é a realidade, quando outra é a situação, não havendo mais justificativa para a sua aplicação.

9. Idem, p. 1.

10. Idem, p. 3.

Na exegese, há, às vezes, apenas a interpretação e há, outras vezes, a construção. Esta última, no campo do Direito Constitucional, vem do Direito americano, especialmente, na construção do controle de constitucionalidade da norma jurídica pela Corte Suprema. É que a Constituição dos Estados Unidos da América não prevê a sua supremacia sobre as leis ordinárias e outros atos e, logicamente, nem a competência da Corte Suprema para apreciar tais casos. Mas, a Constituição americana foi criada para dar unidade aos povos dos treze Estados que, independentes do Império Britânico, formaram uma Confederação. O objetivo, ao instituir a Federação, foi "formar uma união mais perfeita, estabelecer a justiça, garantir a tranqüilidade interna, prover à defesa comum, promover o bem-estar geral e assegurar os benefícios da liberdade".[11]

A Corte Suprema, na sessão de fevereiro de 1803, no célebre caso *Willian Marbury versus Madison*, com a genialidade de John Marshall — que, sendo o quarto juiz a tomar posse no cargo, foi o primeiro a criar um impacto vital para o Direito Constitucional americano —, decidiu que nenhuma lei pode contrariar a Constituição Federal. O caso Marbury envolvia a questão da competência da Corte Suprema para revogar um estatuto federal promulgado pelo Congresso, que o considerava em harmonia com a Constituição, mas que a Corte julgava ser inconstitucional, numa época em que ela era composta de federalistas e o Congresso e o Executivo estavam sob o controle republicano de Jefferson. Assuntos de partidos políticos eram misturados com questões constitucionais, acerca dos limites do Poder Judiciário.

Marbury, a quem o Presidente John Adams havia nomeado juiz de paz para o Distrito de Colúmbia, pedia à Corte Suprema que expedisse um mandado judicial, compelindo o Secretário de Estado Madison a dar-lhe a comissão, já assinada, intimando-o a manter aquele cargo. A lei judiciária de 1789 autorizava a Corte a expedir mandados para remediar erros dessa espécie, mas a Constituição não autorizava o Congresso, claramente, a deixar passar tal lei. Se um erro fosse reconhecido, a Corte teria de decidir se ele teria sido cometido sob um estatuto de constitucionalidade duvidosa. A Corte considerou que Marbury tinha direito à comissão; que os princípios do Direito americano o habilitavam a reivindicar seu direito e que o mandado executório era o instrumento adequado à reivindicação. A Corte Suprema entraria em choque com a administração de Jefferson, se lhe ordenasse cumprir aquilo a que ela se recusava a cumprir. Mas Marshall encontrou uma solução: seria a Corte Suprema o Tribunal adequado? Estaria a lei judiciária em compatibilidade com a Constituição da União? Marshall decidiu:

"(...) Os poderes da legislatura são definidos e limitados; e para que esses limites não possam se tornar confusos ou apagados, a Constituição é escrita. (...) É uma proposição por demais clara para ser contestada que a Constituição *veta* qualquer deliberação legislativa incompatível com ela; ou que a legislatura possa alterar a Constituição por meios ordinários. Não há meio termo entre estas alternativas. A Constituição ou é uma lei superior e predominante, e lei imutável pelas formas ordinárias; ou está no mesmo nível conjuntamente com as resoluções ordinárias da legislatura e, como as outras resoluções, é mutável quando a legislatura houver por bem modificá-la.

"Se é verdadeira a primeira parte do dilema, então, não é lei a resolução legislativa incompatível com a Constituição; se a segunda parte é verdadeira, então, as Constituições escritas são absurdas tentativas da parte do povo para delimitar um poder por sua natureza ilimitável.

11. Preâmbulo da Constituição dos Estados Unidos da América, *in* Saul K. Padover, *A Constituição Viva dos Estados Unidos*, trad. de A. Della Nina, 1ª ed., São Paulo, Instituição Brasileira de Difusão Cultural, 1964, p. 61.

"Certamente todos quantos fabricaram Constituições escritas consideraram tais instrumentos como a lei fundamental e predominante da Nação e, conseqüentemente, a teoria de todo o governo, organizado por uma Constituição escrita, deve ser que é nula toda a resolução legislativa com ela incompatível."[12]

A partir daí, firmaram-se dois princípios: no Estado Federal, a Constituição da União é a Lei Suprema e nem uma outra e nem um ato podem contrariá-la; ao mais alto Tribunal do Estado compete a vigilância e a guarda do respeito à Constituição.

A origem histórica do controle da constitucionalidade é, segundo Corwin, citado por Pinto Ferreira,[13] encontrado na Inglaterra, na sentença pronunciada por Lord Coke, juiz supremo do *King's Bench*, em 1610, no caso do dr. Bonham, afirmando que o Direito costumeiro limita os atos do Parlamento, como também os priva da validade, se contrários à razão. Já Stier-Somlo e Duguit, citados pelo mesmo autor,[14] fazem um mergulho histórico no passado da Europa e encontram a origem do princípio na França de Henrique IV, no século XV. Para Duguit, desde o século XIV na França se fazia a distinção entre as leis do reino *(lois du royaume)* e as leis do rei *(lois du roi)*. As primeiras, chamadas fundamentais ou, ainda, leis constitucionais, eram regras costumeiras que se impunham ao rei, detentor do Poder Legislativo, que não podia modificar tais regras. O mestre brasileiro argumenta que, caso se fosse buscar no passado remoto a origem do instituto, dever-se-ia, então, partir da própria história constitucional inglesa, desde o século XII, em que os indivíduos eram orientados pelos ideais de uma lei fundamental que protegesse os direitos do cidadão, como se cristalizou, logo depois, na Magna Carta de 15 de junho de 1215.

A Federação americana partiu da confederação e, na sua origem, os Estados dispunham de poderes amplos e a União, de poderes restritos de cúpula. A interpretação construtiva mudou a exegese dos textos e a situação se transformou: aos Estados eram conferidos poderes restritos e à União, poderes amplos. No célebre caso *Mac Cullock v. Maryland,* a Corte Suprema, ainda por Marshall, construiu a teoria dos poderes expressos e dos poderes implícitos, bem como a da interpretação tendo em vista os fins políticos e, ainda, a de que um Estado-membro não pode tributar um instrumento do Governo Federal.

O caso envolveu uma luta econômica e política entre o Banco dos Estados Unidos, concessionário do Congresso, e muitos bancos menores, autorizados por diversos Estados-membros. Àquela época, os bancos estaduais não faziam empréstimos, como atualmente, mas imprimiam, como suas próprias notas bancárias, muito do papel-moeda que servia ao manuseio corrente. Não sendo restringidos, adequadamente, por lei estadual, esses bancos freqüentemente imprimiam mais notas do que eram capazes de pagar, conforme as ordens, criando para os portadores de notas o perigo de perderem seus investimentos. Tais notas de bancos estaduais circulavam entre as pessoas e chegavam aos bancos, incluindo o Banco dos Estados Unidos, que, freqüente e publicamente, identificava os bancos estaduais que se tinham excedido na emissão de notas, recusando-se a aceitá-las no depósito das contas, criando-lhes embaraços e restringindo-lhes as atividades. Em alguns Estados, os bancos locais persuadiram os Legislativos a promulgar leis restringindo as atividades das agências que o Banco dos Estados Unidos tinha estabelecido nos Estados. Assim o Legislativo de Maryland tentou tributar a impressão de notas das agências de Baltimore. Quando uma agência não pagava, era aberto um processo contra o tesoureiro Mac Cullock. O

12. *Decisões Constitucionais de Marshall*, trad. de Américo Lobo, p. 25(1/25).

13. Edward Corwin, *Judicial Review*, citado por Luís Pinto Ferreira, *Princípio do Direito Constitucional Moderno*, 3ª ed., Rio de Janeiro, José Konfino, 1955, p. 141.

14. Luís Pinto Ferreira, ob. cit., p. 136.

Banco dos Estados Unidos tinha de demonstrar, perante a Corte Suprema, seu direito de existir, já que a Constituição não mencionava nenhum poder do Congresso para autorizar o funcionamento do Banco. Teria, ainda, de demonstrar a inconstitucionalidade do tributo estadual sobre uma instituição federal. Marshall decidiu:

"(...) Compete ao Congresso incorporar bancos? (p. 105) (...)

"Esse governo é reconhecido por todos como governo de enumerados poderes. O princípio de que só pode exercer os poderes que lhe foram conferidos, evidentemente, precisou ser corroborado por todos aqueles argumentos que seus esclarecidos amigos, quando a coisa era sujeita à decisão do povo, acharam necessário expor. Esse princípio é hoje universalmente admitido. Mas, a questão relativa à extensão dos poderes atualmente conferidos nasce perpetuamente e provavelmente renascerá enquanto durar o nosso sistema.

"Na discussão dessas questões, os êmulos poderes dos governos da União e dos Estados devem ser bem examinados e a supremacia de suas respectivas leis, quando em conflito, cumpre que fique bem assente. (p. 108) (...)

"O Governo dos Estados Unidos, embora limitado em seus poderes, é, pois, supremo; e suas leis, quando feitas em cumprimento da Constituição formam a suprema lei do país, 'não obstante toda e qualquer disposição contrária da Constituição ou das Leis dos Estados'.

"Entre os poderes enumerados não se depara o de estabelecer bancos ou de criar associações. Mas, no instrumento não há uma frase que, à semelhança dos artigos da confederação, exclua os poderes incidentes ou implícitos, e que exija que tudo quanto for conferido seja expresso e minuciosamente descrito. A décima emenda, que se formulou para o fim de acalmar os ciúmes excessivos que foram excitados, ainda omite a palavra 'expressamente' e só declara que os 'poderes não delegados aos Estados Unidos, nem proibidos aos Estados, são reservados para os Estados, ou para o povo' deixando, assim, dependente de justa interpretação de todo o instrumento a questão se foi outorgado a um governo, ou proibido ao outro, poder particular que se tornar objeto de contestação. (...) Uma constituição contendo a conta exata e circunscrita de todas as subdivisões de que seus grandes poderes são susceptíveis, e de todos os meios pelos quais eles podem ser exercidos, comparticiparia da prolixidade de um código de leis, e a custo seria percebida pelo entendimento humano. Provavelmente, ela nunca seria compreendida pelo povo. A sua natureza requer, portanto, que só os seus grandes contornos sejam delineados e que só os importantes objetos sejam designados, e que os menores ingredientes que compõem esses objetos sejam deduzidos da natureza dos mesmos objetos. (p. 109) (...)

"Posto que entre os enumerados poderes de governo não encontramos a palavra 'banco' ou 'incorporação', achamos os grandes poderes de impor e arrecadar tributos, tomar empréstimos de dinheiro, regular o comércio, declarar e sustentar a guerra, e levantar e manter exército e armada. (...) Sendo dado o poder, é do interesse da Nação facilitar o seu desempenho. Nunca poderá ser do interesse da Nação, nem se presumirá ter sido o seu intento estorvar ou dificultar o exercício dos poderes públicos pela recusa dos meios convenientes. (p. 110) (...)

"Não se contesta que os poderes dados ao governo implicam os meios ordinários de execução (...).

"O poder de criar corporações compete à soberania e não se vê expressamente conferido ao Congresso. Isto é verdade. Mas todos os poderes legislativos pertencem a soberania (...).

"O governo, que tem o direito de fazer um ato e a quem se impõe a obrigação de praticá-lo, deve, segundo os ditames da razão, possuir liberdade de escolher os meios. (p. 111) (...)

"O poder de criar uma corporação nunca é usado em atenção a ela, mas para o fim de levar a efeito alguma coisa mais. Não há, portanto, motivo algum por que ele não passe de um incidente dos poderes que são expressamente deferidos, desde que é um modo direto de executá-los.

"A Constituição dos Estados Unidos não deixou, porém, à mercê da boa razão o direito que deu ao Congresso de empregar os meios necessários para a execução dos poderes conferidos ao governo. À sua enumeração de poderes, adiu o de decretar 'todas as leis que forem necessárias e idôneas para pôr em execução os preditos poderes e, todos os outros investidos por esta Constituição no governo dos Estados Unidos ou de algum de seus departamentos'. (p. 113)."

E, aí, ele examina o significado do adjetivo "necessário", para concluir que significa *preciso, exigido, essencial, conducente a.* "Meios necessários" são os meios adequados para produzir o fim. Decidindo pela constitucionalidade da lei que criou o Banco dos Estados Unidos, verifica a possibilidade de o Estado de Maryland tributar a sucursal ali instalada. Diz ele:

"Aos Estados é expressamente vedado lançar tributos em importações ou exportações, salvo os que forem absolutamente necessários para o cumprimento de suas leis de inspeção. Se se reconhece a obrigatoriedade desta proibição — se ela restringe o Estado no exercício de seu poder de lançar tributos em importações e exportações —, parece que o mesmo caráter predominante restringe o Estado, como certamente o faz em qualquer outro exercício de poder que for, por sua natureza, incompatível com as leis constitucionais da União e a elas se opuser. Uma lei absolutamente oposta a outra revoga esta outra tão completamente como se empregara a fórmula expressa de revogação. (p. 123)

"(...) Esse grande princípio é que são supremas a Constituição e as leis decretadas para a sua execução; que elas regem as Constituições e as leis dos respectivos Estados e por estas não podem ser regidas. Desse princípio que se pode chamar axioma deduzem-se, como corolários, outras proposições de cujo erro ou verdade e de cuja aplicação à espécie dos autos parece depender a causa. São as seguintes: 1ª. o poder de criar implica o poder de conservar; 2ª. o poder de destruir, se for exercido por outro braço, será hostil a esses poderes de criar e conservar e com eles manifestamente incompatível; 3ª. onde existir tal conflito, a autoridade que é suprema deve predominar e não submeter-se àquela sobre a qual é suprema. (pp. 123-124) (...)

"O poder que tem o Congresso de criar e, portanto, manter o Banco, constitui o objeto da precedente parte deste parecer e não deve mais considerar-se contestável. (p. 124) (...)

"O povo de um Estado, portanto, dá ao seu governo o direito de tributar as suas pessoas e as suas propriedades; e como as necessidades de um governo não podem ser limitadas, os cidadãos não prescrevem nenhum limite ao exercício desse poder, esperando, confiadamente, que o interesse do legislador e a influência dos constituintes em seus representantes os resguardem do abuso. Mas os meios empregados pelo governo da União não contam com tal segurança nem o direito de um Estado para tributá-los assenta na mesma teoria. Esses meios não são dados pelo povo de um Estado em particular, nem pelos constituintes da legislatura que reclama o direito de tributá-los, mas são delegados pelo povo de todos os Estados. Eles são conferidos por todos, para bem de todos, e em teoria seriam sujeitos somente ao governo que pertence a todos. (p. 125) (...)

"Todos os assuntos, a que se estende o poder soberano de um Estado, são objetos de lançamentos de impostos; mas aqueles sobre que ele não se estende, são, segundo os mais puros princípios, isentos de tal lançamento. (pp. 125-126) (...)

"Achamos, pois, em justa teoria, completa ausência desse direito originário de tributar os meios empregados pelo Governo da União para a execução de seus poderes. Nunca existiu semelhante direito e, pois, não se pode suscitar a questão se ele foi ou não cedido. (p. 127) (...)

"O povo de todos os Estados criou o governo geral e conferiu-lhe o genérico poder de tributar. O povo de todos os Estados, e os mesmos Estados são representados no Congresso e, por seus representantes, exercem esse poder. Quando tributam as instituições incorporadas pelos Estados, eles tributam os seus constituintes; e tais impostos devem ser uniformes. Mas, quando um dos Estados tributa as operações do Governo dos Estados Unidos, ele atua sobre uma instituição criada, não por seus respectivos constituintes, mas pelo povo sobre o qual os Estados não pretendem ter nenhuma supremacia. (p. 130) (...)

"Somos unanimemente de opinião que a lei votada pela legislatura de Maryland, impondo um tributo ao Banco dos Estados Unidos é inconstitucional, nula ou írrita. Este voto não despoja os Estados de nenhum dos recursos que eles possuíam primordialmente. A decisão não se estende ao tributo pago pelos bens imobiliários do Banco, em comum com outros bens de raiz, sitos no território do Estado, nem as contribuições incidentes nos interesses que auferem da instituição, os cidadãos de Maryland, em comum com outros cabedais da mesma espécie.

"Mas, trata-se de um imposto lançado sobre as operações do Banco, que é, conseqüentemente, um imposto incidente nas operações de um instrumento empregado pelo Governo da União, para pôr em prática os seus poderes. Esse imposto é manifestamente inconstitucional. (p. 131)."[15]

Outra decisão importante, que envolve interpretação, ou melhor, elaboração de norma por interpretação construtiva, é a proferida na sessão de fevereiro de 1824, no caso *Gibbons v. Ogden*. Estava em discussão a constitucionalidade de um estatuto de Nova York, que dera a Robert Fulton e outros o monopólio do direito de operar sobre as águas do Estado barcos movidos a vapor. A finalidade do diploma legal era o de incentivar a navegação a vapor, numa época em que seu desenvolvimento com êxito parecia duvidoso. Entretanto, em pouco tempo, os barcos revolucionaram a navegação, enriqueceram os possuidores do monopólio de Nova York, que pensaram em estender seus direitos às águas que ligavam Nova York a outros Estados. Em face de leis restritivas contra barcos a vapor particulares, as leis estaduais entraram em choque, começando a atirar o comércio interestadual no caos que existia antes da adoção da Constituição. Gibbons não tinha licença do monopólio de Nova York, mas tinha uma dos Estados Unidos para operar no comércio costeiro. Fazia a navegação entre as cidades de Nova York e Elizabeth Town, Nova Jersey. Ogden, que tinha o direito do monopólio de Nova York, denunciou o direito de agir de Gibbons. Na decisão, o juiz Marshall continuou a desenvolver a sua tese dos poderes expressos e dos poderes implícitos. A Constituição da União se referia, apenas, ao seu poder de regular o "comércio". O engenhoso magistrado, adotando a interpretação da Constituição, e levando em conta os fins políticos, decidiu:

"Esse instrumento contém a enumeração de poderes expressamente outorgados pelo povo a seu governo. Disse-se que esses poderes devem ser restritivamente interpretados. Por que devem, porém, eles ser assim entendidos? (...) O Congresso é autorizado a decretar todas as leis que forem necessárias e idôneas para esse fim. (p. 234) (...)

"Se, devido a imperfeições de linguagem humana, surgirem sérias dúvidas a respeito da extensão de algum poder conferido, é regra bem assente que teriam grande influência na interpretação os fins para que foi ele conferido, especialmente, quando tais fins são expressos no mesmo instrumen-

15. *Decisões Constitucionais de Marshall*, trad. de Américo Lobo, pp. 104-131.

to. (...) Nenhuma regra há para a interpretação de tais poderes, além da que é dada pela linguagem do instrumento que os confere, confrontada com os fins para que foram conferidos.

"São estes termos: 'O Congresso será competente para regular o comércio com as nações estrangeiras, entre os diversos Estados, e com as tribos indianas'.

"A matéria que deve ser regulada é o comércio. E, como se disse curialmente, à barra do Tribunal, que a nossa Constituição é um instrumento de *enumeração* e não de definição, para determinar a extensão do poder, é necessário estabelecer a significação da palavra. (...) O comércio, indubitavelmente, é tráfico, mas é alguma coisa mais, locomoção. Ele indica as comunicações comerciais entre Nações e partes de Nações, em todos os seus ramos, e é regulado pelas regras prescritas para o transporte de mercadorias em tais comunicações. (p. 235) (...)

"Se o comércio não inclui a navegação, o Governo da União não tem o poder direto no assunto e não pode decretar nenhuma lei prescrevendo o que constitua navios americanos ou mandando que sejam eles tripulados por marinheiros americanos. Todavia esse poder tem sido exercido desde o começo do governo e o tem sido com o consentimento de todos e por todos tem sido entendido como a fórmula de uma regulamentação comercial. Toda a América entende e entendeu uniformemente que a palavra 'comércio' compreende a navegação; assim foi e devia ter sido entendido quando a Constituição era arquitetada. O poder sobre o comércio, incluindo a navegação, era um dos objetos primários por que o povo americano adotou o seu governo, e deve ter sido contemplado durante a formação deste. A convenção deve ter usado a palavra nesse sentido, porque todos a haviam entendido nesse mesmo sentido, e a tentativa de restringi-la ocorreu muito mais tarde. (p. 236) (...)

"Há uma regra de interpretação, aceita por todos, segundo a qual as exceções de um poder assinalam a sua extensão; porquanto fora tão absurdo, quanto ocioso, excetuar de um poder outorgado aquele que as palavras da outorga não poderiam jamais compreender. Portanto, se há na Constituição claras exceções ao poder sobre a navegação, claras inibições do exercício desse poder por uma via particular, há, *ipso facto*, provas de que aqueles que abriram tais exceções e prescreveram tais inibições, entenderam como outorgado o poder a que elas se aplicam. (p. 236) (...)

"A palavra usada na Constituição compreende, pois, em seu sentido, e sempre se julgou que compreendesse, a navegação; e a competência para regular a navegação é tão expressamente conferida, como se aquele termo tivesse sido adicionado à palavra 'comércio'.

"A que comércio se estende essa competência? A Constituição nos informa que é o comércio 'com as nações estrangeiras e entre os diversos Estados e com as tribos indianas'. (p. 238) (...)

"A enumeração pressupõe alguma coisa não enumerada; e essa alguma coisa, se considerarmos a linguagem ou o assunto da proposição, deve ser o comércio exclusivamente interno de um Estado. (p. 239) (...)

"O comércio dos Estados Unidos com as Nações estrangeiras é o de todos os Estados Unidos. Se o Congresso tem competência para regulá-lo, essa competência se deve exercer onde quer que o assunto exista. Se ele existe no interior os Estados, se a viagem de um navio estrangeiro pode começar ou terminar em porto sito dentro de um Estado, então a competência do Congresso pode ser exercida dentro de um Estado.

"Esse princípio se torna, se é possível, ainda mais claro, quando aplicado ao comércio 'entre diversos Estados'. Estes ou são contíguos entre si, em cujo caso se dividem por uma linha matemática, ou são remotos uns dos outros, em cujo caso outros Estados ficam de permeio. (p. 240) (...)

"É óbvio que o Governo da União, no exercício de seus poderes reconhecidos, por exemplo, o de regular o comércio com as Nações estrangeiras e entre os Estados, pode lançar mão de medidas a que os Estados podem, também recorrer, no exercício de seus poderes reconhecidos, por exemplo, o de regular o comércio interno de cada Estado. (p. 246)".[16]

E conclui o magistrado afirmando, em suma, que não se restringe aquilo que se pressupõe outorgado a alguém. Ora, na Constituição, há claras exceções ao poder de navegação por particulares. Se elas são exceções, a regra geral, então, só pode ser a de que a competência pertence à União...

### *4. A interpretação construtiva no Direito brasileiro*

As construções jurídicas são, assim, método de raciocínio, que se esforça para alcançar a verdade jurídica, isto é, para encontrar a regra de Direito conveniente a uma realidade dada com a ajuda de um mecanismo essencialmente intelectual e generalizador e, conseqüentemente, com a ajuda de conceitos, segundo diz Du Pasquier.[17] Para ele, há três tipos de construção.

A primeira, a construção na aplicação do Direito, toma, como ponto de partida, um caso concreto, que se trata de amoldar a um conceito e de submeter a uma regra. Construir é, então, cumprir a operação de confrontação do real com o abstrato, que precede, necessariamente, a aplicação do Direito.

A segunda, a construção sistemática, consiste em reduzir regras diversas a uma idéia que explique todas elas. É o procedimento da sistematização e da dogmática.

A terceira, a construção criadora, ao invés de tomar como ponto de partida um caso particular, como a primeira, ou regras positivas, como a segunda, baseia-se na observação da vida real para construir conceitos adequados, adaptados ao tempo presente. Não se trata de relações puramente lógicas entre regras e conceitos, mas de criação dominada pela política jurídica. Nesse sentido, tanto o legislador como o juiz constróem. No que se refere ao legislador, podemos restringir o conceito do mestre francês, para dizer que o Direito ora é criado, ora é revelado. Como exemplo de revelação do Direito, há a figura do Primeiro Ministro, que não foi prevista, a princípio, pelas constituições que adotaram o regime parlamentar. Ela foi criação do Direito Consuetudinário, só estabelecida pelo Direito escrito muito mais tarde. No que se refere ao magistrado, ao interpretar a norma ora ele extrai o Direito, ora o constrói. No segundo caso, teremos, então, a jurisprudência construtiva, de que estamos tratando. A construção por interpretação não é feita apenas pelo magistrado, mas por todos aqueles que são incumbidos de aplicar o Direito.

No Brasil, também se cria a norma jurídica por interpretação construtiva. Em 1892, Rui Barbosa, citado por Edgard Costa, dirigindo-se ao STF, assim se expressou aos altos magistrados que o compunham: "Fostes instituídos para guarda dos direitos individuais, especialmente contra os abusos políticos porque é pelos abusos políticos que esses direitos costumam perecer. Para amparar essa categoria de direitos contra os excessos de origem particular, contra invasões de caráter privado, não careceríeis dessa prorrogativa, a função específica do vosso papel, que vos manda recusar obediência aos atos do governo ou às deliberações do Congresso, quando contrariarem a Constituição Federal".[18]

Lembra o mesmo autor as palavras proferidas pelo Ministro da Justiça, na sessão solene de abertura dos trabalhos do STF em 1941: "Os vossos poderes não são ape-

16. Idem, pp. 232-259.
17. Claude Du Pasquier, ob. cit., p. 166.
18. Edgard Costa, Introdução de *Os Grandes Julgamentos do Supremo Tribunal Federal*, v. I, Rio de Janeiro, Civilização Brasileira, 1964, p. 3.

nas os da justiça comum ou ordinária. A Constituição vos conferiu poderes de governo. Do plano puramente técnico a que se achava confinada a justiça comum, a primeira Constituição republicana fez com que emergísseis para o plano de governo ou para o plano da política. Neste permaneceis, ainda, porque, embora tantas fossem as mudanças operadas nas nossas instituições políticas para honra de nossa cultura e por obra de autoridade e do respeito nacional que soubestes granjear nada, em substância, mudou da vossa posição no quadro constitucional. Continuais com a mesma autoridade. Se podeis decidir sobre a Constituição, e sobre ela decidis toda vez que a interpretais, o que decidis, em suma, é sobre matéria de governo e, particularmente, sobre a política legislativa do governo".

O direito da Suprema Corte Brasileira de decidir sobre a política do governo foi conquista paulatina, como mostram diversos exemplos.

*4.1 "Habeas corpus". Admissibilidade nos casos de prisão efetuada durante o estado de sítio, desde que, cessada a sua vigência, persista a detenção*

*4.1.1* Em 23.4.1892,[19] o STF indeferiu o *habeas corpus* 300, impetrado por Rui Barbosa em favor de presos políticos durante a vigência do estado de sítio, mas que continuavam privados de suas liberdades após o término da medida excepcional. Dissolvendo o Congresso em 4.11.1891, Deodoro da Fonseca provocou uma crise que culminou com a sua renúncia no dia 23 do mesmo mês. Assumindo a Presidência, Floriano Peixoto convocou extraordinariamente o Congresso, que reabriu em 13 de dezembro. As manifestações contra a atitude de Floriano foram violentas e, em 6.4.1892, um manifesto subscrito por treze altas patentes do Exército e da Marinha foi dirigido ao Presidente, que decretou a reforma de onze delas, transferindo as outras duas para a segunda classe. A crise se agravou e pelo Decreto 791, de 10.4.1892, foi determinado o estado de sítio, com a suspensão das garantias constitucionais por setenta e duas horas. Nesse período, muitos cidadãos, alguns congressistas, foram presos. No dia 18, Rui ingressou no STF com pedido de *habeas corpus* em favor dos cidadãos *ilegalmente presos e retidos em constrangimento ilegal, ou ameaçados dele.* Rui defendia três teses: a inconstitucionalidade do estado de sítio; a competência do STF para dela conhecer; o direito ao julgamento que tinham os detidos políticos, findo o estado de sítio, eis que ele não suspende as imunidades parlamentares.

Em 23.4.1892, o STF, tendo apenas um voto vencido (Joaquim de Toledo Pisa e Almeida), negou a ordem, com uma série de *consideranda*. Entre as razões da denegação, podemos enumerar:

*a*) "... Pelo art. 80, § 3º, combinado com o art. 34, n. 21 da Constituição, ao Congresso compete, privativamente, aprovar ou reprovar o estado de sítio declarado pelo Presidente da República, bem assim o exame das medidas excepcionais, que ele houver tomado, as quais para esse fim lhe serão relatadas com especificação dos motivos em que se fundam;

*b*) "(...) Antes do juízo político do Congresso, não pode o Poder Judicial apreciar o uso que fez o Presidente da República daquela atribuição constitucional (...)

*c*) "*Embora* na situação criada pelo estado de sítio, estejam ou possam estar envolvidos alguns direitos individuais, esta circunstância não habilita o Poder Judicial a intervir para nulificar as medidas de segurança decretadas pelo Presidente da República, visto ser impossível isolar esses direitos da questão política, que os envolve e compreende (...)

*d*) "(...) A cessação do estado de sítio não importa, *ipso facto*, na cessação das medidas tomadas dentro dele, as quais continuam a subsistir enquanto os acusados não

19. Idem, pp. 17-35.

forem submetidos, como devem, aos tribunais competentes, pois, do contrário poderiam ficar inutilizadas todas as providências aconselhadas em tal emergência, por graves razões de ordem pública".

O Ministro Pisa e Almeida, vencido, fundamentou a concessão da ordem, entre outras, nas razões que, assim, resumo:

*a*) O STF só era incompetente, nos termos do art. 65, § 3º, de seu Regimento Interno, para conceder a ordem, se a coação procedesse de uma autoridade militar, na sua função, contra outro militar; ou se se tratasse de medida de repressão autorizada pelo art. 80 da Constituição, enquanto durasse o estado de sítio;

*b*) No estado de sítio, as garantias constitucionais só podiam ser suspensas por tempo determinado e não se podia interpretar a Constituição republicana de modo menos liberal que as normas do Império, que, clara e expressamente, afirmavam que os cidadãos só podiam ser presos e mantidos nas prisões, apenas, durante o estado de sítio, apenas, durante o período da suspensão das garantias;

*c*) Se apenas a segurança do Estado justificava o estado de sítio, cessada a causa, deveriam cessar os efeitos. Do ato político de decretação de estado de sítio, o Presidente da República deve prestar contas ao Congresso; da violação dos direitos e garantias constitucionais, só pode conhecer o Poder Judiciário.

Era, evidentemente, uma interpretação construtiva a tese defendida por Pisa e Almeida. Também a de Rui Barbosa, o principal responsável pela elaboração da doutrina brasileira do *habeas corpus*. Mas, assim, não entendera a Suprema Corte do país, naquele momento; mais tarde, modificaria seu ponto de vista. E isso não demoraria a ocorrer.

*4.1.2* Em 26.3.1898,[20] no *habeas corpus* 1.063, impetrado por Rui Barbosa em favor de parlamentares acusados de participar do atentado (5.11.1897) contra o Presidente da República, Prudente de Morais, e do assassinato do Ministro de Guerra, Marechal Machado Bitencourt. Os fatos se deram logo após ser debelada a insurreição de Canudos. Em conseqüência, o Presidente da República, Prudente, dirigiu mensagem ao Congresso Nacional, em que solicitava a decretação do estado de sítio, o que foi feito em 12.11.1897, para o Distrito Federal e a cidade de Niterói. A medida excepcional vigorou até 23.2.1898, por sucessivos decretos de prorrogação. O inquérito policial, instaurado para apurar o atentado, apontava como responsáveis um senador, cinco deputados e alguns civis e militares. Após a publicação do Relatório no *Diário Oficial* de 12.1.1898, pelo decreto de 21 de janeiro alguns deles foram desterrados para a Ilha de Fernando de Noronha. Restabelecidas as garantias constitucionais, com a cessação do estado de sítio em 23 de fevereiro, permanecendo confinados na prisão, Rui Barbosa, em 3 de março, impetrou *habeas corpus* em favor deles perante o STF. Argumentava que a ilegalidade se baseava no fato de perdurar o desterro, findo o estado de sítio, quando os efeitos deste só se operam durante a sua vigência. Lembrava ainda as argumentações de sua tese de 1892.

Entretanto, o STF reafirmou a sua posição anterior: "os efeitos do estado de sítio não cessam com relação às pessoas que, por ele, foram atingidas senão depois de haver o Congresso tomado conhecimento dos atos praticados pelo Chefe do Poder Executivo".

Não seria, portanto, ainda dessa vez que o Tribunal reconheceria a tese de Rui. Mas, ao invés de um — Pisa e Almeida estava ausente —, foram quatro os votos vencidos. A vitória parecia muito próxima.

Para o Ministro Manoel Murtinho, um dos vencidos, se o STF, na sessão de 5 de março, resolveu expedir ordem para o comparecimento dos pacientes e requisitar informações ao Governo Federal, implícita e virtualmente, firmara a sua competência. O

20. Idem, pp. 36-49.

acórdão, portanto, estava em contradição com a decisão de 5 de março. Admitiu ele, ainda, a tese esposada antes por Rui Barbosa e Pisa e Almeida: embora o desterro tivesse sido determinado na vigência do estado de sítio, com a cessação deste, restabeleceu-se a competência da Justiça Federal para intervir com o *habeas corpus*, se entendesse configurar-se o constrangimento ilegal. Para ele, desde que na sessão de abril de 1892, no julgamento do *habeas corpus* 299, o relator, Ministro Pisa e Almeida, adotara a tese de que, cessado o estado de sítio, cessam os seus efeitos e, não sendo o argumento contestado, o STF o admitiu e incoerente era a decisão em tela. Salientou, ainda, que a atribuição do Congresso de examinar os motivos políticos do estado de sítio e as medidas nele tomadas era distinta, não se confundindo com a esfera própria do Poder Judiciário. Com a cessação do estado de sítio e restabelecidas as garantias constitucionais, a competência da Justiça Federal, quando provocada, se firma.

*4.1.3* Na sessão de 16.4.1898,[21] no julgamento do *habeas corpus* 1.073, em que eram pacientes quatro dos que figuravam no *habeas corpus* 1.063, o STF, finalmente reconheceu com apenas quatro votos vencidos, a tese insistente e bravamente defendida por Rui... São as seguintes as bases do acórdão:

*a*) Três dos pacientes eram parlamentares e gozavam de imunidades, só podendo ser presos em flagrante delito ou em crime inafiançável, o que não ocorrera;

*b*) As imunidades parlamentares não se confundem com as garantias constitucionais que o estado de sítio suspende. A autonomia do Poder Legislativo e sua independência devem ser respeitadas;

*c*) Com a cessação do estado de sítio, cessam todas as medidas de repressão, durante ele tomadas pelo Poder Executivo, uma vez que tais medidas têm tempo determinado;

*d*) O STF, de acordo com seu Regimento Interno — art. 65, § 3º — só era incompetente para conceder a ordem, se se tratasse de medida de repressão autorizada pelo art. 80 da Constituição Federal, enquanto durasse o estado de sítio;

*e*) A atribuição privativa conferida ao Congresso Nacional pela Constituição era para a apreciação política da decretação do estado de sítio e as medidas determinadas; e não excluía a competência do Judiciário para amparar e restabelecer os direitos individuais violados pelas medidas excepcionais;

*f*) Aguardar o julgamento político do estado de sítio pelo Congresso equivaleria a permitir que as garantias constitucionais ficassem suspensas por tempo indeterminado.

Como se vê, outra foi a orientação seguida pelo Supremo. Acatara, finalmente, a tese de Rui Barbosa, criando norma jurídica por interpretação construtiva. A mudança do Tribunal foi radical. Mas, a sua composição, também, era outra. Dos ministros de 1892 restavam apenas três, um dos quais (Pisa e Almeida), ausente, por motivo de licença, sendo que os outros dois votaram a favor; dos da sessão de 26 de março, nove estavam presentes; três em licença e um faltou por motivo justificado.

## *4.2 A teoria brasileira do "habeas corpus"*

O *habeas corpus*, instituído na Inglaterra e adotado pelos Estados Unidos, é a garantia da liberdade física ou de locomoção. No Brasil, ele foi acolhido ainda no Império, esboçado no Código Criminal de 1830 e criado no Código de Processo Criminal de 1832. Seu objetivo era restaurar a liberdade de ir e vir, violada pela prisão ou pelo constrangimento ilegal.

A Constituição de 1891, no seu art. 72, § 22, estabelecia: "Dar-se-á *habeas corpus* sempre que o indivíduo sofrer ou se achar

21. Idem, pp. 50-66.

em iminente perigo de sofrer violência ou coação, por ilegalidade ou abuso de poder".

Em virtude dessa disposição ampla, desenvolveu-se a teoria brasileira do *habeas corpus*, chamada "teoria do direito escopo", com Rui Barbosa à frente, apoiado por Pedro Lessa, então Ministro do STF. Para Castro Nunes, sua importância se equipara à do *controle da constitucionalidade* do Direito americano e à do *detournement de pouvoir* (desvio de poder) dos franceses.

De acordo com tal teoria, o *habeas corpus* brasileiro tinha amplitude maior que o inglês, que protegia apenas a liberdade física. Seria ele admissível para o restabelecimento de qualquer direito que tivesse como pressuposto a liberdade de locomoção; garantiria não só a liberdade de ir e vir, assim como a liberdade de movimentos necessária ao exercício de qualquer direito, desde que certo e incontestável. Serão expostos, a seguir, alguns exemplos, alguns dos julgados que ensejaram a discussão da teoria.

### 4.2.1 O caso do Conselho Municipal do Distrito Federal[22]

Em 31.10.1909, realizadas as eleições para os dezesseis intendentes que constituíam o Conselho Municipal do Distrito Federal, diplomados os eleitos, dividiram-se eles em dois grupos de oito intendentes cada um, para os trabalhos de verificação, os trabalhos preliminares de reconhecimento. O Presidente da República, Nilo Peçanha, julgando que as duas facções, assim divididas, não poderiam constituir, legalmente, o Conselho, em face da exigência de reconhecimento de, pelo menos, 2/3 dos membros, considerando, ainda, que os acontecimentos representavam motivo de força maior, que impediam o Conselho de se reunir, pelo Decreto 7.869, de 26.11.1909, resolveu submeter o caso à apreciação do Congresso. Até que o Legislativo federal deliberasse, o Prefeito deveria administrar e governar o Distrito Federal de acordo com as leis e posturas em vigor, independentemente da colaboração do Conselho Municipal, *que não existia*, por não se ter constituído na forma de direito — assim estabelecia o art. 23 do Decreto 5.160, de 8.3.1904.

4.2.1.1 Em conseqüência, surgiu o primeiro pedido de *habeas corpus*, impetrado por Melcíades Mário de Sá Freire e dirigido ao juiz federal da 1ª Vara, em favor de oito dos intendentes. Denegado o pedido, houve o recurso para o STF que, em sessão de 8.12, negou provimento ao recurso. Admitira, é verdade, a Corte Suprema a interpretação ampla do *habeas corpus*, instituído na Constituição Federal, mas negara a garantia, uma vez que foram violados dispositivos legais: o Conselho não se reunira, sob a presidência do intendente mais velho; a verificação do poderes fora feita de maneira a importar a anulação das eleições, resultando que os candidatos diplomados ficaram inferiores em votos a outros não diplomados, caso em que se deveria proceder a nova eleição, para as vagas resultantes da nulidade.

Pedro Lessa considerara inconstitucional o Decreto 7.869, mas negara a ordem, porque não fora pleiteado para garantir a liberdade física, mas para resolver questões de investidura em funções de ordem legislativa. Posteriormente, ele mudaria de opinião.

4.2.1.2 Na mesma data em que se proferira o acórdão supramencionado, outro *habeas corpus* era requerido, desta vez por Irineu de Melo Machado, em favor do outro grupo de intendentes. O objetivo era garantir-lhes a entrada no edifício do Conselho Municipal, a fim de que, sob a direção de uma Mesa presidida por Manoel Correa de Melo, na qualidade de mais velho dos intendentes, pudessem participar da reunião. Alegava-se que o Conselho estava funcionando, contínua e ininterruptamente, de modo regular, quando fora surpreendi-

22. Idem, pp. 86-106.

do pelo Decreto 7.869. Não havia, portanto, o motivo de força maior alegado pelo Presidente da República, uma vez que o Conselho estava funcionando, embora em dois grupos, o que não excluía a validade dos trabalhos.

Na sessão de 11 de dezembro, concedeu-se a ordem impetrada, rejeitando-se o argumento de força maior, contemplado no Decreto. Pedro Lessa ainda se manteve no seu ponto de vista: concedera o *habeas corpus* apenas porque não se provara o motivo de força maior.

4.2.1.3 Em 10 de dezembro, foram apresentados dois outros pedidos de *habeas corpus*: um, por Nicanor Nascimento, em favor dos dezesseis intendentes; outro, por Melcíades Mário de Sá Freire. Na sessão de 15 de dezembro, o Supremo Tribunal os decidiu. Em relação ao primeiro, considerando que oito dos dezesseis intendentes já se tinham beneficiado da concessão da ordem na sessão de 11 de dezembro, julgou quanto a eles prejudicado o pedido. Quanto aos outros oito intendentes, foi-lhes concedida a ordem; deveriam, entretanto, exercer seus direitos perante a Mesa presidida por Manoel Correa de Melo e julgada legal. O segundo pedido de *habeas corpus* foi julgado prejudicado.

4.2.1.4 Mas a situação ainda não se normalizaria. O orçamento votado pelo Conselho foi vetado pelo Prefeito e o veto, confirmado pelo Senado. O Conselho, o Poder Executivo Municipal e o Federal não se entendiam. Entre os intendentes figuravam três que não eram diplomados e o Presidente da República, entendendo que o STF não se manifestara sobre a legitimidade de constituição do Conselho, pelo Decreto 8.500, de 4.1.1911, designou novo dia para eleição de intendentes, o que importava a dissolução do existente. Novo *habeas corpus* foi requerido ao Tribunal, que o concedeu, reconhecendo que o caso comportava a ordem, uma vez que os intendentes tinham justas razões para recear constrangimentos às suas liberdades individuais e que nem o Legislativo Federal, nem o Presidente da República, nem mesmo o Judiciário tinham competência para anular a verificação dos poderes das Câmaras Municipais e, ainda, a inconstitucionalidade do decreto supracitado.

### 4.2.2 O caso da duplicata de Assembléia Legislativa no Rio de Janeiro[23]

No Rio de Janeiro, em fins de 1910, ocorreu uma *duplicata de Assembléia Legislativa*, sendo que uma reconheceu e proclamou Presidente do Estado (ou seja, Governador) Manoel Edwiges de Queiroz Vieira e a outra, Francisco Chaves de Oliveira Botelho. Em 31.12.1910, a Mesa da primeira Assembléia Legislativa impetrou *habeas corpus*, perante o STF, sob a alegação de lhe ter sido obstaculizada a realização da sessão solene para dar posse ao novo Presidente, uma vez que a força pública federal ocupara o edifício das sessões, impedindo a entrada dos parlamentares. Nas informações, o Executivo afirmara ter determinado que se garantisse às duas Assembléias e aos dois pretendentes ao cargo de Chefe do Executivo a livre entrada no edifício mas que apenas um comparecera — Manoel Edwiges de Queiroz Vieira — assim como a Assembléia que o empossara.

Em 4.4.1911, a Suprema Corte concedeu a ordem, mas o Executivo Federal, no dia seguinte, por ofício do Ministro da Justiça, comunicou ao Presidente do Tribunal a resolução do Governo Federal de só reconhecer o Governo de Francisco Chaves Botelho de Oliveira, até resolução em contrário do Congresso Nacional.

Em 11 de janeiro, o Tribunal adotou a "política" — comunicada no dia seguinte ao Ministro da Justiça — de considerar inexeqüível o acórdão, pelo fato de ter sido o conflito resolvido pelo Poder Executivo Federal, com voto contrário dos Ministros Pedro Lessa, Camilo Saraiva, Manoel Espínola, Amaro Cavalcanti e Manoel Murti-

23. Idem, pp. 106-145.

nho, que consideravam *ilegal na forma e carecedora de razão* a solução encontrada pela mais alta Corte do País. É uma página negra, que se repetiu, mais tarde, em 1955, quando o Vice-Presidente Café Filho deveria assumir o posto supremo. Declarado *impedido* pelo Congresso inconstitucionalmente, requereu *habeas corpus*, para garantir sua liberdade de locomoção: o prédio em que se encontrava no seu apartamento estava cercado de militares, que impediam sua ida ao Palácio do Catete a fim de assumir a Presidência. Requereu não só o *habeas corpus*, mas também, o mandado de segurança. As duas ordens foram consideradas prejudicadas pela subida ao poder do Presidente Juscelino Kubitschek.

4.2.3 O caso da Bahia[24]

Também, na Bahia, ocorreram incidentes que ensejaram pedidos de *habeas corpus*. O Governador Araújo Pinho renunciou ao cargo e o assumiu, em 22.12.1911, Aurélio Rodrigues Viana, Presidente da Câmara dos Deputados, uma vez que o Presidente do Senado, Cônego Leôncio Galvão, estava impossibilitado de fazê-lo. Na mesma data de sua posse, o novo Governador expediu decreto que convocava, extraordinariamente, a Assembléia-Geral, para 15.1.1912, designando a cidade de Jequié, sua sede provisória, sob o fundamento de que a capital do Estado não oferecia condições de segurança ao livre exercício dos poderes públicos. Uma parte, a minoria, se insurgiu contra o Decreto e o Vice-Presidente do Senado convocou o corpo legislativo a reunir-se no lugar próprio, em 10.1.1912. A Mesa da Câmara dos Deputados requereu ao juiz da 1ª Vara Cível da Capital, um mandado de imissão de posse, deferido liminarmente. A parte dissidente, por sua vez, impetrou, perante o juiz federal, uma ordem de *habeas corpus*, que também foi deferida, para permitir a reunião da Assembléia no dia 10, tendo o juiz requisitado ao Presidente da República providências para o cumprimento da ordem, no que foi atendido. Entrou o general Sotero de Menezes em entendimentos com o governador, que se recusou a retirar as forças estaduais das imediações do prédio da Assembléia. O general Sotero deu ordem aos Fortes de São Marcelo e Barbalho e um bombardeio causou pânico à população, destruindo edifícios públicos. O governador Aurélio Viana se refugiou no Consulado da Venezuela e, mais tarde, no da França, onde renunciou ao cargo. Seu substituto, Bráulio Xavier, desembargador, assumiu o cargo e em 19 de janeiro foi substituído pelo Barão de São Francisco. Em 13 de janeiro, Rui Barbosa impetrou *habeas corpus* em favor de Aurélio Viana, *governador, em exercício, do Estado, que na respectiva capital sofria violento constrangimento consistente do obstáculo posto ao desempenho de suas funções*, bem como em favor de cônego Manoel Leôncio Galvão, Presidente do Senado, 1º substituto do governador, e em favor dos membros da Assembléia.

Prestados os esclarecimentos, o STF, em 20 de janeiro, julgou prejudicados os pedidos porque, entre outros motivos, o Presidente da República havia ordenado a reposição de Aurélio Viana no cargo de governador do Estado, uma vez que ele abandonara o exercício do cargo não por livre vontade, mas por coação das forças federais, na execução de uma ordem de *habeas corpus*.

Insatisfeito com a solução, Rui Barbosa requereu novo *habeas corpus*, no dia 27 seguinte, em favor de Aurélio Viana e do cônego Galvão. A ordem foi novamente denegada. Pela terceira vez, em 12 de fevereiro, Rui Barbosa e seu colega Metódio Coelho voltaram a insistir no *habeas corpus*, uma vez que, conforme se alegava, os pacientes continuavam a sofrer a ilegal e violenta coação por parte das forças federais. Mas o Poder Executivo negou a coação e reafirmou o seu propósito de garantir a posse dos dois pacientes. Mais uma vez, a Corte

24.Idem, pp. 145-164

negou a ordem, contra o voto de alguns ministros, entre os quais Pedro Lessa, para quem a coação existia e era do conhecimento de toda a Nação.

#### 4.2.4 *Habeas corpus* para garantir a liberdade de manifestação do pensamento

E assim prosseguia a doutrina brasileira do *habeas corpus*. Em favor de Rui Barbosa, então candidato à Presidência da República, cargo que vagara com a morte de Rodrigues Alves, foi impetrado por Artur Pinto da Rocha um *habeas corpus*. De Rui e de seus correligionários, para que eles pudessem, no Estado da Bahia, exercer o direito de reunião, de livre manifestação do pensamento, realizando comícios e expressando suas idéias. O governador negou os fatos, afirmando que em todo o Estado da Bahia havia liberdade de manifestação do pensamento, que não era verdadeira a acusação à polícia estadual, a qual se reservava, apenas, o direito de determinar os locais da reunião. O impetrante contestou as informações do governador e, depois de uma série de considerações, o Supremo, por unanimidade, concedeu a ordem.[25]

#### 4.2.5 *Habeas corpus* para publicação de discurso[26]

Quando senador, Rui Barbosa, em 4.5.1914, pronunciou veemente discurso de protesto contra ato do Governo, prorrogando por seis meses o estado de sítio. A publicação do discurso foi proibida pelo chefe de polícia, e Rui impetrou *habeas corpus*, com a finalidade de *poder exercer um dos direitos essenciais e desempenhar um dos principais deveres* que lhe competiam em razão de seu cargo. Queria ele, livre de qualquer coação, fazer publicar o seu discurso, já que os debates parlamentares deviam ser públicos e tal publicidade implicava quatro condições essenciais: o registro taquigráfico dos debates; o livre acesso às galerias, em ambas as Câmaras, a todos os cidadãos; a autenticação dos debates, mediante a sua inserção quotidiana na ata dos trabalhos publicada no *Diário do Congresso*; a sua livre reprodução pela imprensa. A proibição policial feria a Constituição, uma vez que os mandantes tinham o direito de tomar contas aos seus mandatários, o que constituía para estes um dever. Anulando as relações jurídicas do mandato, a proibição policial transpunha as medidas de repressão autorizadas pela Constituição ao Presidente da República, durante o estado de sítio. A ordem foi concedida.

Com a reforma constitucional de 1926, o *habeas corpus* ficou restrito para garantir apenas a liberdade de locomoção, e os outros direitos individuais ficaram sem garantia específica, segura e eficaz. Entretanto, o desenvolvimento da "teoria do direito escopo" continuava. Na elaboração da Constituição de 1934, discutiu-se o assunto. Foram previstos, então, dois *rights*: uma garantia apenas da liberdade de locomoção e outra, para todos os outros direitos líquidos e certos, não amparados pelo *habeas corpus*. Por sugestão de João Mangabeira, tal garantia recebeu o nome de *mandado de segurança*. Ela nasceu da necessidade brasileira. A técnica jurídica, então, criou o processo. A necessidade social brasileira exigia a garantia. A técnica criou o processo pelo qual a necessidade podia ser satisfeita.

### *4.3 A interpretação da igualdade perante a lei. Interpretação construtiva para relevar a prescrição*

Por volta de 1929/30, morreu um guarda, funcionário do Senado Federal que estava de licença. Não tivera tempo de providenciar sua aposentadoria, por motivo de doença. Sua viúva perdeu o prazo para requerer o pagamento da pensão a que tinha

25. Idem, pp. 252-268.
26. Idem, pp. 190-203.

direito. Requereu então ao Presidente do Senado que relevasse a prescrição. Houve um parecer, segundo o qual, apesar de se reconhecer a necessidade que tinha a viúva da pensão, apesar da justiça do deferimento do pedido, ele não encontrava apoio legal e era até mesmo inconstitucional, uma vez que a Constituição estabelecia a *igualdade de todos perante a lei*. Restaurar o direito atingido pela prescrição era privilégio proibido pelo princípio da isonomia. Contra tal parecer se insurgiu João Mangabeira, para quem não haveria a inconstitucionalidade. A viúva perdeu o prazo. Mas, por que o perdeu? Por desnecessidade da pensão? Por descaso? Certamente que não. Perdeu-o simplesmente por ignorância. Por falta de instrução que o Estado lhe devia dar e não deu. O princípio da igualdade se consolidou para equilibrar as pessoas socialmente desiguais e não para resguardar os que podem em detrimento dos que não podem. Reconhecer literalmente o princípio da igualdade de todos perante a lei seria dar ao rico a sua riqueza e ao pobre a sua pobreza. Essa não era a intenção do constituinte; essa não era a interpretação justa e equilibrada da igualdade de todos perante a lei. Dever-se-ia procurar igualar aqueles que naturalmente são desiguais. A um rico não se poderia relevar a prescrição, porque tinha meios suficientes para se instruir, para contratar um advogado que lhe o orientasse. Mas, o pobre, o ignorante estava em situação diversa. A igualdade verdadeira consiste em tratar desigualmente os que se encontram em situações desiguais e na proporção dessas desigualdades (diria Rui). Não era, portanto, inconstitucional a relevância da prescrição, no caso em tela. Com o parecer, foi posta de lado uma norma que previa a prescrição de um direito, para se concluir que a relevância da prescrição, no caso, não era um privilégio, mas um dever, dever imposto precisamente pelo próprio princípio da igualdade de todos perante a lei, invocado para o indeferimento do pedido.

### *4.4 Mandado de segurança. Cabimento contra a Câmara dos Deputados. Sigilo bancário: restrições*[27]

Instituída uma Comissão Parlamentar de Inquérito para examinar os atos e as operações do Banco do Brasil, no período de novembro de 1945 a janeiro de 1951, a Câmara dos Deputados decidiu pela publicação do relatório, motivada pelo pedido do Deputado José Bonifácio, a quem foram entregues fotocópias extraídas criminosamente por alguém que não soubera honrar a confiança que lhe depositara um dos membros da Comissão. Em 9.12.52, a Câmara se manifestou pela publicação do documento, na íntegra. O Sindicato dos Bancos do Rio de Janeiro (CLT, art. 513, *a*), alegando violação de sigilo bancário (Decreto-lei 8.495/45, art. 3º, § 1º), requereu ao STF, mandado de segurança (que tomou o número 1.059, sendo relator o Min. Luiz Gallotti) contra o ato da Câmara dos Deputados. Mas a Constituição só previa a apreciação de ato das Mesas da Câmara dos Deputados ou do Senado Federal. Poderia o STF apreciar ato da Câmara dos Deputados, de seu Plenário? Se pudesse, deveria ou não ser publicado o relatório da Comissão do Inquérito? Havia sigilo ou dever-se-ia dar publicidade ao documento?

O voto do Ministro Luiz Gallotti envolveu interpretação construtiva. Por emanar o ato da própria Câmara deveria a aludida deliberação ser considerada, exclusivamente, como ato político? Não, foi a decisão: "(...) as medidas políticas são discricionárias, como observa Castro Nunes, apenas no sentido de que pertencem à discrição do Congresso ou do Governo os aspectos de sua conveniência ou oportunidade, a apreciação das circunstâncias que possam autorizá-las, escolha dos meios etc. (...) Ultrapassados os limites legais ou constitucionais, começa a esfera jurisdicional. (...)

"O objeto da restrição contida na Constituição é impedir a apreciação do ato le-

27. Idem, v. 3, pp. 204-253.

gislativo e o ato de que se cogita *é ato político-administrativo*."

Não se restaura, com mandado de segurança, o segredo já divulgado em sua maior parte pela imprensa. Poderia o pretendido direito, o segredo já quebrado, ser contraposto ao direito que tem a Câmara dos Deputados *de publicar, no seu órgão oficial, um inquérito realizado no Banco do Brasil, cuja divulgação a maioria dos representantes do povo deliberou como conveniente ao interesse da Nação*?, pergunta ele. E responde: *Acolher o presente pedido seria alterar o STF o Regimento da Câmara em sua redação atual (cit. art. 83, § 7º), para estatuir que ao STF e não à Câmara cabe deliberar sobre a publicação, no órgão dela, de informações e documentos de caráter reservado.*

Assim, em 23.1.53, decidiu o STF pela sua competência para conhecer do mandado e indeferi-lo unanimemente.

### *4.5 O veto parcial: limites*

A figura do veto parcial surgiu em razão das chamadas "caudas orçamentárias", fenômeno presente em quase todos os Estados modernos, sobretudo nos de governo presidencialista. A lei orçamentária é muito importante como condição da arrecadação dos tributos e autorização das despesas, não podendo, conseqüentemente, o chefe do Poder Executivo vetá-la integralmente. Por esse motivo, alguns parlamentares se serviam de uma prática condenável, ou seja, a de inserir, nos projetos orçamentários, disposições ditas parasitárias, sem relação alguma com as finanças públicas e que seriam vetadas, se objeto de proposição isolada,[28] como, por exemplo, a criação de cargos públicos preenchidos sem concurso.

No Brasil este fenômeno era também comum. Para coibi-lo, foi o veto parcial introduzido entre nós na Reforma Constitucional de 1926.

A história do veto parcial mostra que ele surgiu da necessidade de se coibirem abusos por parte do Poder Legislativo, mas a sua prática nos revela que ele se transformou em instrumento de abuso por parte do Poder Executivo. O veto parcial não pode servir para subverter o sentido do texto votado pelo Legislativo. Quer isso dizer que não deve colher *expressões* ou *frases*. O veto parcial deve atingir *parte* da proposição legislativa. E partes da lei são capítulos, seções, artigos, parágrafos, incisos, alíneas; não palavras ou expressões que, vetadas, podem transformar numa afirmativa a negativa aprovada pelo Legislativo. Era essa a tese de João Mangabeira. Na sua redação original, a Carta de 1967, por proposição do senador Josaphat Marinho, era expressa: o veto devia abranger o texto do artigo, parágrafo, inciso, item, número ou alínea (§ 1º do art. 62). A Emenda n. 1, de 1969, suprimiu a disposição. E, para a rejeição do veto presidencial era necessário o voto qualificado de 2/3 dos membros de cada Casa. Ferreira Filho já dizia que o veto parcial, colhendo frases ou palavras, oferecia ao Presidente a possibilidade de impor medidas que repugnariam à maioria da Câmara, se ele contasse com o apoio de apenas um pouco mais de 1/3 dos parlamentares. E dá o exemplo de como tal fato já ocorreu, em 1965, quando o Congresso votou e aprovou o projeto de lei sobre o Estatuto dos Partidos Políticos. O art. 47 do texto dispunha que os partidos, já registrados, conservariam sua personalidade, se preenchessem *ao menos uma das condições seguintes*, que enumerava em três. O Presidente vetou a expressão *ao menos uma das*; obteve a manutenção do veto e o sentido imprimido pelo legislador se alterou profundamente: transformou-se em exigência cumulativa o que era exigência alternada.[29] A interpretação construtiva poderia ser feita

28. Manuel Gonçalves Ferreira Filho, ob. cit., p. 130.

29. Idem, p. 132 e nota 118.

pelo Poder Judiciário, corrigindo a prática abusiva e errônea. Mas, não o foi.

A CF/88, no § 2º do art. 66, restabeleceu a exigência da Carta de 1967: hoje, o *veto parcial só pode abranger texto integral de artigo, de parágrafo, de inciso ou de alínea.*

### *4.6 O alcance da sanção a projetos viciados de usurpação de iniciativa reservada*[30]

O problema só tem realce em relação àqueles *projetos que traduzam usurpação de iniciativa presidencial reservada, mas, que, aprovados, venham a ser expressa ou tacitamente sancionados pelo Presidente*, afirma Ferreira Filho. A jurisprudência e a doutrina não são unânimes e acordes. O Tribunal de Justiça do Estado de São Paulo,[31] com o voto do Desembargador Frederico Marques (1.3.61), entendeu, com onze votos vencidos, que nem a ausência de veto nem a sanção convalidam a lei votada sem a iniciativa do Executivo, quando exigida. No mesmo caso, o STF,[32] por unanimidade, decidiu que a falta de iniciativa do Executivo fica sanada com a sanção do projeto de lei. Pela inconstitucionalidade, confirmando a tese esposada pelo TJSP, pronunciou-se o Procurador-Geral de República, Evandro Lins e Silva. Para José Afonso da Silva, citado por Ferreira Filho, *a regra de reserva tem como fundamento pôr na dependência do titular da iniciativa a regulamentação dos interesses vinculados a certas matérias*. Para ele, a vontade do titular pode atuar em dois momentos: no da iniciativa e no da sanção. Desde que atue, a reserva não sofre prejuízo.

Ferreira Filho contesta tal tese, apesar de aceita pelo STF.[33] Para ele, é indiscutível a supremacia da Constituição. Se ela estabelece a iniciativa reservada do Presidente da República para determinados assuntos, desrespeitado tal dispositivo, o ato, proveniente de tal procedimento, está eivado de inconstitucionalidade, não podendo ser aplicada a teoria da convalidação — do Direito privado — no campo do Direito Constitucional. Propor leis e sancioná-las, explica ele, não são *direitos* (à semelhança do de propriedade) do Executivo; são *funções* do Estado exercidas pelo Executivo. Se se admitisse a teoria da convalidação, problemas enormes poderiam ser criados ao Poder Executivo. Imagine-se a situação política do chefe do Executivo, de seus correligionários e, sobretudo, de seus candidatos, se o Congresso, às vésperas de eleição, votasse uma lei aumentando, magnanimamente, os vencimentos do funcionalismo. Psicologicamente, *vetar* e *não propor* não são expressões equivalentes. Uma coisa é esperar que os vencimentos venham a ser aumentados pelo Executivo; outra é perder o "aumento generoso já consagrado pelo Legislativo". Da mesma forma, o governante que sai pode deixar em situação difícil o seu sucessor e adversário, sancionando lei dessa espécie de iniciativa do Legislativo, como foi o caso do prefeito Adhemar de Barros, nos exemplos citados e referidos sob os ns. 31 e 32.

Deve-se acrescentar que não é possível admitir a teoria da convalidação. Por ela, são dois os instantes em que se pode manifestar a vontade do titular da reserva: na iniciativa ou na sanção. Mas a Constituição não é letra morta. Se se admitisse a teoria da convalidação, o estabelecimento da iniciativa reservada não teria razão de ser, pois, em qualquer lei, deve haver a ma-

30. Idem, pp. 177-181.

31. TJSP, agr. petição 101.000 (1.3.61), rel. Des. Frederico Marques, *RDA* 72/226 (Alda Penteado Ferreira e outros *v.* Prefeitura do Município de Campinas).

32. STF, rec. em mandado de segurança, n. 9.628 (6.8.62), rel. Min. Ribeiro da Costa, *RTJ* 26/352 (Alda Penteado Ferreira e outros *v.* Prefeitura do Município de Campinas).

33. STF, rec. em mandado de segurança, n. 9.619, rel. Min. Víctor Nunes, *RDA* 72/225; rec. em mandado de segurança, n. 10.532, rel. Min. Luiz Gallotti, *RDA* 74/278; rec. em mandado de segurança, n. 10.890, *Diário da Justiça* 20.6.63, etc.

nifestação do Executivo, expressa ou tacitamente. Se por iniciativa reservada se deve entender a faculdade, no sentido amplo, de manifestar-se a vontade na sanção, o que estabelece a Constituição é letra morta, dispositivo inócuo, disposição supérflua... Das duas uma: ou a Constituição estabelece disposição supérflua ou tudo o que nela se contém tem a sua razão de ser. Verdadeira a segunda, a palavra deve ser interpretada no seu sentido exato: reservado é o que se subtrai à iniciativa de outrem, para se conferir única e exclusivamente a um. Devem ser esses, a nosso ver, o entendimento e a interpretação do § 1º do art. 61 da CF/88.

### *4.7 Imunidades parlamentares: o alcance da exceção*

Estabelecia a Constituição Federal de 1967, no seu art. 32, com a redação dada pela Emenda n. 1, de 1969:

*Os deputados e senadores são invioláveis, no exercício do mandato, por suas opiniões, palavras e votos, salvo nos casos de injúria, difamação ou calúnia, ou nos previstos na Lei de Segurança Nacional.*

Na década de 70, dois congressistas, em sessão parlamentar, desentenderam-se. Um deles, julgando-se ofendido moralmente pelo outro, apresentou queixa-crime ao STF, que a recebeu, na sessão de 6.8.75, sendo voto vencido o Ministro Leitão de Abreu, o único a perceber, com agudeza, o real significado da exceção.

A sua interpretação construtiva merecia ser acolhida pela Excelsa Corte, tão claros, límpidos e brilhantes se afiguraram os conceitos emitidos pelo raciocínio do Ministro. Para ele, o objetivo do constituinte foi o *estabelecimento da imunidade e, como exceção, o processamento* por calúnia, injúria ou difamação. A interpretação do texto devia se fazer também com vistas à origem histórica da exceção. Ela se encontrava no abuso do Congresso em não permitir o processamento de parlamentares que atentavam contra a vida e a honra de terceiros, estranhos ao Congresso. Estes, não dispondo da tribuna, não podiam se defender, a não ser por meio do processo. Mas o parlamentar ofendido está em igualdade de condições com o parlamentar ofensor, dispondo, como ele, da tribuna, para retrucar, na medida que lhe pareça justa, defendendo-se no mesmo local e diante das mesmas pessoas na presença das quais fora ofendido. Disse ele: "Dominante nesse preceito é o princípio da inviolabilidade, categoricamente assegurada aos deputados e senadores, no exercício do seu mandato por suas opiniões, palavras e votos. Embora se estatua a ressalva, que figura na parte final desse preceito, deve esta ser entendida de maneira que não venha a tornar inócua ou ineficaz a prerrogativa outorgada aos deputados e senadores pela regra da inviolabilidade. Cumpre, desse modo, se desenvolva ou construa o privilégio com que se protege o livre exercício do mandato parlamentar de modo que sirva, com a amplitude possível, ao fim a que se destina. Em matéria de tamanha relevância, convém que a exceção se reduza aos limites mais rigorosos que o texto constitucional, explicado literalmente, possa admitir".

E prossegue afirmando que a análise "autoriza inferir não se haver, mediante essa compreensão do *status libertatis* dos parlamentares, tido em mira tutelar, seja bem jurídico, que lhes diga respeito, seja interesse do órgão que integrarem. Quando se estipula que a inviolabilidade não prevalece nos casos previstos na Lei de Segurança Nacional, está visto que o bem jurídico que visa proteger não é, direta e imediatamente, o do parlamentar nem do órgão legislativo, a que pertença. O interesse jurídico tutelado, nesse caso, é o da segurança externa e interna, interesse que transcende os lindes do corpo legislativo e a esfera do direito individual. (...)

"Quando se refere, por conseguinte, aos casos de injúria, difamação ou calúnia, a prescrição que consagra a inviolabilidade dos deputados e senadores não se reporta a ofensas contra a honra que entre si possam trocar os membros das Casas Legislativas. O excesso ou descomedimento em que incorram os parlamentares, no entrecruzarem agravos, constitui assunto da economia interna dos corpos legiferantes, aos quais a ordem jurídica reserva, implicitamente, quando não o faça em termos explícitos a faculdade de reprimir, pelo exercício do poder disciplinar, a quebra das regras que presidem ao convívio, no desempenho de suas funções, desses condutores políticos. (...) Pela garantia da inviolabilidade não se protege tanto o direito do parlamentar, quanto o do Parlamento. Na proposição jurídica, que assegura essa prerrogativa, o direito preponderantemente tutelado é o do órgão legiferante, cujas funções se querem exercidas com o possível desembaraço, livres em princípio, quanto à manifestação pelos seus integrantes, no desempenho do mandato, de opiniões, palavras e votos, de entraves ou empecilhos não estabelecidos, a salvo de dúvida razoável pela ordem constitucional. (...) a inviolabilidade conferida a parlamentar se pode reputar como necessário reflexo de garantia atribuída à câmara política, de que seja integrante."

E, continua ele: "Some-se a isso o argumento de que não podia estar, como na minha opinião não esteve, no motivo que serviu de guia ao estabelecimento da exceção à inviolabilidade, a intenção de levar à justiça, sob processo penal, o deputado ou senador que, por injúria, agrida colega do mandato. Pela natureza da ofensa, pelas circunstâncias de sua ocorrência — o exercício do mandato — não é de supor se tenha pensado em sobrecarregar o Supremo Tribunal com o conhecimento originário de ações penais dessa ordem quando a corporação política, a que está vinculado o parlamentar, possui recursos eficazes, ligados à autoridade, que lhe é imanente, e que a ordem constitucional expressamente lhe confere, de exercer a polícia dos seus trabalhos e punir disciplinarmente de modo exemplar, os que, pelos excessos cometidos, comprometam gravemente o prestígio da instituição".

Para ele, não há nem pode haver outra interpretação, porque "se houvesse converter-se-ia a inviolabilidade, que nessa cláusula constitucional solenemente se garante, naquilo que já se chamou a sombra de uma sombra, pois que dessa prerrogativa constitucional, em última análise, pouco mais sobraria do que o galanteio de homenagem puramente verbal".

## *5. Conclusão*

A norma jurídica, dessa forma, pode ser criada por interpretação construtiva. A norma não regula, apenas, as relações existentes na sociedade. Ela tem, também, função educativa, a função corretiva de afastar certas práticas condenáveis, embora correntes. A interpretação construtiva pode e deve exercer esse papel, restringindo onde se quis restringir, ampliando quando se quis alargar, embora as palavras pudessem ser interpretadas de outra forma, se não se considerassem a história do instituto, as razões que levaram o legislador a instituir a norma, os objetivos visados pelos órgãos legiferantes, a situação atual, podendo esta última, muitas vezes, modificar a inteligência de dispositivos para a garantia do interesse social.

Não só ao Judiciário compete a interpretação construtiva, embora só ele possa erigi-la *quase* em lei, em norma. Todos aqueles que, de um modo ou outro, lidam com o Direito devem, para aplicá-lo, primeiro, interpretá-lo, conhecê-lo, pesquisá-lo nas suas origens e na sua história. A interpretação deve atentar para o sentido, para o significado exato da palavra ou expressão empregada na norma legal. A norma legal deve atender às necessidades humanas até o limite em que, atendendo-as, disciplina-as. Isso deve estar bem presente na mente do intérprete. A Constituição de 1824 proclamava o direito de propriedade plena e a irretroatividade da lei. Os escravos eram coisas e, como tais, objeto de propriedade. Sob a vigência da Constituição, foi assinada a abolição da escravatura, sem ouvir os senhores de escravos, sem lhes dar a justa indenização. Poderia ser votada uma lei que regulasse a indenização? Poderia ser argüída de inconstitucional a lei de abolição? A aspiração humana que considerava a escravatura uma iniqüidade impediu a votação no Congresso, de lei regulando a indenização. Foi, também, a aspiração humana que impediu se considerasse inconstitucional a lei de abolição.

Entre nós, ao STF compete a guarda da Constituição; cumpre-lhe, como vem fazendo, velar pela Lei Maior, interpretando construtivamente o Direito Positivo, velando pela política legislativa, corrigindo os abusos, as práticas errôneas. Argumenta-se que tal função cria o Governo dos Juízes, a supremacia do Poder Judiciário, a ditadura de seus membros. Embora isso, em parte, seja verdade, não se conseguiu até hoje, nem se conseguirá criar um limite à interpretação das leis pelos Tribunais. Tampouco se conseguiu fórmula que melhor a possa substituir. Na verdade, as leis são, como já se disse, aquilo que os juízes e os Tribunais querem que elas sejam. Se, em algum momento, se entender que não é a melhor a linha trilhada pelo Tribunal, com persistência e bravura, podem os profissionais do Direito, os advogados e os doutrinadores contribuir para que seja modificada a tese vigente entre os membros da Corte. Na verdade, juízes e advogados, professores e doutrinadores, todos contribuem para a correta e exata interpretação do Direito. Rui Barbosa não se quedava inerte ante as violações de direitos praticadas pelas autoridades nem se intimidava com a derrota de suas teses na Corte Suprema do país, levantando-se, após cada perda, com mais coragem e mais destemor, na luta pelo Direito.

Este trabalho, circunscrito aos limites de um *paper*, devido à extensão do tema não pôde incluir em seu texto a análise de outros, dos muitos, casos que ensejaram a elaboração da norma jurídica por interpretação construtiva. Entretanto, se ele puder, de alguma forma, contribuir para o amadurecimento da questão, sentir-me-ei gratificada.

ESTUDOS & COMENTÁRIOS

# O CONTROLE EXTERNO E O DIREITO DA INTEGRAÇÃO*


LUCIANO DE ARAÚJO FERRAZ

Advogado – Assessor Jurídico e Professor do Curso de Pós-Graduação do TCMG em Convênio com a PUC/MG – Mestrando em Direito Administrativo pela UFMG



*1 — Introdução: 1.1 O ideário da integração européia; 1.2 O motor, a gênese e a evolução à União Européia; 1.3 As instituições comunitárias: 1.3.1 O Conselho Europeu; 1.3.2 O Parlamento Europeu; 1.3.3 O Conselho da União Européia; 1.3.4 A Comissão; 1.3.5 O Tribunal de Justiça da Comunidade Européia; 1.3.6 O Tribunal de Contas. 2. Desenvolvimento: 2.1 Antecedentes, criação e institucionalização do Tribunal de Contas; 2.2 Composição do Tribunal de Contas, deveres e garantias dos seus membros; 2.3 Natureza jurídica do Tribunal de Contas; 2.4 O controle externo da União Européia e as competências do Tribunal de Contas: 2.4.1 O que é orçamento? 2.4.2 O sistema orçamental das Comunidades: 2.4.2.1 As receitas; 2.4.2.2 As despesas; 2.4.2.3 A elaboração do orçamento comunitário passo a passo; 2.4.2.4 A execução do orçamento; 2.4.2.5 O controle externo da União Européia; 2.5 As atribuições do Tribunal de Contas da União Européia; 2.6 Breves considerações sobre o Mercosul: 2.6.1 Antecedentes históricos e formação do Mercosul; 2.6.2 A natureza jurídica do Mercosul; 2.6.3 A estrutura orgânica do Mercosul; 2.6.4 O orçamento do Mercosul; 2.6.5 Fechamento. 3. Conclusão. 4. Referências bibliográficas.*


## *1. Introdução*

### *1.1 O ideário da integração européia*

Verdadeiros *mitos e metáforas*[1] de há muito rondam a questão relativa à unificação do velho continente. Mitos estes de ordem filosófica, poética, histórica, política, econômica e social.

De Carlos Magno,[2] passando por Dante, Vitor Hugo,[3] Erasmo de Roterdã, Leibniz,

* Tese aprovada no XIX Congresso dos Tribunais de Contas do Brasil, realizado no Rio de Janeiro, de 21 a 24.10.97.

1. Aqui colocados no sentido empregado por Paulo Borba Casella, *Comunidade Européia...*, pp. 75 e ss.

2. A figura histórica de Carlos Magno é apontada como verdadeiro marco inicial do que se convencionou nomear *espírito europeu.* "Após o desaparecimento do Império Romano do Ocidente (476), refira-se à tentativa de Carlos Magno (771-814), com o mito da unidade medieval transposto ao *Império Carolíngio* (...), que estendeu-se do Elba aos Pirineus e da Itália Central ao Mar do Norte, encerrando-se com o tratado de Verdum (843) (...)" (Roberto Luiz Silva, *Direito Econômico...*, p. 120).

3. Valem ser transcritas as palavras de Vitor Hugo, expressas na casa em que habitava na Place de Vosges, em Paris, escritas de próprio punho pelo

Wiliam Penn, Rousseau, Kant, Napoleão, Hitler, dentre outros, até Winston Churchill, Jean Monnet e Robert Schuman, a idéia de unificação da Europa sempre se fez presente: uns apregoando a paz, outros a força, como instrumento para o alcance desse *desideratum.*[4]

A história se incumbiu de demonstrar que não seria por via bélica que os povos europeus (pelo menos do Ocidente) unir-se-iam para a formação de uma Europa total ou de uma *Europa Fatal.*[5] As frustradas tentativas de Napoleão e do *Terceiro Reich* de submeter as demais nações européias (e quiçá mundiais) ao seu jugo demonstraram essa inviabilidade.[6-7]

Para além dessas tentativas, outras foram empreendidas, no período entre guerras, no sentido de se estabelecer uma unidade européia,[8] objetivando não a *integração*,[9] *stricto sensu*, mas a cooperação entre os Estados. Essas tentativas, devido ao excesso de ideais de imperialismo e nacionalismo, principalmente de uma Alemanha submetida às exigências do Tratado de Versalhes, também não lograram êxito.

O embrião integrativo europeu somente viria à baila, de fato, após o término da II Grande Guerra, como conseqüência inexorável do caos político-econômico em que se viram mergulhadas as nações européias, bem como do temor do domínio total dos soviéticos na Europa, conforme veremos no tópico seguinte.

### *1.2 O motor, a gênese e a evolução à União Européia*

A força motriz da integração européia é diretamente proporcional ao *status quo* vivificado pelo continente ao termo do colapso das armas da II Guerra.

A nosso ver, quatro fatores foram decisivos para o impulso do esforço de união dos países europeus no pós-guerra: a situação econômica, a situação política, a situação militar e a perda da hegemonia mundial.

A situação econômica é muito bem sintetizada por Mota de Campos,[10] nos seguintes termos: "Quando a guerra chega ao seu termo, após seis anos de luta devastadora e sangrenta, a Europa não é mais do que um vasto campo de ruínas: exausta espiritualmente, dividida por ódios indivisíveis, profundamente endividada e economicamente destroçada, defronta-se com a necessidade imediata de um ingente esforço de recuperação da sua capacidade de

poeta (*apud* João Mota de Campos, *Direito Comunitário*, p. 30):

"Eu represento um partido que não existe ainda
O partido Revolução Civilização
Este partido edificará o século XX
E fará nascer, primeiro, os Estados Unidos da Europa,
Depois os Estados Unidos do Mundo".

4. A respeito, cf. Casella, ob. cit., pp. 49-105.

5. Expressão utilizada por Georges Vedel, no artigo "Mitos da Europa e Europa dos mitos".

6. "Esta é a principal inovação da Comunidade Européia face a tentativas anteriores de unificar a Europa. Não usa a submissão ou a força para conseguir a união, mas antes a força do direito. O direito deve conseguir aquilo que, durante séculos, o sangue e as armas não conseguiram" (Klaus-Dieter Borchardt, *O ABC...*, pp. 32-33).

7. "A integração decorre, portanto, da consciência política amadurecida de que hoje, como nunca, o mundo tende a se congregar em blocos, porque a conquista de territórios e de mercado pelas armas, sempre impregnada de radicalismo e nacionalismo, cedeu espaço à competição pela eficiência, o que tem mais a ver com a redução dos custos de transação que com o aumento dos custos da confrontação" (Diogo de Figueiredo Moreira Neto, "Mercosul...", p. 208).

8. Cite-se aqui as tentativas, encabeçadas pelo italiano Luigi Einaudi, pelo austro-húngaro Kalergi (1923) e pelos ministros francês Aristide Briand (1929) e alemão Gustav Stresemann, de se estabelecer uma União Européia.

9. Apesar do caráter de interação entre os países contido nessas tentativas, não se cogitou da cessão de soberania por parte dos Estados, ficando, pois, incólume a noção dantes existente, sem o quê não se pode afirmar, categoricamente, a existência da supranacionalidade que, posteriormente, verificar-se-ia com a criação da CEE e da EURATOM. A respeito, cf. José Afredo de Oliveira Baracho, "Teoria geral...", pp. 63-64.

10. Ob. cit., p. 35.

produção, destinado antes de mais a alojar, vestir e alimentar populações carecidas de meios para satisfazer necessidades elementares".

Necessitavam, portanto, as nações européias recuperar o seu poderio de produção, capitais e investimentos, equipamentos e matéria-prima, para que ressurgissem das cinzas da guerra.

O segundo fator — a situação política — está intimamente ligado ao avanço das tropas soviéticas sobre a Europa.[11] Restava ocupada vasta parcela do território alemão, do leste europeu e dos Balcãs, que terminariam por sofrer influência direta das então sequiosas mãos do *gigante vermelho*.

Os nítidos ideais expansionistas, que refletiram em vários Estados europeus, inclusive com a formação de partidos políticos simpatizantes do regime socialista, atemorizavam os ocidentais (e também os Estados Unidos).[12] "Cada um dos Estados do ocidente europeu sentia-se, pois, politicamente minado e ameaçado, no interior das suas próprias fronteiras, por uma quinta coluna soviética."[13]

No que toca à questão militar, boa parte da Europa estava, como vimos, ocupada por tropas soviéticas que se encontravam nas proximidades da fronteira com a França e da Europa ocidental que, face ao poderio bélico do exército vermelho, quedava-se praticamente indefesa.[14]

Some-se a esses aspectos, um quarto, a perda de hegemonia no cenário mundial por parte da Europa, com a ascensão de dois blocos oposicionistas liderados pelas duas novas potências mundiais — Estados Unidos e União Soviética.[15]

Diante desse quadro favorável, volta ao lume o ideal de integração com o intuito de reconstruir a Europa.

Para que se processasse, pois, a reconstrução conjunta da Europa, além das condições favoráveis já apresentadas, outros aspectos foram de relevância incontestável:

*a*) no plano econômico, a instituição do Plano Marshall (1947), consubstanciado no denominado European Recovery Program (1948), patrocinado pelos Estados Unidos, com o objetivo de socorrer os países europeus afetados pela Guerra;

*b*) no plano militar, o Tratado de Bruxelas, de 17.3.1948, que serviria de impulso ao Tratado do Atlântico Norte, de 4.4.1949 (OTAN). Posteriormente, o Tratado de Bruxelas seria revisto e criar-se-ia a União da Europa Ocidental — pilar do sistema de segurança comum da União Européia.

*c*) no plano político-ideológico, as declarações de Winston Churchill, em discurso proferido na Universidade de Zürich, em 19.9.1946, e o Congresso de Haia, de 7 a 10.5.1947;[16]

*d*) no plano prático, a entrada em vigor, em 1948, do Tratado que cria o BENELUX, entre Bélgica, Holanda e Luxemburgo.

11. A entrada da União Soviética na II Guerra deveu-se à ruptura do pacto "Nazi-Soviético" (23.8.39), por parte da Alemanha.

12. A respeito, lembremos as preocupações do general George Smith Paton que, já antes do cabo da II Guerra, vislumbrava ser a União Soviética a verdadeira opositora aos EUA.

13. Campos, ob. cit., p. 36.

14. Essa situação de sobrepujamento militar que vivia a Europa levaria os EUA a pressionar o rearmamento da RFA, culminando na criação, em 27.4.52, da CED (Comunidade Européia de Defesa), que não lograria êxito. A respeito, cf. Charles Vallée, *Le Droit...*, pp. 10 e ss.

15. Mário Lúcio Quintão Soares, *Mercosul:...*, p. 28, aponta, já num período posterior à criação da CECA, o seguinte quadro: "Constata-se, entretanto, insatisfação européia com a hegemonia americana desde o fim da guerra, a qual só poderia ser superada com a constituição de bloco econômico competitivo, aproveitando-se do fluxo extraordinário de capitais, bens e serviços na economia mundial e o controle das multinacionais como instrumento de internacionalização da produção".

16. Nesse Congresso, fez-se mister, para a feitura da sua moção final, apaziguar-se as divergências acerca da questão da supranacionalidade, já que existiam duas correntes: a federalista, que proclamava a criação de uma União dos Estados Unidos da Europa; e a pragmática, que preconizava a cooperação de Estados soberanos, sem, contudo, admitir a idéia da cessão da soberania.

Contudo, o ponto de partida definitivo para o início da integração européia seria a Declaração Schuman, de 9.5.1950, idealizada por Jean Monnet, como forma de solução dos problemas franco-germânicos, notadamente com o objetivo de "impedir futuros conflitos entre França e Alemanha, em razão do interesse da indústria alemã de aço sobre os depósitos de minério, situados no nordeste da França, e do interesse da indústria francesa pelas jazidas alemãs de carvão (...)".[17]

Para tanto, Schuman propugnava a submissão da produção francesa e alemã de carvão e de aço a uma *Alta Autoridade* comunitária no seio de uma organização apta a receber a cooperação de outros Estados da Europa, bem como a futura instalação de instituições comunitárias.[18]

À calorosa adesão alemã, anotada pelo Chanceler Konrad Adenaeur, seguiram-se as iniciativas do governo italiano e dos três países do BENELUX, culminando na instituição pelos "seis"[19] da CECA (Comunidade Européia do Carvão e do Aço), por intermédio do Tratado de Paris, assinado em 18.4.51, que entrou em vigor em 25.7.52.[20]

Anote-se, por oportuno, as frustradas tentativas de se criar outros organismos comunitários mais abrangentes, como a *European Defense Community* — Comunidade Européia de Defesa (maio de 1952) e a Comunidade Política Européia (setembro de 1952), que acabaram por limitar o âmbito de integração ao campo econômico, tal como a CECA.

Já nos primeiros cinco anos, a CECA funcionava a pleno vapor, gerando bônus aos seus integrantes. Com isso, sentiu-se a necessidade de um incremento do processo associativo dos Estados-membros da Organização, principalmente tendo em vista a importância setorial do carvão e do aço na indústria destes Estados.

Sensíveis a isso, os Estados-membros da CECA — "os seis" — reuniram-se na chamada Conferência de Messina, para estudarem o *memorandum* holandês que propunha a criação de um Mercado Comum Europeu. Nessa ocasião, foi designada uma comissão, liderada pelo belga Paul-Henri Spaak, incumbida de elaborar a proposta de criação do novo organismo.

Os estudos da Comissão concluíram pela criação de duas novas organizações, que seriam responsáveis pela gestão de um mercado comum geral e pelo setor de energia atômica dos Estados.

Aprovada a proposta da *Comissão Spaak* (Veneza, 6.5.56), em 25.3.57, "os seis" instituíam as duas novas Comunidades: a CEE (Comunidade Econômica Européia) e a CEEA ou EURATOM (Comunidade Européia de Energia Atômica), por meio da assinatura dos Tratados de Roma, que vigeram a partir de 14.1.58.

Estavam instituídas as Três Comunidades: CECA, CEE e EURATOM, e concretizada a idéia de integração.

"O Tratado CEE estendeu o Tratado CECA, além da produção de carvão e aço, para abranger também a liberdade de circulação de mercadorias, bem como a liberdade de circulação de pessoas e barreiras alfandegárias e tarifárias, ou fosse de agentes econômicos privados, mediante práticas restritivas da liberdade de mercadoria e do poder econômico, abrangendo a totalidade de mercadorias e serviços, excluindo somente os produtos abrangidos pelos Tratados CECA e EURATOM."[21]

17. Casella, ob. cit., p. 158.

18. Além da Alta Autoridade, a Assembléia Comum e o Tribunal da Comunidade.

19. Alemanha, Bélgica, França, Itália, Luxemburgo e Países Baixos. Com relação ao Reino Unido, este simplesmente recusou-se a participar, talvez temeroso do enfraquecimento da sua ligação com os países do *Commonwealth*.

20. A criação da CECA, não obstante consubstanciar-se numa integração limitada a uma parcela do setor de base da economia — carvão e aço — serviu como que para superar um mito pessimista quanto à integração dos Estados europeus.

21. Casella, ob. cit., p. 160.

A nova configuração comunitária não demorou a mostrar sua face ao restante da Europa, principalmente aos ingleses, sempre céticos com relação ao *fato europeu* que se havia instaurado.[22] Todavia, não havia como negar o sucesso da(s) Comunidade(s).

Esse sucesso levou os britânicos a proporem a criação da EFTA *(European Free Trade Association),* na Convenção de Estocolmo, em 4.1.60, cujos signatários foram: Reino Unido, os nórdicos (Dinamarca, Noruega e Suécia), Suíça, Áustria e Portugal — "os sete".[23]

O tempo se incumbiu de mostrar quem estava na contramão da história!

"Verificando que não lhe era possível diluir o Mercado Comum Continental numa vasta zona de trocas livres, a Grã-Bretanha decide, em 9 de agosto de 1961, solicitar a sua adesão à Comunidade, com base no art. 237º do Tratado de Roma (agora substituído pelo art. 0 do Tratado de Maastricht)."[24]

No entanto, enquanto o general Charles De Gaulle se manteve no poder na França, a tentativa de ingresso do Reino Unido na Comunidade não se concretizou.

Nesse meandro, a necessidade da unificação dos Executivos das três comunidades era premente, principalmente pela multiplicação de estruturas e empregos no âmbito da Comunidade. Em 8.4.65 veio, pois, à ribalta, o Tratado de Bruxelas, cognominado Tratado de Fusão, que entraria em vigor em 1.1.67.

"O Tratado de Bruxelas fundiu em única administração as três Comunidades, dotando-as de único orçamento, com a exceção das receitas operacionais da CECA. Em anexo a este Tratado, foi celebrado Protocolo Único sobre Privilégios e Impunidades, substituindo os Protocolos específicos de cada Comunidade."[25-26]

A saída de De Gaulle (28.4.69) e a condução à Presidência da República francesa de Georges Pompidou mudariam os rumos da Comunidade Européia. A primeira prova desta mudança veio logo na Conferência de Cúpula de Haia, em 1 e 2.12.69, na qual foram discutidas questões *de lege ferenda* da Organização Comunitária. As conclusões sintetizaram a nova concepção comunitária no tripé: *acabamento, aprofundamento e alargamento.*

A partir de então, aberto estava o caminho para o ingresso de novos Estados e para a construção de políticas comunitárias comuns em diversas áreas, tais como: agricultura, desenvolvimento de diversos novos setores e política econômica e monetária etc. A nova cara da Comunidade permitiu que, logo em 22.1.72, fossem firmados os Tratados de Bruxelas, relativos à adesão do Reino Unido,[27] da Dinamarca, da Irlanda e da Noruega. Tais instrumentos entraram em vigor em 1.1.73, exceto para a Noruega.[28]

22. Ressalte-se as palavras do francês Jean Monnet, formuladas na Declaração Schuman com relação aos ingleses: "Os ingleses não crêem senão em fatos. Criemos o fato europeu e eles acreditarão nele!".

23. A criação da EFTA atendia nitidamente aos anseios dos ingleses, que pretendiam fosse instalada, ao revés de um mercado comum, uma simples zona livre de comércio na Europa, para não ficarem isolados comercialmente com a criação do Mercado Europeu. Todavia, a verdadeira intenção da Inglaterra com a EFTA era agregar os países de menor peso econômico consigo, para negociar com a Comunidade Européia numa posição fortificada, moldando-a, paulatinamente, aos seus propósitos minoritários.

24. Campos, ob. cit., p. 103.

25. Casella, ob. cit., p. 161: "Desta forma os três Conselhos de Ministros (CECA, CEE, CEEA), as duas Comissões (CEE, CECA) e a Alta Autoridade (CECA) foram substituídas por único Conselho e única Comissão, embora sempre deliberando para cada Comunidade, segundo as atribuições previstas no respectivo Tratado" (idem, ibidem).

26. O Tratado de Fusão, além da unificação do orçamento, foi o responsável pela instituição do Tribunal de Contas da Comunidade, objeto direto do presente estudo.

27. O Reino Unido exigiria, já em 4.6.74, algumas alterações no Tratado, para submetê-lo ao referendo nacional. Poucas exigências foram atendidas, mas suficientes para alcançar o *sim* da população britânica (67,2%).

28. Com relação à Noruega, a proposta de adesão não foi ratificada através de referendo nacional

Em 12.6.75, a Grécia, já liberta do regime ditatorial dos *coronéis*, requer seu ingresso na Comunidade. O Tratado de Adesão foi assinado em Atenas, em 28.5.79, entrando em vigor em 1.1.81.

Os próximos pedidos de adesão partiriam de Portugal (28.5.77) e Espanha (2.7.77). Longas discussões se seguiram a estes pedidos (7 anos), culminando, finalmente, em 12.6.85, na assinatura dos Tratados de Adesão dos dois novos Estados.[29]

O passo seguinte da Comunidade Européia seria o *Ato Único Europeu*, assinado em fevereiro de 1986, em Luxemburgo e em Haia, cuja entrada em vigor se perfez em 1.7.87, após sua ratificação por todos os Estados-membros. Este instrumento comportou uma reforma importante das instituições comunitárias, com o objetivo de reforçar a sua eficácia, sobretudo no intuito de plena estruturação de um mercado interno.[30]

O impulso dado pelo Ato Único motivou outros Estados a reclamarem a sua filiação — Áustria, Suécia, Finlândia e Noruega (novamente). A desagregação da União Soviética e a queda do muro de Berlim transformaram profundamente o cenário europeu e mundial, colocando um basta à guerra fria e abrindo os corredores para as relações exteriores entre os Estados.[31]

A mudança da cena mundial levou os "doze" Estados da Comunidade a se unirem para negociar um novo Tratado — o de Maastricht, assinado a 7.2.92, cuja data para ratificação pelos membros foi prevista para 1.1.93.[32-33] Estava instituída a União Européia.

O Tratado da União Européia representou significante avanço no processo de integração. Seus vetores — a união econô-

realizado em 26.9.72, impedindo o seu ingresso na Comunidade (53,9% votaram contrariamente a ela).

29. Em Portugal, o Tratado de Adesão foi aprovado pela Assembléia da República, em 18.9.85, seguindo-se sua ratificação e entrada em vigor — tal como na Espanha — em 1.1.86.

30. Silva, ob. cit., pp. 127-128, aponta várias reestruturações ocorridas com o Ato Único que, em resumo são: institucionalização do Conselho Europeu; estreitamento entre o Parlamento Europeu e o processo legislativo comunitário pelo procedimento de cooperação; afetação da maioria qualificada à maior parte das deliberações do Conselho; criação do Tribunal de Primeira Instância; apresentação, pela comissão das Comunidades Européias, de medidas concretas visando à supressão das fronteiras físicas, técnicas e fiscais; reforço da coesão econômica e social; harmonização das regras que se aplicavam às condições de trabalho, à saúde e à segurança dos trabalhadores e das relações sindicais; reforço da investigação e do desenvolvimento tecnológico; regulamentação comunitária e ações relativas à proteção do meio ambiente; reforço da cooperação monetária, consagrando-se o Sistema Monetário Europeu (SME); e o *European Currency Unit* (ECU).

31. Tem a mesma opinião o jurista argentino Roberto Dromi, *Derecho Administrativo*, p. 521, *in verbis:* "La Unión Europea fue posible gracias a dos acontecimientos históricos: la caída del muro de Berlín, en noviembre de 1989, con la consecuente reunificación de las dos Alemanias, en octubre de 1990, y la descomposición del sistema comunista en la Unión Soviética y en las denominadas democracias populares de los países del este europeo".

32. Permitimo-nos reproduzir aqui na íntegra a nota 172, anotada por Luiz Roberto Silva, ob. cit., p. 129: "Ratificado em abril de 1992, pelos Parlamentos português e grego. Em junho do mesmo ano, todavia, é rejeitado pelo eleitorado dinamarquês, por 50,7% dos votos, por temer que a unificação acarrete queda na percentagem do orçamento. É o que basta para que, no Reino Unido, 70 deputados conservadores peçam ao Primeiro Ministro John Major a renegociação do Tratado. Ratificado pelo Parlamento de Luxemburgo, em julho de 1992, o Tratado é também aprovado pelo Senado italiano em setembro, mas sua ratificação na França, através do plebiscito de 20 de setembro é difícil: o *sim* vence por 50,9% dos votos. Em outubro, o Tratado é ratificado pelo Parlamento espanhol, mas em novembro, no momento em que é aprovado na Bélgica, Irlanda e Países Baixos, o governo britânico decide adiar para 1993 o debate sobre sua ratificação. Depois que essa aprovação ocorre na Alemanha, em 2.12.92, a cúpula da UE, resolve, em Edimburgo, na Escócia, que o processo de ratificação tem de estar terminado, no máximo até julho de 1993. Para contornar a oposição do povo dinamarquês, garante-se, ainda, a este país o direito a não participar da União Monetária e do sistema coletivo de defesa. Os dinamarqueses aprovam então, a 18.5.93, o Tratado, por 56,8% dos votos. Em 20.5.93, o Tratado passa pela Câmara dos Comuns britânica; porém, só é oficialmente aprovado a 31 de julho".

33. Foi o Tratado de Maastricht que consagrou o Tribunal de Contas da Comunidade Européia como verdadeira instituição comunitária.

mica e monetária através de uma moeda única; o fortalecimento das instituições responsáveis pela execução de uma política integrada; a facilitação de uma melhor política externa; a fortificação dos laços entre os Estados-membros, dentre outros, apontam no sentido de que: "quer os meios de caráter econômico, social, monetário e outros, quer os instrumentos de natureza jurídica e institucional adequados a dotar a União de maior capacidade de resposta pronta e eficaz aos desafios com que haveria de ver-se confrontada, tanto no quadro interno, como na ordem internacional."[34-35]

Como vimos, a Áustria, a Finlândia, a Suécia e a Noruega haviam solicitado sua adesão à União. O sinal em prol veio por intermédio do Tratado de Corfu, em 23.6.94. Todavia, o efetivo ingresso desses Estados dependia de referendo popular. Obtiveram resultados positivos os três primeiros Estados, sendo que, na Noruega, mais uma vez o resultado foi negativo.

Recentemente, a Comissão Européia aprovou a adesão à União de cinco países do Leste Europeu: Polônia, República Tcheca, Hungria (recém-convidados a participar da OTAN), Eslovênia e Estônia. A proposta foi submetida, em 16 de julho último, ao Parlamento Europeu, e caberá aos chefes de governo, que estarão reunidos em dezembro, em Luxemburgo, dar a decisão final para o início do processo de adesão. Foram rejeitadas as candidaturas da Romênia, Bulgária, Letônia e Lituânia, por insuficiência de modernização econômica e a da Eslováquia, por carência democrática. A adesão de Chipre, aprovada em 1995, ainda depende de solução sobre a partilha da ilha entre turcos e gregos. A candidatura da Turquia também ficou adiada por insuficiência no terreno dos direitos humanos.[36]

34. Campos, ob. cit., p. 126.

35. Com a edição do Tratado de Maastricht, muito se discute acerca da natureza jurídica da União Européia. Seis teorias se confrontam; a tese estadual, a tese federal, a tese confederal, a tese internacional clássica, a tese supranacional e a tese da União como um estágio avançado de evolução das Organizações Internacionais do Direito Internacional. A primeira e minoritária teoria assemelha a União a um Estado, haja vista que os órgãos comunitários recebem poderes soberanos por parte dos Estados e sua estrutura se assemelha à estrutura estatal. A tese federal se fundamenta na evolução histórica das comunidades, na existência de competências exclusivas por parte das Comunidades em determinadas matérias, na regra hoje posta da maioria e não da unanimidade nas decisões, na aproximação sobretudo do Conselho aos órgãos federais, eis que se insurge como órgão de representação dos Estados. A tese confederal alicerça-se na própria concepção de confederação como associação de Estados, mediante Tratado, resultando na criação de órgãos comuns para a prossecução de competências determinadas, principalmente na ordem internacional atribuindo-se a tal personalidade jurídica. A tese internacional clássica tem fulcro no seguinte: criação das Comunidades mediante Tratado, possibilidade de alteração da sua Constituição por iniciativa dos Estados-membros, regulação, pelo Direito Internacional, das relações entre os membros, casos remanescentes de votação de acordo com a regra da unanimidade. A tese supranacional tem cabimento devido aos seguintes aspectos: superioridade do poder supranacional sobre o poder estadual; transferência em definitivo de poderes soberanos dos Estados-membros às Comunidades — primado das regras comunitárias, aplicabilidade direta dessas normas, acesso direto dos particulares ao Tribunal de Primeira Instância, uniformidade na exegese e aplicação do Direito Comunitário, independência entre as ordens jurídicas comunitárias (impossibilidade de reversão dos poderes transferidos por parte dos Estados-membros) e estadual, existência de um poder normativo comunitário, independente dos estaduais. Finalmente, a tese do estágio mais avançado de evolução das Organizações do Direito Internacional Público, direito este que não mais se assenta no clássico conceito de Jean Bodin de soberania (*summa postestas*), trazendo consigo novos princípios, a saber: a primazia do Direito Internacional tem base numa outorga das Constituições Estaduais — a do Direito Comunitário é uma necessidade existencial, incondicional e absoluta; a aplicabilidade direta do Direito Internacional resulta da mesma forma das Constituições estaduais, ao passo que a do Direito Comunitário advém dos próprios Tratados constitutivos; a interpretação teleológica que é mais freqüente no Direito Comunitário; e a jurisdição do Tribunal de Justiça da Comunidade que tem força cogente, sua competência é exclusiva e a vastidão de seu acesso que ultrapassa os simples Estados, alcançando os órgãos comunitários e até os próprios particulares. Para maiores incursões acerca deste tema, cf. Fausto de Quadros, *Direito das Comunidades*..., e Ana Maria Guerra Martins, *Introdução*..., cit.

36. Fonte: *Jornal do Brasil*, de 16.7.97.

Mesmo assim, outros *mitos e metáforas* se formam a respeito da União Européia. As questões relativas à unificação da moeda (EURO),[37] a onda de desemprego que assola alguns Estados; as constantes emigrações do leste europeu; a política de alargamentos que se aquece com o fim da guerra fria, trazendo preocupações, sobretudo, aos países menos desenvolvidos da União (*v.g.*, Portugal), que poderão perder a posição sobranceira de auxílio dos Fundos Europeus (FEDER, FEOGA etc.),[38] as mutações políticas (subida ao poder na França do socialista Jospin e na Inglaterra do trabalhista Tony Blair); dentre outros transformam o futuro da União em verdadeira incógnita...

### *1.3 As instituições comunitárias*

O Tratado de Maastricht trouxe inovações em várias disposições dos Tratados de Paris e de Roma. No que toca às instituições comunitárias,[39] a Parte V, Título I, Capítulo I, do Tratado da CEE estampa quais são as Instituições Comunitárias, a saber: o Parlamento Europeu, o Conselho, a Comissão, O Tribunal de Justiça e o Tribunal de Contas.[40]

#### 1.3.1 O Conselho Europeu

Consagrado formalmente no Ato Único Europeu, em 1987, o Conselho Europeu nasceu da prática, tendo como antecessoras as Cimeiras de Chefes de Estado e de Governo dos Estados-membros da Comunidade.

"O Conselho Europeu reúne, pelo menos uma vez por ano, os chefes dos Estados e de Governo dos Estados-membros e o presidente da Comissão da CE, que são assistidos pelos ministros dos Negócios Estrangeiros e por um membro da Comissão (art. 2º do AUE)".[41]

É ele, pois, o responsável por traçar as diretrizes políticas gerais para a construção da União Européia, tanto no nível comunitário como no âmbito da cooperação política européia.

"A importância crescente dos assuntos comunitários na vida política dos Estados justificava plenamente que fosse proporcionada aos chefes do executivo uma oportunidade de se encontrarem e de poderem refletir em conjunto sobre as questões mais importantes tratadas a nível da CEE. Assumindo-se, ao mesmo tempo, como centro impulsionador das principais iniciativas políticas da União e como instância de arbitragem das questões litigiosas que não conseguiam obter consenso no Conselho da União Européia (...)."[42]

#### 1.3.2 O Parlamento Europeu

"O Parlamento Europeu é órgão de expressão democrática e de controle político das Comunidades Européias e participa igualmente no processo legislativo."[43]

Nos termos dos Tratados da Comunidade, o Parlamento representa os povos dos Estados-membros. Até 1979, os seus integrantes (deputados europeus) eram deputados nacionais nomeados pelos respecti-

37. Em 1997, foi feita em Paris, em caráter experimental, o lançamento da moeda européia, que deverá ser adotada pela UE, a partir de 1999.

38. A respeito, cf. Antônio Covas, *A Revisão*..., cit.

39. Não podemos deixar de ter em mente o Tratado de Bruxelas, assinado em 8.4.65, que fundiu as instituições das três Comunidades CECA, CEE e EURATOM, que desde então têm a mesma estrutura institucional.

40. "A União Européia caracteriza-se por um sistema institucional, único no gênero, que a distingue das organizações internacionais clássicas. Ao subscreverem os Tratados de Paris e Roma e o Tratado de Maastricht, os Estados-membros passaram a autorizar diversos actos de delegação de soberania em benefício de órgãos independentes que representam simultaneamente os interesses nacionais e o interesse comunitário, estando interligados por relações de complementaridade de que decorre o processo de decisão" (Pascal Fontaine, *Dez Lições*..., p. 9).

41. Borchardt, ob. cit., p. 18.

42. Fontaine, ob. cit., p. 10.

43. Borchardt, ob. cit., p. 18.

vos Parlamentos para serem membros do Órgão Comunitário.

Desde então, há eleições para o Parlamento Europeu,[44] que se realizam qüinqüenalmente. A última eleição se realizou em 1994 e levou às cadeiras do Parlamento 567 deputados.[45]

Após a revisão do Tratado da Comunidade de Maastricht, a participação do Parlamento Europeu na função legislativa comunitária experimentou um incremento, repartindo com o Conselho essa vital atribuição através do procedimento denominado de *co-decisão* (art. 189º-B).[46]

O Parlamento Europeu, para além dessa participação no procedimento de co-decisão, possui competência de natureza consultiva em vários domínios, competência decisória em matéria orçamental e relativamente à adesão de novos Estados à União e desta com terceiros Estados. A principal função que vem sendo exercida pelo Parlamento, todavia, é a fiscalização política da Comissão, por intermédio da chamada moção de censura (art. 144º).

"O papel do Parlamento Europeu no concerto comunitário tem sido objecto de algum debate a propósito do caráter de maior ou menor democraticidade da Comunidade. E, em tal polêmica, a defesa da extensão dos seus poderes tem como naturais protagonistas os Parlamentos nacionais. Realce-se que, sobretudo após a sua eleição por sufrágio directo e universal, que lhe assegurou 'legitimidade democrática', tem sido proposto que se reforce o papel do Parlamento Europeu na orgânica comunitária, nomeadamente pela atribuição de mais poderes legislativos."[47]

### 1.3.3 O Conselho da União Européia

O Conselho é, por excelência, o órgão de decisão da União Européia, ocupando lugar de destaque no âmbito da Comunidade. É composto, em regra, por representantes dos Estados-membros, ao nível ministerial, com poderes para vincular os respectivos Estados (art. 146º).

É ele, antes de mais nada, o órgão comunitário responsável sobretudo pela adoção dos atos jurídicos comunitários: os regulamentos, as diretivas e as decisões que formam o arcabouço do denominado Direito Comunitário.

É "um ponto de convergência de vontades nacionais distintas mas animadas de um objectivo comum que é o de realizar o interesse imediato da Comunidade, ainda que, por vezes, com sacrifícios dos interesses imediatos de algum ou alguns dos países-membros".[48]

Detentor de um poder quase legislativo, partilha com o Parlamento Europeu a função legislativa comunitária, em determinados domínios estabelecidos no Ato Único Europeu e no Tratado da União Européia, além de deter competência em matéria de orçamento.

De acordo com o art. 145º do Tratado CEE, o Conselho assegura a coordenação

44. "(...) a mera existência de um Parlamento eleito por sufrágio directo não é suficiente para satisfazer a exigência fundamental de qualquer constituição democrática de todos os poderes do Estado emanarem do povo. São também necessárias a transparência do processo de tomada de decisões, a representatividade dos órgãos responsáveis pela adoção de decisões e a participação dos interessados. É precisamente nestes domínios que o actual ordenamento comunitário deixa muito a desejar" (idem, p. 19).

45. De acordo com o art. 138º, n. 2, do Tratado da Comunidade Européia os deputados do Parlamento Europeu são assim divididos: Bélgica (25), Dinamarca (16), Alemanha (99), Grécia (25), Espanha (64), França (87), Irlanda (15), Itália (87), Luxemburgo (6), Países Baixos (31), Áustria (21), Portugal (25), Finlândia (16), Suécia (22) e Reino Unido (87).

46. Pelo procedimento de co-decisão, "o Parlamento passa a dispor de um autêntico direito de veto e deixa de estar limitado, como acontecia no procedimento de cooperação, a dificultar as decisões do Conselho através do seu veto. Doravante, o Parlamento pode utilizar o seu veto para impedir o Conselho de aprovar disposições que lhe pareçam inoportunas" (Borchardt, ob. cit., p. 24).

47. Abel Laureano, *Regime Jurídico...*, p. 414.

48. Campos, ob. cit., p. 181.

das políticas econômicas gerais dos Estados-membros, detém o poder de decisão e atribui à Comissão a competência de execução das normas por ele estabelecidas, podendo, em domínios específicos, reservar-se o direito de exercer diretamente tal prerrogativa.

A votação no Conselho segue, em princípio, a regra da maioria qualificada,[49] sendo necessária a unanimidade apenas em restritos campos previstos pelo próprio Tratado (*v.g.*, segurança social dos trabalhadores).

Para dar assistência ao Conselho, foi criado o COREPER (Comitê dos Representantes Permanentes dos Estados-membros), composto pelos embaixadores responsáveis pelas representações permanentes, competindo-lhe, dentre outras tarefas, a de preparação dos trabalhos do Conselho. Este Comitê é, simultaneamente, instância de diálogo e órgão de controle de diversos grupos de trabalho que assistem o Conselho.

1.3.4 A Comissão

Instituição fundamental na estrutura da União Européia,[50] comum às três Comunidades desde o Tratado de Fusão, a Comissão é constituída por altas personalidades, nomeadas pelos Estados-membros, mas independentes destes. A partir de 5.1.95, passou a ser formada por 20 (vinte) membros,[51] que são nomeados por mútuo consenso dos Estados-membros para um período de 5 (cinco) anos, após uma votação de investidura aprovada no Parlamento Europeu.

Enquanto órgão de representação dos interesses comunitários, a Comissão goza de ampla independência no exercício de suas atribuições, que são assim classificadas por Borchadt:[52]

– *motor da política comunitária*, visto que se encontra na origem de todas as ações comunitárias, pois detém o poder de iniciativa, *ex officio* ou por provocação do Conselho ou do Parlamento,[53] dos projetos de regulamentação comunitária.

– *guardiã dos Tratados*, pois vela pelo fiel cumprimento das disposições dos Tratados, bem como pelos atos jurídicos comunitários. Sempre que verifica o incumprimento, a Comissão intervém como órgão imparcial e, se for o caso, pode socorrer-se ao Tribunal de Justiça.[54]

– *representante dos interesses comunitários*, por estar vinculada a estes. Como tal, deve intermediar as negociações entre os Estados-membros do Conselho, além de negociar, em nome da União, os acordos sobre matérias de competência comunitária, bem como representá-la nas organizações internacionais (GATT/OMC, OIT etc.).

– *órgão executivo*, por força dos poderes que lhe conferem os Tratados e o Conselho, embora num âmbito limitado (*v.g.*, execução do orçamento, direito da concorrência, direito de negociar acordos e a gestão das cláusulas de salvaguarda[55] previstas nos Tratados e no direito derivado).

49. Para fins de ponderação nas votações do Conselho, o art. 148º do Tratado estampa uma tabela assim dividida: Bélgica (5), Dinamarca (3), Alemanha (10), Grécia (5), Espanha (8), França (10), Irlanda (3), Itália (10), Luxemburgo (2), Países Baixos (5), Áustria (4), Portugal (5), Finlândia (3), Suécia (4), Reino Unido (10). As deliberações são tomadas se obtiverem pelo menos: sessenta e dois votos, sempre que, por força do presente Tratado, devam ser tomada por propostas da Comissão; sessenta e dois votos que exprimam a votação favorável de, pelo menos, dez membros, nos restantes casos.

50. "Cão de Guarda" para P. H. Teitgen ou "locomotiva" para Ch. Philip.

51. Dois membros pela França, Alemanha, Reino Unido, Itália e Espanha e um membro dos demais países.

52. Ob. cit., p. 26.

53. Isto após o Tratado da União Européia.

54. Por meio da ação por incumprimento, prevista no art. 168º-A do Tratado da União.

55. As cláusulas de salvaguarda permitem autorizar, excepcional e transitoriamente, derrogações às disposições dos Tratados.

### 1.3.5 O Tribunal de Justiça da Comunidade Européia

Tal como adverte Klaus-Dieter Borchardt, "nenhum ordenamento pode subsistir se as suas normas não forem controladas por uma autoridade independente. Além disso, numa comunidade de Estados, se as normas comunitárias estivessem sob o controle dos Tribunais nacionais, elas seriam interpretadas e aplicadas diferentemente em cada Estado. A aplicação uniforme seria assim posta em causa. Foram estes os fundamentos que levaram à criação do Tribunal de Justiça da CE (TJ), desde a instituição da CECA".[56]

Sediado em Luxemburgo, o Tribunal de Justiça é composto por 15 (quinze) juízes e é assistido por 9 (nove) advogados-gerais, nomeados de comum acordo pelos Estados-membros, por um período de seis anos, renovável.

De acordo com o disposto no art. 164º do Tratado da União, "o Tribunal de Justiça garante o respeito do direito na interpretação e aplicação do presente Tratado".[57] Sua competência é contenciosa (art. 169º e ss.), arbitral (art. 181º) e consultiva (art. 228º). E, nos termos do art. 219º, a jurisdição comunitária é exclusiva.

A relação existente entre o Tribunal de Justiça da Comunidade e os Tribunais nacionais não é de hierarquia. O que há é uma especialização funcional, isto é, cada qual atua em determinada seara, não havendo colisão entre elas. Por isso, o Tribunal de Justiça não tem poderes para revogar ou substituir decisões dos Tribunais nacionais.

O Tribunal de Justiça atua como um *tribunal constitucional*,[58] quando delibera sobre litígios entre órgãos da Comunidade ou acerca da conformidade da legislação comunitária com o direito; como *tribunal administrativo,* quando controla os atos comunitários adotados pela Comissão ou por Estado-membro com base no direito comunitário; como *tribunal do trabalho,* quando conhece de causas relativas à liberdade de circulação e à segurança social dos trabalhadores, bem como em questões de isonomia de tratamento entre homens e mulheres no trabalho; como *tribunal penal,* quando se ocupa das sanções pecuniárias impostas pela Comissão; como *tribunal cível,* enquanto conhece de litígios relativos à indenização por danos e à interpretação da Convenção de Bruxelas, relativa ao reconhecimento e à execução das decisões em matéria cível e comercial.

"O Tribunal de Justiça constitui uma única instância competente para decidir, a pedido dos órgãos jurisdicionais nacionais, sobre a interpretação dos Tratados e sobre a validade e a interpretação dos actos adoptados pelas instituições. Assim, quando se levantar, perante os órgãos jurisdicionais nacionais, uma questão desta natureza, estes podem, e em determinados casos devem, solicitar ao Tribunal de Justiça que tome uma decisão sobre a questão. Este sistema garante uma interpretação uniforme e uma aplicação homogénea do Direito Comunitário em toda a Comunidade."[59-60]

Além disso, tem o Tribunal de Justiça papel decisivo na construção do Direito Comunitário. Sua jurisprudência contribui para a dinamização do processo de integração e é das suas decisões que emergem os chamados princípios gerais do Direito Comunitário, base para a compreensão da ordem jurídica comunitária.

Em 1989, o Conselho fez uso da prerrogativa conferida pelo Ato Único Europeu, para criar o *Tribunal de Primeira Instância,* que é composto por quinze juízes e

56. Ob. cit., p. 27.

57. Este artigo consagra a Comunidade como uma *Comunidade de Direito.*

58. "Tem feito correr alguma tinta a questão de saber se o Tratado deve ou não ser tomado como uma Constituição em sentido teórico. Seja como for, o certo é que ele está para a Comunidade ao menos em termos paralelos aos das Constituições dos Estados para com estes" (Laureano, ob. cit. p. 444).

59. Fontaine, ob. cit., p. 13.

60. Essas questões são submetidas ao TJCE, por meio do chamado *reenvio prejudicial.*

é competente para conhecer e julgar, sem prejuízo de recursos para o Tribunal de Justiça (limitado às questões de direito), as ações contra a Comunidade propostas por pessoas singulares e coletivas, as ações contra a Comissão por força do Tratado CECA e as ações em matérias de litígios entre a Comunidade e os seus funcionários e agentes.

### 1.3.6 O Tribunal de Contas

A última das instituições previstas no art. 4º do Tratado da Comunidade é o Tribunal de Contas, ao qual compete, nos termos do art. 188º-A, a fiscalização das contas da Comunidade. Este órgão, partícipe do denominado controle externo no concerto comunitário, será detalhadamente examinado no decorrer deste trabalho.

## *2. Desenvolvimento*

### *2.1 Antecedentes, criação e institucionalização do Tribunal de Contas*

Os Tratados institutivos das Comunidades Européias (Paris e Roma), tal como concebidos originariamente, não previam a existência de um Tribunal de Contas. No âmbito da CECA, o controle externo das finanças era exercido por um comissário único, ou revisor de contas (cf. art. 78º, do Tratado CECA), e no quadro da CEE e EURATOM, por uma Comissão de Controle composta por comissários de contas (cf. arts. 206º-CEE e 180º-CEEA).

A 8.4.65, com o advento do Tratado de Fusão, foi instituída uma Comissão Única de controle para as três Comunidades. A criação do Tribunal de Contas somente aconteceria com o Tratado de Bruxelas, de 22.7.75 — que entrou em vigor em 1.6.77.[61-62] Ao final daquele ano, instalava-se o Tribunal em Luxemburgo, assumindo de imediato o exercício de suas funções.

Posteriormente, o Tratado de Maastricht, reconhecendo a importante função de controle exercida pelo Tribunal de Contas, como garante da regularidade e da transparência das finanças comunitárias, houve por bem fortalecer a sua posição, elevando-o ao *status* de instituição comunitária.

### *2.2 Composição do Tribunal de Contas, deveres e garantias dos seus membros*

Reza o art. 188º-B, n. 1, do Tratado da União Européia que "o Tribunal de Contas é composto por quinze membros". Estes membros são escolhidos entre personalidades que pertençam ou tenham pertencido, nos respectivos países, a instituições de fiscalização externa e/ou que possuam uma qualificação especial para o exercício desta função (*competência técnica*), oferecendo, ainda, todas as garantias de *independência pessoal* (cf. art. 188º-B, n. 2).

Os membros do TCUE são nomeados pelo Conselho, após consulta prévia ao Parlamento Europeu (art. 188º-B, n.3) para um período de 6 (seis) anos, sendo permitida a recondução.

Os integrantes do Tribunal de Contas exercem suas funções com total isenção e independência *no interesse exclusivo e ge-*

61. "Com relação aos precedentes órgãos de controle, sempre nomeados pelo Conselho com uma ampla margem de ação, tanto quanto ao número como quanto à qualidade dos revisores das contas, tal Tribunal apresenta um caráter de independência muito mais marcante com relação ao Conselho. Não é por acaso que a sua criação tenha sido tão incentivada pelo Parlamento Europeu, como conseqüência necessária da maior autonomia do Conselho que havia obtido em termos de aprovação do orçamento comunitário" (Mário Pereira Neto, *Direito — Política...*, p. 230).

62. "A origem precisa da Corte de Contas da CEE consistiu no reforço do controle externo do Parlamento Europeu sobre o balanço comunitário, a partir do momento em que o orçamento comunitário passou a constituir-se por receitas próprias, específicas, ao invés de simples transferências de receitas dos Estados Comunitários, como sucedia nos primórdios da Comunidade Econômica Européia" (Eduardo Lobo Gualazzi, *Regime Jurídico...*, p. 143).

*ral da comunidade,* sendo-lhes vedada a aceitação de instruções de qualquer governo ou entidade, devendo abster-se de praticar qualquer ato incompatível com a natureza de suas funções (art. 188º-B, n. 4).

Enquanto durarem as suas funções, aos membros é defeso o exercício de qualquer outra atividade, remunerada ou não.[63] No ato da posse, assumem o compromisso solene de respeitar, durante o exercício das suas funções e depois da cessação destas, os deveres decorrentes do cargo, nomeadamente honestidade e discrição, relativamente à aceitação de determinadas funções, após a cessação do exercício, bem como da aferição de determinados benefícios (art. 188º-B, n. 5).

Os membros do Tribunal de Contas somente podem ser afastados de suas funções, ou privados do direito de pensão ou de quaisquer outros benefícios que a substituam, em duas hipóteses (art. 188º-B, n. 6):

a) por *demissão compulsória*: se o Tribunal de Justiça das Comunidades Européias expressamente declarar, a pedido do Tribunal de Contas, que deixaram de corresponder às condições exigidas ou de cumprir os deveres decorrentes do cargo;

b) por *demissão voluntária*.

Caso seja necessária a substituição, o novo integrante cumprirá um *mandato tampão,* isto é, complementará o de seu antecessor.

Em contrapartida a todos esses deveres, é-lhes facultado um confortável estatuto remuneratório, fixado pelo Conselho, e também a garantia de inamovibilidade durante o período de exercício das funções (art. 188º-B, n. 9).

No que toca às garantias dos membros do Tribunal de Contas, são as mesmas dos membros do Tribunal de Justiça das Comunidades Européias.

63. A exclusividade das funções dos membros do Tribunal de Contas é garantia de independência e de dedicação integral aos interesses comunitários.

O seu Presidente é eleito entre os seus pares para um mandato de três anos, podendo ser reeleito (art. 188º-B, n. 4). Ao Presidente incumbe convocar e presidir as reuniões colegiais, assegurar os debates, fiscalizar a execução das decisões, cuidar da boa gestão das atividades e serviços do Tribunal (função administrativa), representar o Tribunal nas suas relações com o exterior e/ou indicando o seu representante nos processos contenciosos (função representativa).[64]

### *2.3 Natureza jurídica do Tribunal de Contas*

Infere-se da análise dos artigos do Tratado da Comunidade que *o controle exercido pelo Tribunal de Contas da União Européia não se reveste da natureza judicial,* não obstante a equivalência dos direitos e garantias de seus membros e do TJCE. Isto porque tal órgão não tem poderes expressos de decisão.

Referido órgão exsurge como auxiliar do Conselho e do Parlamento no controle externo das Comunidades, sendo o *responsável técnico* pela fiscalização da legalidade e regularidade das receitas e despesas e garante da boa gestão financeira.

Sacchetini assim se posiciona a respeito do órgão sob comento: "parece apropriado considerar esta instância como um órgão auxiliar de natureza administrativa que tem por incumbência assistir a Assembléia e o Conselho no exercício de suas funções de controle da execução do orçamento e que realiza, para esta finalidade, algumas tarefas externas de controle sobre as contas das instituições comunitárias".[65]

De fato, veremos que as competências atribuídas quer pelo Direito Comunitário originário, quer pelo derivado ao Tribunal de Contas, vivificam uma *função de natureza exclusivamente administrativa.*[66]

64. Pereira Neto, ob. cit., p. 230.

65. *Apud* Gualazzi, ob. cit., p. 165.

66. Para tal afirmação devemos levar em consideração a distinção feita pelo saudoso mestre

*2.4 O controle externo da União Européia e as competências do Tribunal de Contas*

Antes de adentrarmos efetivamente o âmbito da competência da Corte de Contas Comunitária, é mister sejam feitas breves considerações sobre o orçamento da União Européia, a fim de visualizarmos o quadro em que o controle externo técnico irá atuar — a execução do orçamento comunitário.

2.4.1 O que é orçamento?

A idéia de orçamento, quer de um Estado, quer de uma Organização Internacional, quer das atuais Comunidades de Estados, não se descola, no essencial, do orçamento de qualquer particular, empresa ou família: isto é trata-se de "uma previsão da receita e despesa de um determinado sujeito durante um período econômico dado".[67]

Em termos de finanças públicas, conecta-se à noção apresentada a de outro elemento relacionado com a própria gênese do orçamento.

"É ela a da *autorização política*, que engloba o consentimento pelo povo do gasto público e dos sacrifícios necessários para o financiar."[68]

"O orçamento do Estado pode assim ser definido como a autorização política para cobrar receitas e efectuar despesas durante um certo período, em regra anual, a qual condiciona toda a actividade da Administração do ano financeiro."[69]

Em se tratando de Comunidade de Estados, a idéia de autorização política é também nevrálgica. O orçamento comunitário atravessa um processo de co-decisão dos órgãos (Conselho e Parlamento), que traz consigo a mesma característica dos processos orçamentários dos Estados, processo esse que será por nós apontado nos tópicos que se seguem.

2.4.2 O sistema orçamental das comunidades

*Grosso modo*, podemos dizer que um sistema orçamentário é um conjunto de receitas e despesas inversamente proporcionais entre si. As receitas são estimadas ao início de um exercício financeiro, ao passo que as despesas são fixadas.

*2.4.2.1 As receitas* – O sistema de financiamento das Comunidades Européias, tal como é hodiernamente concebido, experimentou uma grande evolução desde os Tratados constitutivos.

Deixando de lado a CECA, que já em seus primórdios achava-se dotada de recursos próprios, nomeadamente o imposto comunitário (ou taxa CECA) cobrado sobre os produtos do carvão e do aço, as outras duas Comunidades (EURATOM e CEE), de 1958 a 1970, foram financiadas, nos moldes das organizações internacionais clássicas, por meio de transferências dos orçamentos dos Estados-membros dessas Comunidades. Todavia, os próprios Tratados de Roma previam (arts. 201º e 173º) a substituição desse sistema de financiamento por recursos próprios das Comunidades.

A partir, pois, da Decisão do Conselho 70/243-CECA, CEE, CEEA, de 21.4.70, que entrou em vigor em 1971, o orçamento comunitário passaria, progressivamente até 1975, a ser alimentado por recursos próprios. Concretamente, foram instituídos três recursos essenciais: os *direitos niveladores agrícolas, inclusive a cotização do açúcar,* os *direitos aduaneiros,* verdadeiros impostos comunitários e, suplementarmente, recursos provenientes de um IVA (Imposto sobre o Valor Acrescentado), inicialmente fixado em 1% sobre a base uniforme tributável para todos os países-membros.

Miguel de Seabra Fagundes entre administração (aplicação da lei de ofício) e jurisdição (aplicação da lei contenciosamente) (*O Controle...*, p. 3).

67. Antônio L. de Sousa Franco, *Finanças...*, p. 295.

68. Idem, p. 296.

69. Ibidem.

Devido a dificuldades na harmonização da base tributável do IVA, essa nova forma de financiamento somente foi totalmente implantada a partir do orçamento de 1980.

Ainda que se tivesse pensado que tais recursos poderiam financiar as atividades comunitárias, o crescimento de sua malha de atuação, com conseqüente aumento dos gastos, levaria o Conselho a uma segunda Decisão 85/257-CEE, CEEA sobre recursos próprios, em 7.5.85, elevando a taxa do IVA para 1,4%.

"Esta Decisão de 1985 teve como causa principal o facto de o sistema revelar aspectos pouco eqüitativos na repartição dos encargos comunitários entre os diversos Estados-membros. Assim, a sua principal inovação consistiu na introdução no sistema dos recursos próprios de um mecanismo financeiro de correção dos desequilíbrios orçamentais do Reino Unido, tendo em vista restituir a este país dois terços da diferença que fosse constatada entre a sua participação no financiamento comunitário e a sua participação nas despesas comunitárias atribuídas aos Estados-membros."[70-71]

A 24.6.88, o Conselho tomaria outra Decisão 88/376-CEE-EURATOM (Pacote Delors I) criando, a par dos recursos próprios já existentes, um quarto resultante da aplicação de uma taxa fixada anualmente sobre o Produto Nacional Bruto total da Comunidade.

"Mediante este recurso basado en el PNB, cada Estado contribuye según su riqueza. El tipo o porcentaje uniforme que hay pagar se establece cada ano en el marco del procedimiento presupuestario."[72]

O Tratado de Maastricht confirmou a evolução em matéria orçamentária declarando no art. 201º, *verbis*: "O orçamento é integralmente financiado por recursos próprios, sem prejuízo de outras receitas". Essas outras receitas aludidas no dispositivo são, por exemplo, os impostos cobrados sobre a remuneração dos funcionários da Comunidade, as multas previstas no art. 87º, os ingressos provenientes da venda de publicações, dentre outros, e não excluem a possibilidade de haver transferências dos Estados-membros à União, tal como se dava no início das receitas comunitárias.

Atualmente, as conclusões adotadas pelo denominado "Pacote Delors II" prevêem algumas alterações em termos de receitas comunitárias, que deverão ser adotadas no período de 1995-1999, como, por exemplo, o retorno da taxa do IVA para 1%. Talvez rumo a uma *Europa Federal...*

*2.4.2.2 As despesas* – Como dissemos, a contrapartida lógica das receitas são as despesas. Portanto, é plenamente explicável que as receitas próprias da Comunidade tenham endereço determinado, justamente em função da característica de substituição de atribuições de que se reveste a União Européia em relação aos seus Estados-membros.

As áreas de intervenção financeira das Comunidades também têm se multiplicado ao longo dos anos, quer quantitativa, quer qualitativamente. Podemos classificá-las em dois grandes grupos: despesas obrigatórias e despesas não-obrigatórias.

As primeiras foram definidas pela Declaração comum do Parlamento Europeu, do Conselho e da Comissão, de 30.6.82, "como as despesas que a autoridade orçamental é obrigada a inscrever no orçamento para permitir à Comunidade respeitar as suas obrigações internas e externas que resultem dos tratados ou atos adotados por força destes. As outras são não-obrigatórias".

De modo geral, as despesas obrigatórias são: as despesas do âmbito do FEOGA (Fundo Europeu de Orientação e Garantia Agrícola) na área de Garantia; os reembol-

70. Antônio L. de Sousa Franco e outros, *Finanças Européias*, p. 95.

71. Para Strasser, este aumento do IVA é diretamente ligado à concessão do benefício dos mecanismos financeiros corretores ao Reino Unido.

72. Araceli Mangas Martín e Diego J. Linan Nogueras, *Instituciones...*, p. 223.

sos e auxílios aos Estados-membros; e as diferentes rubricas destinadas à política pesqueira e à cooperação com os países terceiros, que respondem às obrigações financeiras da Comunidade decorrentes de acordos externos.

Já as não-obrigatórias englobam: as despesas decorrentes da atuação dos fundos estruturais e das políticas de coesão: FEOGA—Orientação e FEDER (Fundo Europeu de Desenvolvimento Regional), Fundo Social e Fundo de Coesão, dotações para intervenção nos domínios da energia, da indústria e da navegação; e despesas de funcionamento. Com relação a estas despesas, sobre as quais o Parlamento Europeu tem maior poder de alteração das verbas,[73] incide a denominada TMA (Taxa Mínima de Aumento), fixada anualmente pela Comissão e que limita o aumento de tais despesas para o orçamento seguinte.

*2.4.2.3 A elaboração do orçamento comunitário passo a passo* – O exercício orçamentário da União Européia coincide com o ano natural, ou seja, começa a 1º de janeiro e se encerra em 31 de dezembro (art. 203º-TCE).[74] Os Tratados prevêem que, a cada ano, e com vistas ao orçamento do ano seguinte, cada instituição elabore, antes de 1º de junho, uma previsão de suas despesas e a remeta à Comissão.

A Comissão reunirá essas previsões num anteprojeto de orçamento, que será transmitido ao Conselho até 1º de setembro do ano que antecede a execução do orçamento (*princípio da anterioridade*), e que compreenderá:

– as previsões realizadas por cada instituição;

– um parecer dando sua opinião a respeito dessas previsões e, eventualmente, contendo previsões diferentes;

– uma previsão de receitas e despesas.

O Conselho, consultando a Comissão e as demais instituições, caso queira se afastar do anteprojeto, elaborará, deliberando por maioria qualificada, o projeto de orçamento e encaminhá-lo-á ao Parlamento Europeu, até 5 de outubro.

Em face deste projeto, o Parlamento, no prazo de 45 dias, poderá:

– aprová-lo integralmente, expressa ou tacitamente (no caso de não se manifestar no referido prazo);

– introduzir alterações ou propor modificações no projeto de orçamento.[75]

Alterado o projeto e/ou feitas propostas de modificação, o Parlamento remetê-lo-á novamente ao Conselho (encerra-se a chamada 1ª leitura).

Na segunda leitura, o Conselho, conjuntamente com a Comissão e, se necessário, com os representantes das outras instituições interessadas, terá 15 dias para apre-

73. A respeito, cf. nota 76.

74. É o denominado princípio da *anualidade*. Além dele, o orçamento comunitário está sujeito a outros princípios, a saber: *unidade* (pelo qual um único orçamento engloba todas as receitas e despesas das instituições, programas, fundos etc.); *universalidade* (significando que o conjunto de receitas cobre o conjunto de gastos, vedada a afetação de qualquer recurso a determinada despesa, especificamente); *equilíbrio orçamental* (pelo qual as despesas e receitas devem ser equilibradas); *especialidade* (significando que cada dotação orçamentária deve ter uma destinação determinada, possibilitando o respeito à vontade das autoridades orçamentais e a transparência para o posterior controle da execução orçamentária).

75. No que concerne às despesas obrigatórias, o Parlamento somente pode propor, por maioria qualificada dos seus membros, modificações no projeto. Se tais modificações não objetivarem o aumento do montante global das despesas de uma instituição, considerar-se-ão aprovadas se o Conselho não as rejeitar por maioria qualificada. Se, pelo contrário, implicarem esse aumento, somente prevalecerão se obtiveram aceitação pelo Conselho, deliberando também por maioria qualificada.

Com relação às despesas não-obrigatórias, os poderes do Parlamento são maiores. Ele pode introduzir modificações nas verbas respectivas, por maioria. O Conselho poderá aprovar, rejeitar ou modificar essas emendas, mas mesmo assim a palavra final compete ao Parlamento, que deliberará, em definitivo, por maioria dos seus membros e por três quintos dos sufrágios expressos.

ciar o projeto enviado pelo Parlamento e decidirá:

– se não modifica as emendas e se aceita as propostas de modificação; nessa hipótese, que até 1996 nunca ocorreu, o Parlamento aprovará definitivamente o orçamento;

– se não aceita, rejeitando ou alterando as propostas de modificação feitas pelo Parlamento;

– se modifica as alterações introduzidas no projeto pelo Parlamento Europeu, que será informado a respeito.

A não-aceitação da propostas é definitiva; mas não é assim a modificação das alterações adotadas pelo Parlamento Europeu.

O Parlamento, então, recebe o projeto do Conselho e poderá:

– aceitar a posição do Conselho com relação à rejeição das suas propostas ou com relação às modificações das alterações por ele (Parlamento) introduzidas. Neste caso, o orçamento estará pronto de acordo com o projeto aprovado pelo Conselho em 2ª leitura;

– alterar ou rejeitar as modificações procedidas pelo Conselho às alterações previamente aprovadas pelo Parlamento, considerando-se como aprovado de acordo com a 2ª leitura do Parlamento;

– rejeitar o orçamento, se considerar inaceitável a posição segunda adotada pelo Conselho em relação às propostas de modificação aprovadas por ele (Parlamento).

Caso o Parlamento rejeite a proposta de orçamento e o exercício financeiro se inicie sem a sua existência, as despesas podem ser efetuadas mensalmente, por capítulo ou segundo subdivisão, em conformidade com regulamentação adotada por força do art. 209º, e até o limite de um duodécimo dos créditos abertos no orçamento do ano financeiro anterior. Esta medida não tem o condão de colocar à disposição da Comissão créditos superiores ao duodécimo dos previstos no projeto de orçamento em preparação, a não ser que o Conselho, deliberando por maioria qualificada, autorize (art. 204º).

"O Conselho pode autorizar a efectivação das despesas superiores ao limite do duodécimo, mas, no caso de despesas não obrigatórias, o terceiro parágrafo condiciona tal possibilidade à concordância do Parlamento Europeu. Este mecanismo, que não é teoricamente complicado, pode na prática gerar dificuldades em situações de crise. Tendo havido rejeição do projecto de orçamento (assim levando ao regime dos duodécimos) uma crise interinstitucional tenderá provavelmente a agravar-se, com o Parlamento Europeu tendo interesse em dificultar a gestão da vida comunitária para forçar a um novo projeto de orçamento mais conforme com os seus desejos, com o Conselho procurando afastar-se o mínimo possível das teses do seu rejeitado projeto de orçamento, e com a Comissão a não querer ver-se sujeita às restrições consubstanciadas no regime dos duodécimos."[76-77]

*2.4.2.4 A execução do orçamento* – Os poderes gerais de execução orçamentária, no âmbito das Comunidades, são atribuídos à Comissão, que deverá fazê-lo sob sua responsabilidade e até os limites dos créditos autorizados. Para tanto, vincula-se ao *princípio da boa gestão econômica e financeira* e de acordo com o Regulamento Financeiro e as formas específicas de participação do restante das instituições.

Não obstante esse amplo poder de execução orçamentária, a Comissão está subordinada a certos *limites*: de um lado, pelo *princípio da autonomia institucional*, não tem competência para executar as seções do orçamento correspondente às outras instituições, competindo-lhe apenas providenciar o repasse. Por outro lado, quando executa atos por atribuição do Conselho, estará submetida, segundo os casos, aos Comitês de seguimento.

76. Laureano, ob. cit., p. 563.

77. Para uma visualização gráfica do processo orçamentário da União Européia, cf. Campos, pp. 439-440.

A execução do orçamento está adstrita, no cerne da Comissão, ao princípio da separação das funções, entre aqueles que ordenam o ingresso das receitas e as despesas (*ordenadores*), os que realizam as cobranças e os pagamentos (*contábeis*) e os que controlam internamente as operações de execução (*interventores*).[78]

*2.4.2.5 O controle externo da União Européia* – Intervêm no controle externo da União Européia o Parlamento Europeu, o Conselho e o Tribunal de Contas. Reza o art. 205º-A: "A Comissão apresentará, todos os anos, ao Conselho e ao Parlamento Europeu as contas do ano financeiro findo relativas às operações orçamentais. A Comissão comunicar-lhes-á, além disso, um balanço financeiro que descreva o ativo e o passivo da Comunidade".

Atualmente, o controle parlamentar (político e externo) sobre a execução do orçamento, impulsionado com o advento do Tratado de Bruxelas, de 22.7.75 (Tratado Orçamental), dá-se em dois momentos distintos: durante o próprio exercício financeiro (controle concomitante) e um ano após a sua execução (controle posterior).

Para que se efetive o controle concomitantemente, a Comissão envia, trimestralmente, ao Parlamento um informativo sobre a execução do orçamento. Estes são, pois, levados a debate na Comissão de Controle Orçamentário que, no mês de novembro, promove um debate geral sobre o orçamento em curso.

Terminado o exercício, será submetida ao crivo do Parlamento a gestão financeira e orçamentária das Comunidades. Para isso, a Comissão envia, conforme apontado *supra*, ao Parlamento e ao Conselho, até 1º de junho do ano seguinte, os documentos relativos ao fechamento de suas contas de gestão e os balancetes financeiros demonstrativos do ativo e do passivo das Comunidades. Por sua parte, o Tribunal de Contas também enviará aos órgãos orçamentais seu relatório anual, acompanhado das respostas das instituições fiscalizadas às suas observações, quaisquer relatórios especiais pertinentes do referido Tribunal, além de uma declaração de garantia de fiabilidade das contas, de regularidade e legalidade das operações.

O Parlamento, então, sob recomendação do Conselho, que delibera por maioria qualificada, dá quitação à Comissão quanto à execução do orçamento, podendo, antes de se manifestar, pedir esclarecimentos a esta.

A Comissão deverá tomar todas as medidas que acompanhem a decisão de quitação e as demais observações dos órgãos de fiscalização orçamental, apresentando, a pedido destes, um relatório acerca do cumprimento dessas determinações (art. 206º, n. 3).

Questiona-se acerca da conseqüência da recusa de quitação. Todavia, inexiste norma expressa a respeito, levando-nos a concluir que, somente através de uma *moção de censura* à Comissão, poder-se-iam ser penalizados os responsáveis.

Esse procedimento a que está submetida a prestação de contas das Comunidades tem, como visto, a participação do Tribunal de Contas, isto é, conta com a sua participação como *assistente do Parlamento Europeu e do Conselho no exercício da respectiva função de controle da execução orçamentária* (art. 188º-C, n. 4, § 4º, do Tratado CEE).

78. "Los ordenadores gestionan los créditos, comprometen los gastos, reconocen la titularidad del derecho y ordenan los pagos y los cobros. Cumplen esta misión en el seño de la Comisión sus servicios operativos; es decir, el presidente, los comisarios y las direcciones generales. Los contables realizan materialmente la operación del cobro o del pago.

"Por su parte, la Comisión cuenta con un control interno en la ejecución del pressupuesto que desempeñala Dirección General de Control Financiero; son los interventores. Estos deben controlar todas las operaciones de ejecución presupuestarias, desde el compromiso del gasto com la ordenación del pago, pudiendo plantar recursos ante el TJCE en su ámbito de acción" (Martín e Nogueras, ob. cit., p. 23).

### *2.5 As atribuições do Tribunal de Contas da União Européia*

As atribuições afetas ao Tribunal de Contas são definidas no art. 188º-C do Tratado institutivo da CEE, após a revisão de Maastricht (completado pelo Regulamento Financeiro). De acordo com tais disposições, ao Tribunal de Contas compete uma gama de atribuições.

*Examinar as contas da totalidade das receitas e despesas das Comunidades,* quer sejam elas orçamentais ou não, bem como a totalidade das receitas e despesas de qualquer organismo criado pela Comunidade, na medida em que o respectivo ato constitutivo não exclua esse exame.

Parece-nos que o exame a que faz menção esse artigo diz respeito a aspectos relacionados com a operacionalização contábil das receitas e das despesas das Comunidades.

Como se vê, nesse aspecto, o controle do Tribunal de Contas tem uma acepção lata, estando excluídas do seu crivo apenas as receitas e as despesas dos organismos criados pela Comunidade que tenham por disposição expressa no ato constitutivo tal previsão.

Aliás, não nos parece muito adequada essa ressalva. Porque, se as receitas e as despesas de toda a Comunidade e, por conseguinte, de suas instituições estão sujeitas ao exame do Tribunal de Contas, há razão para que organismos de menor importância no seio da União possam escapar a esse controle? Causa-nos no mínimo estranheza.[79]

O parágrafo 1º do art. 188º-C do Tratado da CEE traz consigo, ainda, uma inovação com relação à redação anterior a Maastricht e prevê que "o Tribunal de Contas envia ao Conselho e ao Parlamento Europeu uma declaração sobre a fiabilidade das contas e a regularidade e legalidade das operações a que elas se referem". Para Gonçalves do Cabo,[80] esta declaração constitui matéria distinta do exame das contas, abrangendo tão-somente aspectos de regularidade financeiro-contabilística.

A nós, nos parece que o mandamento constante desse parágrafo melhor se coadunaria com o constante do 2º parágrafo: "O Tribunal de Contas examina a legalidade e a regularidade das receitas e despesas e garante a boa gestão financeira". Isto é, além do exame do aspecto formal (financeiro-contábil) relativo às contas das receitas e despesas da Comunidade, deve o Tribunal se manifestar acerca da atenção à legalidade e regularidade dessas receitas e despesas (relativamente ao Direito Comunitário), assegurando a gestão financeira (economicidade, eficiência e eficácia). Depois, portanto, a *declaração de fiabilidade* seria prestada e encaminhada ao Conselho e ao Parlamento.

A fiscalização feita pelo Tribunal baseia-se em documentos e, caso seja necessário, podem ser feitas *inspeções in loco* junto das outras instituições e nos Estados-membros. A fiscalização nestes é feita em colaboração com as instituições de fiscalização nacionais ou, se estas não tiverem competência para tal, com os serviços nacionais competentes (art. 188º-C, n. 3).

Como visto no tópico anterior, ao Tribunal de Contas incumbe, após o encerramento de cada exercício financeiro, a elaboração de um relatório anual sobre a gestão do orçamento geral das Comunidades, a ser transmitido às outras instituições e publicado no *Jornal Oficial das Comunidades Européias*, acompanhado das respostas das referidas instituições às observações por ele procedidas (art. 188º-C, n. 2). Apresentará também um relatório anual sobre a CECA, FED e organismos periféricos.

79. Sérgio Gonçalves do Cabo tem opinião no mesmo sentido, *verbis*: "Esta solução é, a nosso ver, extremamente criticável na medida em que deixa 'ao sabor do legislador ordinário' a concretização dos poderes de fiscalização financeira do Tribunal, numa matéria sensível como é a do controle financeiro da administração comunitária indireta ou descentralizada" (*A Fiscalização...*, p. 498).

80. Ob. cit., p. 497.

Poderá, ainda, apresentar, *motu proprio* ou sob provocação de outra instituição, a qualquer tempo, relatórios especiais sobre aspectos particulares de controle externo (art. 188º-C, n. 4).

Outra atribuição do Tribunal de Contas é de natureza consultiva. "A competência consultiva do Tribunal concretiza-se na elaboração de pareceres que não se referem à verificação de contas propriamente ditas, mas que recaem sobre os actos jurídicos ainda em fase de projecto".[81] Assim, o Tribunal de Contas participa do processo legislativo comunitário.

Esses pareceres podem ser obrigatórios, facultativos ou espontâneos.

O parecer será obrigatório nos casos previstos nos Tratados (*v.g.*, art. 209º do Tratado da CEE), a saber:

"O Conselho, deliberando por unanimidade, sob proposta da Comissão e após consulta ao Parlamento Europeu e parecer do Tribunal de Contas:

"a) adota a regulamentação financeira que especifique nomeadamente as modalidades relativas à elaboração e execução do orçamento e à prestação e fiscalização das contas;

"b) fixa a modalidade e o processo segundo os quais as receitas orçamentais previstas no regime dos recursos próprios da Comunidade são colocadas à disposição da Comissão e estabelece as medidas a aplicar para fazer face, se necessário, às necessidades de tesouraria;

"c) determina as regras relativas à responsabilidade dos auditores financeiros, dos ordenadores orçamentais e dos contabilistas."

Os pareceres facultativos são aqueles formulados em virtude de requerimento elaborado por qualquer outra instituição comunitária (art. 188º-C, n. 4, § 3º). Mas pode o Tribunal, por iniciativa própria, elaborar esses pareceres ditos espontâneos, tal como anotam com propriedade Martín e Nogueras:[82] "(...) su competencia consultiva no depende únicamente de la petición preceptiva o facultativa por las instituciones, pues el Tribunal de Cuentas podría, por iniciativa y en todo momento, expressar sus observaciones sobre cuestiones particulares".

Ao lado dessas competências o Tribunal de Contas possui outra, já por nós apontada, que consiste em assistir o Parlamento Europeu e o Conselho no exercício da respectiva função de controle da execução do orçamento (art. 188º-C, n. 4, § 4º).

Vistas as competências atribuídas ao Tribunal de Contas, podemos caracterizar o seu controle como um controle basicamente *a posteriori*, muito embora possa se dar o mais próximo possível do fato gerador da receita e da despesa. Analisando não só a legalidade e a regularidade das contas, como também a boa gestão financeira (economicidade, eficácia e eficiência) e o fiel cumprimento do orçamento, "(...) o controle externo no ordenamento comunitário, está evolvendo dos limites do *controle freio* para uma configuração sempre mais ampla e nítida de *controle impulso*. A expressão *controle freio* refere-se a um controle na acepção de limite, que o controlado não pode transpor e que, em muitos casos, configura-se apenas como um freio objetivo à atividade regular do controlado; por outro lado, a expressão *controle impulso* refere-se aos procedimentos em que o órgão de controle se atribuía função de assegurar a convergência de cada esforço em direção ao fim prefixado, bem como estimular indicativamente o modo para o controlador atingir tal fim"[83] (grifos do autor).

### *2.6 Breves considerações sobre o Mercosul*

Como vimos, emergiu no cenário mundial um novo organismo jus-político, a

81. Antônio L. de Sousa Franco e José Tavares, *Tribunal de Contas...*, p. 114.

82. Ob. cit., p. 235.

83. Gualazzi, ob. cit., p. 148.

União Européia, que não encontra paradigma na história. Não obstante, outras tentativas de integração ensaiam o seu nascimento e crescimento, dentre os quais o Mercosul.

Longe de ter o nível de integração que apresenta, hodiernamente, a União Européia, o Mercosul surge como uma tentativa de os países do Cone Sul — Argentina, Brasil, Paraguai e Uruguai — enfrentarem o processo de globalização, visando à constituição, *a médio prazo e a rasos passos*, de um Mercado Comum entre os partícipes.

2.6.1 Antecedentes históricos e formação do Mercosul

Os ideais de unificação da América Latina, principalmente hispânica, remontam às figuras de Simon Bolívar, o Libertador, que já em 22 de junho de 1826, objetivava a reunião da antes "América Espanhola", fragmentada com os movimentos de independência, e Francisco Morazán, que percorria o mesmo caminho na América Central.

Todavia, somente no Congresso de Washington (1889-1890), sob o comando dos EUA, erguer-se-ia a bandeira da criação de uma união aduaneira no continente americano. Esse esforço de integração, não obstante seu insucesso, serviu para abrir o dique que, posteriormente, desaguaria na criação da OEA (Organização dos Estados Americanos).

O tempo se encarregou de demonstrar que esta e outras organizações internacionais de caráter eminentemente político não trariam consigo força motriz suficiente para conduzir à criação de mercados regionais, razão pela qual, em pouco tempo, começaram a surgir instituições com objetivo tão-somente de integração econômica na América Latina.[84]

Entre essas instituições, sem dúvida, merece destaque a ALALC, criada pelo Tratado de Montevidéu, de 18.2.60, assinado pela Argentina, Brasil, Chile, Uruguai, México, Paraguai, Peru e, posteriormente, Bolívia, Colômbia, Equador e Venezuela, com o intuito de se estabelecer uma Zona de Livre Comércio entre os partícipes. Após um surto inicial, em razão de dificuldades sócio-econômicas dos países-membros, a ALALC foi substituída pela ALADI, mediante o Tratado de Montevidéu de 1980.

"O Tratado de Montevidéu de 1980 criou diversos mecanismos, que visavam à liberação do intercâmbio comercial intrarregional, sobretudo através da redução de barreiras tarifárias, com o estabelecimento de margens de natureza regional e, com a eliminação de barreiras não-tarifárias. (...) O desmantelamento das barreiras não-tarifárias, prometido em princípios da década de 80, sempre tropeçou na continuada Política Econômica Protecionista da maior parte dos países da região (...)."[85]

O sucesso da União Européia voltaria, em meados da década de 80, a impulsionar a integração dos países do Cone Sul, culminando, primeiramente, na assinatura do Tratado de Integração, Cooperação e Desenvolvimento entre Brasil e Argentina (1988) e, depois, na assinatura do Tratado de Assunção, a 26.3.91, instituidor do denominado Mercado Comum do Sul — o Mercosul, que "deve ser considerado como um novo avanço no esforço tendente ao desenvolvimento progressivo da integração da América Latina, conforme o objetivo do Tratado de Montevidéu de 1980".[86]

84. São exemplos dessas instituições: a CEPAL-Comissão Econômica para a América Latina, em 1948; a ALALC-Associação Latino-Americana de Livre Comércio, em 1960; a CECLA-Comissão Especial de Coordenação Latino-Americana, em 1963; o INTAL-Instituto para Integração da América Latina, em 1964; o CARICON-Comunidade do Caribe, em 1973; o SELA-Sistema Econômico Latino-Americano, em 1975; e a ALADI-Associação Latino-Americana de Integração, em 1980.

85. Silva, ob. cit., p. 223.

86. Parte integrante do preâmbulo do Tratado de Assunção.

Posteriormente ao Tratado de Assunção, jungiram-se os Protocolos de Brasília, em 17.9.94, e de Ouro Preto, assinado a 17 de dezembro do mesmo ano, e, recentemente, o Protocolo de Fortaleza, de dezembro de 1996.

2.6.2 A natureza jurídica do Mercosul

Moreira Neto[87] anota que o Mercosul é, a um só tempo, uma *meta* e um *caminho* no intuito de se formar um mercado comum[88] entre os Estados signatários do Tratado de Assunção. Trata-se de um *acordo parcial de integração econômica.*

Valendo-nos dos modelos de integração econômica existentes: zona de livre comércio, união aduaneira, mercado comum e comunidade econômica,[89] podemos afirmar que o Mercosul, atualmente, caracteriza-se como uma *união aduaneira imperfeita,* posto que, para a implantação total do Protocolo de Ouro Preto, resta a instituição da livre circulação de bens e fatores produtivos.

O art. 34 do Protocolo de Ouro Preto reza que "o Mercosul terá personalidade jurídica de Direito Internacional", significando que tem a competência para, no uso de suas atribuições, praticar os atos necessários à consecução de suas finalidades, especialmente contratar, adquirir e alienar patrimônio, ingressar em juízo, conservar fundos e proceder a transferências.

2.6.3 A estrutura orgânica do Mercosul

Após o advento do Protocolo de Ouro Preto, a estrutura institucional[90] do Mercosul, aliás nitidamente espelhada na União Européia, apresenta-se da seguinte forma:

– *Conselho do Mercado Comum* (CMC), órgão superior do Mercosul ao qual incumbe a condução política do processo de integração e a tomada de decisões para assegurar o cumprimento dos objetivos estabelecidos pelo Tratado de Assunção e para lograr a constituição final do mercado comum (art. 3º do Protocolo de Ouro Preto). É integrado pelos Ministros das Relações Exteriores e pelos Ministros da Economia, ou seus equivalentes, dos Estados-partes (art. 4º).

– *Grupo Mercado Comum* (GMC), órgão executivo do Mercosul (art. 10 do Protocolo de Ouro Preto), integrado por quatro membros titulares e quatro alternos por países, designados pelos respectivos governos, dentre os quais devem constar necessariamente representantes dos Ministérios da Economia (ou equivalentes) e dos Bancos Centrais. O Grupo Mercado Comum será coordenado pelos Ministérios das Relações Exteriores. Compete-lhe, sobretudo, dentre outras atribuições de natureza executiva, velar pelo cumprimento do Tratado e seus anexos, *adotar resoluções em matéria financeira e orçamentária com base nas orientações emanadas do CMC* (art. 14), sendo que suas resoluções são obrigatórias para os Estados-partes (art. 15).[91]

87. Ob. cit., p. 215.

88. Pelo art. 1º do Tratado de Assunção, esse mercado deveria ser constituído até 31.12.94. Antes, todavia, no ato da assinatura do Protocolo de Ouro Preto, reconhecida essa impossibilidade, os Estados-partes reconheceram o avanço do Mercosul, como uma união aduaneira e etapa para formação do Mercado Comum.

89. A respeito, cf. Isabel Vaz, "A formação...", pp. 87-124; e Tancredo Rocha Júnior, "Mercosul:...", pp. 143-150.

90. Os órgãos com capacidade decisória, de natureza intergovernamental são o CMC, o GMC e a CCM.

91. "Como se observa, trata-se de um típico órgão governamental misto dos Estados-membros e não, como se deveria esperar, de agentes do Mercosul, investidos em atribuições próprias e autônomas para executar a vontade objetiva do Tratado.

"Em se tratando de órgãos dessa natureza, torna-se juridicamente impossível falar-se em decisões ou resoluções com valor de atos autônomos no sistema do Mercosul. São todos, como adequadamente observa José Ângelo Estrella Faria meros 'atos das

– *Comissão do Comércio do Mercosul* (CCM), órgão responsável por assistir o GMC, ao qual compete velar pela aplicação dos instrumentos de política comercial comum, acordados pelos Estados-partes, para o funcionamento da união aduaneira, bem como acompanhar e revisar os temas e matérias relacionados com as políticas comerciais comuns, com o comércio intra-Mercosul e com terceiros países (art. 16 do Protocolo de Ouro Preto). É integrada por quatro membros titulares e quatro membros alternos por Estado-parte e será coordenada pelos Ministros das Relações Exteriores. A CCM se manifesta, nos termos do art. 20, por meio de diretrizes ou propostas, sendo as primeiras obrigatórias para os países-partes. Tem, ainda, uma espécie de função de *ombudsman,* prevista no art. 21.

– *Comissão Parlamentar Conjunta* (CPC) — que é o órgão representativo dos Parlamentos dos Estados-partes no âmbito do Mercosul (art. 22 do Protocolo de Ouro Preto). Os Estados-partes têm o mesmo número de representantes na CPC, que são designados pelos Parlamentos nacionais. Sua função precípua é acelerar os procedimentos internos correspondentes nos Estados-partes para a pronta entrada em vigor das normas emanadas do CMC, GMC e CCM, bem como coadjuvar na harmonização das legislações e examinar temas prioritários por intermédio do GMC. Mister ressaltarmos que o Regulamento da Comissão Parlamentar Conjunta, de 6.12.92, dispõe sobre a futura criação de um Parlamento do Mercosul, nos moldes do Parlamento Europeu, manifestação primeva da instalação de organismos supranacionais no Mercosul.

– *Foro Consultivo Econômico e Social* (FCES), órgão de representação dos setores econômicos e sociais,[92] integrado por igual número de representações de cada Estado-parte (art. 28 do Protocolo de Ouro Preto). Tem função consultiva e manifesta-se mediante "recomendações" dirigidas ao GMC.

– *Secretaria Administrativa do Mercosul* (SAM), órgão de apoio operacional, responsável pela prestação de serviços aos demais órgãos do Mercosul, com sede em Montevidéu (art. 31 do Protocolo de Ouro Preto). A Secretaria Administrativa do Mercosul fica a cargo de um diretor de nacionalidade proveniente de um dos Estados-partes, eleito mediante um processo de co-decisão: eleição pelo GMC, em bases rotativas, após consulta prévia aos Estados-partes, e designação pelo CMC, para um mandato de dois anos, vedada a reeleição. A SAM possui atribuições de relevo dentro da estrutura institucional do Mercosul, que estão previstas no art. 32, dentre as quais destacam-se: arquivar a documentação do Mercosul; dar publicidade (em português e espanhol) às decisões dos órgãos institucionais; organizar os aspectos logísticos das reuniões do Mercosul; informar os Estados-partes acerca de harmonizações internas de legislação; registrar as listas de árbitros; *elaborar o seu projeto de orçamento; e, uma vez aprovado pelo GMC e pela CCM, praticar os atos necessários à sua correta execução e apresentar anualmente ao GMC a sua prestação de contas, bem como o relatório de suas atividades* (art. 32).

No âmbito estrutural do Mercosul existem, também, os denominados subgrupos de trabalho, criados pelo Protocolo de Ouro Preto, que são responsáveis, cada qual, por um determinado setor: Comunicação (1), Mineração (2), Regulamentos Técnicos (3), Assuntos Financeiros (4), Transportes e Infra-estrutura (5), Meio Ambiente (6), Indústria (7), Agricultura (8), Política Energética (9) e Assuntos Trabalhistas, Emprego e Seguridade Social (10).

partes contratantes', assimiláveis ao gênero dos tratados e acordos internacionais" (Moreira Neto, ob. cit., p. 217).

92. Esses setores podem ser Confederações, Federações, entidades de classe, sindicatos etc.

### 2.6.4 O orçamento do Mercosul

A exemplo do que ocorreu com a CEE e a EURATOM[93] na sua gênese, as receitas do Mercosul não são receitas próprias: são inteiramente advindas de contribuições paritárias dos Estados-partes (art. 45 do Protocolo de Ouro Preto).

O seu orçamento é destinado a cobrir gastos de funcionamento e outros determinados pelo GMC.

A Secretaria Administrativa do Mercosul é responsável por elaborar o projeto orçamentário, que será submetido à aprovação pelo GMC, bem como pela fiel execução do orçamento. Compete-lhe, ainda, prestar, anualmente, suas contas ao GMC (órgão responsável pelo controle externo da execução orçamentária).

Nos Tratados constitutivos do Mercosul e seus correlatos não há qualquer previsão de penalidade por uma eventual insatisfação do GMC frente às contas prestadas pela SAM.

### 2.6.5 Fechamento

Não obstante as dificuldades do processo de integração, o Mercosul é uma realidade que não pode ser desprezada, principalmente pelo Brasil.

É ele, atualmente, o 2º parceiro brasileiro em termos de importações, sua implementação propiciou, dentre outros benefícios, o incremento da concorrência em vários setores, a melhora da qualidade dos produtos, o barateamento dos preços ao consumidor etc.

Entretanto, os resultados positivos do Mercosul parecem preocupar os governantes da terra do *Tio Sam.* Tendo como pano de fundo a denominada ALCA—Área de Livre Comércio das Américas, os EUA pretendem estabelecer nas Américas (à exceção de Cuba), uma zona de livre comércio continental, nos moldes do NAFTA (*North American Free Trade Agreement*), sob seu comando, num esforço comparável à antes difundida *Doutrina Monroe — América para os Americanos* (do norte).

Aliás, essa preocupação se manifesta, também, na recente elevação da Argentina a aliado especial dos EUA, com objetivos implícitos que confrontam com os interesses do Mercosul.

Vislumbramos, nessas tentativas, escopo comparável ao do Reino Unido com a criação da EFTA (*European Free Trade Association*), em 4.1.60, face ao sucesso que já apresentavam as Comunidades Européias, à época.[94]

O estabelecimento da ALCA, em nosso sentir, acabaria por diluir (leia-se destruir) o Mercosul, haja vista os objetivos menores de uma zona de livre comércio (a ALCA), se comparados aos de uma união aduaneira, ainda que imperfeita (o Mercosul).[95]

Em vista disso, é merecedora de aplausos a posição de resistência do Brasil face à implantação da ALCA que, indubitavelmente, favorecerá aos interesses escusos dos Estados Unidos da América.

## 3. *Conclusão*

O sucesso da União Européia e os reflexos que a sua concepção apresenta no cenário das relações jus-políticas e econômicas internacionais impõem aos estudiosos do Direito a necessidade de meditação

93. Lembre-se que a CECA, desde a sua constituição, contou com receitas próprias: a taxa CECA.

94. A respeito, vide nota 23.

95. Na zona de livre comércio, os Estados-partes concordam em suprimir, paulatinamente, as barreiras incidentes sobre os produtos negociados no seu âmbito, deixando, porém, a cada qual desses Estados a definição acerca de sua política interna, bem como no que toca à política comercial com os países não associados. A união aduaneira é um estágio além da zona de livre comércio que engloba não só o que esta propicia, mas também a adoção pelos Estados-partes de uma pauta aduaneira comum para as importações provenientes dos espaços alheios ao da união.

acerca da existência de um ramo do Direito: o Direito da integração, gênero do qual é espécie o Direito Comunitário.

Fulcrado em princípios próprios,[96] esse novel ramo do Direito tem caráter multidisciplinar, irradiando suas malhas pelos Direitos Constitucional, Administrativo (nesse, inserindo-se a questão relativa ao controle), Tributário, Econômico, Financeiro, Comercial, do Trabalho, enfim, por todas as searas do Direito. Esta correlação por si só seria suficiente para se escrever outro trabalho como o presente, razão pela qual nos furtamos a enfrentar no momento.

Volvidos à gênese e à evolução das Comunidade Européias, pudemos constatar que o *processo de integração do Velho Continente é diretamente proporcional ao aumento da capacidade financeira das Comunidades.* As receitas próprias, o orçamento unificado e o aumento das competências orçamentais do Parlamento possibilitaram uma maior imparcialidade e independência da União com relação aos Estados-membros, possibilitando fossem colocadas em prática as políticas européias traçadas pelas instituições comunitárias.

A partir do momento em que as finanças européias alcançaram um nível significativo, fez-se necessária a constituição de um organismo neutro e descomprometido, cercado de garantias, com o intuito de auxiliar o Parlamento e o Conselho na difícil função de exercer o controle externo da União — o Tribunal de Contas. Como vimos, o Tratado de Maastricht, reconhecendo a importância do Tribunal de Contas, elevou-o ao patamar de quinta instituição comunitária.

Ao controle externo da União Européia, socorrem como apontado, o Conselho, o Parlamento e o Tribunal de Contas, num processo que podemos entender de *correlação.* Mesmo existindo esse sistema, merecem ser levantadas algumas críticas ao controle externo das Comunidades, tal como posto no Direito Comunitário:

– a inexistência de sanção expressa nos Tratados àqueles cujas contas não sejam aprovadas pelos órgãos responsáveis pelo controle;

– o caráter meramente opinativo do Tribunal de Contas na sua declaração de fiabilidade das contas;

– a possibilidade de exclusão, do controle do Tribunal de Contas, das contas de organismos criados no âmbito comunitário, quando os atos constitutivos assim o determinem, principalmente no que toca aos fundos europeus.

Por um lado, é certo que o Tribunal de Contas Europeu se viu fortalecido ao longo do caminho da integração, mas acreditamos seja necessário dotá-lo de instrumentos capazes de, além das publicações de seus pareceres no *Diário Oficial das Comunidades Européias*, fazer valer suas decisões, talvez transformando-o numa verdadeira instância jurisdicional de contas que fiscalize, com definitividade, não só a legalidade ou a formalidade das prestações de contas, mas a legitimidade da aplicação dos recursos europeus, a eficácia, a efetividade e a eficiência dessas operações.

Relativamente ao Mercosul, os recursos a ele vertidos procedem dos próprios Estados-partes, e estas transferências são fiscalizadas pelos organismos responsáveis pelo controle no âmbito de cada um. Já a sua aplicação no âmbito do Mercosul fica, como vimos, a cargo da SAM, que prestará contas e será fiscalizada pelo GMC. Frente a esse quadro, não vemos razões para que, *de lege data*, seja instituído um órgão téc-

96. Vários princípios norteiam a aplicação e interpretação do Direito da Integração e principalmente o Direito Comunitário. Como exemplos, podemos listar: *progressividade*, que denota a necessidade de conformação gradativa do espaço comunitário; *igualdade*, que implica não só na correspondência existente entre os Estados-partes, como também dos agentes econômicos privados; *solidariedade*, que determina que os Estados a um só tempo usufruam dos benefícios do processo de integração, mas que se comprometam, em contrapartida, a respeitar as regras comunitárias; *reciprocidade*, significando a correspondência mútua entre os Estados-partes.

nico de controle externo no seio do Mercosul.

*De lege ferenda*, caso venha a se concretizar a previsão de criação do Parlamento do Mercosul e a instalação de recursos próprios do mercado comum, talvez se torne necessária, a exemplo da União Européia, a criação de uma instituição para a fiscalização das receitas e despesas e da boa gestão econômico-financeira. Já há, inclusive, a nosso ver, o dispositivo que permite essa criação: o parágrafo único do art. 1º do Protocolo de Ouro Preto que diz que "poderão ser criados, nos termos do presente Protocolo, os órgãos auxiliares que se fizerem necessários à consecução dos objetivos do processo de integração".

Vislumbrando essa possibilidade, foi firmado *Memorandum de entendimentos entre as entidades fiscalizadoras superiores dos países do Mercado Comum do Sul (Mercosul),* firmado entre a Auditoria-Geral da Nação Argentina, o Tribunal de Contas da União (Brasil), a Controladoria-Geral da República Paraguaia e o Tribunal de Contas da República Oriental do Uruguai, objetivando estabelecer intercâmbio de informações e experiências técnicas, científicas e culturais para integração dessas instituições. Talvez apostando na transformação do Mercosul em espaço comunitário similar ao europeu.

O tempo nos dará as respostas...

### *4. Referências bibliográficas*


ALMEIDA, Sérgio Freitas de. "Controle externo e Mercosul", *Revista do Tribunal de Contas da União*, v. 27, n. 69, jul.-set./96.

ANAIS do *I Encontro Internacional de Fiscalização do Mercosul*, Curitiba, Tribunal de Contas do Estado do Paraná, 1995.

BARACHO, José Alfredo de Oliveira. "Teoria geral da soberania", *Revista Brasileira de Estudos Políticos* 63-64/7.138.

BORCHARDT, Klaus-Dieter. *O ABC do Direito Comunitário*, 4ª ed., Luxemburgo, Publicações Oficiais das Comunidades Européias, 1994.

CABO, Sérgio Gonçalves do. *A Fiscalização Financeira do Sector Empresarial do Estado por Tribunais de Contas ou Instituições Equivalentes*, Lisboa, Tribunal de Contas, 1993.

CAMPOS, João Mota de. *Direito Comunitário*, v. 1, 7ª ed., Lisboa, Fundação Calouste Gulbenkian, 1995.

CASELLA, Paulo Borba. *Comunidade Européia e seu Ordenamento Jurídico*, São Paulo, LTR, 1994.

COVAS, Antônio. *A Revisão do Tratado da União Européia: Contributos para a Conferência Intergovernamental de 1996*, Oeiras, Celta, 1996.

DROMI, Roberto. *Derecho Administrativo*, 5ª ed., Buenos Aires, Ediciones Ciudad Argentina, 1996.

DURVERGER, Maurice. *L'Europe dans tous ses États*, trad. Gonçalo Praça, Lisboa, Editorial Notícias, 1995.

FAGUNDES, Miguel de Seabra. *O Controle dos Atos Administrativos pelo Poder Judiciário*, 6ª ed., São Paulo, Saraiva, 1986.

FONTAINE, Paschal. *Dez Lições sobre a Europa*, 2ª ed., Luxemburgo, Publicações Oficiais das Comunidades Européias, 1995.

FRANCO, Antônio L. de Sousa. *A União Européia na Encruzilhada: Problemas Financeiros e Orçamentais da União Européia*, Coimbra, Almedina, 1996, pp. 21-44.

________. *Finanças públicas e Direito Financeiro*, v. 1, 4ª ed., Coimbra, Almedina, 1996.

________ e TAVARES, José. *Tribunal de Contas e Instituições Congêneres em Diferentes Países*, Lisboa, Tribunal de Contas, 1992.

________, LAVRADOR, Rodolfo Vasco, CALHEIROS, José Maria de Albuquerque e CABO, Sérgio Gonçalves. *Finanças Européias*, v. 1, Coimbra, Almedina, 1994.

GUALAZZI, Eduardo Lobo. *Regime Jurídico dos Tribunais de Contas*, São Paulo, Ed. RT, 1992.

GUERRA, Ana Maria. *Introdução do Estudo do Direito Comunitário*, Lisboa, Lex, 1995.

LAUREANO, Abel. *Regime Jurídico Fundamental da União Européia Anotado*, Lisboa, Quid Juris, 1997.

LEAL, Rosemiro Pereira. *Soberania e Mercado Mundial*, São Paulo, LED, 1996.

MARTÍN, Araceli Mangas e NOGUERAS, Diego J. Linan. *Instituciones y Derecho de la Unión Europea*, Madri, Mc Graw-Hill, 1996.

MARTINS, Ana Maria Guerra. *Introdução ao Estudo do Direito Comunitário*, Lisboa, Lex, 1995.

MOREIRA NETO, Diogo de Figueiredo. "Mercosul: minilateralismo e metaconstitucionalismo", *Revista de Informação Legislativa*, out.-dez./95.

PEREIRA, José Gomes Sá. *Direito Comunitário Institucional*, Porto, Ecla, 1997.

PEREIRA NETO, Mário. *Direito — Política — Economia das Comunidades Européias*, São Paulo, Aduaneiras, 1994.

QUADROS, Fausto de. *Direito das Comunidades Européias. Direito Internacional Público*, Lisboa, Almedina, 1991.

ROCHA JÚNIOR, Tancredo. "Mercosul: riscos de natureza jurídica à sua concretização", *Revista do Tribunal de Contas do Estado de Minas Gerais*, ano XII, n. 4, 1994, pp. 143-150.

SILVA, Roberto Luiz. *Direito Econômico Internacional e Direito Comunitário*, Belo Horizonte, Del Rey, 1995.

SOARES, Mário Lúcio Quintão. *Mercosul: Direitos Humanos, Globalização e Soberania*, Belo Horizonte, Inédita, 1997.

VALLÉE, Charles. *Le Droit des Communautés Européennes*, trad. Eduardo Saló, Lisboa, Editorial Notícias, 1995.

VAZ, Isabel. "A formação dos blocos econômicos e as revelações de concorrência no Mercosul", *Revista do Tribunal de Contas do Estado de Minas Gerais*, ano XIII, n. 1, 1995, pp. 87-124.

# TEXTOS VETORIAIS SOBRE A REFORMA ADMINISTRATIVA (Emenda Constitucional n. 19, de 4.6.98)

CARLOS PINTO COELHO MOTTA

Professor-Adjunto da PUC/MG – Procurador Aposentado do IPSEMG – Membro efetivo do Instituto dos Advogados Brasileiros-IAB – Professor do Curso de Aperfeiçoamento em Controle Externo do TCE/MG

*1. O momento, o modelo e os pressupostos da atual Reforma Constitucional/Administrativa: 1.1 Questões iniciais; 1.2 Evolução do ciclo reformista no Brasil; 1.3 A Constituição de 88; 1.4 Deficiências na implantação; 1.5 Modelo e pressupostos da atual proposta; 1.6 Crítica ao modelo; 1.7 Objetivos do presente trabalho. 2. Exame das alterações ao art. 37 da Constituição: 2.1 Âmbito das alterações; 2.2 Inclusão do princípio da eficiência no "caput" do art. 37; 2.3 Comentários sobre os incisos e §§ do art. 37. 3. Exame das alterações ao art. 39: 3.1 Exclusão do regime único e dos planos de carreira do "caput"; 3.2 Comentários sobre os §§ do art. 39. 4. Exame das alterações ao art. 41: 4.1 A questão da estabilidade – §§ 1º, 2º e 4º; reflexos do art. 169; 4.2 Disponibilidade remunerada: art. 41, § 3º. 5. Licitação nas empresas estatais: art. 22, XXVII e art. 173, § 1º, III. 6. Agenda de aplicação da Reforma Administrativa. 7. Considerações finais.*

## *1. O momento, o modelo e os pressupostos da atual Reforma Constitucional/Administrativa*

### *1.1 Questões iniciais*

Um respeitado político francês – André Tardieu – costumava dizer que se um Primeiro-Ministro pretendesse ser aplaudido por unanimidade em todas as bancadas do Parlamento, bastar-lhe-ia anunciar a reforma administrativa. E acrescentava em seguida: "(...) porque ninguém sabe o que isso quer dizer".

Essa opinião é citada por Diogo Freitas do Amaral (*Curso de Direito Administrativo*, v. I. Coimbra, Almedina, 1986, p. 185) para ilustrar o fato de que poucos temas são tão desconhecidos e tão polêmicos quanto a chamada Reforma Administrativa.

Embora todos, em geral, a aceitem como uma eterna panacéia para os males da Administração, as divergências entre os diversos segmentos envolvidos são notórias. Para as empresas, Reforma Administrativa significa reduzir os impostos e taxas de juros. Para os servidores, significa aumento de vencimentos. Para a Administração, diminuir o déficit público. Já a população em geral deseja apenas bons serviços e respeito à cidadania.

Se por um lado exige-se muito, por outro, poucos se interessam em acompanhar o histórico e as vicissitudes dos processos de reforma no Brasil; e pouquíssimos estão de acordo sobre os pressupostos a serem adotados, as teses básicas, o modelo adequado, o momento de sua implantação.

As contingências que o país atravessa admitem, por sua vez, leituras diversas em que o consenso é quase impossível. A crise nacional é reflexo da crise de todas as sociedades em desenvolvimento, às voltas com os emergentes problemas colocados pelo crescimento, pelas ambigüidades com relação ao papel do trabalho na sociedade, pelas dificuldades redistributivas e pela crise cultural que se traduz, principalmente, na alienação e no baixo nível de confiança nas instituições.

### *1.2 Evolução do ciclo reformista no Brasil*

Essas questões, em sua maioria decorrentes do modelo de desenvolvimento industrial e político, têm sido enfrentadas no Brasil paralelamente a um esforço intermitente, sazonal, de modernização institucional. Houve períodos em que o avanço industrial induziu ao aperfeiçoamento da burocracia administrativa que lhe serviria de suporte: à dinamização da economia correspondeu, por exemplo, a criação do DASP em 1938, inaugurando a *fase weberiana* e *taylorista* da Administração Pública brasileira. Essa fase prolongou-se e cumpriu um necessário papel na Administração Pública brasileira, desenvolvendo a cultura daspiana das súmulas, manuais e concursos públicos.

A partir dos anos 50/60 foi instilada entre nós a *fase psicossociológica* da teoria administrativa norte-americana, mesclando-se ao caráter do regime político então vigente, em um contexto cultural marcado por elementos peculiares. Salientamos, dentre estes, o *ethos* autoritário da empresa brasileira e o conceito de desenvolvimento calcado em modelos de países já "desenvolvidos", caracterizando-se pelas defasagens e pela queima de etapas que buscavam superar o "atraso" de nossa sociedade.

Reafirmando ainda os princípios clássicos da Administração, tivemos o Decreto-lei 200/67, representando tipicamente a *orientação institucional-legal* que sempre prevaleceu como diretriz reformista.

### *1.3 A Constituição de 1988*

Norteada por essa mesma diretriz, a CF/88 inovou sob diversos aspectos. Criou novos institutos jurídicos; reconheceu, com sua força magna, novos direitos; aprimorou outros, anteriormente previstos.

A consciência progressivamente crítica do desequilíbrio entre o Estado Social e o Estado de Direito, aliada ao crescimento das funções estatais, influenciaram poderosamente a concepção global da Constituição que então se redigia. O seu projeto básico para a burocracia pública é indiscutivelmente saneador, mormente no que tange ao regime do servidor público. E, mais especificamente, a renovação dos esforços em prol do sistema do mérito na admissão dos servidores foi considerada, à época, um marco decisivo na evolução ética da Administração brasileira.

### *1.4 Deficiências na implantação*

Impulsionado por tão elevadas intenções, iniciou-se em 1988 um processo de adequação organizacional/administrativa às normas constitucionais. Para ser efetivo, tal processo deveria assumir as características de agilidade, fidelidade e resolutividade indispensáveis à implantação das mudanças.

Essa implantação, todavia, saiu-se de forma inteiramente diversa do imaginado. Após louvável esforço de estruturação jurídica verificado em 1988, poucas foram as conquistas efetivas da população brasileira em termos de uma Administração que oferecesse ao cidadão-usuário respostas, resultados e serviços.

A maioria dos analistas atribui tal insucesso às contingências estruturais da escassez de recursos, que a "generosidade" do constituintes de 1988 não percebera. Ademais, ao lidar continuadamente com a escassez, agravaram-se as mazelas já tradicionais na Administração brasileira: a evasão de recursos, a ineficácia da dimensão gerencial, as interferências clientelistas e, permeando toda a ação administrativa, as distorções da dimensão ética.

### *1.5 Modelo e pressupostos da atual proposta*

A leitura desse quadro, de todos conhecido, induz o retorno ao momento presente e à nova proposta de Reforma Administrativa em nível federal, por via de emenda ao texto constitucional, representada pelo Substitutivo à PEC 173/95, transformada na Emenda Constitucional 19/98, que pretende efetivar nova concepção do próprio Estado. (Entrementes, a reforma previdenciária e a tributária, podadas pelos interesses políticos e pela letargia legislativa, ainda não tomaram corpo.)

A Emenda em pauta, não obstante suas excelentes intenções no que tange à economicidade, vem reiterar o pressuposto – sempre o mesmo – de todas as reformas anteriores no Brasil, ou seja: a ênfase no aspecto institucional-legal como único capaz de gerar mudança. Questões importantes estão imbricadas nesse modelo de reforma, que se traduz estritamente no ordenamento legal (*in casu*, a Emenda Constitucional), desconsiderando variáveis político-estruturais e negando, ainda, as distorções culturais e comportamentais da burocracia estatal.

### *1.6 Crítica ao modelo*

No entanto, já há alguns anos Michel Crozier, em um livro clássico, advertia que "não se muda a sociedade por decreto". Na introdução à edição hispano-latino-americana desse livro, Juan Prats Catala, focalizando a Administração como questão-chave da mudança social, lança a pergunta: porque fracassam as reformas administrativas?

Segundo sua análise, dispomos de um acervo suficiente de reflexão, no âmbito ibero-americano, sobre as insuficiência das reformas administrativas compreendidas do modo tradicional, imposto pelo movimento internacional gerado desde finais dos anos 50. Crozier denuncia, em seu livro, a concepção tecnocrática que conduz à pretensão de um diagnóstico completo dos "males" da Administração, e de uma correção dos mesmos mediante normas jurídicas lançadas pelo Executivo ou Legislativo. Explica o fracasso das reformas por essa estratégia tecnocrática em função de objetivos preestabelecidos, que ignora a prevalência de recursos e condicionamentos sobre os fins.

Crozier propõe uma nova maneira de pensar, partindo do pressuposto de que a mudança voluntária e responsável da Administração é uma necessidade vital para a sociedade. Para que a mudança seja séria, é preciso partir do fato de que, em um sistema humano, o mal não se acha localizado nas pessoas, nem nas categorias, mas está vinculado a todo o sistema, inseparável de seu funcionamento. Por isso as reformas não se podem basear apenas em textos legais ou reorganizações estruturais. O fundamental, segundo Crozier, é conhecer a maneira como os funcionários e os cidadãos viverão as mudanças propostas e, precisamente, é o que normalmente não se discute, nem se quer conhecer.

Crozier preconiza uma ação que evite confrontações inúteis, e a ameaça a "fortalezas que não se está em condições de conquistar"; e que, ao contrário, localize os pontos sensíveis do sistema, apostando em atores capazes de se constituir em agentes de mudança (*No Se Cambia la Sociedade por Decreto*, Madri, Enap, 1971, pp. 3-4).

Muitos doutrinadores nacionais, não obstante sua plena compreensão da estrutura jurídica subjacente e implícita no caráter de toda reforma, corroboram as teses aqui expostas com lúcido realismo. O professor e senador Josaphat Marinho, a exemplo, afirmou: "(...) não são as leis que impedem o desenvolvimento. Esse é um problema de gestão administrativa" (*Jornal do Advogado*, Belo Horizonte, set./95, p. 18). Ainda, em clássica monografia, o prof. Paulo Modesto explicita: "(...) a eficácia da reforma administrativa está condicionada ainda a uma concomitante *reforma na mentalidade* dos agentes públicos" ("Reforma Administrativa e marco legal das organizações sociais no Brasil", *RDA* 210/195, grifos do autor).

Tais considerações sintetizam, no meu entender, a principal razão das falhas e deficiências na implementação da reforma instituída pela Carta Magna de 88 em nível dos entes políticos – União, Estados e Municípios. Os reiterados insucessos vêm corroendo a própria idéia da reforma. O resultado é o desgaste absoluto da expressão "Reforma Administrativa", que, conforme observou o prof. Ivan Barbosa Rigolin, "(...) a essa altura da história pouco entusiasmo desperta nas autoridades". Não obstante, prossegue, "foi a própria Constituição Federal que a utilizou, de modo que não é aconselhável despender tempo à procura de locução sinônima ou equivalente para significar no fundo o mesmo, que é simplesmente a profunda reorganização, a reestruturação administrativa do órgão público, sobretudo e primordialmente em questão de pessoal" ("Os servidores públicos e a Reforma Administrativa cConstitucional", *BDA* 4/235, 1998).

### *1.7 Objetivos do presente trabalho*

Tendo como referência básica o modelo e as definições pertinentes à atual reforma, passarei a analisar os pontos de impacto da Emenda Constitucional 19/98, especificamente quanto aos arts. 37, 39, 41 e 173 da Carta Magna.

Creio serem profundas as mudanças, e demandem uma concomitante agenda reordenação do comportamento administrativo. É minha intenção sinalizar essa vertente, sempre que necessário, embora nunca se perca de vista o sentido propriamente jurídico dos dispositivos a serem abordados.

Não pretendo, obviamente, esgotar ou mesmo aprofundar os numerosos temas de reflexão. Matéria recente, cuja multiplicidade intrínseca mal se pode divisar, será aqui abordada, preferencialmente, em suas conseqüências e em seus aspectos práticos. Verão os leitores que inúmeros assuntos permanecerão em aberto, à espera do crivo inexorável da implantação e do teste vivencial. Em consonância com trabalhos anteriores, acentuo a visão pragmática e a experiência, com base nas nítidas constatações de que a escassez de recursos públicos parece ser um fato irremovível; de que não se pode mais perder tempo; e de que não se deverá repetir o fenômeno da letargia administrativa, verificado na aplicação dos dispositivos constitucionais de 1998.

## ***2. Exame das alterações ao art. 37 da Constituição***

### *2.1 Âmbito das alterações*

O art. 3º da Emenda Constitucional 19/98, dirigido ao art. 37 da Carta Magna, altera os seus incisos I, II, V, VII, X, XI, XIII, XIV, XV, XVI, XVII e XIX, o § 3º, e acrescenta ao texto os §§ 7º, 8º e 9º. Tais alterações não devem ser interpretadas isoladamente, pois refletem-se em outros dispositivos da Carta.

Segundo dispõe a própria Emenda em pauta, os incisos I, II, V, VII, X, XIX, § 3º e § 7º constituem normas de eficácia contida, porquanto necessitam de lei para sua efetiva implementação: lei federal, estadual ou municipal. Será federal e transitiva direta se a Carta Magna reservar à União competência para estabelecer lei geral ou especial sobre a matéria.

É sabido que a União tem competência para legislar sobre matérias elencadas no art. 22 da Constituição Federal, e que no art. 23 explicitam-se as competências comuns à União, Estados, Distrito Federal e Municípios. Finalmente, o art. 24 da Lei Máxima arrola as competências concorrentes dos entes políticos (v., José Afonso da Silva, *Curso de Direito Constitucional Positivo*, São Paulo, Ed. RT, 1989, pp. 433-435; do mesmo autor: *Aplicabilidade das Normas Constitucionais*, São Paulo, Ed. RT, 1968, p. 46; e Caio Tácito, *Temas de Direito Público*, Rio, Renovar, 1997, p. 1.138).

Cite-se a advertência do prof. Caio Tácito, em parecer específico, datado de 2.12.91, comentando o art. 175 da Constituição, antes da Lei 8.987/95: "A aplicabilidade da norma constitucional está, portanto, vinculada à existência de lei que regule a matéria. Quanto, porém, a Constituição condiciona a aplicação de seus preceitos à disciplina em lei reguladora, o requisito não se subordina necessariamente à adição de lei nova. O ordenamento legal que a antecede tem sua validade e vigência confirmadas pelo princípio d permanência do direito anterior, o qual, perante o advento de uma nova Constituição, mantém a vitalidade da ordem jurídica existente, salvo se conflitante com a norma superveniente de maior hierarquia, hipótese em que a lei ordinária desaparece por revogação, e não por inconstitucionalidade" (*RDA* 186/362).

Na mesma linha situa-se o pensamento do jurista Saulo Ramos, em parecer como Consultor-Geral da República: "A sucessão de uma ordem constitucional por outra provoca, necessariamente, a análise entre o direito constitucional novo e o direito ordinário anterior, cujas relações são presididas pelo princípio da recepção, que torna subsistentes as normas infraconstitucionais materialmente compatíveis com a nova Constituição e revoga aquelas que não ostentam esse perfil" (parecer na ADIn 3-9-DF, *RDA* 174/208).

Portanto, os entes políticos, por seus órgãos técnicos, deverão programar de imediato as respectivas adaptações, não somente das Cartas estaduais, como das Leis Orgânicas municipais, além da expedição de leis ordinárias e regulamentação própria, observadas as regras de competência.

"À União tocam todos os poderes a ela conferidos pela Lei Maior, ao passo que aos Estados-membros cabem todos os poderes residuais remanescentes. Isto é, aos entes estaduais foram conferidos os poderes não atribuídos à União e aos Municípios" (Jair Eduardo Santana, *Competências Legislativas Municipais*, Belo Horizonte, Del Rey, 1998, p. 85).

Como foi há pouco observado, na promulgação da Constituição de 1988 as deficiências de implementação institucional e administrativa inviabilizaram a correta aplicação de vários dos dispositivos ora alterados ou simplesmente eliminados. Espera-se que, desta feita, os governantes (mesmo em término de mandato) dêem curso aos projetos de recepção e adaptação da letra constitucional – representados por regulamentos, normas e estudos de viabilidade – referentes sobretudo à adequação ao poder de gasto, levando em conta a nova redação do art. 169. Vale salientar que o § 7º do art. 169 deixa claro que as diretrizes para a perda do cargo, por servidor estável, decorrerão de lei federal, portanto, transitiva direta.

Ocorre o chamado vazio legal quando a norma é de eficácia contida e necessita de regulamentação complementar para sua efetivação (v., entre outros, Pontes de Miranda, *Comentários à Constituição de 1967 com a Emenda 1/66*, t. II, 2ª ed., São Paulo, Ed. RT, 1973, p. 177; Hely Lopes Meirelles, *Direito Administrativo Brasileiro*, São Paulo, Ed. RT, 1989, p. 107; e Caio Tácito, *Temas de Direito Público*, Rio, Renovar, 1997, p. 1.300).

*2.2 Inclusão do princípio da eficiência no "caput" do art. 37*

Introduz-se, entre os clássicos princípios da Administração arrolados no art. 37, o da eficiência.

Enfatiza-se, aí, o destinatário último da atividade administrativa, ou seja, o usuário-cidadão. O acréscimo está em linha de consonância com uma série de dispositivos de lei, como os arts. 6º e 7º da Lei 8.987/95 (Lei de Concessões e Permissões) e a Lei 8.078/90, conhecida como o Código do Consumidor. Esta já reconhecia como direito básico do consumidor a "adequada e eficaz prestação de serviços públicos em geral" (art. 4º, VII, e art. 6º, X). Estabelece ainda o art. 22 do citado Código que os serviços decorrentes de concessão e permissão devem ser necessariamente "adequados, eficientes e seguros"; e quanto aos serviços essenciais, devem ser "contínuos". Tão estrita delimitação legal não impediu, até os dias de hoje, notórias falhas e deficiências na qualidade dos serviços apresentados.

Em boa hora, pois, foi lembrado como princípio jurídico o dever da boa administração, representado pelo princípio da eficiência.

No Direito brasileiro, o prof. Hely Lopes Meirelles tratou, a meu ver pioneiramente, da tese da eficiência como dever da Administração: "Dever da eficiência é o que impõe a todo agente público de realizar suas atribuições com presteza, perfeição e rendimento funcional. É o mais moderno princípio da função administrativa, que já não se contenta em ser desempenhada apenas com legalidade, exigindo resultados positivos para o serviço público e satisfatório atendimento das necessidades da comunidade e de seus membros" (*Direito Administrativo Brasileiro*, São Paulo, Ed. RT, 1989, p. 86).

Segundo ainda o saudoso mestre, o dever da eficiência, haurido da doutrina italiana, foi consagrado no Brasil pelos arts. 13 e 25, V, do Decreto-lei 200/67, quando obrigam ao controle de resultados. Comentando os mesmos artigos, o notável publicista, prof. Manoel de Oliveira Franco Sobrinho, analisa: "Na Administração, à semelhança das organizações particulares, o controle, enquanto não é o da legalidade, consiste em apreciar se tudo o que se realiza está em harmonia com as programações planejadas, com as instruções normativas e com os princípios adotados. Traz por finalidade uma função tuteladora que visa apontar faltas ou erros, a fim de que se possa corrigi-los, evitando repetições gravosas" (*Comentários à Reforma Administrativa Federal*, São Paulo, Saraiva, 1975, pp. 89-90).

Note-se que o princípio da eficiência, na doutrina brasileira, tem configurado, alternativamente, duas vertentes: uma, "burocrática", voltada para a legalidade, os procedimentos corretos, a ritualística e os controles; outra, chamada por alguns "tecnocrática", talvez de sentido mais amplo e ambicioso, voltada para a qualidade final dos serviços públicos e a satisfação do usuário.

A Ciência da Administração corresponde a essa delimitação com sua consolidada distinção entre eficiência e eficácia. Eficiência: "fazer as coisas bem feitas; resolver problemas; cumprir com seu dever; reduzir custos". Eficácia: "fazer bem as coisas certas; produzir alternativas criativas; obter resultados; aumentar lucros" (v., Paulo Vasconcelos Filho, *Planejamento e Controle: Uma Proposição Brasileira*, Rio, LTC, 1983, p. 15).

Em reflexão análoga, a profa. Maria Sylvia Zanella Di Pietro distingue entre "burocratas" e "tecnocratas", contrapondo os princípios da legalidade e da eficiência (*Parcerias na Administração Pública*, São Paulo, Atlas, 1966, p. 129).

O prof. Diogo de Figueiredo Moreira Neto faz uma arguta análise do fator eficiência na era da globalização: "(...) as populações passam a ter acesso a todo tipo de informação, tomam *consciência* de seus interesses, *reivindicam participação* e, cada vez mais, *se organizam* e exigem *eficiên-*

*cia* no seu atendimento. E aqui se tem a palavra-chave na globalização: *eficiência*. Não mais apenas como meio de reduzir o trabalho ou de aumentar os lucros, mas, além disso, produzir bens e serviços de melhor qualidade, mais rapidamente e em maior quantidade passa a ser um imperativo de sobrevivência, num mundo em que as demandas não podem deixar de ser atendidas a contento, seja pelas organizações privadas, seja pelas públicas" (*RDA* 211/2, grifos do autor).

Especialistas da Ciência da Administração aplicada à área pública, como David Osborne e Ted Gaebler em seu *Reinventando o Governo* (Brasília, MH Comunicação, 1997) enfatizam drasticamente a necessidade de um governo "voltado para seus clientes" (no sentido de cidadãos, usuários dos serviços públicos), "atendendo às necessidades do cliente e não da burocracia" (pp. 181-182). Preconizam um "governo empreendedor: gerando receitas ao invés de despesas" (pp. 213-239).

A palavra eficiência, no amplo espectro constitucional, certamente se prestará a uma interpretação abrangente. Referindo-se a idêntica orientação constitucional em seu próprio país, comenta o consagrado prof. Roberto Dromi: "El principio de la eficácia, en nuestro ordenamiento, alcanza un significado muy importante. Hoy constitue también un imperativo constitucional, que ha dado que tipifiquemos a la Constitución de *eficientista*, en el sentido de que en ella se encuentran las virtudes para un gobierno y un control *eficientes*" (*Licitación Pública*, Buenos Aires, Ciudad Argentina, 1995, p. 499, grifos do autor).

A partir de um ordenamento constitucional explícito no sentido de exigir-se eficiência da máquina pública, a comprovação da ineficiência poderá ocasionar aplicação de responsabilidade. Nesse sentido preleciona o prof. Agustín Gordillo, tomando como ilustração o contrato administrativo: "Así como hace falta el dictamen jurídico y el informe técnico suficiente y razonable que justifiquen prescindir de la licitación pública en el caso de urgencia, así también la eficiencia de la contratación deberá ser materia de análisis específico mediante los informes que producirán los organismos técnicos permanentes de la administración, y por el dictamen letrado igualmente del servicio permanente de asesoramiento jurídico. Desde luego, incurrirá en responsabilidad personal el funcionario que en funciones de asesoramiento letrado olvide analizar y recomendar lo pertinente en este nuevo elemento propio de la legalidad de la contratación administrativa" (*Tratado de Derecho Administrativo*, Parte General, t. I, Buenos Aires, Fundación D. Adm., 1997, pp. XVI-16, grifos nossos).

A aplicação do princípio da eficiência não depende de texto infraconstitucional. Mesmo porque desde 1967 o Decreto-lei 200 já o havia pressuposto, ao estabelecer procedimentos de controle das atividades administrativas "em todos os níveis", e recomendar textualmente, em seu art. 14: "O trabalho administrativo será racionalizado mediante simplificação de processos e supressão de controles que se evidenciarem puramente formais ou cujo custo seja evidentemente superior ao risco".

O princípio da economicidade, preexistente no art. 70 da Constituição (custo-benefício), até agora pouco aplicado na fiscalização contábil, financeira e orçamentária, encontrar-se-á certamente fortalecido pela inserção do princípio da eficiência. Observe-se que a tradição legislativa brasileira já os presumia – e com o amplo sentido antiformalista que é acentuado no art. 14 do Decreto-lei 200.

A tendência desburocratizante e antiformalista da eficácia administrativa tem sido predominante na doutrina e nas decisões jurisprudenciais. Contrapõe-se a um certo "legalismo" estéril que grassa em muitos níveis de nossa Administração, apegado a detalhes rituais acessórios, que o prof. Hely Meirelles bem identificava, com sua magistral distinção entre o "formal" e o "formalista".

Tomando ainda como ilustração a área de licitações e contratos, vale denunciar um equivocado comportamento punitivo, por parte de dirigentes públicos e membros de comissões de licitação, que destaca miúdos erros na formulação das propostas ou na tramitação processual.

Nesta perspectiva meramente formalista, a habitual saraivada de reclamações, impugnações e recursos protelatórios – promovida por licitantes avessos à competição legítima, ou insatisfeitos com resultados – logra freqüentemente pleno êxito em seus desígnios de atrasar ou anular os procedimentos que lhes tenham sido adversos.

Acredito que a concepção da eficiência administrativa se situe em campo mais objetivo, não comportando atos ou decisões que privilegiem a mera correção dos procedimentos, em detrimento dos resultados.

Não raro depara-se o jurista com o ato administrativo que anula sumariamente certame longo, oneroso, respaldado em lei. Dentro de certa mentalidade corrente em nossa Administração, tal ato é reputado legítimo desde que se tenha registrado, nos meandros do processo, qualquer ínfima discrepância relativa à interpretação mais literal da norma. É usual sobrepor-se o inessencial e o contingente, com prejuízo da economicidade e da eficácia na contratação. Calha a advertência do prof. Hely Meirelles: "A regra é a dominante nos processos judiciais: não se decreta nulidade onde não houve dano para qualquer das partes – *pas de nullité sans grief*" (*Licitação e Contrato Administrativo*, São Paulo, Ed. RT, 1990, p. 22).

Ganha corpo, portanto, a teoria da sanatória ou convalidação, até porque o custo do controle não deve superar o benefício que este irá acarretar. Para a avaliação correta, faz-se necessária a apropriação de custos diretos e indiretos. Atenção para o pertinente comentário do Ministro Pádua Ribeiro, do STF, em recente periódico: "O que mais sobrecarrega o Judiciário é a desestruturação do Executivo e uma legislação que não está em sintonia com os anseios da sociedade" (*Jornal do Brasil*, 27.7.98).

O Ministério Público deverá cumprir importante papel de cooperação com o Tribunal de Contas no controle da gestão orçamentária. Nesse sentido insere-se a decisão:

"Impossível, com base nos preceitos informadores do nosso ordenamento jurídico, deixar de se reconhecer ao Ministério Público legitimidade para propor ação civil pública com o objetivo de proteger patrimônio público, especialmente, quando baseia o seu pedido em prejuízos financeiros causados a ele por má gestão (culposa ou dolosa) das verbas orçamentárias.

"Com efeito, não poderia a ação civil pública continuar limitada apenas aos interesses difusos ou coletivos elencados em lei ordinária, quando preceitua a Carta de 1988, que é a função do Ministério Público promover ação civil pública, para a proteção do patrimônio público e social, do meio ambiente e de outros interesses coletivos ou difusos (art. 129, inc. III), *tout court* (senão os interesses coletivos ou difusos indicados em lei" (Milton Floks, in *Revista Forense* 32/33 a 42).

Nem mesmo a ação popular exclui a ação civil pública, visto que a própria lei admite expressamente a concomitância de ambas (art. 1º) (Hely Lopes Meirelles, *Mandado de Segurança, Ação Civil Pública, Mandado de Injunção, Habeas Data*, 12ª ed., Ed. RT, p. 120).

Precedentes jurisprudenciais entre tantos outros: REsp 98.648-MG, rel. Min. José Arnaldo, *DJU* de 28.4.97; REsp 31.547-9-SP, rel. Min. Américo Luz, *DJU* de 9.11.93, p. 23.05.46. (...) (STJ, REsp 167.783, *DJ* de 17.8.98).

Descortina-se então um largo campo de reflexão a propósito dos conteúdos do termo eficiência. A doutrina decerto corresponderá ao apelo teleológico dessa diretriz constitucional, aprofundando essa reflexão. A efetividade do princípio, sua concretização enquanto comportamento funcional, é que deve ser objeto de ação.

*2.3 Comentários sobre os incisos e §§ do art. 37*

*Art. 37, inciso I*: propõe-se que estrangeiros autorizados na forma da lei tenham acesso a cargos e empregos públicos. Não se pode deixar de indagar se tal diretriz tem reciprocidade em outros países; por exemplo, componentes do próprio Mercosul.

A repercussão em nível infraconstitucional será significativa. A exemplo, o art. 5º, I, da Lei 8.212/90 elenca como um dos requisitos para a investidura em cargo público a "nacionalidade brasileira". De resto, muitos outros dispositivos dessa e de outras leis referentes ao servidor terão de ser drasticamente revistos, em conseqüência da Emenda em comentário.

A iniciativa será louvável, no entanto, na medida em que favorecer o avanço tecnológico e científico, como é a intenção da Emenda Constitucional 11, de 30.4.96, que faculta às Universidades "admitir professores, técnicos e cientistas estrangeiros, na forma da lei", alteração esta introduzida no art. 207, § 1º, da CF.

*Art. 37, inciso II*: a acessibilidade aos cargos e empregos públicos, condicionada ao concurso público de provas ou de provas e títulos – princípio ínsito ao regime republicano – ganha agora uma explicitação, ou talvez uma ressalva: "de acordo com a natureza e complexidade do cargo ou emprego, na forma prevista em lei". O que poderá significar? Estará quebrada a obrigatoriedade do sistema de concurso público? A "natureza", simples ou complexa, de determinados cargos poderá ser objeto de lei que os isente do temível ritual do concurso? Cogitar-se-á talvez, de uma flexibilização direcionada a empregos?

O TCU tem sido vigilante no exame do regramento do concurso. A exemplo, basta citar a Súmula 221, *DOU* de 3.1.95, p. 187, que reitera o princípio constitucional do concurso público, aplicável às paraestatais, e condena a denominada MOC (mão-de-obra contratada), em uso nas referidas entidades com fundamento no art. 10, § 7º, do Decreto-lei 200/67 (nesta linha, v. ainda Decisão 85/96, TCU, *DOU* de 23.4.96, p. 7.062). Registre-se que o TST, pela Súmula 331, recomenda – no sentido de não se reconhecer vínculo laboral na discutida terceirização – que não se formalize com o empregado vínculo de "pessoalidade e subordinação direta". O STF, no mandato de segurança 21.322 (*DJ* de 23.4.93, p. 6.921), alertava para o cumprimento do sistema do mérito em toda a Administração, especificamente nas paraestatais.

Enfim, a redação constitucional proposta é convenientemente vaga, prestando-se talvez a uma ampla flexibilização do concurso público. Tudo dependerá da lei superveniente, cuja índole poderá abranger a adoção de técnicas mais avançadas de seleção, adaptadas ao perfil profissiográfico do cargo ou emprego, e nas quais a isonomia e o mérito não sejam agredidos.

A competência para expedição de legislação reguladora poderá ser exercida pelos entes políticos (nessa linha v., Ivan Barbosa Rigolin, ob. cit., *Os Servidores*..., pp. 235-236; Celso Antônio Bandeira de Mello, *Apontamentos Sobre Agentes e Órgãos Públicos*, São Paulo, Ed. RT, 1975, p. 41; Adílson Abreu Dallari, *Regime Constitucional dos Servidores Públicos*, São Paulo, Ed. RT, 1990, pp. 20-26).

A terceirização de atividades (leia-se execução indireta) na Administração Pública federal tem sido incentivada, notando-se que sua adoção constitui um dos requisitos para que fundações e autarquias se candidatem à qualificação como Agência Executiva, obtendo assim maior flexibilidade nos controles de gestão (art. 2º, III do Decreto 2.487, de 2.2.98).

*Art. 37, inciso V*: a alteração designa "percentuais mínimos previstos em lei" para ocupação de cargos em comissão por servidores de carreira. Substitui, dessa forma, o princípio de que os cargos de comissão e funções de confiança sejam exercidos "preferencialmente" por tais servidores.

Bem a propósito, vale a opinião do senador Darcy Ribeiro, que sugere "(...) por exemplo, tirar da Constituição uma palavrota hedionda: 'preferencialmente' que atrapalha a vida do Brasil, impedindo que tenhamos um serviço público profissional e sério. Com efeito, no artigo em que se declara que todos os cargos em comissão e as funções de confiança serão exercidos por servidores de carreira, admitidos por concurso, aquela palavrota permite a senadores, governadores e outras eminências nomear quem bem queiram. Isso só não se faz no Itamaraty, no Banco do Brasil, e no Tribunal de Contas da União. Por isso têm serviços públicos mais limpos e eficazes" (*Jornal do Brasil* set./96).

A proposta, aparentemente bem-intencionada, é ainda insuficiente. Se a diretriz geral é a melhoria da qualidade dos serviços, o correto seria institucionalizar o sistema de carreira, acessado somente por servidores do quadro efetivo, e permitindo o recrutamento amplo apenas para a cúpula – definida por um número mínimo de cargos. Tais normas fortaleceriam a profissionalização do servidor e, certamente, teriam reflexos positivos no processo administrativo. A realidade tem demostrado o excessivo número de cargos em comissão de direção superior, de recrutamento amplo, frustrando o verdadeiro sentido da carreira e da profissionalização.

Em recente crônica, o prof. Stephen Kanitz faz contundente crítica ao que ele denomina "cargos de desconfiança": "Cargo de confiança é simplesmente um conceito anacrônico, algo do passado pré-gerencial. Num mundo competitivo, todos os cargos, incluindo os do governo, precisam ser de total e irrestrita competência (...)" (*Revista Veja*, 19.8.98, p. 22).

Observe-se que o art. 169, § 3º, I da CF prevê redução em até 20% do número desses cargos, com o objetivo de atingir o limite de gasto com pessoal previsto na Lei Complementar 82, de 27.3.95.

*Art. 37, inciso VII*: a regulamentação do direito de greve, no texto vigente, condiciona-se à lei complementar. Propõe-se agora que tal regulamentação seja feita por lei ordinária específica e não complementar. Supõe-se que essa providência seja suficiente para vencer a letargia legislativa que, desde a promulgação da Constituição, vem adiando a elaboração de um texto reconhecidamente indispensável à vida nacional. É uma matéria que "não pode esperar mais": a Lei 7.783, de 28.6.89, que dispõe sobre o exercício de greve em atividades essenciais, pode bem servir de parâmetro para essa redação, juntamente com os subsídios da legislação de países como Itália, França e México. Ademais, não se admite que um país que se moderniza na áreas de concessão e permissão (Lei 8.987/95 e 9.074/95) não tenha ainda solucionado a regulamentação da greve nos serviços públicos.

*Art. 37, inciso X*: retorna o texto constitucional reformulado com o controle da remuneração, sua fixação ou alteração, por lei específica, observada a iniciativa privativa em cada caso e mantida a revisão anual, na mesma data e sem distinção de índices.

Esta alteração deve ser lida com o inc. XI a seguir, bem como, com os arts: 39, § 4º; 48, XV; 49, VII e VIII; 51, IV; 52, XI; 93, V; 96, II, *b*; 127, § 2º; 128, § 5º; e, sobretudo, com o art. 169, § 1º, que explicita o poder de gasto.

*Art. 37, inciso XI*: redesenha, com clareza redacional, o limite da remuneração e do subsídio, em todos os entes políticos, para cargos e empregos públicos da Administração direta, autárquica e fundacional, e dos membros de qualquer dos Poderes, incluindo detentores de mandato eletivo, demais agentes políticos e os proventos, pensões ou qualquer espécie remuneratória. O limite é o subsídio mensal em espécie dos Ministros do STF.

Em Sessão Administrativa realizada em 24.7.98, o STF firmou entendimento de que o art. 37, XI, e o art. 39, § 4º da Constituição, na redação da Emenda 19/98, "não são auto-aplicáveis" (Decisão do STF, 7 a 4, *DOE* de 15.8.98).

Em minha opinião, *data venia* do douto pronunciamento daquela Corte, entendo que o inc. XI em questão deveria constituir norma auto-aplicável, com vigência imediata. Aquele que perceber "a maior", terá o redutor aplicado. É textual o disposto no art. 29 da Emenda Constitucional que manda se adequarem os subsídios, vencimentos, remuneração, proventos de aposentadoria, pensões e outras espécies remuneratórias aos limites do inc. XI do art. 37, não se admitindo percepção de excesso a qualquer título.

O STF já decidira ser auto-aplicável o inc. XI da Carta de 1988 (RE 140.863, *DJ* de 11.3.93, p. 4.113), embora tal diretriz não tenha se efetivado na prática. Aliás, é usual reclamar-se, com justa indignação, contra as elevadas remunerações de certos segmentos de servidores: o que não se leva em conta é que a simples aplicação do texto então vigente do art. 37, XI, desde a sua promulgação, teria evitado as distorções apontadas.

Ainda o STF entendeu ser lícito aos Estados estabelecerem, para seus servidores, limites inferiores aos do art. 37, XI: "Teto Remuneratório e Direito Adquirido. Por maioria, o Tribunal reformou acórdão do Tribunal de Justiça de Santa Catarina que, em julgamento de mandato de segurança, afastara a incidência da LC 43/92, do mesmo Estado, que fixa em 80% da remuneração de Secretário de Estado o teto dos servidores do Poder Executivo, sob o fundamento de haver direito adquirido destes ao teto de 100% da remuneração do Secretário de Estado. Entendeu-se que não há direito adquirido a regime jurídico, podendo os Estados estabelecerem, para seus servidores, limites remuneratórios inferiores aos do art. 37, XI, da CF ('a lei fixará o limite máximo e a relação de valores entre a maior e a menor remuneração dos servidores públicos, observados, como limites máximos e no âmbito dos respectivos Poderes, os valores percebidos como remuneração, em espécie, a qualquer título, por membros do Congresso Nacional, Ministros de Estado e Ministros do Supremo Tribunal Federal e seus correspondentes nos Estados, no Distrito Federal e nos Territórios, e, nos Municípios, os valores percebidos como remuneração, em espécie, pelo Prefeito'). Vencidos os Ministros Carlos Velloso, Marco Aurélio e Ilmar Galvão" (RE 226.473-SC, rel. Min. Sepúlveda Pertence, 13.5.98, *Informativo STF*, Internet, 16.5.98).

Entretanto:

a) O STF, na ADIn 1.396 (rel. Min. Marco Aurélio, 8.6.98) entendeu que decreto não pode fixar o limite máximo de remuneração:

"Remuneração de servidor: Vício formal. O Tribunal, julgando procedente ação direta ajuizada pelo Partido dos Trabalhadores-PT, declarou a inconstitucionalidade do Decreto 624/96, editado pelo Governador de Santa Catarina, que limitava a despesa com a folha de pagamento do funcionalismo estadual a 65% da receita líquida disponível, mediante redução da remuneração mensal dos servidores em percentual equivalente ao que ultrapassar do referido limite, e estabelecendo como teto a remuneração de R$ 6.000,00. Reconheceu-se, na espécie, violado o princípio da divisão funcional do poder, uma vez que a matéria disciplinada pelo decreto impugnado é reservada à atuação institucional do Poder Legislativo, nos termos do inciso XI do artigo 37 da CF ('a lei fixará o limite máximo e a relação de valores entre a maior e a menor remuneração dos servidores públicos...'). Precedentes citados: ADIn 766-RS (*RTJ* 157/460), ADIn 482-DF (*DJU* de 8.4.94)".

b) Como foi observado, a Corte firmou entendimento no sentido de não serem auto-aplicáveis as normas do art. 37, XI e 39, § 4º (Emenda 19/98).

c) Assim, a fixação de subsídio mensal para Ministro do STF, a servir de teto (art. 48, XV) depende de lei formal, de iniciativa conjunta dos Presidentes da Câmara, do Senado, do Supremo e da Presidência da República (Decisão Administrativa de 24.6.98).

d) Valor maior da remuneração paga ao Ministro do STF: R$ 10.800,45, a subsistir enquanto não for instituído por lei o subsídio aludido no inc. XI do art. 37.

e) Na linha da decisão do STF, o TCSP baixou recente deliberação, no sentido de "(...) considerar que a modificação da sistemática remuneratória de agentes políticos municipais só será possível a contar da vigência da lei prevista no inc. XV, do art. 48, da Constituição Federal, tendo em conta que as vinculações decorrentes dependerão da prévia fixação do subsídio considerado teto salarial" (TC-A-23423/026/ 98, *DOE* de 13.8.98, Poder Legislativo-SP).

*Art. 37, inciso XIII*: o texto em exame exclui a ressalva existente na Constituição de 1988, que assegurava a isonomia de vencimentos explicitada no § 1º do art. 39 para cargos e atribuições iguais entre Poderes. Vale lembrar que o citado § 1º foi totalmente redesenhado, e será objeto de comentário específico adiante.

*Art. 37, inciso XIV*: mantém, embora redimensionada, a regra de que os acréscimos pecuniários percebidos pelos servidores não sejam computados nem acumulados para fins de concessão de acréscimos ulteriores. Excluíram-se as expressões "sob o mesmo título ou idêntico fundamento". Ampliou-se, portanto, o âmbito da vedação. O texto deve ser lido com a nova redação dada ao art. 39.

*Art. 37, inciso XV*: o princípio da irredutibilidade de subsídios e vencimentos é agora estendido a empregos públicos, com as ressalvas constitucionais adaptadas, como, por exemplo, o limite previsto no inc. XI, lendo-se este último com o § 9º (extensividade do limite remuneratório ou de subsídio às estatais dos entes políticos) e com o § 3º do art. 39 (elenco de direitos aplicáveis ao servidor, dentre os constantes do art. 7º da Constituição).

*Art. 37, incisos XVI e XVII*: o ordenamento regulatório da acumulação remunerada sofre agora a aplicação do limite contido no inc. XI. A vedação de acúmulo estende-se agora às subsidiárias e controladas direta ou indiretamente pelo Poder Público. Ocorreu, portanto, alargamento do campo de abrangência.

*Art. 37, inciso XIX*: a redação do inciso propõe que somente por lei específica possa ser criada autarquia e autorizada a instituição de empresa pública, sociedade de economia mista e fundação. Deve ser lida com o art. 26 desta Emenda, que determina o prazo de dois anos para revisão dos estatutos das entidades da Administração indireta.

Recente comentário do dr. Miguel Pró de Oliveira Furtado, Consultor da União (em parecer publicado no *DOU* de 5.5.98, p. 5) refere-se aos conceitos de lei específica e lei especial. Por seu conteúdo esclarecedor, será útil reproduzi-lo mais extensamente:

"Dois incisos dedicou o Constituinte, no art. 37, à participação do Estado no mundo empresarial: no primeiro deles, o XIX, tratou da criação, ou da autorização de criação de sociedades de economia mista (além de outras entidades que presentemente não nos interessam) para as quais exigiu 'lei específica'; no outro, o XX, tratou da participação dessas economias mistas em outras empresas privadas, quer por meio de criação de subsidiárias, quer por simples coligação com empresas preexistentes. Para essas participações tornou também necessária a intervenção do legislador ('autorização legislativa'). Assim, no amplo leito da doutrina anterior à Constituição, consagrou o constituinte a existência de sociedades filiadas às sociedades de economia mista, mas que a essa classe não pertencem. Antepôs-lhes, porém, um obstáculo: embora suas coligadas não sejam economias mistas, precisam elas de autorização legislativa para sua constituição. Os dois incisos, pois, tratam de temas bem definidos: no primeiro caso, cuida o inciso XIX de criação de sociedades de economia mista, com todas as características exigidas por lei e que são as acima citadas (item 2); já no segundo, o inciso XX versa sobre a participação das empresas estatais em outras, mas sem transformá-las em companhias mistas. Nem as subsidiárias nem as coligadas, conquanto autorizadas por lei, são economias mistas.

"Se ao legislador interessar dar autorização para criação de subsidiária que participe da natureza da sociedade-mãe, isto é, que seja também economia mista, além de dizê-lo expressamente, em norma específica, estará fundado no inciso XIX e não no inciso XX, porque é esse inciso e não este que trata da criação de economias mistas. Confira-se a lição de Sérgio de Andréa Ferreira: 'Às empresas paradministrativas se dirige, de modo muito específico, o antes citado art. 37, XX, ao aludir a subsidiárias (designação que, no direito público, abrange as controladas), que são, exatamente, as subsidiárias não mistas, eis que, se sociedades mistas de segundo grau, estariam enquadradas no elenco do art. 37, XIX' (os destaques são do original).

"Para que se compreenda bem a distinção, lembre-se que basta ao legislador autorizar a criação de sociedade que não seja anônima, ou permita a participação em qualquer sociedade que revista qualquer das formas societárias diferentes da anônima para perceber-se que o fruto daí nascido não poderá ser economia mista, porque, *ex concepto*, no âmbito federal, pelo menos, só as anônimas podem ser economias mistas.

"Alguns autores parecem baralhar as hipóteses dos dois incisos do art. 37, concluindo que a necessidade de autorização legal para subsidiárias e coligadas é suficiente para transmudá-las em economias mistas. Mas não é isto que está na Constituição. Se correto estivesse esse entendimento, o legislador ordinário, embora não o diga a Constituição, só poderia autorizar subsidiárias ou coligadas se elas revestissem a forma anônima, porque só a anônima pode ser economia mista. Em última análise, essa interpretação restritiva do inciso XX equivaleria, a pear-se o legislador.

"O inciso XX, portanto, não trata mais de sociedades de economia mista, mas tão-somente de participação das economias mistas em outras empresas privadas, ou por criação de subsidiárias ou por meio de mera coligação.

"Em suma: o que torna mista a sociedade, quer subsidiária, quer não, é a expressa declaração legal, e não o simples fato de o autorizar o legislador.

"Lei específica – lei especial – de acordo com a distinção acima feita, a Lei 9.478, de 5.8.97, não autorizou a criação de sociedades de economia mista, mas tão-somente permitiu à Petrobrás a criação de subsidiárias diferentes da empresa-mãe. O fundamento da lei em apreço é, pois, o inciso XX, e não o inciso XIX.

"Porque, equivocadamente, confundiram os dois incisos, as requerentes entenderam que a lei autorizadora deverá ser 'lei específica', que, aliás, em novo equívoco, leram como se estivesse escrito lei especial. Ora, mesmo que o esteio da lei atacada fosse o inciso XIX e não o inciso XX, 'lei específica' significa, aí, apenas norma específica e não lei especial. De qualquer forma, embasada no inciso XX, o de que a Petrobrás necessitava era somente de 'autorização legislativa', requisito que, inegavelmente, os arts. 64 e 65 cumprem e muito bem."

Vale entretanto pontuar que a inovação básica do inciso em exame consiste em atribuir à lei complementar a definição da área de atuação da empresa pública, sociedade de economia mista e fundação.

A redação algo canhestra deixa pairar alguma dúvida sobre a expressão "neste último caso...", que poderia talvez ser entendida como aplicável somente à fundação. A interpretação correta, sob o foco da lógica, deverá certamente abranger as três espécies institucionais arroladas por último, como objetos de autorização.

Acresce que a presente Emenda prevê ainda que a lei estabeleça (reiterando o art. 173, § 1º do Texto de 1988) o estatuto jurídico da empresa pública, da sociedade de economia mista e suas subsidiárias que explorem atividade econômica de produção ou comercialização de bens, ou prestação de serviço público. Tal previsão, já feita no Texto de 1988, até a presente data não foi ainda concretizada, evidenciando-se mais um fenômeno de letargia legislativa.

*Art. 37, § 3º*: a nova redação eleva ao nível constitucional o tema da participação do usuário na Administração direta e indireta, embora norma de eficácia contida.

A lei deverá traduzir em critérios mais palpáveis o nebuloso conceito de qualidade, regulando o relacionamento dos usuários com o Poder Público. Tal relacionamento envolve uma questão capciosa, ainda mais por colocar o dilema sócio-político das "necessidades percebidas" em contraposição às chamadas "necessidades reais".

O texto delega aos patamares infraconstitucionais a delimitação de pontos essenciais, como: as reclamações relativas aos serviços públicos em geral; o acesso do usuário a registros administrativos; a representação contra o exercício negligente ou abusivo de cargo, emprego ou função na Administração Pública.

A minudência da nova redação do § 3º reflete ainda uma posição conservadora do Estado frente a um usuário que, nos dias de hoje, constitui ainda mero espectador da ação administrativa.

Os textos legislativos mais recentes confirmam a palavra-de-ordem da qualidade como elemento de modernização institucional; a exemplo, a sanção da Lei 9.276, de 9.5.96, que dispõe sobre o Plano Plurianual para o período 1996-1999, plano que preconiza, como um dos objetivos norteadores das ações do governo nesse período, a "construção de um Estado moderno e eficiente". O Anexo dessa mesma lei (*DOU* de 10.5.96, p. 7.956) registra, no tópico "Estado e Administração Pública":

"Ao longo dos próximos anos, o governo intensificará os esforços para melhorar a eficiência da gestão pública, capacitando a Administração federal para formular e executar políticas governamentais em bases modernas e eficientes, revertendo a degradação dos serviços públicos básicos" (grifos nossos).

Quando se trata da qualidade do serviço público – noção indissoluvelmente imbricada no conceito de eficiência – devem-se distinguir diferentes critérios para avaliação do serviço público e da iniciativa privada. A avaliação feita pelo usuário é o crivo último da qualidade, incorporando à meta da eficiência o conceito de *accountability*.

A profa. Anna Maria Campos, em artigo de 1990, estende-se acerca do sentido desse vocábulo, até hoje sem tradução exata em português. Sugere a autora que, talvez, não nos falte apenas a palavra, "ausente na linguagem comum nos dicionários". Afirma que o que nos falta é "o próprio conceito". E, partindo de constatações de realidade, pergunta-se: "(...) por que as pessoas são tão complacentes? Por que não têm consciência de seus direitos como contribuintes? Que explica o distanciamento do órgão público das necessidades de sua clientela?" ("*Accountability*: quando poderemos traduzi-la para o português?", *Revista de Administração Pública* 24(2):30-31, fev.-abr./90).

As respostas se baseiam precisamente na evolução do usuário dos serviços públicos como cidadão: "À medida que a democracia vai amadurecendo, o cidadão, individualmente, passa do papel de consumidor de serviços públicos a um papel ativo de sujeito. A mudança do papel passivo para o de ativo guardião de seus direitos individuais constitui um dramático avanço pessoal, mas, para alcançar resultados, há outro pré-requisito: o sentimento de comunidade. (...) A cidadania organizada pode influenciar não apenas o processo de identificação de necessidades e canalização de demandas, como também cobrar melhor desempenho do serviço público. Este parece ser o caminho para a *accountability*" (ob. cit., p. 35).

Em outro enfoque do mesmo problema, constata o professor da FGV, Bianor Scelza Cavalcanti: "A teoria e o processo de avaliação de programas públicos progrediu do estado de avaliação de processos, passando a uma abordagem de atingimento de objetivos e, finalmente, para a determinação do mérito, do valor e dos efeitos da ação governamental" ("Controle da ação estatal", *Jornal do Brasil*, 6.11.96).

Vale lembrar que o art. 27 da Emenda em tela define para o Congresso Nacional prazo para a elaboração de lei em defesa do usuário de serviços públicos – 120 dias da promulgação, já expirada em 5.10.98.

Outro dado merecedor de registro, tendo em vista a melhoria da gestão de serviço público, é a reformulação do art. 241 da Constituição, que prevê o disciplinamento, por meio da lei, dos consórcios e convênios de cooperação entre entes federados, com a autorização para gestão associada de serviços públicos, bem como a transferência total ou parcial de encargos, serviços, pessoal e bens essenciais à continuidade dos serviços transferidos.

O convênio difere totalmente do consórcio, pois embora possuam objetivo comum, implicam enfoques legislativos diferenciados.

O consórcio regula-se basicamente pelos arts. 278 e 279 da Lei 6.404/73, pelo art. 33 da Lei 8.666/93, e art. 19 da Lei 8.987/95, bem como pelo art. 4º da Lei 8.080/90. Não possui personalidade jurídica, constituindo-se associação para fins específicos. O convênio, regulado mormente pelo art. 116, e seus §§, da Lei 8.666/93, visa a concretização de interesses recíprocos, aplicando-se (no que couber) as disposições da Lei 8.666/93.

No caso de Minas Gerais, sua Constituição (arts. 181 e 182) exigia fossem previamente aprovados os consórcios pela Câmara Municipal, condição esta suspensa pelo STF, na ADIn 770-0 (*DJ* de 25.3.92 e *RTJ* 144/155; v., na mesma linha, ADIn 117, *DOE* de 10.2.94).

Consórcios intermunicipais para prestação de serviços de saúde devem, segundo orientação do Tribunal de Contas do Estado de Minas Gerais, submeter-se às regras de contabilidade pública (Lei 4.320/64) e a licitação (Lei 8.666/93). (Consulta 13.296 {214633-9}, publicada na *Revista do Tribunal de Contas do Estado de Minas Gerais* 1/100, 1997). Aliás esta orientação se coaduna com a nova redação dada ao parágrafo único do art. 70 da Carta Magna.

*Art. 37, § 7º*: a redação tem em vista a situação de ocupantes de cargos e empregos da Administração direta e indireta, que, exonerando-se ou desligando-se do exercício do cargo ou emprego, possam levar para a iniciativa privada informações e dados que favoreçam, privilegiadamente, ao particular. Em nome do princípio da isonomia, as informações da Administração Pública devem ser proporcionadas a todos, na mesma medida; o acesso aos dados, para ser ético, deve ser isonômico. Nesse sentido é que se impõe um período de "noviciado" antes do retorno às atividades da iniciativa privada, arcando o Governo com o salário.

Um bom exemplo foi dado pela Lei Federal 9.472/97 (dispõe sobre organização dos serviços de telecomunicações) que no art. 30 estabelece: "Até um ano após deixar o cargo, é vedado ao ex-conselheiro representar qualquer pessoa ou interesse perante a Agência".

*Art. 37, § 8º*: prevê a ampliação da autonomia gerencial, orçamentária e financeira dos órgãos e entidades da Administração direta e indireta, mediante contrato firmado entre seus administradores e o Poder Público, tendo como objeto a fixação de metas de desempenho.

Entretanto, a norma de eficácia contida não permite que entidades se eximam, por via do contrato (de gestão), de instrumentos obrigatórios como o concurso público e a licitação (Decisão 318/92, TCU, *DOU* de 2.7.92, p. 8.528). A norma infraconstitucional poderá adequar controles e critérios de avaliação de desempenho, direitos, obrigações, responsabilidade dos dirigentes, remuneração de pessoal e regime de contratação temporária.

Fala-se muito, no momento, sobre o chamado acordo de programa, figura adotada em países considerados de vanguarda no direito administrativo, tal como afirma o prof. Diogo de Figueiredo Moreira Neto em recente monografia sobre o tema ("Administração privada temporária...", *BDA* 4/179, 1996). Na mesma linha: Marcos Juruena Vilela Souto, *Desestatização, Privatização e Terceirização*, Rio de Janeiro, Lumen Juris, 1997, p. 290).

As tendências do direito administrativo moderno admitem plenamente tais formas de flexibilização (souplesse no direito francês) próprias de uma realidade administrativa em que a característica fundamental é a incerteza, e que privilegiem a negociação e a colaboração.

Em observação à margem, diria ainda que uma das alternativas para a qualidade do serviço público está na busca de parceria em sua execução. Cite-se o prof. Arnoldo Wald, que preconiza "(...) a idéia de parceria (...) entre nações, entre o Estado e a iniciativa privada (...) entre empresas concorrentes, entre moradores do mesmo bairro (...) e finalmente parceria entre empregados e empregadores, com a participação no lucros e com a função social atribuída à empresa" (*O Direito de Parceria e a Nova Lei de Concessões*, São Paulo, Ed. RT, 1996, p. 27. V., ainda, Maria Sylvia Zanella Di Pietro, ob. cit., *Parcerias*...).

A Lei 9.637 de 15.5.98, no art. 5º, ao prever o contrato de gestão no caso de entidades qualificadas como organizações sociais, expressamente incluiu a parceria como fomento às atividades relacionadas à atuação de entidades semipúblicas.

A alteração em análise estende o alcance do dispositivo às entidades da administração indireta. Essa inovação deve ser lida com as modificações introduzidas no art. 22, inciso XVII, e sobretudo no art. 173, § 1º, III, que focaliza a questão da licitação, a ser tratada especificamente a seu tempo.

*Art. 37, § 9º*: em que pese a redação clara e extensa do inciso XI, com a fixação do limite remuneratório, ou redutor constitucional, explicita-se ainda, de forma a não deixar dúvida, a extensão de tal limite às empresas públicas, às sociedades mistas e a suas subsidiárias que receberem recursos da União, Estados ou Municípios.

### *3. Exame das alterações ao art. 39 da Constituição*

#### *3.1 Exclusão do regime único e dos planos de carreira do "caput"*

A redação foi totalmente modificada, eliminando-se a obrigatoriedade do regime único. Os entes políticos deverão instituir conselho de política de administração e remuneração de pessoal, integrado por servidores designados pelos respectivos Poderes.

Vejo como positiva a idéia da administração colegiada, mesmo como instância administrativa para julgar matéria pertinente à administração e à remuneração de pessoal.

Talvez seja ainda cedo para aquilatar, em toda a sua extensão, as profundas repercussões na práxis administrativa ocasionadas pela definitiva queda do regime único. Em que pese sua má implementação, a utopia de um tratamento isonômico a todos os servidores públicos esteve na base de todas as tendências de reforma da área de pessoal, desde os tempos do velho DASP.

Essa idéia, essa tendência, terá sido definitivamente relegada ao universo das utopias, e assim descartada da realidade administrativa nacional.

Talvez faça falta; talvez doravante as disparidades entre servidores se tornem intransponíveis. No entanto, sob a ótica da flexibilidade administrativa e da alegada "governabilidade", perfilham-se argumentos favoráveis à agora consagrada multiplicidade de regimes.

Retorna a possibilidade do regime celetista para os entes políticos, autarquias e fundações, tal como fora adotado antes da Constituição de 1988 (v., a propósito: Ivan Barbosa Rigolin, "A natureza híbrida da CLT no serviço público. Reflexos na seguridade social, *BDA* 10/528, 1998). Define-se, complementarmente, a larga tendência à execução indireta ou terceirização de atividades, em parceria com as chamadas organizações sociais (Lei 9.637, de 15.5.98), objeto de expressa recomendação às fundações e autarquias qualificadas como Agências Executivas (Decreto Federal 2.487, de 3.2.98, art. 2º, III).

Entendo, ademais, que o próprio regime estatutário deve ser repensado e atualizado, sobretudo no aspecto de custos da aposentadoria (que de estatutária, transforma-se em contributiva).

Estados e Municípios deverão ainda acautelar-se quanto às fontes de custeio das pensões e aposentadorias, ou então, optar pela adoção do regime celetista, o qual, sob este aspecto (previdenciário) tem vida própria. Doravante, será inviável a criação de entes previdenciários sem estudo atuarial, fonte definida de custeio, reserva técnica adequada, gestão compartilhada. (v. nosso, "Desautarquização financeira e administrativa das instituições previdenciárias", *BDM* 5, mai./96).

Em Minas Gerais, pelas Leis 12.273, de 29.7.96, 12.328, de 31.10.96 e 12.329, de 31.10.96, foi instituída contribuição previdenciária para custeio parcial dos proventos (art. 40, § 6º da Constituição Federal com redação dada pela Emenda 3/93). Entendeu o Tribunal de Justiça de Minas Gerais ser lícito ao Estado arrecadar de todos os servidores dos três Poderes, em atividade ou não, a contribuição previdenciária compulsória, destinada ao custeio parcial dos proventos (Ap. cível 102.6780, rel. Orlando Carvalho, *DOE* de 12.2.98. Na mesma linha, ver denegação de cautelar na ADIn 1441-DF, *Informativo STF* 49, out./96).

Os denominados "planos de carreira", balizas do discurso do mérito na Administração, acham-se implícitos na redação do § 1º do mesmo artigo 39, a ser comentado.

### *3.2 Comentários sobre os §§ do art. 39*

*Art. 39, § 1º*: ficam delineadas as regras para fixação dos padrões de vencimentos e componentes do sistema remuneratório. Tais regras, constantes dos incisos, pressupõem a obrigatoriedade da carreira, reconhecendo a correspondência entre vencimentos e cargos de complexidade e responsabilidade gradativas.

Vislumbro, aqui, a possibilidade de vingar uma tendência de simplificação das carreiras da Administração direta, autárquica e fundacional. Um bom exemplo dessa simplificação foi pioneiramente adotado pelo Banco Central do Brasil, pela Lei 9.650, de 27.5.98.

É hoje suficientemente reconhecida a crescente demanda das organizações públicas por um corpo laboral profissionalizado, exigindo-se a adequação econômica dos cargos existentes ao poder de gasto da instituição.

A propósito da unificação de carreiras, cite-se recente decisão do STF reconhecendo como lícita a consolidação das atribuições de duas carreiras em uma única: "Reestruturação de Carreiras e Concurso. Por maioria, o Tribunal julgou improcedente a ação direta de inconstitucionalidade requerida pelo Partido dos Trabalhadores-PT contra dispositivos da LC 10.933/97 do Estado do Rio Grande do Sul que, ao criar a carreira de Agente Fiscal do Tesouro do Estado, nela consolidando as atribuições das carreiras de Auditor de Finanças Públicas e de Fiscal de Tributos estaduais as quais entram em extinção, concedera aos servidores destes cargos o direito de optarem pelo enquadramento nos cargos da nova carreira ou de permanecerem no exercício de suas respectivas funções. Reconheceu-se a inexistência de impedimento à opção assegurada pela norma impugnada, tendo em vista a afinidade de atribuições das carreiras consolidadas. Vencidos os Ministros Néri da Silveira, Maurício Corrêa, Sydney Sanches, Moreira Alves e Celso de Mello, que julgavam parcialmente procedente a ação, ao fundamento de que o dispositivo impugnado possibilita a admissão, sem a exigência de concurso público (CF, art. 37, II), na carreira de Agente Fiscal do Tesouro do Estado, cujas atribuições são mais amplas do que aquelas dos cargos em extinção" (ADIn 1.591-RS, rel. Min. Octávio Gallotti, 19.8.98, *Informativo STF* 119, ago./98).

Entretanto, o próprio STF considerou a ascensão e o acesso formas de provimento derivado, constitucionalmente vedado, invalidando assim os arts. 8º, III e 33, IV da Lei 8.212/90, em razão do art. 37, II da Carta Magna (ADIn 837, *Informativo STF* 120, set./98).

*Art. 39, § 2º*: prevê para a União, Estados e Distrito Federal a manutenção de escolas de governo para aperfeiçoamento dos servidores, facultando a celebração de convênio ou contrato entre os entes políticos e instituições especializadas. Considero essa inovação extremamente positiva, porquanto estimula a formação do servidor e a conseqüente ação sobre a cultura organizacional da instituição pública. Essa idéia, no Estado de Minas Gerais, acha-se em execução há algum tempo, com a Escola de Magistratura do Tribunal de Justiça; a Escola de Contas do Tribunal de Contas do Estado (nesta, um convênio pioneiro com a PUC/MG viabilizou um Curso de Aperfeiçoamento em Controle Externo); outro convênio, também da PUC/MG com o Tribunal de Alçada, resulta em um curso de Especialização em Direito Público; sem mencionar a própria Escola de Governo mineira, da Fundação João Pinheiro.

Não precisa o Poder Público, para a viabilização dessa idéia, construir prédios ou contratar pessoal. Basta a integração com instituições especializadas e a consideração às necessidades diversificadas de formação e aperfeiçoamento dos servidores públicos.

A Lei Federal 9.692, de 27.7.98, que dispõe sobre diretrizes orçamentárias, corrobora o disposto no § 2º epigrafado, colocando, como uma das prioridades, a modernização das técnicas de gestão e a capacitação gerencial.

*Art. 39, § 3º*: a nova redação exclui a aplicação do inciso VI do art. 7º, que assegura ao trabalhador o direito à irredutibilidade do salário, salvo disposto em convenção. A irredutibilidade de subsídios e vencimentos sofreu também impacto, tal como especificado no inciso XV do art. 37.

Afirma ainda o parágrafo em pauta que a lei pode estabelecer requisitos diferenciados de admissão, quando a natureza do cargo o exigir. Essa determinação soluciona de vez a sediça pendência jurídica em torno de requisitos editalícios nos concursos públicos, tais como limite de idade, especificação de sexo ou altura mínima etc.

É de todos sabido que a própria essência do concurso público, como instrumento isonômico de admissão de servidores, repousa na diferenciação de requisitos para cada cargo ou carreira (v., nosso, *O Novo Servidor Público – Regime Jurídico Único*, Belo Horizonte, Lê, pp. 48-49).

Apesar do consenso lógico em torno dessa noção, inúmeros editais de concurso sofreram questionamentos, a partir de 1988, sob a pecha de "discriminação", com base interpretativa no inciso XXX do art. 7º da Constituição. Muito embora desencorajado por decisões jurisprudenciais, esse tipo de contestação tem persistido episodicamente – para ser agora soterrado pela ressalva do § 3º, *in fine*.

*Art. 39, § 4º*: consigna o princípio da "verdade remuneratória", ao determinar que o membro do Poder, o detentor de mandato, Ministros, Secretários estaduais e municipais sejam remunerados por subsídio fixado em parcela única, vedado o acréscimo de gratificações e adicionais de qualquer espécie. O elenco do dispositivo é, a meu ver, exemplificativo. O texto vincula, ainda, a alteração do subsídio a lei específica (art. 37, X) e submete-o ao limite remuneratório (art. 37, XI).

*Art. 39, §§ 5º e 6º*: estabelecem: a) para entes políticos, a fixação por via legislativa da relação entre a maior e a menor remuneração; b) a obrigação de os Poderes publicarem anualmente os valores dos subsídios e da remuneração dos cargos e empregos públicos.

*Art. 39, § 7º*: o dispositivo determina que lei da alçada dos entes políticos discipline a aplicação de recursos orçamentários provenientes de economia com despesas correntes. Tais recursos poderão ser aplicados em programas de desenvolvimento de qualidade, em treinamento e modernização. Faculta-se a criação de adicional ou prêmio de produtividade.

Ao que tudo indica, trata-se de tentativa de estímulo aos entes políticos no corte de despesas correntes, incluindo recompensa aos agentes públicos envolvidos nesse esforço.

*Art. 39, § 8º*: a remuneração dos servidores públicos organizados em carreira "poderá" (e não, necessariamente, deverá) adotar o princípio consagrado no § 4º, o da chamada "verdade remuneratória", pelo qual a remuneração deixa de ser um composto de múltiplas parcelas, para tornar-se efetivamente "vencimento". Trata-se de uma alternativa preconizada em nível constitucional, a ser no entanto adaptada às contingências da implantação em cada órgão ou entidade pública.

### *4. Exame das alterações ao art. 41*

#### *4.1 A questão da estabilidade – §§ 1º, 2º e 4º; reflexos do art. 169*

O art. 41 recoloca o polêmico tema da estabilidade, mantendo-a agora para os servidores nomeados por concurso público para cargos de provimento efetivo, após três anos de exercício. A perda da estabilidade ocorrerá: *a*) em virtude de sentença judicial transitada em julgado; *b*) mediante processo administrativo, assegurada ampla defesa; *c*) mediante processo de avaliação periódica, por insuficiência de desempenho, nos termos de lei complementar, assegurada mais uma vez a ampla defesa.

Caso a justiça invalide a demissão do servidor estável, este será reintegrado, e o ocupante da vaga reconduzido ao cargo de origem, aproveitado em outro ou colocado em disponibilidade proporcional. Descarta-se sumariamente a indenização ao eventual ocupante; mas a redação deixa em aberto o plausível direito do servidor reintegrado à indenização.

A aquisição da estabilidade fica ainda condicionada, pelo teor do § 4º do art. 41, à avaliação especial de desempenho por comissão instituída para essa finalidade. É outro ponto em que terá de ser aplicado o princípio da eficiência, sob pena de se gerarem discriminações e pessoalidades incompatíveis com o ethos da Administração Pública.

Reside no art. 21 da Emenda 19/98 (a ser lido necessariamente em conjunto com os dispositivos retro-mencionados) a definição de flexibilização do instituto da estabilidade funcional, em razão das alterações ao art. 169 do texto de 1988. O artigo foi totalmente reformulado, com a introdução de vários parágrafos. Todavia, parece terse preservado, de alguma forma, na redação do art. 33, o sistema do mérito – já que a estabilidade, após 5.10.88, só se legitima por concurso.

Serão doravante rígidos os limites de despesa com pessoal ativo e inativo – limites estes fixados em lei complementar, e cujos parâmetros delineiam-se nos dispositivos acrescidos. É sem dúvida uma exigência patrimonial e de sobrevivência do Executivo diante da crescente ausência de recursos.

Pelo § 1º do art. 169, o poder de gasto é condição fundamental para qualquer investimento na área de pessoal. O § 2º determina sanções, com a suspensão de repasse de verbas, pela inobservância dos limites e prazos de adaptação aos mesmos; o § 3º formula providências que a Administração deve adotar durante o prazo de adaptação: redução de 20% dos cargos em comissão e exoneração dos servidores nãoestáveis.

Coloca-se então, no § 4º, pela primeira vez em linha constitucional, a hipótese de se dispensarem servidores estáveis, caso fracassem as tentativas de adequação empreendidas com base nos dispositivos anteriores.

Trata-se efetivamente de um impacto profundo no instituto da estabilidade – muito embora o texto exija motivação específica em ato normativo de cada um dos Poderes, e sua aplicação dependa de lei federal (transitiva direta) que disponha sobre normas gerais obrigatórias no processo (§ 7º).

Ao látego do § 4º seguem-se medidas lenientes: o § 5º fixa a regra de indenização (um mês de remuneração por ano de serviço) e o § 6º veda criação de cargo, emprego ou função análogos ao extinto, pelo período de quatro anos. Nada obscurece, todavia, o sentido prioritário da norma. Significa a queda de um item básico (ou pelo menos assim considerado até o momento) no estatuto do servidor público.

Essa espada de Dâmocles tem a justificativa de coagir os entes políticos a reduzirem seus custos de pessoal, em limites toleráveis econômica e administrativamente, a fim de permitir investimentos em setores prioritários. Antes um direito, converte-se agora a estabilidade em faculdade, apenas exercida em níveis do poder de gasto.

Recoloca-se, a esta altura, a questão tantas vezes discutida, na qual volto a dar minha opinião, em consonância com trabalhos anteriores. Os muitos detratores do instituto da estabilidade funcional desconsideram os aspectos culturais, políticos e históricos do país, que têm propiciado a descontinuidade administrativa e o hábito de, a cada governo, alterar-se a composição dos cargos em comissão e dispensarem-se os "inimigos políticos". Portanto a concessão da estabilidade destina-se a promover a segurança funcional do servidor, solidificando o vínculo com a organização pública e não com determinado governo. Sempre sustentei que o trato da coisa pública exige independência, subordinada a valores éticos que transcendam às hierarquias organizacionais (cf. nosso, ob. cit., *O Novo Servidor...*, p. 88).

A atual tendência de se imputar à estabilidade do servidor a culpa pelas disfunções do aparelho estatal – e por via de conseqüência advogar o fim da garantia de emprego – é simplismo incompatível com o processo de mudança realmente exigido na Administração Pública.

### *4.2 Disponibilidade remunerada: art. 41, § 3º*

Introduz-se, no § 3º, a expressa determinação de que a disponibilidade implica remuneração proporcional ao tempo de serviço.

Mais uma vez a Emenda vem colocar sua pá-de-cal em acirradas discussões anteriores. Pela redação de 1988, a remuneração do servidor não poderia ser reduzida pela disponibilidade. O texto atual retorna com a redação do art. 100 da Emenda 1/69.

Importante salientar recentíssima orientação do egrégio Tribunal de Justiça de Minas Gerais na Apelação Civil 110.8307 (comarca de Governador Valadares, *DOE* de 5.9.98) no sentido de que a declaração da desnecessidade de cargo dispensa a preexistência de lei autorizativa, bem como o processo administrativo para exoneração de servidores não-estáveis.

A disponibilidade remunerada proporcional, por conseguinte, somente é deferida a servidores estáveis.

### *5. Licitação nas empresas estatais: art. 22, XXVII e art. 173, § 1º, III*

Para entender-se corretamente a mudança que foi operada no regime das licitações das empresas estatais é preciso ler conjuntamente as alterações trazidas pela presente Emenda a dois dispositivos constitucionais: o inciso XXVII do art. 22 e o inciso III do parágrafo 1º do art. 173.

O art. 22, XXVII, na redação de 1988, submetia indistintamente ás "normas gerais de licitação e contratação" todos os órgãos e entidades da Administração, direta e indireta, mencionando explicitamente as empresas controladas. O mesmo inciso, ora reformulado, abre uma distinção importante: a administração direta, autárquica e fundacional de todos os entes políticos, no que tange à licitação e ao contrato, obedecerá ao disposto no art. 37, XXI; e as empresas públicas e sociedades mistas ater-se-ão ao art. 173, § 1º, III.

O significado dessa mudança, em suma, é que as empresas públicas e sociedades mistas não mais se submeterão aos ditames estritos da lei 8.666/93 para realizar licitações e formalizar contratos. Reger-se-ão, precisamente, pelo inciso III do parágrafo 1º do art. 173, cuja nova concepção prevê outra lei, especificamente voltada para as estatais e suas subsidiárias exploradoras de atividade econômica.

Nesse diploma legal, os processos de licitação e contratação serão objeto de regulamentação própria - que poderá simplificá-los, adaptá-los às peculiaridades de cada espécie institucional destinatária, e mesmo reduzi-los a pontos essenciais, "observados os princípios da Administração Pública". Estes são os elencados no *caput* do art. 37 da Carta Magna.

O prof. Toshio Mukai criou um interessante epíteto para os futuros certames das estatais: licitações "asiáticas"... Observa o renomado professor que as recentes diretrizes pretenderam "contornar as licitações obrigatórias dos órgãos e/ou entidades públicas (...)" e atenta para os ditames do novo § 8º do art. 37, o qual amplia a autonomia dos órgãos e entidades públicas mediante contratos de gestão com fixação de metas de desempenho ("As licitações 'asiáticas', a Reforma Administrativa e os contratos de gestão", *BLC* 5/226, 1998).

Deixando em aberto as repercussões práticas de tais dispositivos, e o teor do ordenamento infraconstitucional que virá, vejo um ponto sólido em toda essa areia movediça: o de que "algum" tipo de certame isonômico deverá ser mantido nas paraestatais, em razão mesmo das imposições do próprio regime republicano e do princípio da igualdade na Administração Pública.

Certamente, dentre os princípios arrolados no art. 3º da Lei de Licitações, não poderão ser desprezados pelo futuro diploma legal os da vinculação ao instrumento convocatório e do julgamento objetivo, que constituem as linhas básicas de qualquer processo competitivo de natureza pública.

Na hipótese, a lei futura das estatais ou, concomitantemente a alteração da atual lei de licitações poderiam talvez reeditar a experiência do § 1º do art. 86 do Decreto-lei 2.300/86, no sentido de as entidades paraestatais adotarem os princípios da licitação em seus regulamentos próprios, publicados e aprovados pela Corte de Contas.

Enfim, os incisos em exame e mais o § 8º do art. 37, parecem ter sido informados pela intenção de recolocar o desejado equilíbrio entre os extremos do privatismo e do publicismo.

É um assunto fértil que, estou certo, será profundamente trabalhado em nível doutrinário, em busca de sua exata expressão jurídica. Cito, entretanto, como dado para reflexão o recente Decreto Federal 2.745, de 24.8.98, que aprova o Regulamento do Procedimento Licitatório Simplificado da Petrobrás, *DOU* de 25.8.98, na linha de maior flexibilização da Lei 8.666/93.

### *6. Agenda de aplicação da Reforma Administrativa*

Foi largamente constatado, no período que se seguiu à sanção do texto magno de 1988, o imobilismo legislativo e administrativo que impediu que alguns dos ditames encontrassem sua adequada expressão na vida institucional, administrativa e mesmo no comportamento do setor público. Esse fenômeno foi analisado em vários níveis da cultura nacional, e sugeridas inúmeras explicações e causas prováveis.

Em nível econômico-financeiro, logo se tornou claro que não se disporia de recursos para atender adequadamente a extensão dos direitos que a generosidade dos constituintes reconhecia. É hoje notório o comentário do economista Roberto Campos: "quisemos construir uma seguridade social sueca, com recursos moçambicanos (...)" (*Lanterna na Popa*, Rio, Topbooks, 1994, p. 1.206).

Enfim, temos hoje novas diretrizes talvez mais realistas, o que induz a uma agenda legislativa e administrativa a ser levada a efeito, doravante, com a necessária intensidade. Permito-me, por conseguinte, sugerir alguns itens a esta agenda:

- *Teoria da recepção*: exame das leis vigentes, tanto na área de pessoal como na de licitação/contratação; determinação das leis ou dispositivos infraconstitucionais que foram revogados.

- *Adaptação legislativa*: elaboração de anteprojetos de alteração às Constituições estaduais, Leis Orgânicas municipais e Leis Ordinárias (a Lei Complementar 95, de 26.2.98, no art. 13, fixara prazo para consolidação e codificação em coletâneas).

- *Revisão dos estatutos das paraestatais*: análise dos estatutos, com enfoque prioritário na natureza jurídica e na finalidade das ditas empresas.

- *Melhoria da qualidade do serviço público*: estudos visando a elaboração de programa para melhoria da eficiência e qualidade dos serviços públicos; acompanhamento desse processo de elaboração pelo Congresso, abrindo-se prazo de 120 dias para projeto de lei em defesa do usuário de serviço público (art. 27 da Emenda 19/98), prazo este já exaurido.

- *Regulamentação de consórcio e convênio entre entes políticos*: estudos por parte dos entes políticos para elaboração de textos legislativos infraconstitucionais que disciplinem os consórcios e convênios de cooperação entre os entes federados.

- *Licitação nas estatais*: estudos visando a regulamentação de licitação nas estatais; elaboração do estatuto das empresas públicas, sociedades mistas e subsidiárias.

- *Limite constitucional*: levantamento, em todos os Poderes, pelos entes políticos, da remuneração dos ocupantes de cargos e funções públicas, para aplicação do limite e redutor constitucional.

- *Poder de gasto*: estudos visando a redução dos valores destinados a pagamento de pessoal em limites estabelecidos, assegurando a fonte de custeio para as aposentadorias.

- *Relação entre maior e menor remuneração do servidor*: estudos de cargos e salários objetivando a fixação de constantes na relação entre a maior e a menor remuneração dos servidores públicos e ocupantes de empregos públicos.

- *Estratégia de implantação da Reforma*: programar ações voltadas para o comportamento administrativo, visando a participação do agente público e do público destinatário.

### *7. Considerações finais*

Modernização, mudança social, aprendizagem organizacional: o que há de comum entre estes conceitos?

"No conceito de mudança, encontra-se implícita a expectativa de que as pessoas e suas criações – tais como as organizações – desenvolvam a capacidade de se modificarem, de se adaptarem e de oferecerem alternativas criativas para a solução de problemas com que se defrontam; em outras palavras, de aprenderem, como condição de sua própria sobrevivência."

Assim dizem os consagrados teóricos da Administração Bretas Pereira e Caravantes, em um clássico trabalho ("Aprendizagem organizacional *versus* estratégia de mudança organizacional planejada: um confronto crítico", *Revista de Administração Pública* 15(2):23-44, abr.-jun./81).

De acordo com Donald Schon (1971) "um sistema social aprende sempre que adquire a capacidade de um novo comportamento". Este autor analisa, em uma obra fundamental a quebra do que ele chama "o estado estável" da sociedade e o desafio conseqüente: as instituições, o indivíduo e a sociedade devem "aprender a aprender", a despeito do "conservadorismo dinâmico" que é a luta acirrada de todas as instâncias da sociedade para, simplesmente, continuarem como estão e evitarem os dissabores da mudança. (*Beyond the Stable State*, New York, Norton Library, 1971).

Essa tendência esclerosante está bem clara em muitos episódios do atual e penoso debate legislativo sobre as mudanças propostas, bem como nos acirrados *lobbies* que atuam no Congresso em favor de inúmeros conservadorismos e sectarismos, bem definidos pela magistral frase do filósofo Michel Foucault: "O que se move traz a morte, e mata-se o que se move" (*Vigiar e Punir*, Petrópolis, Vozes, 1984, p. 181).

Por outro lado, a estratégia insulativa das sucessivas equipes de Reforma Administrativa no Brasil tem sido exaustivamente criticada, bem como seu modelo centralista (v., Kleber Nascimento, "Reflexões sobre estratégia de reforma administrativa: a experiência federal brasileira", *RAP* 1º sem./67). O próprio Donald Schon, na obra citada, critica o modelo de modernização centro-periferia, sugerindo um modelo alternativo em "redes", que é revolucionário na medida em que conceitua o papel do governo central como aprendiz e facilitador da aprendizagem – em vez de detentor da ciência e das definições fechadas.

Nesse sentido, o processo de aprendizagem institucional – pressuposto de uma verdadeira reforma administrativa – só poderia ser empreendido com uma agenda positiva. Ou seja: um programa essencialmente participativo, que ouvisse os diversos segmentos da sociedade, e cujas teses e metas fossem construídas passo a passo, levando em conta necessidades percebidas, dados e reações culturais, dificuldades de expressão e operacionalização. Os diplomas legais gerados por esse modelo de reforma representariam o substrato normativo indispensável à realização das demandas dos cidadãos. Cumprir-se-ia talvez, dessa maneira, a vocação de todas as leis.

Belo Horizonte, 5 de outubro de 1998

# CONFERÊNCIAS & DEBATES

## DELITOS E INFRAÇÕES EM MATÉRIA DE MEIO AMBIENTE*

GERALDO BRINDEIRO
Doutor em Direito pela Universidade de Yale (EUA) – Professor da Universidade de Brasília – Procurador-Geral da República

Excelentíssimo Senhor Procurador-Geral da República do México,

Dr. Jorge Madrazo Cuéllar,

Excelentíssimo Senhor Presidente da Associação Interamericana do Ministério Público, Dr. Iván Darío Badell,

Caros colegas fiscais, procuradores-gerais,

Caros colegas do Ministério Público Interamericano,

Senhoras e Senhores,

Coube-me falar sobre o tema delitos e infrações em matéria de meio ambiente. Creio que é possível estabelecer, quando se fala em globalização e em interdependência, uma conexão, uma analogia com a questão de combate ao crime organizado transnacional e ao narcotráfico internacional com a proteção ambiental, tendo em vista os interesses comuns não só das Américas, mas os interesses comuns da humanidade, ambas as causas, tanto a causa do combate ao crime organizado transnacional, como a causa da proteção ambiental, são causas verdadeiramente da humanidade.

Desejo destacar as palavras do Presidente da República Federativa do Brasil, Professor Fernando Henrique Cardoso, em conferência proferida no Colégio de México, em fevereiro de 1996, sobre os riscos e as oportunidades dos países em desenvolvimento diante do impacto da globalização da economia. Sua Excelência assinalou a obsolescência das teorias, convidando a todos para realizar uma nova Renascença, para construir o futuro transformando a História, conferindo uma dimensão humana ao progresso, fortalecendo a ética da solidariedade no plano nacional como internacional e revitalizando os valores do Humanismo.

A globalização da economia enfatiza a necessidade urgente da integração latino-americana e da formação de um bloco — análogo ao NAFTA-*North American Free Trade Agreement*, à CEE-Comunidade Econômica Européia, ao Japão e Tigres Asiáticos — visando a promover e defender os

* Palestra proferida por ocasião da reunião extraordinária da Associação Interamericana do Ministério Público, realizada na cidade do México, em novembro de 1997.

interesses comuns. É importante que o jurista contemporâneo, às vésperas do 3º Milênio, tenha uma visão interdisciplinar do fenômeno jurídico, perspectiva internacional e de Direito Comparado. É evidente que, no mundo em que vivemos hoje, determinadas teorias jurídicas não podem sobreviver e enfrentar problemas contemporâneos tão grandes como são os de combate ao crime organizado transnacional e a proteção ambiental, ambas verdadeiramente causas da humanidade.

Destaco ainda trecho do discurso proferido pelo Presidente da República, Professor Fernando Henrique Cardoso, em Sessão Solene do Congresso Venezuelano, por ocasião de sua visita a Caracas, em 4 de julho de 1995. Disse, então, Sua Excelência:

"O Mercosul começa a identificar nossos parceiros na América do Sul, onde estamos negociando formas de aproximação com a Venezuela, o Chile e a Bolívia, além do conjunto inteiro do Pacto Andino. Entre essas áreas, com sentido de prioridade dada pela vizinhança e pela intensidade da agenda, a aproximação com a Venezuela é natural.

"No passado não muito distante, pensava-se que a floresta amazônica seria uma barreira que separava nossos povos, dificultava os contatos fronteiriços, impedia a integração, justificava a indiferença. Hoje sabemos que a floresta não é uma barreira. Ao contrário, ela é o cenário para novas formas de integração, que aliam a cooperação entre povos dos dois lados da fronteira ao conceito de desenvolvimento ecologicamente sustentável."

Um dos conceitos mais difundidos nos anos 80 e 90 tem sido o da interdependência. É um conceito fácil de se entender, em matéria de meio ambiente, quando se observa, por exemplo, que um dos objetivos da criação, no século passado, das Comissões do Reno e do Danúbio foi — ao lado da liberdade de navegação — o de evitar a poluição no interesse dos países da Europa por onde passam aqueles rios. A não poluição dos Grandes Lagos interessa tanto aos Estados Unidos como ao Canadá. A cessação das experiências atômicas americanas ou francesas no Pacífico, objeto de decisões da Corte Internacional de Justiça, interessa, não apenas à Austrália mas a todo o mundo. Finalmente, a preservação da flora e da fauna em nível universal, bem como a diminuição da emissão de gases poluentes na atmosfera — provocadores do chamado efeito-estufa —, transformou-se em interesse comum da humanidade.

Pode-se dizer sobre a interdependência algo análogo em relação ao desenvolvimento econômico das nações, também objeto da Conferência das Nações Unidas no Rio, a causa ambiental, e, como disse anteriormente, o combate ao crime organizado transnacional: todas são causas da humanidade.

A Comunidade Econômica Européia, criada com o Tratado de Roma, em 1960, alcançou praticamente sua completa integração econômica no final do ano de 1992, atendendo aos objetivos dos diversos países que a compõem, à luz da interdependência e dos interesses comuns. Experiências análogas iniciam-se nas Américas, entre os EUA, o Canadá e o México, com o NAFTA, e entre o Brasil, a Argentina, o Uruguai e o Paraguai, com a criação do Mercado do Cone Sul (Mercosul).

Devo dizer inicialmente que considero que, no Brasil, houve grande avanço relativamente a normas de Direito Ambiental, em recentes anos, especialmente a partir de 1985. O simples fato do aparecimento de legislação apropriada, capaz de permitir, com maior eficiência, a proteção do meio ambiente, por via judicial ou extrajudicial, já é em si mesmo extremamente relevante. Antes de 1985 havia — é verdade — alguns instrumentos administrativos e processuais para implementar regras de proteção ambiental do Código Penal, da Lei das Contravenções Penais, do Código Florestal, da Lei de Proteção à Fauna e da Lei

Federal que estabeleceu a Política Nacional do Meio Ambiente, seus fins e mecanismos de formulação e aplicação. São exemplos de tais instrumentos administrativos e processuais de defesa ambiental as multas, a perda de incentivos fiscais, a perda de linhas de financiamento em estabelecimentos de crédito oficial e, em último caso, a suspensão da atividade através de ação ordinária, e ainda a ação popular, a ação de desapropriação e a ação penal para os crimes ecológicos, nos casos do poluidor que expuser a perigo a incolumidade humana, animal ou vegetal, com penas de reclusão de 1 (um) a 3 (três) anos. É preciso salientar, no entanto, que a ação popular e a ação de desapropriação para fins de tombamento somente adquiriram maior relevância na questão ambiental com a vigência da Constituição brasileira de 1988. O art. 5º, inciso LXXIII, da Constituição Federal, estabelece que qualquer cidadão é parte legítima para propor ação popular que "vise anular ato lesivo... ao meio ambiente". E o art. 216, inciso V, também da Constituição, define como "patrimônio cultural os bens de natureza material" dentre eles "os sítios de valor... ecológico", permitindo, assim, a desapropriação para fins de interesse social, mediante justa e prévia indenização, nos termos do seu art. 5º, inciso XXIV. Mas é com a vigência da Lei Federal 7.347/85 que aparecem os inquéritos civis públicos e as ações civis públicas, instrumentos adequados que passaram a permitir aos membros do Ministério Público, Procuradores Federais e Estaduais, a agir, judicial e extrajudicialmente, em defesa do meio ambiente. Na verdade, pode-se afirmar hoje, com segurança, que os mais atuantes agentes da implementação do Direito Ambiental no Brasil, perante os Juízes e Tribunais em todo o país, têm sido os membros do Ministério Público Federal e Estadual.

É óbvio que é necessário existir, senhoras e senhores, princípios e normas em vigor, bem elaborados, técnica e cientificamente, para permitir a eficiência na proteção do meio ambiente, se postos em prática tais princípios e normas. O que se visa não é impedir o desenvolvimento econômico e social do país, mas sim assegurar o "desenvolvimento sustentável", protegendo o meio ambiente ecologicamente equilibrado e preservando os recursos naturais para as presentes e futuras gerações.

A Constituição Federal de 1988, que consolidou no Brasil o Estado Democrático de Direito, significa o momento culminante da normatização da questão ambiental no país. A Constituição brasileira dedica todo um capítulo relativo a princípios e normas sobre a proteção do meio ambiente inovando no Direito Constitucional Comparado. O princípio do "desenvolvimento sustentável" antes mesmo da Conferência do Rio — a ECO 92 — já estava de certa forma estabelecido no *caput* do art. 225, da Constituição brasileira. "O Direito ao desenvolvimento deve ser realizado de modo a satisfazer as necessidades relativas ao desenvolvimento e ao meio ambiente das gerações presentes e futuras". Por isso, observa-se que praticamente todos os demais princípios gerais do Direito Ambiental, estabelecidos na ECO 92, no Rio — como os da prevenção, da precaução, da informação, da educação ambiental, da participação, da soberania dos Estados para estabelecer sua política ambiental e de desenvolvimento com cooperação internacional, da responsabilidade da pessoa física e jurídica, o princípio poluidor-pagador e o princípio da eliminação de determinados meios de produção e consumo e da política demográfica adequada —, todos diretamente relacionados com o princípio do "desenvolvimento sustentável" (o Direito Ambiental intergerações), já haviam também sido prestigiados nos diversos parágrafos e incisos da citada norma da Constituição Federal brasileira de 1988.

Senhoras e senhores, meus caros colegas,

A Constituição brasileira, na questão ambiental, privilegia expressamente determinadas áreas do país: a Floresta Amazônica, a Mata Atlântica, a Serra do Mar, o Pantanal Mato-Grossense e a Zona Costeira — diz a Constituição — "são patrimônio nacional, e sua utilização far-se-á, na forma da lei, dentro de condições que assegurem a preservação do meio ambiente, inclusive quanto a recursos naturais".

Quanto ao princípio da prevenção, estabelecido na Conferência do Rio, em 1992, no sentido de inibir ou limitar a margem de perigo de possível criação de danos ambientais, isto é, reduzir ao mínimo o risco residual para a população e para o meio ambiente, a Constituição brasileira de 1988 estabeleceu a exigência e estudo prévio de impacto ambiental. Para a realização de "obra ou atividade potencialmente causadora de significativa degradação do meio ambiente", deverá existir, para obter o licenciamento, estudo prévio de impacto ambiental e seu respectivo Relatório de Impacto Ambiental-RIMA, realizados com o apoio técnico e científico dos Institutos Estaduais do Meio Ambiente e sujeitos a supervisão e homologação do Instituto Brasileiro do Meio Ambiente e Recursos Naturais Renováveis-IBAMA, autarquia vinculada ao Ministério do Meio Ambiente, dos Recursos Hídricos e da Amazônia Legal (Ministério criado recentemente no país, a partir da Constituição de 1988).

Acrescento ainda que as usinas nucleares, de acordo com norma expressa da Constituição, deverão ter sua localização definida em lei federal, sem o que não poderão ser instaladas. E a Constituição estabelece ainda ações discriminatórias destinadas a arrecadar terras devolutas pelos Estados da Federação necessárias à proteção de ecossistemas naturais.

O princípio da preocupação, segundo o qual, a ausência de certeza científica absoluta — também estabelecido na ECO 92 — não deve servir de pretexto para procrastinar a adoção de medidas efetivas visando a evitar a degradação do meio ambiente, é também este princípio estabelecido na Constituição brasileira, antes mesmo da ECO 92, que exige o controle "da produção, da comercialização e do emprego de técnicas, métodos e substâncias que comportem risco para a vida, a qualidade de vida e o meio ambiente". A defesa do meio ambiente, aliás, está incluída também entre os princípios gerais da atividade econômica estabelecidos na Constituição brasileira de 1988.

Os princípios da informação e da educação ambiental, senhoras e senhores, também estabelecidos na ECO 92, no Rio, significando o dever do Estado de repassar às pessoas as informações sobre o meio ambiente e de promover a educação sobre questões ambientais das novas gerações como dos adultos, também estão previstos na Constituição brasileira de 1988. E têm efetivamente sido postos em prática contribuindo para a conscientização pública sobre a necessidade da proteção do meio ambiente e da preservação dos recursos naturais. E o princípio da participação, estabelecido também na ECO 92, garantindo a todos os cidadãos o acesso às vias judiciais e administrativas está assegurado pela ação popular, anteriormente citada. Tais princípios têm estimulado, no Brasil, a criação de um número, ainda reduzido, mas cada vez maior, de organizações e associações privadas e organizações não-governamentais destinadas à proteção do meio ambiente.

O princípio da soberania nacional, também estabelecido na ECO 92, no Rio, para estabelecer a política ambiental e de desenvolvimento, com cooperação internacional, está também claramente estabelecido na Constituição brasileira de 1988. Enquanto o art. 1º estabelece a soberania como fundamento do Estado brasileiro e o art. 3º, inciso II, define como objetivos fundamentais do país "o desenvolvimento nacional", o art. 4º, inciso LX, estabelece como princípio nas suas relações internacionais a "cooperação entre os povos para o progresso da humanidade". E certamente uma das áreas de interdependência entre as nações é a relativa à proteção ambiental, considerando fundamentalmente o novo princípio estabelecido na ECO 92, o princípio do desenvolvimento ecologicamente sustentável.

O princípio da eliminação de modos de produção e de consumo não viáveis do ponto de vista ecológico e do estabelecimento de políticas demográficas adequadas estão também, já antecipadamente, antes mesmo da ECO 92, estabelecidos nas regras constitucionais sobre precaução e nos princípios gerais da atividade econômica mencionados na Constituição brasileira que inclui a defesa do meio ambiente, e nas normas de política urbana, visando a garantir o pleno desenvolvimento das funções sociais das cidades e o bem-estar de seus habitantes.

E, finalmente, o princípio poluidor-pagador — segundo o qual deve o responsável assumir o custo da poluição — e o princípio da responsabilidade da pessoa física ou jurídica pelos danos ambientais, estabelecido na ECO 92, no Rio, estão previstos também claramente na Constituição brasileira de 1988.

Meus caros colegas, senhoras e senhores,

A Constituição brasileira de 1988, além de privilegiar a proteção ambiental da Floresta Amazônica, dentre outras regiões, prevê normas expressas quanto à biodiversidade. Estabelece como princípios "preservar e restaurar os processos ecológicos essenciais e prover o manejo ecológico das espécies e ecossistemas; preservar a diversidade e a integridade do patrimônio genético do país e fiscalizar as entidades dedicadas à pesquisa e manipulação de material genético; definir, em todas as unidades da Federação, espaços territoriais e seus componentes a serem especialmente protegidos; e proteger a fauna e a flora, vedadas, na forma da lei, as práticas que coloquem em risco sua função ecológica, provoquem a extinção de espécies ou submetam os animais a crueldade".

Devo observar ainda que a Constituição brasileira de 1988 introduziu o conceito de crimes ecológicos de pessoas jurídicas, conceito controvertido e discutido, porém, a meu ver, são eles importantes ao estabelecer que as condutas e atividades consideradas lesivas ao meio ambiente sujeitarão os infratores, não apenas as pessoas físicas, mas também pessoas jurídicas, a sanções penais e administrativas, independentemente da obrigação de reparar os danos causados.

A Conferência das Nações Unidas sobre Meio Ambiente e Desenvolvimento, realizada no Rio de Janeiro, no Brasil, trouxe, caros colegas, resultados importantíssimos para a causa ambiental, além da Declaração dos princípios já mencionados, a Convenção sobre a Biodiversidade, em vigor desde junho de 1992 e ratificada pelo Congresso Nacional, em 28 de fevereiro de 1993, e ainda a famosa Agenda 21.

A expressão *Agenda 21*, como todos percebemos, refere-se ao 3º Milênio, ao século XXI. A Agenda 21 representa a agenda consensual da Comunidade das Nações às vésperas do século XXI, estabelecendo objetivos, programas, bases para ação, atividades e meios de implementação, com plena observância de todos os princípios contidos na Declaração do Rio sobre Meio Ambiente e Desenvolvimento. A Agenda, constituída de cerca de seiscentas páginas distribuídas em quarenta capítulos, abrange, dentre inúmeros outros itens, a cooperação internacional para acelerar o desenvolvimento ecologicamente sustentável dos Países em desenvolvimento; o combate à pobreza; a mudança dos padrões de consumo; a proteção e promoção das condições da saúde humana; a proteção da atmosfera; o planejamento e o gerenciamento dos recursos terrestres; o combate ao desflorestamento; o gerenciamento e o manejo de ecossistemas frágeis; a luta contra a desertificação e a seca; a conservação da diversidade biológica; o manejo ambientalmente saudável da biotecnologia; a proteção dos oceanos e dos mares e o uso racional e o desenvolvimento dos seus recursos vivos; a proteção da qualidade e do abastecimento dos recursos hídricos; o manejo ecologicamente saudável das substâncias químicas tóxicas e de resíduos perigosos e a prevenção do tráfico internacional ilícito destas substâncias e resíduos; o manejo ambientalmente saudável e seguro dos resíduos sólidos e radioativos e das questões relacionadas com os esgotos.

A Agenda 21 procura estimular iniciativas das autoridades nacionais e locais em apoio aos seus programas; fortalecer o papel das organizações não-governamentais; convocar a comunidade científica e tecnológica para uso da ciência para o desenvolvimento ecologicamente sustentável; direcionar recursos e mecanismos de financiamento para projetos de proteção ao meio ambiente e preservação de recursos naturais; viabilizar transferência de tecnologia ambientalmente saudável; promover o ensino, a conscientização e o treinamento sobre problemas da proteção do meio ambiente; fornecer informações para tomada de decisões das autoridades e instituições responsáveis; e desenvolver instrumentos e mecanismos jurídicos internacionais para a solução das questões ambientais e a promoção do desenvolvimento ecologicamente sustentável.

A "Nossa Própria Agenda" (*Our Own Agenda*), caros colegas das Américas, é o relatório preparado em 1990 pela Comissão Latino-Americana e Caribenha sobre Desenvolvimento e Meio Ambiente, sob os auspícios do Banco Interamericano de Desenvolvimento e o Programa das Nações Unidas para o Desenvolvimento, a fim de desenvolver uma visão regional da questão ambiental, ligada ao desenvolvimento econômico e social, à democracia e ao respeito aos direitos humanos. O relatório observa que "nossa região tem experimentado um processo de democratização que deveria ser sustentado". E, acrescenta, que será "impossível ultrapassar as barreiras que se encontram no caminho do desenvolvimento econômico, social e ecologicamente sustentável... sem uma democracia que permita maior participação da sociedade".

A "Nossa Própria Agenda" identificou como estratégias para fortalecer o Estado Democrático, dentre outras, o desenvolvimento de legislação ambiental adequada e a introdução de reformas no Judiciário. E estabeleceu um vínculo entre o regime democrático, a busca do desenvolvimento ecologicamente sustentável e o fortalecimento dos direitos humanos, especialmente os econômicos e sociais.

A Constituição brasileira de 1988 estabelece que "A República Federativa do Brasil buscará a integração econômica, política, social e cultural dos povos da América Latina, visando à formação de uma comunidade latino-americana de nações". E a Constituição brasileira deve ser cumprida.

O Tratado de Assunção, assinado em 1991, "para a Constituição de um Mercado Comum entre a República Argentina, a República Federativa do Brasil, a República do Paraguai e a República do Uruguai", o Mercado Comum do Sul—Mercosul, define no seu preâmbulo, como objetivo central, "a ampliação das atuais dimensões de seus mercados nacionais, através da integração", e considera que tal fim deve ser alcançado, dentre outras condições, "mediante o aproveitamento mais eficaz dos recursos disponíveis e a preservação do meio ambiente". E estabelece, no seu art. 1º, o compromisso dos Estados-partes de harmonizar suas legislações, nas áreas pertinentes, para lograr o fortalecimento do processo de integração.

A Declaração de Canela (Brasil), de 1992, subscrita pelos países signatários do Tratado de Assunção e ainda o Chile, afirma que "os programas ambientais multilaterais têm de definir adequadamente as responsabilidades, respeitar as soberanias nacionais no quadro do Direito Internacional e tornar realidade uma interdependência que garanta benefícios eqüitativos às partes"

E o Protocolo de Ouro Preto (Brasil), de 1994, adicional ao Tratado de Assunção, veio criar a estrutura institucional do Mercosul.

Para promover a integração latino-americana e o desenvolvimento ecologicamente sustentável é necessário, pois, não apenas buscar a harmonização da legislação ambiental dos vários países, mas também desenvolver um futuro Direito Comunitário, da Comunidade Latino-Americana de Nações.

O patrimônio ambiental da América do Sul, especialmente na região amazônica, é comum de vários países. É preciso compreender, assim, claramente, o conceito de "fronteiras ecológicas", de forma a compatibilizá-lo com a soberania nacional, as interdependências e os interesses comuns dos países daquela região, entre os quais se destaca o Brasil. Há ecossistemas — como naquela região — que abrangem mais de um país, transcendendo as fronteiras políticas e exigindo monitoramento ambiental através da atuação integrada dos vários países interessados. Como adverte o ilustre ambientalista uruguaio, professor Margarinos de Mello, em artigo publicado em 1992, em Amsterdã, na obra *Biodiversity and International Law*, sob o título "A general theory of environmental law": "(...) o sistema normativo deve ser coordenado e baseado em fronteiras ecossistêmicas, mais do que nas nacionais ou políticas". E acrescenta: "(...) na ordem legal ambiental, tal fato ainda não é reconhecido".

Devo agora falar mais especificamente, tendo em vista toda esta estrutura jurídica e legal, nacional e internacional, sobre a defesa judicial do meio ambiente pelo Ministério Público no Brasil. Ela tem sido realizada quase exclusivamente no país pelo Ministério Público Federal e Estadual e pelos órgãos administrativos através do Instituto Brasileiro do Meio Ambiente e Recursos Naturais Renováveis, vinculado ao Ministério do Meio Ambiente do Brasil. Gostaria de enfatizar o importante papel destas instituições que têm exercido na proteção do meio ambiente e na preservação dos recursos naturais no Brasil, a partir especialmente de 1988. Nos últimos anos a ação destes órgãos do Poder Executivo e do Ministério Público em todo o país tem sido marcante no cumprimento dos princípios constitucionais e legais e dos tratados internacionais em matéria de proteção ambiental. É preciso destacar ainda a atuação do Congresso Nacional Brasileiro na questão ambiental, através da ação eficaz da Comissão de Defesa dos Direitos do Consumidor, do Meio Ambiente e das Minorias, da Câmara dos Deputados, realizando discussões e debates visando à adoção de medidas para a solução de problemas ambientais e para o aperfeiçoamento da legislação ambiental. É importante ainda mencionar o apoio dado ao Ministério Público pelos institutos e Secretarias Estaduais do Meio Ambiente nos diversos Estados da Federação. Algumas vezes, todavia, o Ministério Público tem de se opor, por meio de medidas judiciais, a empreendimentos do próprio Estado, especialmente na região amazônica, no sentido de proteger o meio ambiente e preservar os recursos naturais.

O Ministério Público tem instaurado inquéritos civis públicos e promovido ações civis públicas em todo o país visando à proteção do meio ambiente, contra a poluição das águas e do ar, por resíduos industriais sólidos, líquidos ou gasosos, ou resultantes de emissão de veículos e de esgotos sanitários sem tratamento adequado, agrotóxicos e por rejeitos perigosos; e ainda para a preservação dos recursos naturais, da fauna e da flora. Há muitos casos em tramitação na justiça federal e na justiça estadual de primeira instância em todo o país, vários já decididos e outros em grau de recurso perante os Tribunais. É importante observar que as florestas tropicais — e a maior delas é a Floresta Amazônica — são os ecossistemas que detêm a maior diversidade de espécies dentre os demais em todo o planeta. Na região amazônica destacamos várias ações judiciais do Ministério Público brasileiro para evitar o desmatamento das florestas, inclusive em áreas indígenas, para promover o reflorestamento ou ainda para coibir a prática de crimes contra a fauna, através da caça e captura ilegais de animais e aves silvestres, especialmente nos Estados de Rondônia, Roraima, Amapá, Acre e Pará. No Estado do Amazonas, por ter maior dimensão territorial e população mais escassa, a atuação do Ministério Público tem sido menos intensa por dificuldades materiais e de pessoal. Algumas vezes a devastação ocorre em função da necessidade de inundação de áreas para criação de lagos na instalação de usinas hidroelétricas. O Ministério Público tem movido também ações civis e penais em casos de furto de madeira em reservas florestais. As ações judiciais têm caráter preventivo ou repressivo, para impor, neste último caso, sanções civis ou penais, como multas, indenizações ou prisões, em casos de crimes ecológicos.

A atuação do Ministério Público brasileiro muitas vezes é provocada diretamente pela população local, especialmente por representantes dos seringueiros, pequenos agricultores e comunidades indígenas. A solução dos problemas ambientais tem requerido algumas vezes medidas judiciais para o fechamento de estradas e a destruição de pontes e aeroportos em áreas indígenas, construídas para a exploração de madeira. Muitas vezes há extração e transporte ilegal de madeira e queimadas para produzir carvão a ser utilizado em usinas siderúrgicas. O Ministério Público tem obtido medidas judiciais liminares para evitar a devastação em muitos casos, bem como a condenação, e prisão dos culpados, com a apreensão de caminhões carregados de madeira e de vários equipamentos utilizados na operação ilegal, em casos de furtos de madeira de reservas biológicas e florestais. A ação do Ministério Público alcança ainda a declaração judicial de nulidade de contratos com empresas madeireiras para exploração de madeira em áreas indígenas, bem como a indenização pelos danos causados ao meio ambiente.

As ações judiciais e extrajudiciais do Ministério Público Federal e Estadual do Brasil também existem para impedir invasões de posseiros, grileiros e madeireiros nas reservas florestais e extrativistas, bem como atividades empresariais ilegais dentro destas áreas. O Ministério Público tem ainda se empenhado, por meio de medidas judiciais, no sentido de impedir a mineração ilegal e a garimpagem de ouro em vários rios da bacia amazônica com o objetivo de evitar a poluição da água por mercúrio. Em alguns casos, o Ministério Público tem atuado no sentido de não ser permitido o armazenamento irregular de produtos químicos e fontes radioativas em áreas de risco ecológico, bem como para proibir loteamentos, sem a devida autorização dos órgãos ambientais, comprometendo ecossistemas e a proteção da fauna e da flora.

Meus caros colegas do Ministério Público das Américas e de todo o mundo.

O Ministério Público Federal e Estadual do Brasil, tem contribuído ainda, por meio de medidas judiciais e extrajudiciais, para a demarcação das áreas indígenas, visando também à proteção do meio ambiente, segundo estabelece a Constituição brasileira ao definir as funções institucionais do Ministério Público. É preciso salientar ainda que a Constituição Federal do Brasil estabelece como norma "a preservação dos recursos ambientais necessários" ao bem-estar das comunidades indígenas, segundo seus usos, costumes e tradições. Finalmente, a ação do Ministério Público brasileiro tem procurado impedir, através de ações junto ao Judiciário, o funcionamento de usinas nucleares de energia elétrica — como as de Angra dos Reis no Estado do Rio de Janeiro, entre outras — sem a adoção das medidas de segurança, técnicas e científicas, indispensáveis à proteção do meio ambiente e da sadia qualidade de vida da população.

E, devo, finalmente, reconhecer as dificuldades e limitações existentes para implementar, de maneira mais eficiente e rápida, as normas constitucionais e legais do Direito Ambiental no Brasil, especialmente na região amazônica, por falta de meios materiais e de pessoal mais amplos, tanto no Ministério Público como nas áreas executivas e nas agências governamentais para realizar tão grande tarefa. A região amazônica no Brasil ressente-se da inexistência, até o momento, de um sistema de controle por radares e satélites, capaz de indicar a ocorrência naquela área de práticas criminosas de contrabando, tráfico de drogas, desmatamento e outros danos ambientais. Há sistema em vias de instalação, objeto de licitação internacional, já autorizada pelo Senado da República. É preciso ainda aperfeiçoar a legislação ambiental e obter maior rapidez e eficácia na prestação jurisdicional, o que deverá ocorrer, esperamos todos no Brasil, através da reforma constitucional do Judiciário, que está em pleno andamento.

Devo reafirmar, no entanto, senhoras e senhores, meus caros colegas e amigos, com entusiasmo, que houve grande avanço no delineamento e na formulação de soluções para as questões ambientais a partir da Conferência das Nações Unidas sobre o Meio Ambiente e o Desenvolvimento no Rio, a ECO-92, inovando significativamente em relação à reunião de Estocolmo realizada vinte anos antes, em 1972. O princípio do "desenvolvimento sustentável" — o mais importante estabelecido na Conferência do Rio, em 1992 — significa, a meu ver, grande progresso na causa da proteção do meio ambiente e da preservação dos recursos naturais, sem prejuízo para o desenvolvimento econômico e social de todas as nações do globo.

Desejo finalizar minhas palavras, invocando mais uma vez a memória e prestando sincera homenagem a um brasileiro, Cândido Mariano da Silva Rondon, defensor da causa indígena e desbravador da floresta amazônica; ao escritor e naturalista norte-americano, Henry David Thoreau (1817-1862), um dos primeiros no mundo a defender, já em meados do século XIX, na Nova Inglaterra, nos Estados Unidos da América, a causa da proteção do meio ambiente e da preservação dos recursos naturais.

Penso que o Ministério Público Interamericano deve ter e tem unidade de propósitos e de ação, para assegurar o desenvolvimento ecologicamente sustentável, protegendo o equilíbrio ambiental e preservando os recursos naturais para as presentes e futuras gerações.

E repito o que disse em Caracas, no ano passado: estamos sonhando juntos o sonho da integração do Ministério Público Interamericano (e, na verdade, de todo o mundo) — defensores da Justiça e do Direito e das causas da humanidade: o combate ao crime organizado transnacional e a proteção ambiental. E, como diz o poeta: "quando sonhamos sozinhos, é apenas um sonho. Mas quando sonhamos juntos é o começo de uma nova realidade".

Muito obrigado.

# JURISPRUDÊNCIA

## SUPREMO TRIBUNAL FEDERAL

***Embargos no RE 115.452-SP (Tribunal Pleno)***

***Relator: o Sr. Ministro Carlos Velloso***

***Embargante: Estado de São Paulo***

***Embargada: COMET Fitas Auto-adesivas Ltda.***

*Constitucional. Tributário. ICM. Regime especial. Restrições de caráter punitivo. Liberdade de trabalho. CF/67, art. 153, § 23; CF/88, art. 5º, XIII.*

*I — O "regime especial do ICM" autorizado em lei estadual, por que impõe restrições e limitações à atividade comercial do contribuinte, viola a garantia constitucional da liberdade de trabalho (CF/67, art. 153, § 23; CF/88, art. 5º, XIII), constituindo forma oblíqua de cobrança do tributo, assim execução política, que a jurisprudência do Supremo Tribunal sempre repeliu (Súmulas ns. 70, 323 e 547).*

*II — No caso, os acórdãos indicados como divergentes cuidaram do tema sob o ponto de vista legal, enquanto que o acórdão embargado decidiu a questão tendo em vista a Constituição. Inocorrência, por isso, de divergência capaz de autorizar os embargos.*

*III — Embargos não conhecidos.*

ACÓRDÃO

Vistos, relatados e discutidos estes autos, acordam os Ministros do Supremo Tribunal Federal, em Sessão Plenária, na conformidade da ata do julgamento e das notas taquigráficas, por decisão unânime, não conhecer dos embargos de divergência.

Brasília, 4 de outubro de 1990. Néri da Silveira (Presidente). Carlos Velloso ( Relator).

RELATÓRIO

***O Sr. Ministro Carlos Velloso***: A Egrégia 1ª Turma desta Corte, por unanimidade de votos, conheceu e deu provimento a recurso extraordinário interposto por COMET Fitas Auto-adesivas Ltda., contra o Estado de São Paulo, em acórdão assim emendado:

> A imposição, ao arbítrio da autoridade fiscal, de restrições de caráter punitivo decorrentes do regime especial do ICM, devido à inadimplência do contribuinte, é contrária à garantia assegurada pelo art. 153, § 23, da Constituição. Precedentes do Supremo Tribunal: RREE n. 106.759, n. 100.918 e n. 76.455.
>
> Recurso extraordinário provido.

As fls. 318/324 forma rejeitados os embargos de declaração opostos pelo recorrente, ao argumento de que esses "não se prestam à crítica da adequação da jurisprudência em que se apoiara o acórdão embargado...".

Irresignado, o Estado de São Paulo, fundado no art. 310 e ss., interpõe embargos de divergência (fls. 326/332), alegando que o entendimento firmado no aresto recorrido dissente do que foi adotado pela Egrégia 2ª Turma do julgamento do RE n. 111.042-2. Afirma:

> Enfrentando questão rigorosamente idêntica à que nestes autos se discute — tratava-se, como aqui, da legitimidade do regime especial de fiscalização previsto nos arts. 53 e 61 da Lei estadual n. 440/74, em face da regra contida no art. 153, § 23, da Constituição Federal — o julgado paradigma acolheu tese jurídica substancialmente diversa. Vejamos:
>
> As decisões ora confrontadas são unânimes em afirmar a inconstitucionalidade de qualquer sanção imposta ao arbítrio da sociedade fiscal, e para concluírem desse modo buscam apoio nos mesmos precedentes da Corte: RREE 76.455, 100.918 e 106.759. O desacordo entre ambas reside apenas na relevância que cada uma delas empresta ao fato de existir previsão legal para a imposição do regime especial de fiscalização. (...)
>
> Temos, pois, duas teses jurídicas em conflito: para o acórdão da 1ª Turma, as sanções do regime especial ofendem o art. 153, § 23, da Constituição Federal, ainda que previstas em lei; para o da 2ª Turma, a ofensa só se caracteriza quando não houver previsão legal.

Sustenta o embargante que a vedação aos contribuintes adquirentes das mercadorias vendidas pela embargada, do crédito a que têm direito, enquanto não comprovado o pagamento do tributo, é sanção imposta pelo regime especial, que não atinge direito da embargada, mas do comprador de seus produtos. O "provimento do recurso extraordinário, neste particular, reconheceu, na hipótese, a existência de autêntica *substituição processual* não autorizada por lei..."

O art. 53 da Lei n. 440/74 define, expressamente, a principal sanção do regime especial de fiscalização. Não há, portanto, apenas uma previsão genérica, nem a fixação de penalidade "ao arbítrio de agentes do Fisco". A cominação legal desta afasta "o argumento de que o regime seria inconstitucional...".

Admitidos os embargos, manifesta-se a embargada, às fls. 348/351, citando acórdãos do Colendo plenário desta Corte que alega respaldarem o entendimento consagrado no aresto impugnado. Afirma não existirem qualquer divergência entre os acórdãos em questão e ressalta que são muitas as decisões "no sentido da inconstitucionalidade de sanções impostas ao arbítrio da autoridade fiscal".

A ilustrada Procuradoria-Geral da República, oficiando às fls. 354/355, opina pelo conhecimento e rejeição dos embargos.

É o relatório.

## VOTO (PRELIMINAR)

***O Sr. Ministro Carlos Velloso (Relator):*** Sr. Presidente, aos acórdãos indicados como divergentes pelo recorrente, cuidaram do tema sob o ponto de vista legal, vale dizer, sob o ponto de vista da inexistência da lei. Entretanto, não afirmaram que, existindo lei estabelecendo regime especial, seriam ela e o regime compatíveis com a Constituição.

O acórdão embargado, por sua vez, decide a questão sob o ponto de vista da Constituição: existente ou não lei, o regime especial não pode persistir, porque incompatível com a Constituição.

Bem por isso, Senhor Presidente, não há divergência capaz de autorizar os embargos. Se houvesse, o recurso deveria ser improvido.

Com efeito.

O eminente Ministro Octávio Gallotti, Relator do acórdão embargado, esclareceu a matéria em discussão e a jurisprudência da Casa, ao dizer, no seu voto:

> Cuida-se de mandado de segurança, interposto pela ora recorrente, contra o ato da autoridade fiscal que, com base nos arts. 53 e 61 da Lei n. 440/74 e no art. 490 do

Decreto n. 17.727/81, a submetera ao chamado "regime especial" de recolhimento do ICM, em virtude da inadimplência da impetrante, quanto ao pagamento de seus débitos fiscais.

Em decorrência do regime especial, foram estabelecidas, entre outras, as seguintes restrições ao contribuinte: a) recolhimento compulsório do ICM, antes da saída da mercadoria do estabelecimento comercial, ou após a saída e antes da entrega ao destinatário; b) vedação, aos negociantes compradores, de utilizarem o crédito a que tem direito, quando desacompanhados de "guia especial" de pagamento do tributo por parte do vendedor; c) retenção dos talonários de nota fiscal, para oposição de um carimbo, mostrando que o contribuinte se encontra sob "regime especial"; e d) publicação do ato impositivo da Administração na imprensa oficial.

A questão de saber da constitucionalidade das medidas aplicadas no "regime especial" de pagamento do ICM é matéria já conhecida desta Corte, que, pelo menos em três assentadas, pelas suas Turmas, teve ocasião de pronunciar-se em sentido contrário à sua imposição, sob o fundamento de que as sanções, cominadas ao contribuinte, carecem de respaldo constitucional, particularmente à vista da inaceitável margem de arbítrio reservada aos agentes do Fisco.

Assim, no Recurso Extraordinário n. 106.759 (*RTJ* 115/1.439), decidiu esta Turma, em hipótese idêntica àquela dos presentes autos, conhecer do recurso do contribuinte e dar-lhe provimento em acórdão, cuja ementa bem sintetiza a orientação consagrada por este Supremo Tribunal:

ICM. Regime especial.

Sanções não impostas por lei e entregues ao exclusivo arbítrio da autoridade fiscal.

Inaceitabilidade. Precedentes da Corte. Recurso extraordinário conhecido e provido.

Daquela assentada, realço, pela inteira pertinência ao deslinde da espécie em exame, a seguinte passagem do voto do eminente Ministro Oscar Corrêa, Relator:

O regime especial imposto pelo Regulamento paulista (Decreto n. 5.410/74, substituído pelo Decreto n. 17.727/81 deixa ao critério da autoridade as normas do regime especial a que se submeterá o contribuinte (arts. 490/491), *pelo período que for fixado*.

Ora, é inaceitável esse arbítrio da autoridade, ilimitado, que não se compadece com o regime de legalidade tributária vigente entre nós, garantia essencial da ordem jurídica (*RTJ* 115/1.442).

A mesma orientação fora adotada, por este Tribunal, no julgamento dos Recursos Extraordinários n. 76.455 (*RTJ* 73/821), Relator o em. Ministro Leitão de Abreu e n. 100.918 (*RTJ* 111/1.307), Relator o em. Ministro Moreira Alves, sublinhados, em ambas as oportunidades o caráter de penalidade ou sanção política das cominações originárias do regime especial, consideradas ofensivas à garantia constitucional do art. 153, § 23 (fls. 308/310).

Posteriormente, no voto que proferiu, por ocasião do julgamento dos embargos de declaração opostos pelo Estado de São Paulo, o Sr. Ministro Gallotti ressaltou a desvalia da distinção preconizada pelo embargante, no sentido de que o regime especial somente não prevaleceria no caso de inexistir lei. É que, sendo o fundamento dos acórdãos que afastam o regime especial, de ordem constitucional (CF/67, art. 153, § 23), é irrelevante indagar se o ato violador da garantia do livre exercício do trabalho, ofício ou profissão se baseia em lei ou em decreto (fls. 321/322).

Perfeito o entendimento, que se escora em decisão da Casa (RE n. 76.455-MG, Relator o Sr. Ministro Leitão de Abreu, *RTJ* 73/821).

O certo é que o "regime especial do ICM", mesmo autorizado por lei, porque impõe restrições e limitações à atividade comercial do contribuinte, viola a garantia da liberdade de trabalho, que estava inscrita no art. 153, § 23, da Constituição de 1967 e que a Constituição de 1988 reafirma no art. 5º, XIII. Essas restrições e limitações à garantia da liberdade de trabalho não passam, na verdade, bem lembra o eminente Subprocurador-Geral Miguel Frauzino Pereira, no parecer de fls. 354/355, de formas oblíquas para a cobrança do tributo, assim execução política, procedimento que esta casa tem repelido, conforme se vê das Súmulas ns. 70, 323 e 547.

Destarte, se conhecido, o recurso deveria ser improvido. Reporto-me, no entanto, às primeiras considerações que fiz, para não conhecer do recurso.

Extrato da Ata

ERE n. 115.452-SP

Rel.: Min. Carlos Velloso.

Embte.: Estado de São Paulo (Advs.: Miguel Francisco Urbano Nagib e André Rodrigues Sarmento Filho).

Embda.: COMET Fitas Auto-adesivas Ltda. (Adv.: Laércio Paulino da Costa).

*Decisão*: por unanimidade o Tribunal não conheceu dos embargos de divergência. Ausente, ocasionalmente, o Sr. Min. Sydney Sanches.

Presidência do Senhor Ministro Néri da Silveira. Presentes os Senhores Ministros Moreira Alves, Aldir Passarinho, Sydney Sanches, Octávio Gallotti, Sepúlveda Pertence, Carlos Velloso e Marco Aurélio. Ausentes, justificadamente, os Senhores Ministros Célio Borja, Paulo Brossard e Celso de Mello. Procurador-Geral da República, o Dr. Aristides Junqueira Alvarenga.

Brasília, 4 de outubro de 1990. Hércelus Bonifácio Ferreira (Secretário).

# SUPREMO TRIBUNAL FEDERAL

***RE 154.027-3-SP***

***Relator: o Sr. Ministro Carlos Velloso***

***Recorrente: Cândido Malta Campos Filho e outro***

***Advogado: Aires Fernandino Barreto***

***Recorrido: Município de São Paulo***

***Advogado: Lenia Zomignan Seabra Santiago e outro***

*Ementa: Constitucional. Regulamento de execução. Regulamento que ultrapassa o conteúdo da lei. Ilegalidade. Isonomia. Taxa de limpeza.*

*I – Se o regulamento de execução vai além do conteúdo da lei, ou se afasta dos limites que esta lhe traça, incorre em ilegalidade e não em inconstitucionalidade, pelo que não está sujeito à jurisdição constitucional.*

*II – Princípio isonômico: a sua realização está no tratar iguais com igualdade e desiguais com desigualdade. No caso, o número de prestações do imposto teve por base beneficiar com prazo de pagamento mais dilatado os contribuintes menos favorecidos de recursos.*

*III – Taxa de limpeza: questão resolvida sem a invocação de normas constitucionais. É dizer, o acórdão, no ponto, não ventilou as questões constitucionais postas no recurso.*

*IV – RE não conhecido.*

ACÓRDÃO

Vistos, relatados e discutidos estes autos, acordam os Ministros do Supremo Tribunal Federal, em 2ª Turma, na conformidade da ata do julgamento e das notas taquigráficas, por decisão unanime, não conhecer do recurso extraordinário, nos termos do voto do Relator. Ausente, justificadamente, neste julgamento, o Senhor Ministro Maurício Corrêa.

Brasília, 25 de novembro de 1997. Néri da Silveira (Presidente). Carlos Velloso (Relator).

RELATÓRIO

***O Sr. Ministro Carlos Velloso:*** Trata-se de mandado de segurança impetrado por Cândido Malta Campos Filho e outro contra ato do Diretor do Departamento de Rendas Imobiliárias da Secretaria de Finanças do Município de São Paulo-SP, objetivando a nulidade do lançamento de IPTU majorado e cobrado em apenas três parcelas, quando deveria ser em dez, como ocorreu com outros contribuintes menos favorecidos, tudo com base no Decreto 25.171/87. Insurge-se o impetrante também contra a cobrança das taxas de limpeza e de conservação de vias públicas.

A sentença de fls. 197/224 denegou a segurança.

A 3ª Câmara do 1º Tribunal de Alçada Civil de São Paulo deu provimento em parte ao recurso dos contribuintes, para excluir a taxa de conservação de vias e logradouros. Assim se manifestou o voto condutor do acórdão:

> Em conclusão, não tinha o impetrante direito à manutenção do parcelamento do

IPTU como nos exercícios anteriores, desde que facultado ao Município diminuir esse número de prestações, em vista da inflação que grassa, através de simples decreto.

E parcelar desigualmente as situações desiguais não ofende o princípio da igualdade jurídica: os contribuintes menos favorecidos de recursos foram beneficiados com prazos mais dilatados para o pagamento deste imposto, o que não contém qualquer injuridicidade.

A taxa de limpeza pode e deve ser cobrada, e o critério de lançamento é válido, como se vem reconhecendo nesta Colenda Câmara.

Apenas a taxa de conservação de vias públicas, por discrepar do conceito desta modalidade de tributo, tanto que lançada em razão da testada ou metragem quadrada do imóvel, modo que não prestigia a idéia de especificidade do serviço posto potencial ou efetivamente à disposição do contribuinte (*uti singuli*), quando deveria ser cobrada através dos impostos gerais, desde que confere benefício indiscriminado a qualquer pessoa, é ilegal.

Interpostos embargos de declaração, foram eles rejeitados.

Daí os recursos, especial e extraordinário, interpostos pela Municipalidade, sendo o RE fundado no art. 102, III, alínea *a*, da Constituição Federal. Ambos os recursos foram indeferidos pela decisão de fls. 468/472. Foi negado seguimento ao agravo de instrumento, interposto do indeferimento do RE, com baixa dos autos em 14.9.92.

Os impetrantes também interpuseram RE, fundado no art. 102, III, *a* e *c*, da Constituição Federal.

Sustentam, em síntese:

a) ofensa aos arts. 6º, 8º, XVIII, *a* e *j*; 18, § 2º; 19, I; 153, §§ 1º e 29, todos da Emenda Constitucional n. 1/69 – que encontrariam correspondentes nos arts. 22, VI; 145, § 2º; 150, I; e 5º, *caput* e inciso XLI, da Constituição de 1988;

b) ilegal a cobrança do tributo em 3 vezes para os impetrantes, quando o prazo foi de 10 vezes para outros contribuintes;

c) também é inconstitucional a cobrança da taxa de limpeza pública, pois há identidade com a base de cálculo do IPTU;

d) foi julgada válida lei local, contestada em face da Constituição.

Admitido o recurso, subiram os autos.

O Subprocurador-Geral da República, Dr. Miguel Frauzino Pereira, oficiando nos autos, opina pelo não conhecimento do recurso.

É o relatório.

## VOTO

***O Sr. Ministro Carlos Velloso (Relator):*** Impugna-se o critério do parcelamento da cobrança do IPTU: o fisco municipal exigiu do autor, ora recorrente, o pagamento em três parcelas, no exercício de 1988, com base no Decreto n. 25.171, de 09.12.87. O parecer do Ministério Público, de fls. 284/287, assim resumiu a questão de direito:

(...)

1. Mandado de segurança impugnando a exigência de parte do fisco municipal, do pagamento do Imposto Predial e Territorial Urbano (IPTU), no corrente exercício, em três parcelas, em face do Decreto 25.171, de 9.12.87.

2. A r. sentença apelada denegou a ordem, ao entendimento, a despeito da manifestação ministerial, que a exigência combatida atende às regras concernentes ao tributo, não se vislumbrando, a favor da impetração, o direito líquido e certo pretendido.

3. A Lei municipal n 6.989/66, com a redação dada pela Lei 10.394/87, dispõe no seu art. 19:

O pagamento do imposto poderá ser efetuado de uma só vez, ou em prestações mensais na forma regulamentar, respeitado o máximo de dez.

§ 1º Será concedido desconto de 20% sobre o imposto que for pago integralmente até a data do vencimento normal da primeira prestação.

O Dec. 25.171/87, por sua vez, estabeleceu que o imposto incidente sobre imóveis avaliados em até 200 UFM, seria pago em 8 (oito) parcelas, ou de avaliação superior poderiam ter o tributo quitado em 3 (três) parcelas.

(...) (fls. 284/285).

Sentença e acórdão entenderam que o decreto regulamentar não foi além do conteúdo da lei e não feriu o princípio da isonomia, ao fixar para uns o pagamento em três e para outros em mais vezes.

Lê-se no acórdão:

(...)

Está assentada, na jurisprudência desta Egrégia Corte, que o estabelecimento do número de parcelas para pagamento do tributo pode ser decretado pela Administração Municipal, sem ofensa ao princípio da legalidade tributária (apelação n. 398.205, 1ª Câmara, j. 27.2.89, rel. Elliot Akel, v.u.).

Na hipótese, o art. 19 da Lei municipal n. 6.989/66 (com a redação da Lei municipal n. 10.394/87), faculta tal pagamento "em uma só vez ou em prestações mensais na forma regulamentar, respeitado o máximo de 10 (dez)", não se atribuindo esse direito ao parcelamento apenas ao contribuinte, mas limitado o número das prestações ao critério da Administração, por decreto regulamentador, mormente em razão da inflação, que sabidamente determina mais rapidez na circulação do dinheiro.

Tal Decreto, o de n. 25.171/87 da Municipalidade, não discrepa do disposto nos arts. 96 e160 do CTN, desde que integra, como norma tributária, o contexto que se delimitou naquelas regras. Daí a sua legalidade, como aliás reconhecido no v. aresto referido acima.

Em conclusão, não tinha o impetrante direito à manutenção do parcelamento do IPTU como nos exercícios anteriores, desde que facultado ao Município diminuir esse número de prestações, em vista da inflação que grassa, através de simples decreto.

E parcelar desigualmente as situações desiguais não ofende o princípio da igualdade jurídica: os contribuintes menos favorecidos de recursos foram beneficiados com prazos mais dilatados para o pagamento deste imposto, o que não contém qualquer injuridicidade.

(...) (fls. 395/396).

O recurso, no ponto, não é de ser conhecido.

A uma, porque a primeira questão posta – teria o regulamento ultrapassado o conteúdo da lei? – é questão que se resolve no contencioso de direito comum. É que, se o regulamento vai além do conteúdo da lei, ou se afasta dos limites que esta lhe traça, comete ilegalidade e não inconstitucionalidade. Por isso, na ADIn 589-DF, de que fui relator, decidiu a Corte Suprema que o ato normativo de natureza regulamentar, que ultrapassa o conteúdo da lei, não está sujeito à jurisdição constitucional concentrada. Indiquei, na oportunidade daquele julgamento, os seguintes precedentes, no mesmo sentido: ADIns 311-DF e 536-DF (*Lex*, 157/60). E certo que há casos em que o regulamento pode ser tido como inconstitucional. Tenho sustentado, nesta linha, que apenas as leis administrativas podem ser regulamentadas. Assim, se o Chefe do Executivo se dispõe a regulamentar, por exemplo, leis processuais, civis ou penais, pratica inconstitucionalidade. Da mesma forma, quando o Chefe do Executivo edita regulamento autônomo, ou quando o Presidente da República baixa decreto regulamentando dispositivos constitucionais. No voto que proferi por ocasião do julgamento da cautelar requerida na ADIn 673-DF, cuidei do tema.

A duas, porque a realização do princípio isonômico está no tratar iguais com igualdade e desiguais com desigualdade. O que ocorreu, no caso, está descrito no acórdão:

(...)

E parcelar desigualmente as situações desiguais não ofende o princípio da igualdade jurídica: os contribuintes menos favorecidos de recursos foram beneficiados com prazos mais dilatados para o pagamento deste imposto, o que não contém qualquer injuridicidade.

(...) (fls. 396).

No que concerne à taxa de limpeza, o acórdão foi extremamente lacônico, afirmando, simplesmente, que "a taxa de limpeza pode e deve ser cobrada, e o critério de lançamento é valido, como se vem reconhecendo nesta Colenda Câmara" (fl. 396).

Não foram ventiladas, portanto, questões constitucionais, no acórdão.

É certo que foram interpostos embargos de declaração (fls. 399/403).

Todavia, não foram suscitadas questões constitucionais nos tais embargos, questões constitucionais que tivessem sido postas, anteriormente, e que o acórdão se omitira de discuti-las e decidi-las. Conferir (fls. 399/403).

O acórdão que decidiu os embargos, como não poderia deixar de acontecer, não ventilou qualquer questão constitucional.

Incidem no ponto, portanto, as Súmulas 282 e 356, do Supremo Tribunal.

Assim posta a questão, não conheço do recurso.

Extrato de Ata

RE 154.027-3-SP

Relator: Min. Carlos Velloso

Recte.: Cândido Malta Campos Filho e outro

Adv.: Aires Fernandino Barreto

Recdo.: Município de São Paulo

Adv.: Lenia Zomignan Seabra Santiago e outro

*Decisão*: por unanimidade, a Turma não conheceu do recurso extraordinário, nos termos do voto do Relator. Ausente, justificadamente, neste julgamento, o Senhor Ministro Maurício Corrêa. 2ª Turma, 25.11.97.

Presidência do Senhor Ministro Néri da Silveira. Presentes à Sessão os Senhores Ministros Carlos Velloso, Marco Aurélio, Maurício Corrêa e Nelson Jobim.

Subprocurador-Geral da República, Dr. Cláudio Lemos Fonteles.Carlos Alberto Cantanhede (Secretário).

# SUPREMO TRIBUNAL FEDERAL

***ADIn 1.547-8-SP***
***Relator : o Sr. Ministro Carlos Velloso***
***Requerente: Associação dos Delegados de Polícia do Brasil-ADEPOL***
***Advogados: Aldir Guimarães Passarinho e outros***
***Requerido: Órgão Especial do Colégio de Procuradores do Ministério Público do Estado de São Paulo***
***Advogada: Fernanda Guimarães Hernandes***

DESPACHO

Vistos. A Associação dos Delegados de Polícia do Brasil-ADEPOL-Brasil — propõe ação direta de inconstitucionalidade de dispositivos do Ato (N) n. 98/96, do Órgão Especial do Colégio de Procuradores do Ministério Público do Estado de São Paulo, que estabelece normas para o exercício do controle externo da atividade de Polícia Judiciária, pelo Ministério Público Estadual.

Alegou o requerente que o ato impugnado viola os artigos 129, VII; 128, § 5º; 144, §§ 4º e 6º; 22, I; 5º, LXII e LXV da Constituição Federal. Sustentou, em síntese:

a) de acordo com a norma do art. 129, VII, da Constituição Federal, o controle externo da atividade policial pelo Ministério é norma de eficácia limitada, que depende de lei complementar;

b) repetido o preceito pelo art. 94, IV, da Constituição Estadual, em conformidade com tal norma foi promulgada a Lei Orgânica do Ministério Público do Estado de São Paulo, Lei Complementar n. 734/93, que no art. 103, inciso XIII, define as funções institucionais desse órgão;

c) assim, a norma constitucional adquiriu eficácia plena, ficando o Ministério Público paulista legitimado para exercer o controle externo da atividade policial;

d) entretanto, o Órgão Especial do Colégio de Procuradores de Justiça do Estado de São Paulo fez editar o Ato Normativo 98/96, contra o qual se insurge o autor;

e) "trata-se de ato que, à guisa de estabelecer normas para o exercício do controle externo da atividade de Polícia Judiciária pelo Ministério Público, veicula *disposições de índole geral, abstrata e imperativa*, como que a criar *direito novo* através de disposições *características de normas jurídicas que não estão previstas em lei alguma* e que *se apresentam em confronto direto com diversos artigos da Constituição*, como demonstrado adiante";

f) "*a Constituição outorgou apenas à lei complementar competência para regular a forma de controle externo*";

g) o ato impugnado não tem mera natureza regulamentar, porque pretendeu instituir outras medidas de controle externo, além daquelas previstas na lei complementar paulista;

h) na ADIn 1.138-RJ, rel. Min. Ilmar Galvão, o STF apreciou tema semelhante a validade da Resolução n. 447, de 17.6.94, da Procuradoria-Geral do Rio de Janeiro;

i) o poder de regulamentar é função exclusiva do Chefe do Executivo, não podendo ser o Ministério Público, ao mesmo tempo, titular da faculdade de controle e legislador do poder que detém;

j) "precisamente porque o controle externo *não se confunde com o controle interno ou hierárquico é que o art. 129, VII, da CF, exigiu que sua conformação fosse feita por lei complementar*";

k) "*não encontra respaldo constitucional o controle externo que objetive intervir na condução da atividade controlada ou se investir na titularidade da atividade própria da instituição controlada*";

l) no art. 144, § 4º, da CF, foi reservado à Polícia Civil estadual um campo de atividade exclusiva, que não pode ser invadido por norma infraconstitucional e muito menos por ato administrativo;

m) no âmbito dessa atividade exclusiva está o inquérito policial, que constitui o cerne da atividade da Polícia Judiciária. Entretanto, o art. 26 do ato impugnado, a pretexto de instituir um procedimento administrativo próprio, criou um dispositivo que permite ao MP instaurar particular forma de inquérito que extrapola os limites legais;

n) o inciso III do parágrafo único do art. 1º do ato impugnado fere o controle concentrado estatuído no art. 129, VII e, ainda, a norma do art. 144, § 6º da CF/88, porque o poder hierárquico não se insere no âmbito do controle externo;

o) o inciso I do parágrafo único do art. 1º investe o Ministério Público em atribuição que é da própria Secretaria de Segurança Pública, quando põe, como pressuposto ou fundamento do pretendido controle externo, o atentar para a prevenção da criminalidade, como a querer decidir ou dirigir a política de segurança. Esta, sem dúvida, pertence à Secretaria de Segurança Pública, sem qualquer possibilidade de intervenção do Ministério Público. A este cabe, tão-somente, atuar no campo da repressão da criminalidade, no estrito exercício de sua função de persecução penal;

p) o inciso III do parágrafo único do art. 1º e o inciso VIII do art. 2º são dúbios. "Ora, ao Ministério Público, em sua atividade de controle externo, por *não exercer poder hierárquico*, não cabe o poder direto de corrigir irregularidades, nem ilegalidades, nem abuso de poder, como dá a entender o inciso III...";

q) o art. 2º, V, cria um controle interno, e não externo; o mesmo acontece com o procedimento administrativo do inciso VIII do art. 2º e as medidas do parágrafo único do art. 5º, e as dos arts. 6º e 7º, de natureza correicional, todos ultrapassando os limites do controle externo;

r) também o art. 9º, do mesmo Ato, cria procedimento que não se inclui no controle externo e sim no poder hierárquico; o art. 24, por sua vez, cria um estranho procedimento administrativo para assegurar a uniformização das orientações da Promotoria de Justiça para as autoridades policiais;

s) inexistindo vínculo de subordinação entre as autoridades policiais e os membros do Ministério Público, todas as exigências contidas no Ato 98/96 são inconstitucionais;

t) de acordo com os arts. 129, VII e § 5º do art. 128, da CF, a lei complementar federal é que deve estabelecer a forma do controle externo da Polícia Federal pelo Ministério Público da União. Nos Estados, a lei complementar estadual faz o mesmo em relação à Polícia Estadual;

u) o Capítulo IV, especialmente os arts. 16 e 17 do ato impugnado veiculam disposições sobre o controle do inquérito policial, pretendendo alterar regra do Código de Processo Penal;

v) violam a regra do art. 5º, LXII e LXV da CF os arts. 2º, inciso IV, e 10, do ato impugnado, porque criam exigência que só faz aumentar a burocracia e o inútil trâmite de papéis;

x) também violado está o art. 5º, LV da CF, pois, passando o Ministério Público a prescindir do inquérito policial, fica inibido o princípio do contraditório, implicando em cerceamento de defesa.

Requereu a autora a concessão de medida cautelar, que termine a imediata suspensão dos efeitos dos seguintes dispositivos:

"art. 1º, parágrafo único, III;

" art. 2º, incisos IV, V e VIII (enquanto ligado ao art. 26);

"art. 5º, parágrafo único (que define regras de escrituração de livros, sem respaldo legal o que configura controle interno e não externo);

"art. 9º (enquanto dá competência para procedimento administrativo destinado a corrigir irregularidade, o que é atividade do poder hierárquico e não do controle externo, cabendo, no âmbito deste último, tão-só representar a autoridade competente para apuração das irregularidades);

"arts. 6º e 7º (por contemplarem atuações de natureza correicional);

"art. 10 (pelas razões acima expostas);

"Capítulo IV (em geral, sobre o controle da regularidade do inquérito policial), especialmente os arts. 16 e 17;

"art. 23 (porque também veicula providências atinentes ao controle interno);

"art. 24 e parágrafo único (conforme demonstrado ao longo desta peça);

"art. 26, que cria sistema de investigação inconstitucional."

A medida se justifica, alegou a autora, em face da plausibilidade jurídica da tese sustentada, tendo em vista o *periculum in mora* que resulta da invasão de competências do Poder Executivo pelo Ministério Público, que pode acarretar conflitos prejudiciais ao bom andamento das atividades da Polícia Judiciária do Estado.

Foram solicitadas informações.

O Procurador-Geral de Justiça do Estado de São Paulo, às fls. 145/199, prestou informações, assim resumidas:

a) a autora questiona ato administrativo genérico, no qual o Ministério Público do Estado de São Paulo, interpretando sua própria lei orgânica (Lei Complementar Estadual n. 734, de 26.11.93), "fixou instruções internas, para orientar o exercício, por Promotores de Justiça, do controle externo da atividade policial";

b) esse controle da atividade policial foi instituído pela Constituição Federal, que encarregou o Ministério Público de exercê-lo (art. 129, VII, c/c o art. 128, § 5º);

c) as atribuições do Ministério Público, no exercício do controle externo da atividade policial, estão contidas, principalmente, na Lei Complementar Estadual 734/93, na Lei Federal 8.625/93 e na Lei Orgânica do Ministério Público da União (Lei Complementar 75/93);

d) com várias leis regendo a matéria, era preciso sistematizar os mecanismos atinentes ao controle, através de uma consolidação *interna corporis*, para transmitir segurança jurídica e orientação aos Promotores de Justiça do Estado de São Paulo;

e) assim, a despeito de a ementa do Ato 98/96-CPJ mencionar que ele "estabelece normas" e "dá outras providências" para o controle externo da atividade policial, na verdade ele apenas compila as normas de controle externo, já previstas na legislação cabível, não criando nem instituindo nenhuma providência nova;

f) "de acordo com a orientação que emana dessa Excelsa Corte, instruções administrativas internas, subordinadas a preceitos legais e destituídas, por isso, de autonomia jurídica, não se sujeitam à fiscalização abstrata de constitucionalidade";

g) a instrução expedida pelo Órgão Especial do Colégio de Procuradores de Justiça, endereçada aos membros do Ministério Público do Estado de São Paulo, teve por objeto a interpretação de normas esparsas que não discrepam das outras leis, nem rompem com a hierarquia já existente. Esta, portanto, patenteada a impossibilidade jurídica do pedido;

h) a emanação de atos normativos acessórios, para incidir na esfera interna do Ministério Público, é uma prerrogativa do Procurador-Geral de Justiça, que a exerce com a cooperação, nas matérias mais relevantes, do Colégio de Procuradores de

Justiça, tal como está disciplinado nas Constituições Federal e Estadual, e nas leis já citadas, que regem a instituição;

i) ao expedir tais atos normativos, os aludidos órgãos do Ministério Público não subtraem uma função do Governador de Estado, porque o Chefe do Executivo não a pode exercer em espaço institucional autônomo;

j) a Lei Orgânica Estadual do Ministério Público enuncia as medidas de controle externo em rol meramente exemplificativo. Assim, o seu art. 103 faculta, *dentre outras*, as "medidas administrativas e judiciais" que estão ali arroladas. Portanto, deve ser afastada a conclusão de que esse preceito, ao aludir a outras medidas, cogitou tão-somente das que já foram ou serão impostas por leis;

k) sendo livre o legislador para usar o método que lhe pareça mais adequado, a boa técnica legislativa não repudia o rol em *numerus apertus*: sob certos limites, ele é admissível até em campos mais rigorosos, como no Direito Penal;

l) o controle externo da atividade policial foi concebido para que o Ministério Público, realizando uma fiscalização específica e contribuindo para o seu aprimoramento, possa aferir a licitude e a eficiência da investigação criminal;

m) sendo o inquérito policial o instrumento por excelência da Polícia Judiciária, não faz sentido torná-lo imune, em qualquer etapa, ao controle específico do Ministério Público;

n) os Delegados de Polícia, por suas entidades de classe, vem interpretando a Constituição de 1988 como se ela tivesse reservado à Polícia Civil o *monopólio* da investigação criminal. Com esse propósito, foram propostas várias ações diretas de inconstitucionalidade, mas em nenhuma delas foi concedida medida liminar;

o) "não se discute que a apuração das infrações penais cabe, primordialmente, à autoridade policial; porém, se esta não proceder a uma adequada investigação do fato, em prejuízo da persecução penal, a interferência do Ministério Público verificar-se-á para assegurar o sucesso dessa atividade, na qual o *dominus litis* tem evidente interesse";

p) sustenta a autora que a dispensa do inquérito policial, pelo Ministério Público, vulnera os princípios do devido processo legal, da ampla defesa e do contraditório. Entretanto, sendo o inquérito policial mero procedimento administrativo, em que a acusação ainda não foi deduzida, não tem pertinência na atividade investigatória o exercício da defesa e o contraditório;

q) a notícia da prisão ao Juiz e ao Ministério Público tem por objetivo obter a cooperação do *Parquet*, em defesa dos direitos constitucionais dos cidadãos. A dupla notícia contribui para tornar efetivo o mandamento constitucional, não se tratando, pois, de medida meramente burocrática;

r) esse dever de comunicação foi instituído, originariamente, na Lei Complementar 734/93, art. 103, XIII, *e*. Na ADIn 1.142, promovida pela mesma autora desta, norma análoga (art. 10 da Lei Orgânica do Ministério Público da União) foi submetida, sem sucesso, a esse Supremo Tribunal Federal;

s) sendo a prevenção da criminalidade dever de todos, as funções do Ministério Público na *persecutio criminis*, promovendo a ação penal e acompanhando a investigação policial, compõem o sistema estatal de prevenção à criminalidade, em sintonia com o perfil constitucional da instituição;

t) nenhuma inconstitucionalidade existe no art. 1º, parágrafo único, inciso III, do Ato 98/96, que é mera reprodução do art. 3º, *c*, da LC 75/93, de aplicação subsidiária ao Ministério Público Estadual;

u) o poder de requisição e o controle da regularidade do inquérito policial, antes de sua conclusão (art. 2º, V), pelo *Parquet*, são possíveis porque as informações ali coligidas prestam-se única e exclusivamente à formação da *opinio delicti* do Ministério Público, não constituindo condição de procedibilidade;

v) "esse poder de requisição de inquérito policial (CPP, art. 5º, II) e, bem assim, de quaisquer outras diligências investigatórias (CF, art. 129. VIII e CPP, art. 13, II) não se submete a controle de legalidade pela Polícia Judiciária".

Quanto aos demais artigos da instrução citados na inicial, o Procurador-Geral de Justiça de São Paulo, assim se manifestou:

"Art. 5º: a instrução não instituiu forma de escrituração de livros policiais, apenas relacionou os livros que toda Delegacia de Polícia tem, para amplo conhecimento dos Promotores de Justiça.

"Arts. 6º e 7º: simplesmente exprimem casos particulares de acesso, pelo Ministério Público, a documentos da Polícia Judiciária, direito consagrado na Lei Complementar Estadual 734/93 (...) e na Lei Complementar Federal 75/93 (...).

"Art. 9º: o procedimento administrativo ali previsto está baseado no art. 129, § 6º da Constituição Federal, e consiste em cautela que atua em benefício da própria autoridade, que terá oportunidade de prestar esclarecimentos, antes de formalizada a representação, que pode até tornar-se desnecessária.

"Arts. 16 e 17: as normas ali traçadas referem-se, apenas, à fiscalização do prazo para o encerramento do inquérito policial e da própria atividade do Ministério Público e estão baseadas no art. 10, § 3º, do Código de Processo Penal.

"Art. 24: são orientações da Promotoria de Justiça às autoridades policiais, mediante relatório, notificação, requisição ou reunião. Verificadas faltas ou irregularidades no inquérito, torna-se imprescindível a intervenção do *dominus litis*, para aprimorar os trabalhos de investigação."

Conclui o Procurador-Geral da Justiça, afirmando ser inadmissível o controle abstrato de norma *interna corporis*, que se limita a reunir de modo sistemático, normas pertinentes ao controle externo, não afrontando a legislação já existente, nem a ordem constitucional.

Isto posto, decido.

Sustenta-se, nas informações, em preliminar, a impossibilidade do controle normativo abstrato no caso, dado que o ato impugnado é instrução normativa interna, expedida para a execução de lei. Diz o Procurador-Geral de Justiça, nas informações, que a Constituição Federal instituiu o controle externo da atividade policial, encarregando o Ministério Público de exercê-lo, na forma da respectiva Lei Orgânica (CF, arts. 129, VII, c/c o art. 128, § 5º). No Estado de São Paulo, a lei que deve dispor sobre o controle externo da atividade policial é basicamente a Lei Complementar Estadual 734, de 26.11.93, que contém normas a respeito. Outras leis, entretanto, devem ser invocadas, no trato da questão: a Lei 8.625, de 12.2.93 – Lei Orgânica Nacional do Ministério Público e Lei Complementar Federal 75, de 20.5.93 – Lei Orgânica do Ministério Público da União. Assim, esclarece o informante:

"(...)

"2.3 Dentro desse quadro, com várias leis de regência sobre a matéria, mister se fazia consolidar a disciplina do assunto, para efeitos estritamente internos. E foi isso que fez o E. Colégio de Procuradores de Justiça do Ministério Público do Estado de São Paulo, nos termos da proposta que lhe foi submetida pelo Procurador-Geral de Justiça. Não para inovar, nem criar normas legais, nem instituir novas formas de atividade policial – que, evidentemente, não poderia fazer –, mas, apenas, para sistematizar os dispositivos atinentes ao controle.

"Em síntese, essa consolidação *interna corporis* foi concebida para servir, como tem servido, de subsídio à aplicação harmônica das normas federais e estaduais em vigor, transmitindo segurança jurídica e orientação aos Promotores de Justiça do Estado de São Paulo.

"Logo, a despeito de a ementa do Ato 98/96 CPJ, de 30.9.96, mencionar que ele "estabelece normas" para o exercício do controle externo, é evidente que não está estatuindo normas de controle externo, e, sim, em sintonia com a legislação de regência, fixando normas de serviço internas, sobretudo para determinar quais promotores exercitam o controle externo da atividade policial.

"Desta forma, embora *considerando* do Ato 98/96 mencionem a pertinência "de outras providências" para o controle externo da atividade policial – como previsto, aliás, no própria inc. XIII do art. 103 da Lei Complementar Estadual 873/93 –, na verdade o próprio ato nenhuma providência nova criou ou instituiu. Em última análise, o ato em apreço cingiu-se a compilar as normas de controle externo já previstas na legislação cabível, de modo orgânico, sistemático, para facilitar sua melhor execução pelos membros do Ministério Público local.

"Esse esforço administrativo de sistematização não caracteriza uma inovação originária do Direito e, exatamente por isso, não está submisso à fiscalização abstrata, que a autora pretende instaurar. E não é difícil demonstrá-lo. (...)" (fls. 154/156).

Tem razão o ilustre Procurador-Geral da Justiça do Estado de São Paulo e Presidente do Colégio de Procuradores da Justiça daquele Estado.

O ato normativo impugnado nada mais é do que ato regulamentar, assim ato normativo secundário, que regulamenta disposições legais, normas constantes da Lei Complementar Estadual 734, de 26.11.93, da Lei Federal 8.625, de 12.2.93 (Lei Orgânica Nacional do Ministério Público) e da Lei Complementar Federal n. 75, de 20.5.93 (Lei Orgânica do Ministério Público da União).

A questão assim posta, não é de inconstitucionalidade. Se o ato regulamentar vai além do conteúdo da lei, pratica ilegalidade. No voto que proferi da ADIn 589-DF, lembrei trabalho doutrinário que escrevi sobre o tema — "Do Poder Regulamentar", *RDP* 65/39 — em que registrei que, em certos casos, o regulamento pode ser acoimado de inconstitucional: no caso, por exemplo, de não existir lei que o preceda, ou, no caso de o Chefe do Poder Executivo pretender regulamentar lei não regulamentável. Todavia, existindo lei, extrapolando o regulamento do conteúdo desta, o caso é de ilegalidade. Decidiu, então, o Supremo Tribunal Federal, na citada ADIn 589-DF, por mim relatada:

> Constitucional. Administrativo. Decreto regulamentar. Controle de constitucionalidade concentrado.
>
> *I – Se o ato regulamentar vai além do conteúdo da lei, pratica ilegalidade. Neste caso, não há falar em inconstitucionalidade. Somente na hipótese de não existir lei que preceda o ato regulamentar, e que poderia este ser acoimado de inconstitucional, assim sujeito ao controle de constitucionalidade.*
>
> *II – Ato normativo de natureza regulamentar que ultrapassa o conteúdo da lei não está sujeito à jurisdição constitucional concentrada. Precedentes do STF: ADINs 311-DF e 536-DF.*
>
> *III – Ação direta de inconstitucionalidade não conhecida (RTJ 137/1.100).*

Na ADIn 1.347-DF, relator o eminente Ministro Celso de Mello, o Supremo Tribunal Federal decidiu que "o eventual extravasamento, pelo ato regulamentar, do limite a que se acha materialmente vinculado, poderá configurar insubordinação administrativa aos comandos da lei. Mesmo que desse vício jurídico resulte, num desdobramento ulterior, uma potencial violação da Carta Magna, ainda assim estar-se-á em face de uma situação de inconstitucionalidade meramente reflexa ou oblíqua, cuja apreciação não se revela possível em sede jurisdicional concentrada" (*DJ* de 1.12.95).

Nas ADIns 708-DF, relator o sr. Ministro Moreira Alves (*RTJ* 142/718) e 392-DF, relator o sr. Ministro Marco Aurélio

(*RTJ* 137/75), outro não foi o entendimento da Corte.

No caso, o ato impugnado é ato normativo secundário, consolidação *interna corporis* de disposições legais, que se limita, em certos casos, a repetir normas constantes das leis retromencionadas. Num caso, pelo menos, a disposição legal repetida – art. 10 da Lei Complementar 75 –, a "prisão de qualquer pessoa, por parte de autoridade federal (...) deverá ser comunicada imediatamente ao Ministério Público..." – já foi posta à apreciação desta Corte, na ADIn 1.142-RJ, pela ADEPOL, tendo sido indeferido o pedido de suspensão cautelar da referida norma.

Do exposto, nego seguimento à ação.

Publique-se.

Brasília, 10 de março de 1997. Ministro Carlos Velloso (Relator).

# JURISPRUDÊNCIA

## SUPREMO TRIBUNAL FEDERAL

***RE 189.550-1-SP***

***Relator para o acórdão: Ministro Carlos Velloso***

***Recorrente: Instituto de Resseguros do Brasil-IRB***

***Advogados: Theotonio Negrão e outros***

***Recorrido: Cotra S/A Empresa Comercial Exportadora***

***Advogados: Mario de Barros Duarte Garcia e outros***

*Ementa: Constitucional. Comercial. Seguro marítimo. Regulamento. Regulamento que vai além do conteúdo da lei: questão de ilegalidade e não de inconstitucionalidade. Decreto-lei n. 73, de 21.11.63. Decretos ns. 60.459/67 e 61.589/67.*

*I – Se o regulamento vai além do conteúdo da lei, ou se afasta dos limites que esta lhe traça, comete ilegalidade e não inconstitucionalidade, pelo que não se sujeita, quer no controle concentrado, quer no controle difuso, à jurisdição constitucional. Precedentes do STF: ADIns 536-DF, 589-DF e 311-DF, Velloso, RTJ 137/580, 137/1.100 e 133/69; ADIn 708-DF, Moreira Alves, RTJ 142/718; ADIn 392-DF, Marco Aurélio, RTJ 137/75; ADIn 1.347-DF, Celso de Mello, DJ de 1.12.95.*

*II – RE não conhecido.*

ACÓRDÃO

Vistos, relatados e discutidos estes autos, acordam os Ministros do Supremo Tribunal Federal, em 2ª Turma, na conformidade da ata do julgamento e das notas taquigráficas, por maioria, não conhecer do recurso extraordinário, vencido o Senhor Ministro Relator (Marco Aurélio) que dele conhecia e lhe dava provimento. Relatará o acórdão o Senhor Ministro Carlos Velloso.

Brasília, 8 de abril de 1997. Néri da Silveira (Presidente). Carlos Velloso (Relator para acórdão).

RELATÓRIO

***O Senhor Ministro Marco Aurélio:*** Com as razões de folhas 3.246 a 3.271, o Instituto de Resseguros do Brasil aponta que o acórdão impugnado implicou violência à Carta Política da República. Em primeiro lugar, considerada a delimitação constitucional, referente a regulamentação de lei. É que, consoante se sustenta, mediante o art. 12 do Decreto-lei n. 73, de 21 de novembro de 1966, a obrigação de cobrir o seguro ficara suspensa "até o pagamento do prêmio e demais encargos", sendo certo que o parágrafo único do citado artigo preceitua que "qualquer indenização decorrente do contrato de seguros dependerá de prova de pagamento do prêmio devido, antes da ocorrência do sinistro". A Corte de origem, muito embora reconhecendo que o pagamento do prêmio ocorrera em 13 de dezembro de 1984, dois dias após o sinistro, teve o seguro como devido. Para tanto, levara em conta decretos regulamentadores que acabaram por dispor de forma contrária à normatividade decorrente do aludido Decreto-lei. Discorre-se sobre as Cartas Políticas, que, com a exceção da de 1937, sempre cogitaram da edição de regulamento para a fiel execução da lei. O que decidido teria implicado violência ao art. 81, inc. III, da Carta de 1969, preceito reproduzido no art. 84, inc. IV, da atual. Em passo seguinte, argüí-se transgressão ao inc. IX do art. 93 da Constituição Federal: a sentença não se mostrara devidamente fundamentada.

Em contra-razões, a recorrida Cotra S/A Empresa Comercial Exportadora evocou os óbices dos verbetes de ns. 282 e 356 da Súmula desta Corte. Os temas versados no recurso não teriam sido objeto de prequestionamento, sendo certo que a ofensa ao art. 84, inc. IV, da Constituição Federal, jamais fora ventilada antes do julgamento da apelação. Consignou-se, mais, que somente em petição protocolada dias antes do julgamento tratou-se da matéria. O mesmo enfoque é dado à alegada vulneração ao inc. IX do art. 93, também da Carta Política da República. A seguir, discorre-se sobre o envolvimento de normas estritamente legais, argumentando-se que o exame destas concerne a fatos especialmente relativos à época em que teria acontecido o sinistro. Articula-se, ainda, com a alegação de violência à Carta que não estava em vigor quando da edição dos decretos tidos como dissonantes com a norma regulamentadora. No mais, procura-se demonstrar que tais decretos ao preverem o pagamento diferido do prêmio, não resultaram em afronta à Lei Maior, tendo em vista a circunstância de o prazo haver sido concedido. Houvera simples complementação do disposto no art. 12 do Decreto-lei 73/66. O pacto sobre o prazo para a satisfação do prêmio estaria a afastar a incidência do preceito. Por derradeiro, remete-se a precedente desta Corte, da lavra do Ministro Soares Munhoz, cujo acórdão restou publicado na *Revista Trimestral de Jurisprudência* ns. 66/793 e 88/340.

A Procuradoria-Geral da República emitiu o parecer de folhas 3.558 a 3.565, no sentido do desprovimento do recurso. Eis a síntese da peça:

"Constitucional. Comercial e processual – Ocorrência de sinistro dentro do prazo de pagamento do prêmio. Recurso extraordinário fundado no art. 102, III, "a", da Constituição Federal, sob alegação de violação ao art. 81, III da CF/69, atual CF/88, art. 84, inc. IV, tendo em vista a aplicação da lei fundada nos Decretos 60.459/67, art. 6º, § 4º e 61.589/67, art. 4º, § 1º, considerando-os editados em manifesto desacordo com o Decreto-lei 73/66. Inocorrência de violação. Precedente do Supremo Tribunal Federal. Parecer pelo improvimento do recurso."

O extraordinário subiu a esta Corte em face do provimento de agravo regimental. Os autos vieram-me para exame em 8 de agosto de 1996, tendo sido extravasado o prazo regimental em virtude da sobrecarga de processos e da atuação simultânea deste Relator na Presidência do Tribunal Superior Eleitoral em ano destinado a eleições. Liberei-os para colocação em pauta em 2 de dezembro último.

É o relatório.

## VOTO

***O Senhor Ministro Marco Aurélio (Relator):*** Os pressupostos gerais de recorribilidade estão atendidos. Os documentos de fls. 238, 239 e 2.073 revelam regular a representação processual, e a guia de fl. 3.553, o preparo. Quanto a oportuna manifestação do inconformismo, o acórdão inicialmente proferido por força da apelação teve notícia veiculada no *Diário* de 1º de agosto de 1989, terça-feira (fl. 3.147), ocorrendo a oposição dos embargos declaratórios em 7 seguinte, segunda-feira (fl. 3.152). Foram gastos cinco dias do prazo alusivo ao extraordinário. O provimento decorrente dos declaratórios foi publicado no *Diário* de 15 de setembro de 1989, sexta-feira (fl. 3.165), tendo-se a protocolação do extraordinário em 26 imediato, terça-feira (fl. 3.246) e, portanto, dentro do prazo de quinze dias. Resta examinar o pressuposto específico de recorribilidade, que é a violência à Carta Política da República.

*Da ofensa ao inc. IX do art. 93 da CF*

Como se depreende dos embargos declaratórios de fls. 3.152 a 3.155, o instituto instou a Corte de origem a pronunciar-se acerca da inconstitucionalidade dos Decretos regulamentadores, da incidência dos arts. 698 e 711 do Código Comercial e sobre os parâmetros levados em conta relativamente ao preço de venda da mercadoria deteriorada. Os embargos foram apreciados conforme acórdão de fls. 3.159 a 3.164. Esclareceu-se o alcance do provimento judicial, abrindo-se a via para a segura interposição dos embargos infringentes. Quanto à inconstitucionalidade, apontou-se o envolvimento de diplomas estritamente legais, consignando-se não haver sido demonstrada a ofensa à Lei Maior. Aludiu-se ao teor dos decretos regulamentadores. Quanto ao mais, assinalou-se:

"Na inicial, pediu a autora a condenação dos réus a lhe pagarem os valores ali indicados, ao cálculo do dia, na fase de execução" (fl. 26).

Mediante a respeitável sentença, o meritíssimo Juiz houve por bem fixar a conversão da moeda estrangeira para a nacional, ao câmbio do dia da chegada da mercadoria ao Brasil, no Porto de Santos (fl. 2.378). Isso ficou mantido sem se adotar a regra do art. 698 do Código Comercial, que só diz respeito à avaliação de seguros, adotada moeda estrangeira, não à indenização por força da ocorrência de estrago durante o transporte. Finalmente, no que respeita ao preço de venda do feijão nos Estados Unidos, o que ficou mantido está na sentença:

"(...) mais o produto da venda dos salvados da carga como for apurado em regular liquidação por arts." (fl. 2.376).

Presume-se, pois, a necessidade de alegação de prova de fato novo, isto é, da venda, incluindo o preço – art. 608 do Código Civil (fl. 3.164).

Verifica-se, portanto, que a prestação jurisdicional foi entregue, não procedendo, considerados os parâmetros dos embargos declaratórios opostos, a argüída violência ao inc. IX art. 93. Por sinal, esta matéria foi lançada, nas razões do extraordinário, fora da ordem natural, tudo indicando que assim se tenha procedido em virtude do princípio da eventualidade, ou seja, atentando-se para o fato de não vir a ser conhecido e provido o extraordinário na primeira parte. No particular, o recurso não tem condições de ser conhecido.

*Da violência ao art. 84, inc. III, da CF/ 69*

Muito embora nas razões do recurso indique-se a violência à Carta de 1969, quando os Decretos em comento foram editados em 13 de março de 1967 e 23 de outubro de 1967 (fl. 3.163), constata-se que, no corpo das razões, houve a abordagem da matéria de maneira ampla, aludindo-se às Constituições pretéritas. Apontou-se que a expressão "fiel execução" repetiu-se nas sucessivas Cartas Políticas da República, exceto na de 1937, mencionando-se o art. 87, inc. I, da Carta de 1946, sob a égide da qual foi editado o Decreto 60.459, de 13 de março de 1967, e o art. 83, inc. II, da Lei Maior de 1967, norteadora do Decreto 61.589, de 23 de outubro de 1967. Destarte, não procede o vício de forma apontado em contra-razões. Do mesmo modo, tenho que, no julgamento dos embargos declaratórios, restou prequestionado o tema. Sob a óptica da argüição de inconstitucionalidade, assentou-se que os Decretos ficaram restritos ao campo regulamentar decorrente do poder atribuído ao Presidente da República. Eis o trecho respectivo:

> Já no pertinente às alegações de inconstitucionalidade de regras de legislação sobre seguros, os embargos não podem ser acolhidos.
>
> Por primeiro, as normas invocadas, integrantes de decretos governamentais, no máximo, poderiam ser ilegais, na medida em que aparentemente estariam violando preceito inserido na norma hierarquicamente superior, Decreto-lei de 1986 (= lei ordi-

nária), sem ter sido demonstrada a ofensa frente à Lei Maior, a Constituição.

Mas não é só. Tanto o § 4º do art. 6º do Regulamento do Decreto-lei 73, de 21.11.66, e decretos posteriores pertinentes (Decreto 60.459, de 13.3.67), quanto o § 1º do art. 4º do Decreto 61.589, de 23.10.67 (que retificou disposições acolhidas pelo Decreto anterior, de 60.459, do mesmo ano), são normas regulamentares, decorrentes do poder de regulamentação do Presidente da República.

Ocorre, ainda, que o ven. acórdão levado em consideração, seja o Regulamento do Sistema Nacional de Seguros Privados, seja o decreto retificador (fl. 3.126), de modo que os embargos do instituto ressegurador, nesse ponto, se apresentam com caráter de infringentes do julgado (fl. 3.163).

Houve, portanto, o debate e a decisão prévios do tema constitucional, muito embora não tenha havido referência explícita ao número do artigo regedor da matéria. Aliás, esta formalidade não é essencial a que se tenha como configurado o prequestionamento. Diz-se prequestionada certa matéria quando o órgão julgador haja adotado entendimento explícito a respeito e, no particular, isso ocorreu quando se assentou que os Decretos não extravasaram o campo regulamentar e, se isso tivesse acontecido, a questão se resolveria sob o prisma da ilegalidade, e não da inconstitucionalidade.

Do mesmo modo, não tenho como procedente a objeção quanto a oportunidade em que evocada a pecha. A Corte de origem nada decidiu a respeito, isto é, no tocante à inovação considerados os parâmetros objetivos da apelação.

Passo ao cotejo dos Decretos ditos regulamentadores com o Decreto-lei regulamentado. Este último dispõe, no art. 12, que:

"A obrigação do pagamento do prêmio pelo segurado vigerá a partir do dia previsto na apólice ou bilhete de seguro, ficando suspensa a cobertura do seguro até o pagamento do prêmio e demais encargos.

"Parágrafo único. Qualquer indenização decorrente do contrato de seguros dependerá de prova de pagamento do prêmio devido, antes da ocorrência do sinistro."

Já os decretos tidos como regulamentadores dispuseram:

"A ocorrência de sinistro no prazo de suspensão da cobertura não prejudicará a indenização, desde que pago o prêmio no prazo devido (art. 6º, § 4º, do Decreto 60.459, de 13 de março de 1967).

"Se o sinistro ocorrer dentro do prazo de pagamento do prêmio sem que ele se ache efetuado, o direito a indenização não ficará prejudicado se o segurado cobrir o débito respectivo ainda naquele prazo (art. 4º, § 1º, do Decreto 61.589, de 23 de outubro de 1967)."

A instância soberana no exame dos elementos probatórios dos autos deixou registrado no acórdão impugnado mediante este extraordinário que:

"Efetivamente, o pagamento do prêmio do seguro se deu em 13 de dezembro de 1984 (fl. 3.075 = fl. 41), quando o sinistro ocorrera dois dias antes, em 11 dezembro de 1984" (fl. 3.126).

Também deixou consignado a 7ª Câmara do 1º Tribunal de Alçada Civil que: "Contudo, o pagamento ocorreu no prazo estabelecido, ou seja, até 28 de dezembro de 1984 (...)" (fl. 3.126).

Indaga-se: os Decretos teriam extravasado a norma regulamentada? O preceito do art. 12 do Decreto-lei 73, de 21 de novembro 1986, é merecedor, em si, de desdobramento. Em primeiro lugar, tem-se a regra segundo a qual "a obrigação do pagamento do prêmio pelo segurado vigerá a partir do dia previsto na apólice ou bilhete de seguro (...)". A razão de ser desta parte não está, à toda evidência, na necessidade de fixar-se a data limite para pagamento do prêmio, que é ajustada no contrato de seguro efetuado. A única justificativa plausível para a existência do preceito está na segunda parte do artigo, no que revela que a cobertura do seguro fica suspensa até o pagamento do prêmio e demais encargos.

Evidentemente, não se tem a previsão como alcançar situações concretas, em que o titular do seguro se mostre inadimplente, fato capaz de levar à resolução do próprio contrato. Não bastasse o preceito do *caput* do artigo, tem-se ainda que, mediante o parágrafo único, dispôs-se que qualquer indenização decorrente do contrato de seguro dependeria da prova de pagamento do prêmio devido, antes da ocorrência do sinistro. Na hipótese, os Decretos baixados dispuseram de forma diametralmente oposta. A clareza das normas tomadas como regulamentadoras não permite dúvida: objetivou-se afastar do cenário jurídico a vinculação existente e que decorria do preceito regulamentado. Com isso, deu-se a disciplina da matéria ao arrepio da autorização constitucional, que se mostrou restrita, como é de sabença geral à regulamentação, valendo notar a cláusula que junge o ato presidencial à disciplina objetivando a fiel execução da lei, no caso, o decreto-lei com força idêntica. Reconheço a existência do precedente mencionado pela Procuradoria-Geral da República e que resultou do julgamento do recurso extraordinário 71.858-GB, na 1ª Turma, relatado pelo Ministro Aliomar Baleeiro, quando então, restou consignado:

> Seguro aeronáutico. Apólice a crédito. Acidente antes do pagamento.
>
> É razoável a interpretação segundo a qual "se o sinistro ocorrer dentro do prazo de pagamento do prêmio, sem que ele se ache efetuado, o direito à indenização não ficará prejudicado se o segurado cobrir o débito respectivo ainda naquele prazo (art. 12 do DL 73, de 21.11.66; D. 61.589, de 1967)" (*Revista Trimestral de Jurisprudência* 66/793).

Todavia, não posso olvidar o teor dos diplomas em cotejo e deixar de constatar que as disciplinas fizeram-se díspares, consideradas a norma regulamentada e a regulamentadora, percebendo se, assim, inafastável extravasamento do poder assegurado constitucionalmente ao Presidente da República.

No mérito, o provimento do recurso há de ficar restrito à denunciação da lide. Assim o é porquanto, a teor do disposto no art. 68 do Decreto-lei 73/66, o Instituto de Resseguros do Brasil (IRB) não pode ser acionado diretamente pelo segurado. Daí a impossibilidade de falar-se em litisconsórcio passivo necessário. Na espécie dos autos, o instituto figurou unicamente como denunciado à lide, tendo em conta o texto do art. 70, inc. III, do Código de Processo Civil. Há precedente desta Corte no sentido de entender razoável a interpretação ora consignada:

> Seguro. IRB. Litisconsórcio necessário.
>
> Razoabilidade da decisão recorrida quanto à desnecessidade da citação do Instituto de Resseguros do Brasil, para integrar à lide, à míngua da comprovação de interesse, o que, na espécie, demandaria reexame de prova. Incidência das Súmulas n. 400 e 279.
>
> Dissídio jurisprudencial não demonstrado.
>
> AgRg improvido (*Revista Trimestral de Jurisprudência* 122, p. 846).

A rigor, concluo que, não havendo se aperfeiçoado o contrato de seguro, em face da ausência de pagamento do prêmio antes do sinistro, a seguradora não tem ação contra o instituto. Julgo, por isso, improcedente a denunciação à lide, invertendo, no particular, ou seja, relativamente à denunciação, o ônus da sucumbência.

## ADITAMENTO DE VOTO

***O Senhor Ministro Marco Aurélio (Relator):*** Senhor Presidente, confirmo a informação, também lançada da Tribuna, na brilhante sustentação, de que o recurso interposto pela seguradora, parte passiva, que denunciou o instituto, foi trancado, e, sequer nele, recurso extraordinário, de qualquer forma, foi versado o tema empolgado pelo instituto.

Baixei os autos em diligência, e houve a informação do Departamento Judiciário do Tribunal, juntando a pertinente cópia, de que essa decisão transitou em julgado. Isso está à fl. 3.568.

Voto, portanto, conhecendo e provendo o extraordinário, assentada a convicção de que o Presidente da República mediante um decreto, um simples decreto, acabou por alterar o decreto-lei, a lei regulamentada. Julgo improcedente a denunciação à lide, em face da inconstitucionalidade desses decretos, do conflito desses decretos com o que previsto na Constituição Federal.

É o meu voto.

Extrato de Ata

Recurso Extraordinário 189.550-1-SP

Relator: Ministro Marco Aurélio

Recorrente: Instituto de Resseguros do Brasil-IRB

Advogados: Theotonio Negrão e outros

Recorrido: Cotra S/A Empresa Comercial Exportadora

Advogados: Mario de Barros Duarte Garcia e outros

*Decisão*: após o voto do Senhor Ministro Relator, conhecendo do recurso e lhe dando provimento, o julgamento foi adiado em virtude do pedido de vista formulado pelo Ministro Carlos Velloso. Falou pela recorrida o Dr. Luiz Leonardo Goulart. 2ª Turma, 17.12.96.

Presidência do Senhor Ministro Néri da Silveira. Presentes à Sessão os Senhores Ministros Carlos Velloso, Marco Aurélio, Francisco Rezek e Maurício Corrêa.

Subprocurador-Geral da República, Dr. Edinaldo de Holanda Borges. Wagner Amorim Madoz (Secretário).

VOTO (VISTA)

***O Sr. Ministro Carlos Velloso:*** Trata-se de ação ordinária movida pela Cotra S/A, Empresa Comercial Exportadora, contra a seguradora, Porto Seguro Companhia de Seguros Gerais, e o Instituto de Resseguros do Brasil-IRB, em que pleiteou o pagamento de seguro marítimo por acidente e indenização por perdas e danos, fundada em culpa extracontratual. A Porto Seguros Companhia de Seguros Gerais denunciou a lide ao IRB.

A sentença julgou procedente a ação, condenando a Porto Seguros Companhia de Seguros Gerais a pagar o seguro e mais as verbas pleiteadas a título de indenização por ato ilícito; a sentença condenou o IRB a pagar indenização por dano moral.

O acórdão do Tribunal de Alçada Civil de São Paulo, por maioria, deu provimento, em parte, às apelações do IRB e da seguradora, reduzindo a verba honorária. O voto vencido julgava a autora carecedora da ação em relação ao IRB.

No que não foi unânime o acórdão, foram interpostos embargos infringentes. Na parte unânime, o IRB interpôs RE, sustentando ofensa ao art. 81, III, da CF/67, com a EC 1/69, reproduzido pelo art. 84, IV, da CF/88, dado que os Decretos 60.459, de 13.3.67, e 61.589, de 23.10.67, que foram aplicados, não foram fiéis ao Decreto-lei 73, de 21.11.63, art. 12, ao regulamentá-lo, pelo que são ofensivos ao dispositivo constitucional invocado, art. 81, III, da EC 1/69, reproduzido pelo art. 84, IV, da CF/88. Sustentou-se, também, que o acórdão teria ofendido o art. 93, IX, da CF, porque seria desfundamentado (fls. 3.246/3.254).

O eminente Relator, Ministro Marco Aurélio, não conheceu do RE no tocante a alegação de ofensa ao art. 93, IX, da CF. Referentemente à alegação de ofensa ao art. 81, III, da EC 1/69, reproduzido no art. 84, IV, da CF/88, S. Exa., entendendo que a questão foi prequestionada, votou no sentido de que os decretos indicados teriam extravasados a norma regulamentada, o art. 12 do DL 73, de 21.11.66, não dando a estes fiel execução. Por isso, conheceu do recurso extraordinário e ao mesmo deu provimento, nos seguintes termos:

"(...)

"No mérito, o provimento do recurso há de ficar restrito a denunciação à lide. Assim o é porquanto, a teor do disposto no art. 68 do Decreto-lei 73/66, o Instituto de Resseguros do Brasil (IRB) não pode ser acionado diretamente pelo segurado. Daí a impossibilidade de falar-se em litisconsórcio passivo necessário. Na espécie dos autos, o instituto figurou unicamente como denunciado à lide, tendo em conta o texto do art. 70, inc. III, do Código de Processo Civil. Há precedente desta Corte no sentido de entender razoável a interpretação ora consignada:

"'Seguro. IRB. Litisconsórcio necessário.

"'Razoabilidade da decisão recorrida quanto à desnecessidade da citaçao do instituto de Resseguros do Brasil, para integrar à lide, à míngua da comprovação de interesse, o que, na espécie, demandaria reexame de prova . Incidência das Súmulas ns. 400 e 279.

"'Dissídio jurisprudencial não demonstrado.

"'AgRg improvido' (*Revista Trimestral de Jurisprudência* 122, p. 846)."

"A rigor, concluo que, não havendo se aperfeiçoado o contrato de seguro, em face da ausência de pagamento do prêmio antes do sinistro, a seguradora não tem ação contra o instituto. Julgo, por isso, improcedente a denunciação á lide, invertendo, no particular, ou seja, relativamente à denunciação, o ônus da sucumbência."

Pedi vista dos autos e os trago, a fim de retomarmos o julgamento do recurso.

Passo a votar.

No que toca à alegação de ofensa ao art. 93, IX, da Constituição Federal, ponho-me de acordo com o Sr. Ministro Relator. Na verdade, o recurso, no ponto, não tem condições de ser conhecido.

Examino a alegação de ofensa ao art. 81, III, da CF/67, com a EC 1/69, reproduzido pelo art. 84, IV, da CF/88.

No que tange ao prequestionamento, tenho-o como ocorrido no acórdão que resolveu os embargos de declaração opostos pelo ora recorrente.

Está no referido acórdão:

(...)

Já no pertinente às alegações de inconstitucionalidade de regras de legislação sobre seguros, os embargos não podem ser acolhidos.

Por primeiro, as normas invocadas, integrantes de decretos governamentais, no máximo, poderiam ser ilegais, na medida em que aparentemente estariam violando preceito inserido na norma hierarquicamente superior, Decreto-lei de 1986 (= lei ordinária), sem ter sido demonstrada a ofensa frente à Lei Maior, a Constituição.

Mas não é só. Tanto o § 4º do art. 6º do Regulamento do Decreto-lei 73, de 21.11.66, e decretos-lei posteriores pertinentes (Decreto 60.459, de 13.3.67), quanto o § 1º do art. 4º do Decreto 61.589, de 23.10.67 (que retificou disposições acolhidas pelo Decreto anterior, de n. 60.459, do mesmo ano), são normas regulamentares, decorrentes do poder de regulamentação do Presidente da República.

Ocorre, ainda, ter o ven. acórdão levado em consideração, seja o Regulamento do Sistema Nacional de Seguros Privados seja o decreto retificador (fl. 3.126), de modo que os embargos do instituto ressegurador, nesse ponto se apresentam com o caráter de infringentes do julgado.

(...) (fl. 3.163 – volume XII).

O acórdão, no ponto, deu resposta aos embargos de declaração formulados, da seguinte forma:

(...)

2. O venerando acórdão é, sempre com a devida vênia, omisso quanto à alegação de inconstitucionalidade do art. 6º, § 4º, do Dec. 60.459, de 13.3.67, e do art. 4º, § 1º, do Dec. 61.589, de 23.10.67, em face do que dispõe o art. 12 do Dec.-lei 73, de 21.11.66.

Essa argüição havia sido formulada a fls. 3.088 e foi reproduzida no esquema de sustentação oral de fls. 3.112, sem que sobre ela se haja manifestado expressamente a Egrégia Turma Julgadora.

Para efeito de prequestionamento, portanto (cf. Súmulas 282 e 356 do STF), a oposição dos presentes embargos de declaração é obrigatória, a fim de que a Egrégia Turma Julgadora esclareça se e por quê rejeitou a alegação de inconstitucionalidade.

(...) (fls. 3.152/3.153, volume XII).

Examino a questão.

O recurso não é de ser conhecido, *data venia.*

A uma, porque não se tem, no caso, uma questão de inconstitucionalidade, ou uma questão que se resolve no controle de constitucionalidade.

Com efeito.

Dispõe o art. 12 do DL 73, de 21.11. 66: "Art. 12. A obrigação do pagamento do prêmio pelo segurado vigerá a partir do dia previsto na apólice ou bilhete de seguro, ficando suspensa a cobertura do seguro até o pagamento do prêmio e demais encargos. Parágrafo único. Qualquer indenização decorrente do contrato de seguros dependerá de prova de pagamento do prêmio devido, *antes da ocorrência do sinistro*" (fl. 3.248).

Sustenta-se, então, nas razões do recurso:

"(...)

"O preceito não comporta duas interpretações. Diz ele, com meridiana clareza, que o pagamento do prêmio do seguro deve ser feito *antes da ocorrência do sinistro*, e somente se isto acontecer é que a seguradora ficará responsável pelo pagamento de qualquer indenização.

"5. Ora, o venerando acórdão recorrido reconhece, com todas as letras, que

"'Efetivamente, o pagamento do prêmio do seguro se deu em 13 de dezembro de 1984 (fl. 3.075 = fls. 41, quando *o sinistro ocorrera dois dias antes*, em 11 de dezembro de 1984' (fls. 3.126).

"Logo, nos expressos termos do art. 12, parágrafo único, do mencionado Dec.-lei 73, o segurado não tinha direito ao recebimento do seguro.

"Todavia, o venerando acórdão recorrido mandou pagá-lo, invocando decretos em manifesto antagonismo com esse texto de lei. Eis o que está escrito, logo em seguida, nesse venerando acórdão:

"'Contudo, o pagamento ocorreu no prazo estabelecido, ou seja, até 28 de dezembro de 1984, o que, nos termos do art. 6º, § 4º, do Regulamento do Sistema Nacional de Seguros Privados (Decreto 60.459, de 13.3.67), não prejudicou a indenização. No mesmo sentido, o contido no decreto retificador (art. 4º, § 1º, do Dec. 61.589, de 23.10.67) (ibidem).

"'Esses preceitos são do seguinte teor:

"'Decreto 60.459, de 13.3.67, art. 6º: § 4º. A ocorrência de sinistro no prazo de suspensão da cobertura não prejudicará a indenização, desde que pago o prêmio no prazo devido (conforme retificação publicada em *Coleção das Leis da União*, 1968, v. IV, p. 289).

"'Decreto 61.589, de 23.10.67, art. 4º: § 1º. Se o sinistro ocorrer dentro do prazo de pagamento do prêmio sem que ele se ache efetuado, o direito à indenização não ficará prejudicado se o segurado cobrir o débito respectivo ainda naquele prazo.'

"6. Verifica-se, portanto, que o venerando acórdão recorrido, ao invés de aplicar a lei que regulava a matéria, fundou-se em dois decretos que, a pretexto de regulamentá-la, estão em total desacordo com ela.

"(...) (fls. 3.248/3.249). A questão é, pois, de ilegalidade."

Reitero o que afirmei no voto que proferi no julgamento do Ag. 144.861(AgRg)-SP: se o regulamento vai além do conteúdo da lei, ou se afasta dos limites que esta lhe traça, comete ilegalidade e não inconstitucionalidade. Disse eu:

A decisão ora sob exame, de minha lavra, negou seguimento ao agravo de instrumento, argumentando:

Está correta a decisão agravada.

No que concerne a alegação de ofensa ao art. 84, IV, da Constituição — o regulamento teria ido além da lei e, por isso, seria inconstitucional — convém registrar que o entendimento do Supremo Tribunal é no sentido de que se o regulamento vai além do conteúdo da lei, ou se afasta dos limites que esta lhe traça, comete ilegalidade e não inconstitucionalidade. Por isso, na ADIn 589-8-DF, de que fui relator, assentou o Supremo Tribunal que o ato normativo de natureza regulamentar que ultrapassa o conteúdo de lei não está sujeito à jurisdição constitucional concentrada. Indiquei, na oportunidade, os seguintes precedentes, no mesmo sentido: ADIns ns. 311-DF e 536-DF (*Lex, JSTF* 157/60). É certo que há casos em que o regulamento pode ser tido como inconstitucional. Tenho sustentado, nesta linha, que apenas as leis administrativas podem ser regulamentadas. Assim, quando o Presidente da República se dispõe a regulamentar, por exemplo, leis processuais, leis civis, comete inconstitucionalidade. Da mesma forma, quando o Presidente edita regulamento autônomo, ou quando regulamenta a própria Constituição, pratica inconstitucionalidade. No voto que proferi por ocasião do julgamento da cautelar requerida na ADIn n. 673 8 DF, cuidei do tema.

No caso, entretanto, o que se afirma é que o regulamento se afastou dos limites traçados pela lei. Não teríamos, aqui, portanto, hipótese de inconstitucionalidade, mas de ilegalidade. O RE não seria cabível, de conseguinte.

No que toca ao art. 93, IX, da Constituição, melhor sorte não tem o recurso. É que a matéria não foi posta à decisão do Tribunal *a quo*. Se a questão constitucional surgiu no julgamento do recurso, cumpria ao recorrente ventilá-la em embargos de declaração, tal como exigido na jurisprudência do Supremo Tribunal. É certo que o meu entendimento pessoal a respeito da matéria é mais liberal. Todavia, não posso e não devo afrontar jurisprudência da Corte, principalmente quando decido, solitariamente, em seu nome.

Do exposto, não obstante as brilhantes razões do recorrente, nego seguimento ao agravo (fl. 279).

Mantenho a decisão, por seu fundamento, dado que a jurisprudência do Supremo Tribunal Federal, iterativa e firme, é no sentido da tese exposta na decisão acima transcrita: se o regulamento vai além do conteúdo da lei, ou se afasta dos limites que esta lhe traça, comete ilegalidade e não inconstitucionalidade, certo que, no caso, não ocorre nenhuma das hipóteses referidas na decisão agravada, em que o regulamento pode ser tido como inconstitucional. Ressalte-se que, na própria petição de recurso é afirmado que os decretos estão "em inteiro desacordo com a lei" que foram eles "ditados quando o Congresso Nacional estava em pleno funcionamento e quando, portanto, o Chefe do Executivo não podia baixar decretos-leis, únicos que, além das leis emanadas do referido Congresso, poderiam legitimamente alterar o Dec.-lei 73". Ora, o argumento é impertinente, dado que o Presidente da República expede regulamentos estando o Congresso em funcionamento ou não, para a fiel execução das leis. E se o faz em desacordo com a lei regulamentada, pratica ilegalidade e não inconstitucionalidade. Incabível, destarte, o recurso extraordinário.

Do exposto, nego provimento ao agravo.

Diante do voto em sentido contrário, do Sr. Ministro Marco Aurélio, no citado Ag 144.861(AgRg)-SP, reiterei o voto acima transcrito, acrescentando:

Sr. Presidente, apenas uma palavra: o eminente Ministro Marco Aurélio acaba de lembrar a tese posta no recurso extraordinário, que é a seguinte: se o regulamento vai além do conteúdo da lei ou dispõe em sentido contrário ao que lhe traça a norma regulamentada, pratica ilegalidade e não inconstitucionalidade.

A jurisprudência do Supremo Tribunal Federal, velha jurisprudência, é na verdade no sentido de que se tem, em tal caso, não uma inconstitucionalidade e sim uma ilegalidade. Essa jurisprudência não foi construída apenas no controle concentrado; ela começou a ser forjada no controle difuso, em recursos extraordinários. Como disse, esse entendimento não é um entendimento isolado do Supremo Tribunal Federal: ele se sustenta, primeiro, na jurisprudência tradicional da Corte, no sentido de que, se há entre o regulamento e a Constituição uma lei, a afronta à Constituição é indireta, o que desautoriza o recurso extraordinário. Ademais, ela se assenta em tradicional doutrina de Direito Administrativo dos tribunais administrativos franceses.

Meu voto, portanto, apenas perfilha e sufraga a jurisprudência tradicional da Corte, com a qual, aliás, estou inteiramente de acordo, conforme deixei claro em trabalho doutrinário que escrevi a respeito.

Com essas breves considerações, Sr. Presidente, mantenho meu voto, não obstante o voto sempre lúcido do eminente Ministro Marco Aurélio.

A jurisprudência da Casa é, realmente, no sentido indicado. Na ADIn 392-DF, Relator o Sr. Ministro Marco Aurélio, decidiu o Supremo Tribunal Federal:

Ação direta de inconstitucionalidade. Regulamento. Possível extravasamento revelado quando da edição de regulamento resolve-se no campo da legalidade. Descabe, no caso, discutí-lo em demanda direta de inconstitucionalidade. A Portaria n. 773 do Exmo. Sr. Ministro de Estado da Justiça consubstancia o regulamento de que cogita o artigo 74 da Lei n. 8.069/90 (Estatuto da Criança), sendo impróprio o ajuizamento, contra ela, da citada demanda (*RTJ* 137/75).

Na ADIn 708-DF, Relator o Sr. Ministro Moreira Alves, não foi outro o entendimento do Supremo Tribunal Federal:

Ação direta de inconstitucionalidade. Pedido de liminar. Decreto n. 409, de 30.12.91.

Esta Corte, excepcionalmente, tem admitido ação direta de inconstitucionalidade cujo objeto seja decreto, quando este, no todo ou em parte, manifestamente não regulamenta lei, apresentando-se, assim, como decreto autônomo, o que dá margem a que seja ele examinado em face diretamente da Constituição no que diz respeito ao princípio da reserva legal.

No caso, o decreto impugnado se situa no âmbito da regulamentação do poder de fiscalização de concessões de distribuição de energia elétrica.

O que visa a presente ação direta de inconstitucionalidade é resolver, em abstrato, questões que podem dar margem a discussão, em casos concretos, sobre ilegalidade ou violação de direitos adquiridos aferíveis dos termos de cada concessão, exames esses que são insuscetíveis de ser feitos em ação direta de inconstitucionalidade.

Ação direta de inconstitucionalidade não conhecida, ficando, assim, prejudicado o pedido de cautelar (*RTJ* 142/718).

De igual modo: ADIn 1.347-DF, Relator Ministro Celso de Mello (*DJ* de 1.12.95), ADIns 536-DF, 589-DF e 311-DF, por mim relatadas (*RTJ* 137/580, 137/1.100 e 133/69, respectivamente).

O recurso não pode se conhecido, a duas, porque a questão foi decidida pelo Superior Tribunal de Justiça, no recurso especial, que, inclusive, a visualizou no campo fático.

Está no voto do ilustre Ministro Barros Monteiro, Relator do REsp 22.832-8, voto embasador do acórdão:

(...)

Sustenta, ainda, o Instituto Ressegurador que a segurada não tinha direito ao recebimento do seguro, pois o pagamento do prêmio deve ser feito antes da ocorrência do sinistro.

A propósito, colhe a observação registrada no voto vencedor da lavra do ilustre Juiz, hoje Desembargador, Régis Fernandes de Oliveira, segundo a qual o que se achava segurado era o feijão e não o navio. São palavras textuais de S.Exma: "Está evidente que se o sinistro (desastre) ocorreu no dia 11 de dezembro de 1984 (embate das embarcações, menos verdade não é que a deterioração do feijão ocorreu posteriormente" (fls. 3.130).

Tal pormenor, de caráter fático, já afasta a assertiva de negativa de vigência do art. 12 e parágrafo único do Dec.-lei n. 73, de 21 de novembro de 1966.

Não bastasse, este C. Tribunal, pela sua Eg. Terceira Turma, em hipótese na qual se teve ocasião de afastar a invocação de ilegalidade dos decretos regulamentadores do supramencionado Dec.-lei n. 73/66, decidiu:

Normas que regem matéria securitária admitem o fracionamento do valor do prêmio. Todavia, se o sinistro ocorrer dentro do prazo de pagamento do prêmio, sem que ele se ache efetuado, o pagamento dos danos não será prejudicado, contanto que o segurado o adimpla no prazo contratualmente clausulado (REsp n. 9.138-RS, rel. Ministro Waldemar Zveiter).

É essa a diretriz imprimida pela Suprema Corte (*RTJ* 66/793 e 88/340).

(...) (fl. 3.513, volume XIII).

É dizer, além de existir questão de fato que não pode ser examinada em sede extraordinária – tanto do recurso especial do STJ quanto do extraordinário propriamente dito do STF – ainda não se pode esquecer que o Supremo Tribunal Federal, no RE 71.858-GB, Relator o saudoso Ministro Aliomar Baleeiro, decidiu:

Seguro aeronáutico. Apólice a crédito. Acidente antes do pagamento.

É razoável a interpretação segundo a qual "se o sinistro ocorrer dentro do prazo de pagamento do prêmio, sem que ele se ache efetuado, o direito à indenização não ficará prejudicado se o segurado cobrir o débito respectivo ainda naquele prazo (art. 12 do DL 73, de 21.11.66; D. 61.589, de 1967)" (*RTJ* 66/793).

No mesmo sentido, o decidido pelo Supremo Tribunal Federal, no RE 88.918-PR, Relator o Sr. Ministro Soares Muñoz (*RTJ* 88/340).

Isto quer dizer: primeiro, a questão é mesmo de legalidade em sentido estrito, assim da competência, hoje, do Superior Tribunal de Justiça; segundo, nem se pode falar que os decretos regulamentadores hajam ido além do conteúdo da lei regulamentada, o DL 73, de 1966. Teriam eles, na verdade, dado à lei regulamentada interpretação razoável.

Se assim não fosse entendido, o que se diz para argumentar, certo é que, no caso, conforme apontado no acórdão do STJ, que decidiu o recurso especial, a apreciação da questão, sob o ponto de vista constitucional, teria que superar matéria de fato, o que não é possível em sede de recurso extraordinário.

O que é certo é que a matéria, porque restrita ao contencioso infraconstitucional, assim de legalidade *stricto sensu*, foi resolvida, em definitivo, pelo Tribunal que a Constituição tornou responsável pela integridade (CF, art. 105, III, *a*), pela autoridade (CF, art. 105, III, *b*) e pela uniformidade (CF, art. 105, III, *c*) do direito federal comum, o Superior Tribunal de Justiça.

De todo o exposto, com a vênia do Sr. Ministro Marco Aurélio, não conheço do recurso extraordinário.

## VOTO

***O Senhor Ministro Néri da Silveira (Presidente):*** Peço vênia ao Sr. Ministro-Relator para acompanhar o voto do Sr. Ministro Carlos Velloso.

Penso que a questão não tem nível constitucional. A matéria efetivamente concerne ao plano da legalidade. Saber se o decreto regulamentador extravasou, ou não, os limites previstos na lei é matéria de legalidade e não de constitucionalidade.

Assim tem-se orientado a jurisprudência da Corte.

A espécie, de outra parte, foi examinada pelo Superior Tribunal de Justiça, que não acolheu recurso especial contra o acórdão interposto pelos recorridos.

Destacou, ademais, o ilustre Ministro Carlos Velloso precedentes do Supremo Tribunal Federal no regime anterior à Constituição de 1988, em que, sobre a mesma matéria, ora trazida a exame desta Corte, não viu nas decisões sequer ilegalidade na disposição regulamentar.

Com essas breves considerações, peço vênia ao Sr. Ministro-Relator para, também, não conhecer do recurso extraordinário.

Extrato de Ata

Recurso Extraordinário 189.550-1-SP

Relator para o acórdão: Min. Carlos Velloso

Recorrente: Instituto de Resseguros do Brasil-IRB

Advogados: Theotonio Negrão e outros

Recorrido: Cotra S/A Empresa Comercial Exportadora

Advogados: Mario de Barros Duarte Garcia e outros

*Decisão*: após o voto do Senhor Ministro Relator, conhecendo do recurso e lhe dando provimento, o julgamento foi adiado em virtude do pedido de vista formulado pelo Ministro Carlos Velloso. Falou pela recorrida o Dr. Luiz Leonardo Goulart. 2ª Turma, 17.12.96.

*Decisão*: por maioria, a Turma não conheceu do recurso extraordinário, vencido o Senhor Ministro Relator (Marco Aurélio) que dele conhecia e lhe dava provimento. Relatará o acórdão o Senhor Ministro Carlos Velloso. 2ª Turma, 8.4.97.

Presidência do Senhor Ministro Néri da Silveira. Presentes à sessão os Senhores Ministros Carlos Velloso, Marco Aurélio e Maurício Corrêa.

Subprocurador-Geral da República, Dr. Mardem Costa Pinto. Luiz Tomimatsu (Secretário).

# JURISPRUDÊNCIA

## SUPREMO TRIBUNAL FEDERAL

***Mandado de segurança 22148-8-Distrito Federal***

***Impetrante: Maria Cristina Navia Arzua***

***Impetrado: Tribunal de Contas da União***

*Ementa: Administrativo. Servidor Público. Cargo Público. Provimento. Transferência. Lei 8.112, de 11.12.90, art. 8º, IV, art. 23, §§ 1º e 2º. Constituição Federal, art. 37, II.*

*I – A transferência — Lei 8.112/90, art. 8º, IV, art. 23, §§ 1º e 2º — constitui forma de provimento derivado: derivação horizontal, porque sem elevação funcional (Celso Antônio Bandeira de Mello). Porque constitui forma de provimento de cargo público sem aprovação prévia em concurso público de provas ou de provas e títulos, é ela ofensiva à Constituição, art. 37, II.*

*II – Inconstitucionalidade dos dispositivos da Lei 8.112/90, que instituem a transferência como forma de provimento de cargo público: inciso IV do art. 8º e art. 23, §§ 1º e 2º.*

*III – Mandado de segurança indeferido.*

ACÓRDÃO

Vistos, relatados e discutidos estes autos, acordam os Ministros do Supremo Tribunal Federal, em sessão Plenária, na conformidade da ata do julgamento e das notas taquigráficas, por unanimidade, indeferir o mandato de segurança e declarar a inconstitucionalidade do art. 8º, IV e art. 23 e seus parágrafos, da Lei 8.112, de 11.12.90. Ausentes, ocasionalmente, os Ministros Néri da Silveira e Marco Aurélio.

Brasília, 19 de dezembro de 1995. Sepúlveda Pertence, Presidente. Carlos Velloso, Relator.

RELATÓRIO

***O Sr. Ministro Carlos Velloso:*** Trata-se de mandado de segurança impetrado por Maria Cristina Navia Arzua contra ato do Tribunal de Contas da União, consistente em declarar nulo o ato de transferência da impetrante, técnico judiciário, classe A, padrão NS III, do Tribunal Regional do Trabalho da 14ª Região (Rondônia), para o Quadro Pessoal Permanente do Tribunal Regional do Trabalho da 9ª Região (Paraná), objeto da Portaria 089, de 23.3.94, publicado no *Diário da Justiça* do Estado do Paraná, em 4.4.94, em vaga criada pela Lei 8.432/92.

Sustenta a impetrante que o ato impugnado viola direito líquido e certo seu, amparado pelos arts. 8º, IV, e 23 da Lei 8.112, de 11.12.90, que cuidam da transferência de servidores públicos.

A decisão do Tribunal de Contas se baseou na Decisão TCU 183/93–Plenário e no entendimento do STF na ADIn 231-RJ, relator Min. Moreira Alves, acórdão que foi assim ementado:

> Ementa: Ação direta de inconstitucionalidade.
>
> Ascensão ou acesso, transferência e aproveitamento no tocante a cargos ou

empregos públicos. O critério de mérito aferível por concurso público de provas ou de provas e títulos é, no atual sistema constitucional, ressalvados os cargos em comissão declarados em lei de livre nomeação e exoneração, indispensável para cargo ou emprego público isolado ou em carreira. Para o isolado, em qualquer hipótese; para o em carreira, para o ingresso nela, que só se fará na classe inicial e pelo concurso público de provas ou de provas e títulos, não o sendo, porém, para os cargos subseqüentes que nela se escalonam até o final dela, pois, para estes, a investidura se fará pela forma de provimento que é a *promoção.*

Então, pois, banidas das formas de investidura admitidas pela Constituição e ascensão e a transferência, que são formas de ingresso em carreira diversa daquela para o qual o servidor público ingressou por concurso, e que não são, por isso mesmo, ínsitas ao sistema de provimento em carreira, ao contrário do que sucede com a promoção, sem a qual obviamente não haverá carreira, mas, sim, uma sucessão ascendente de cargos isolados.

O inciso II do artigo 37 da Constituição Federal também não permite o "aproveitamento", uma vez que, nesse caso, há igualmente o ingresso em outra carreira sem o concurso exigido pelo mencionado dispositivo.

Ação direta de inconstitucionalidade que se julga procedente para declarar inconstitucionais os artigos 77 e 80 do Ato das Disposições Transitórias do Estado do Rio de Janeiro.

Sustenta a impetrante que o TCU interpretou equivocadamente a decisão da Suprema Corte, pois ela não é contrária ao instituto da transferência, como deixou claro o Dr. Ricardo Sampaio, Juiz do Tribunal Regional do Trabalho da 9ª Região, em estudo que fez sobre o tema.

Por entender que preenche todos os requisitos legais para sua transferência, requer "a concessão de liminar, *inaudita altera pars*, para que seja suspensa a determinação do TCU que deu origem *a anulação do ato de transferência da impetrante, permanecendo ela a serviço do TRT da 9ª Região* até decisão final do presente *mandamus*".

Negada a medida liminar (fls. 122-122-v.), foram requisitadas informações, que vieram a ser prestadas pela eminente Presidente do Tribunal de Contas da União (fls. 127-149), com os seguintes esclarecimentos:

4. Este Tribunal, apoiando-se na decisão do eg. STF, entendeu que:

4.1a Emenda da ADIn 231-RJ "declara, de maneira inequívoca, o banimento da ascensão e da transferência daquelas formas de investidura admitidas pela Constituição Federal";

4.2 o voto do Exmo. Sr. Ministro Relator da Suprema Corte "não deixa dúvida sobre o seu pensamento acerca da incompatibilidade do questionado instituto com a Constituição Federal (...), embora versando tema não diretamente relacionado com a transferência";

4.3 o fato de o eg. STF ter definido a transferência como forma de ingresso em carreira diversa para a qual o servidor foi admitido por concurso, não significa que existam formas diferentes de transferência, uma vez que o referido instituto é um só;

4.4 assim, desde que "a carreira de determinado Tribunal não faz parte da carreira de outro Tribunal, mesmo que se tratem de cargos que tenham a mesma denominação", cada um deles possuindo seu quadro próprio, entendido este como sendo o conjunto de carreiras, considerou esta Corte não ser possível "transferir servidor do quadro pessoal de um órgão para outro, sem transferi-lo de uma carreira para outra".

5. Especificamente quanto ao caso da impetrante, verifica-se, dos termos do relatório de auditoria a que se refere o Proc. TC 550.100/94-6, e ainda dos dados funcionais da mesma solicitados junto ao eg. TRT-9ª Região, ora anexados por cópia, o seguinte:

5.1 entrou em exercício no TRT-14ª Região em 4.5.87, sob regime cautelista;

5.2 foi colocada, na mesma data, ou seja, 4.5.87, à disposição do TRT-9ª Região;

5.3 a partir de 14.5.87 foi designada para exercer o encargo de assistente administrativo do gabinete do diretor-geral do TRT-9ª Região;

5.4 a contar de 1.8.87, foi designada para exercer o encargo de secretário de gabinete de Juiz do Trabalho da 9ª Região;

5.5 passou à condição de estatuária ("Regime Jurídico Único") a partir de 3.12.93;

5.6 a servidora continuou permanecendo à disposição do TRT da 9ª Região até ser transferida, do TRT-14ª Região, para o quadro de pessoal permanente do TRT-9ª Região, a contar de 1.4.94.

6. De acordo com o relato da equipe de inspetores desta Secretaria, que procedeu ao trabalho de auditoria junto ao TRT-9ª Região, "observa-se que, apesar de existirem candidatos habilitados em concurso público às vagas existentes no quadro de pessoal (...), a Presidência do TRT-9ª Região optou por deixar expirar o prazo de validade do concurso público realizado em 1989 de forma a possibilitar o deferimento do pedido de transferência de servidores que já estavam à disposição deste Tribunal do Trabalho".

7. Assim, diante do que ficou expresso acima, subitem 5.1 a 5.6, configurou-se, claramente, procedimento irregular na transferência da servidora, tendo esta Corte, considerando o entendimento firmado pelo Colendo Supremo Tribunal Federal, determinado a insubstência do referido ato.

8. A preocupação manifestada por este Tribunal, através de sua Decisão 183/93- TCU-Plenário (Proc. TC 004.446/93-3, Ata 59/93, in *DOU* de 21.12.93), e aplicada à situação da impetrante, teve como base, fundamentalmente, trecho do voto proferido pelo Exmo. Sr. Ministro Moreira Alves, relator da ADIn 231/7, o qual elucida, *verbis*:

> De qualquer sorte, ainda que se tratasse tecnicamente do instituto de transferência, também ele – como já salientei – não mais é admissível em face do inciso II do artigo 37 da atual Constituição. Até o elemento histórico da formação desse dispositivo, com a retirada do adjetivo "primeiro" ("primeira" investidura), indica que isso o fez, e não há outro texto constitucional que afaste essa interpretação, que, ao contrário, é corroborada pelo elemento sistemático, indica, repito, que *isso se fez para impedir que alguém ingresse por concurso em um órgão "x", para onde não há grande concorrência, e isso sirva como justificativa para admissão em outro órgão sem qualquer concurso* (grifamos).

Em conclusão, entendemos que este Tribunal, amparando-se na decisão exarada pela Suprema Corte, deu interpretação adequada aos dispositivos legais aplicáveis ao caso, sem lesar qualquer direito da impetrante (fls. 129-131).

O Ministério Público Federal, oficiando às fls. 152-161, pelo parecer da ilustre Subprocuradora-Geral Anadyr de Mendonça Rodrigues, aprovado pelo não menos ilustre Procurador-Geral Dr. Aristides Junqueira Alvarenga, opina no sentido do indeferimento do *mandamus*, por entender que a impetração está fundamentado nos argumentos do trabalho do Dr. Ricardo Sampaio, Juiz-Presidente do TRT-9ª Região, sobre a matéria ("A transferência dos servidores nos Tribunais do Trabalho: legalidade"), trabalho que "está alicerçado na premissa de que a impetração a ser conferida ao art. 37, II, da Constituição Federal houvera de ter levado em conta o regramento instituído pela Lei 8.112, de 1990".

É patente o equívoco, continua o parecer, "pois não é o texto constitucional que se deve amoldar à disciplina da lei ordinária, mas, sim, esta é que só sobreviverá, se guardar conformidade com as balizas traçadas pela Carta Magna".

O parecer recebeu a seguinte ementa:

"Ementa — Lei 8.112, de 1990: se a estrutura que criou se contrapuser, em mínima parte que seja, ao ordenamento que a Constituição Federal traçou, então simplesmente tal estrutura desmoronará, não havendo, pois, por que cuidar de se harmonizar a interpretação da Lei Máxima com o que dispôs aquela lei ordinária, e, por isso, as incompatibilidades entre o texto constitucional e a Lei 8.112, de 1990, que tenham resultado do julgamento da ADIn 231-7-RJ, em face da exegese encontrada para a Constituição Federal, pela Suprema Corte — sua única intérprete autorizada (art. 102, *caput*) —, obviamente hão de ser removidas mediante o reconhecimento de que não têm qualquer eficácia, porque inconstitucionais, as disposições daquela lei ordinária que não se coadnem com os mandamentos da Lei Máxima. Mandado de segurança insuscetível de deferimento (fl. 152).

É o relatório.

## VOTO

***O Sr. Ministro Carlos Velloso (relator):*** A Lei 8.112, de 11.12.90, art. 8º, inc. IV, estabelece, como forma de provimento de cargo público, a transferência:

> Art. 8º. São formas de provimento de cargo público: (...) IV – transferência;

No artigo 23, a Lei 8.112, de 1990, conceitua o instituto da transferência e estabelece os casos em que ela ocorrerá:

> Art. 23. Transferência é a passagem do servidor estável de cargo efetivo para outro de igual denominação, pertencente a quadro de pessoal diverso, de órgão ou instituição do mesmo Poder.
>
> § 1º. A transferência ocorrerá de ofício ou a pedido do servidor, atendido o interesse do serviço, mediante o preenchimento de vaga.
>
> § 2º. Será admitida a transferência de servidor ocupante de cargo de outro órgão ou entidade.

A transferência constitui, pois, forma de provimento derivado. Trata-se de derivação horizontal, porque sem elevação funcional. É, pois, na lição de Celso Antônio Bandeira de Mello, "a passagem horizontal — quer-se dizer, sem elevação funcional — do titular de um cargo para outro cargo. (...) Portanto, transferência se define como a mudança horizontal do ocupante titular de um cargo para outro cargo. Na União só há transferência, na hipótese de mudança de quadro" (*Regime Constitucional dos Servidores da Administração Direta e Indireta*, Ed. RT, 2ª ed. 1991, p. 37).

A Constituição Federal estabelece, no inc. II do art. 37, de forma a não ensejar dúvida, que "a investidura em cargo ou emprego público depende de aprovação prévia em concurso público de provas ou de títulos, ressalvadas as nomeações para cargo em comissão declarado em lei de livre público — cargo isolado ou em carreira — sem aprovação prévia em concurso público. A transferência, conforme vimos, constitui forma de provimento ou de investidura em cargo público — provimento derivado. Como ela prescinde do concurso público, tem-se, com ela, provimento ou investidura em cargo público sem concurso público de provas ou de provas e títulos, ressalvadas as nomeações para cargo em nomeação declarado em lei de livre nomeação e exoneração". Quer dizer, não há investidura em cargo público — cargo isolado ou em carreira — sem aprovação prévia em concurso público. A transferência, conforme vimos, constitui forma de provimento ou de investidura em cargo público — provimento derivado. Como ela prescinde do concurso público, tem-se, com ela, provimento ou investidura em cargo público sem concurso público. Dir-se-á que o servidor prestou, para ingresso no cargo de onde vem transferido, o concurso público. Isto só não basta. Permiti-lo, seria exigir o concurso para a primeira investidura, apenas — o que a Constituição pretérita permitia — quando a Constituição vigente estabelece que a investidura em cargo público somente se faz mediante concurso público.

O instituto de transferência, por outro lado, permitido, poderia ensejar fraude à

Constituição, ou, noutras palavras, poderia ensejar o descumprimento da finalidade maior do princípio constitucional do concurso público inscrito no art. 37, II, da Constituição. A finalidade deste é tornar realidade, no que tange ao serviço público, o preceito econômico inscrito no art. 5º, I. Registre-se, aliás, que mencionado preceito será repetido, na Constituição, várias vezes: p. ex., art. 5º, *caput*, art. 5º, I, art. 150, II, art.151, II, art. 7º, XXX, XXXI, XXXII, XXXIV, art. 3º, III, art. 43, art. 170, VII. Isto se explica: é o que o princípio da igualdade é inerente ao regime democrático e à república.

Ora, com a transferência. Seria possível tangenciar o princípio: o candidato prestaria concurso público num determinado Estado onde a disputa não seria maior ou onde o meio intelectual fosse mais pobre, e por isso as provas seriam mais fáceis, e obteria, depois, transferência para igual cargo noutro Estado, onde o concurso, observadas as peculiaridades locais, fosse mais difícil, com ofensa, assim, ao princípio da igualdade em relação aos que estivessem disputando o concurso público mais difícil. O juiz não pode ignorar o fato, sob pena de fazer justiça de laboratório. E se temos presente que são vários os Brasis, é de todo necessário que o jurista e o juiz não percam de vista a sociologia jurídica.

O Supremo Tribunal Federal, no julgamento da ADIn 231-RJ, relator o Sr. Ministro Moreira Alves, deixou expresso que o provimento do cargo público mediante transferência é ofensivo à Constituição (*RTJ* 144/24). No julgamento da mencionada ADIn 231-RJ, não estava em causa a transferência da Lei 8.112, de 1990, art. 8º, IV, art. 23, tanto que na ementa do acórdão chega-se a dizer que transferência é forma "de ingresso em carreira diversa daquela para qual o servidor público ingressou por concurso", quando a transferência da Lei 8.112/90, constitui forma de provimento derivado, já vimos, mas de derivação horizontal, em que há passagem do servidor estável de cargo efetivo para outro de igual denominação do mesmo Poder. Isto, entretanto, não altera a decisão — a decisão proferida na ADIn 231-RJ — no ponto em que ela entende banida das formas de investidura segundo a Constituição, a transferência. É que a premissa básica do mencionado acórdão é esta: a investidura em cargo público depende de concurso e a transferência investe alguém em cargo público sem concurso público.

O argumento básico da inicial, ao sustentar a constitucionalidade do instituto de transferência, quer interpretar a Constituição, bem registra a Procuradoria-Geral da República, no parecer, no rumo da lei ordinária, quando o contrário é que deve ser observado: as normas infraconstitucionais interpretam-se no rumo da Constituição. Com propriedade, escreveu a Dra. Anadyr de Mendonça Rodrigues, no parecer:

> (...) 8. Afigura-se patente equívoco, pois não é o texto constitucional que se deve amoldar à disciplina da lei ordinária, mas, sim, esta é que só sobreviverá, se guardar conformidade com as balizas traçadas pela Carta Magna. 9. Assim, pouco importa o que haja estatuído a Lei 8.112, de 1990: se a estatura que criou se contrapuser, em mínima parte que seja, ao ordenamento que a Constituição Federal traçou, então simplesmente tal estrutura desmoronará, não havendo, pois, por que cuidar de se harmonizar a interpretação da Lei Máxima com o que dispôs aquela lei ordinária (fl. 160).

Tenho como inconstitucionais, portanto, as disposições da Lei 8.112, de 1990, que consagram a transferência como forma de provimento de cargo público: inciso IV do art. 8º e art. 23, §§ 1º e 2º. Em conseqüência, indefiro o *writ*.

Extrato de Ata

Mandado de segurança n. 22.148-8

Origem: Distrito federal

Relator: Min. Carlos Velloso

Impte.: Maria Cristina Navia Arzua

Adv.: Roberto Caldas Alvim de Oliveira

Impdo.: Tribunal de contas da União-TCU

Decisão: Por votação unânime, o Tribunal indeferiu o mandado de segurança e declarou a inconstitucionalidade do art. 8º, IV e art. 23 e seus parágrafos, da Lei 8.112, de 12.12.90. Votou o Presidente. Ausentes, ocasionalmente, os Ministros Néri da Silveira e Marco Aurélio. Plenário, 19.12.95.

Presidência do Senhor Ministro Sepúlveda Pertence. Presentes à sessão os Senhores Ministros Moreira Alves, Néri da Silveira, Sydney Sanches, Celso de Mello, Carlos Velloso, Marco Aurélio, Ilmar Galvão, Francisco Rezek e Maurício Corrêa. Ausente, justificadamente, o Senhor Ministro Octávio Gallotti. Procuradoria–Geral da República, Dr. Geral Brindeiro. Luiz Tomimatsu, Secretário.

# *JURISPRUDÊNCIA*

## TRIBUNAL REGIONAL FEDERAL DA 5ª REGIÃO

***Apelação Cível 77.320–PE (registro 95.05.06677-5)***

***Apelante(s): Ministério Público Federal***

***Apelado(s): INSS–Instituto Nacional do Seguro Nacional***

***Advogado(s): Marlene Pontes e outros***

***Origem: Juízo Federal da 5ª Vara–PE***

***Relator: O Exmo. Sr. Juiz José Delgado***

*Ementa: Ação Civil Pública. Ilegitimidade ativa do Ministério Público. Direitos individuais homogêneos.*

*1. O ato do INSS exigir limite de idade para o deferimento de aposentadoria especial não merece controle judicial por via de ação pública intentada pelo Ministério Público.*

*2. A ação civil pública, pela sua própria natureza, não se presta a proteger direitos individuais disponíveis.*

*3. Direitos individuais afetados a determinados estamentos sociais não estão elencados como alcançados pelos efeitos da ação civil pública.*

*4. A homenagem que o Ministério Público sempre presta à Carta Magna não lhe autoriza a exceder as suas atribuições no tocante ao seu direito de provocar, como sujeito ativo ou substituto processual, a atividade jurisdicional.*

*5. É parte ilegítima o Ministério Público para a propositura de ação civil quando não se visa proteger interesses difusos ou coletivos. Com estes não devem ser confundidos os que, tipicamente, possuem características individuais de um grupo de determinado setor social.*

*6. Apelação improvida. Sentença mantida.*

### ACÓRDÃO

Vistos, relatados e discutidos os presentes autos, entre partes acima identificadas.

Decide a Segunda Turma do Tribunal Regional Federal da 5ª Região, à unanimidade, negar provimento à apelação, nos termos do relatório, voto do juiz relator e notas taquigráficas constantes dos autos, que ficam fazendo parte integrante do presente julgado.

Custas, como de lei.

Recife, 25 de abril de 1995 (data do julgamento). Juiz José Delgado, relator.

### RELATÓRIO

***O Exmo Sr. Juiz José Delgado (relator):*** O Ministério Público Federal promoveu a presente ação civil pública para impedir que o superintendente do INSS exigisse, nos pedidos de aposentadoria especial dos segurados, o requisito do limite de idade previsto nos artigos 60 a 64 do Decreto 83.080/79, c/c o Decreto 63.230, de 10.9.68, tudo conforme o art. 1º, da Lei 5.527, de 8.11.68.

O eminente juiz monocrático, em sentença definitiva extinguiu o processo sem julgamento do mérito, por entender não possuir o Ministério Público legitimidade ativa para a ação intentada, haja visto proteger direitos individuais.

A apelação visa reformar tal decisão.

Defende o Ministério Público, como apelante, a sua legitimidade para a causa, em face das novas regras impostas pela Constituição Federal sobre a sua atuação.

Contra-razões da apelada com louvores à sentença.

É o relatório.

VOTO

***O Exmo. Sr. Juiz José Delgado (relator):*** A decisão apelada está sustentada em fundamentos que, na ementa, se apresentam assim sintetizados:

> *Ementa.* Ação civil pública. Promoção pelo Ministério Público Federal. Requisitos da aposentadoria especial. Idade de 50 anos. Alegação de inconstitucionalidade.
>
> Via processual eleita. Incabimento da ação civil pública para a tutela de direitos individuais homogêneos. Inadequação às hipóteses previstas no art. 1º da Lei 7.347/85.
>
> Ilegitimidade "ad causam" ativa do MPF. Atribuição do "parquet" de defender os direitos individuais, apenas quando indisponíveis. Constituição Federal, arts. 127, *caput* e 129, III e IX.
>
> Extinção do feito, sem julgamento do mérito.

Na verdade, a pretensão contida na inicial se caracteriza como tutela de direitos individuais homogêneos. Estes não foram prestigiados pelo art. 1º da Lei 7.347/85, em face da sua individualização para cada beneficiário da aposentadoria especial, podendo, assim, ser identificado e imprimir situações diferenciadas para cada segurado.

As bem e jurídicas razões lançadas na sentença, da lavra do juiz federal dr. Rogério de Menezes Fialho Moreira, merecem ser integralmente acolhidas, o que faço com a transcrição integral das mesmas, por tê-las como fundamentos integrantes do presente voto:

> Evidentemente que se trata de *direitos individuais*, já que o direito de cada beneficiário da aposentadoria especial pode ser perfeitamente identificado. Individualizado e quantificado. E, sendo grande o número de possíveis interessados no êxito da demanda, parece-me mais apropriado classificá-los, não como meros direitos individuais justapostos, mas como *direitos individuais homogêneos*, legalmente definidos como sendo "*os decorrentes de origem comum*" (Lei 8.078/90, art. 81, III).
>
> Somente não procede a assertiva do autor público de que os direitos individuais homogêneos são "espécie do gênero interesse coletivo" (fls. 4).
>
> As duas categorias são absolutamente distintas: *direito individual* (mesmo que homogêneo) não pode ser confundido com os direitos ou interesses coletivos, já que o primeiro é caracterizado pela *divisibilidade*, enquanto que a característica desses últimos é justamente a *natureza indivisível*.
>
> A indivisibilidade, como ponto de distinção entre ambos, significa "por assim dizer uma comunhão indivisível de que participam todos os possíveis interessados, sem que se possa discernir, sequer idealmente, onde acaba a "quota" de um e começa a de outro. Por isso mesmo, instaura-se o destino dos interessados tão firme união que a satisfação de um só implica de modo necessário a satisfação de todos; e, reciprocamente, a lesão de um só constitui, *ipso facto*, lesão da inteira coletividade" (José Carlos Barbosa Moreira, "Tutela jurisdicional dos interesses coletivos ou difusos", in *Temas de Direito Processual*, p. 195).
>
> Resta decidir, ainda, se o alegado direito à aposentadoria especial, independentemente do requisito etário, seria direito individual *disponível* e *indisponível*.
>
> Para a distinção afasta-se, de plano, o critério da *natureza alimentar*, mencionado na inicial (fls. 4), por falta de qualquer fundamento legal, científico ou empírico.
>
> Em trabalho de mais elevado valor doutrinário, a juíza federal e a professora

Germana de Oliveira Moraes destaca a dificuldade na distinção pretendida:

> Distinguir direitos disponíveis de direitos indisponíveis, em cada caso concreto, é um desafio que se lança aos aplicadores do Direito, que deverão valer-se de subsídios doutrinários e jurisprudenciais. Há um consenso em torno da disponibilidade de direitos de conteúdo patrimonial. Todo direito que envolve conteúdo econômico é disponível? Ao revés, há direitos de conteúdo não-patrimonial disponíveis? (*A tutela jurisdicional coletiva na defesa dos direitos individuais homogêneos; coletivos e difusos*, p. 6).

Embora o critério do *conteúdo econômico* careça de rigor científico, até mesmo porque podemos identificar direitos com aquele conteúdo, mas indisponíveis (do incapaz, da Fazenda Pública, etc.), é ponto de partida de relevante valor para a investigação.

Sem dúvida, o direito à *aposentadoria especial* tem *conteúdo econômico*. Partindo-se para a análise do caso concreto, verifica-se que o titular daquele direito pode perfeitamente dele dispor.

Nada impede, por exemplo, que um eletricitário, satisfaça o tempo de serviço exigido e, sem que tenha completado a idade de 50 anos, não requeira a aposentadoria ou, mesmo implementando a idade, permaneça a atividade, simplesmente porque não deseja inativar-se. Assim, a única conclusão admissível é a de que o direito pleiteado nestes autos, além de *individual homogêneo* é também *disponível*.

Decidida a natureza do direito que se pretende tutelar, passo ao exame da legitimidade *ad causam* ativa do Ministério Público.

Determinam os arts. 127, *caput* e 129, III e IX, da Constituição Federal:

> Art. 127. O Ministério Público é instituição permanente, essencial à função jurisdicional do Estado, incumbindo-lhe a defesa da ordem jurídica, do regime democrático e dos ***interesses sociais e individuais indisponíveis***. (...) Art. 129. São funções institucionais do Ministério Público: (...) III – promover o inquérito civil e a ação civil pública, para a proteção do patrimônio público e social, do meio ambiente e de *outros interesses difusos e coletivos*; (...)IX – exercer outras funções que lhe forem conferidas, ***desde que compatíveis com sua finalidade***, sendo-lhe vedada a representação judicial e a consultoria jurídica de entidades públicas (destaques nossos).

Ora, as atribuições institucionais do *parquet* são aquelas previstas ou autorizadas na Constituição Federal. Os dispositivos constitucionais somente autorizam a atuação em Juízo do Ministério Público na defesa de direitos sociais, difusos coletivos ou mesmo individuais, desde que *indisponíveis*.

O inciso IX, do art. 129, ao permitir o exercício de outras funções, ressalva expressamente que devem ser *compatíveis* com a sua finalidade. Desse modo, não pode a lei ordinária permitir o ajuizamento pelo *parquet* de causas em defesa de direitos individuais disponíveis, tanto porque aquela categoria de direitos foi excluída, por eliminação, do rol constitucional, quanto porque não é *finalidade* do Ministério Público integrar a assistência judiciária gratuita, agindo como representante ou substituto da parte na defesa dos seus direitos individuais, divisíveis e disponíveis.

Nesse sentido a opinião de Ives Gandra da Silva Martins, no parecer intitulado "Inconstitucionalidade do uso de ação civil pública para defesa de direitos individuais disponíveis e divisíveis – O perfil constitucional da contribuição de melhoria", publicado no *Boletim de Direito Administrativo, BDA* julho/94.

> Se o inc. IX permite que o Ministério Público exerça outras funções, estando veiculado o dispositivo com o seguinte discurso: "exercer outras funções que lhe forem conferidas desde que compatíveis com sua finalidade, sendo-lhe vedada a representação judicial e a consultoria jurídica de entidades públicas (...) à evidência, não se deve confundir o *exercício de outras funções* com a *promoção de ação civil pública*, visto que o exercício de outras funções não pode ser confundido com o *exercício das mesmas funções*, ou seja, a promoção de *ação civil pública*. (...) Não lhe cabe a defesa, por ação civil pública de direitos disponíveis e divisíveis, à falta de autorização constitucional, por incompatível com suas finalidades. (...) É que os direitos disponíveis podem ser defendidos individualmente, conforme a vontade do cidadão ou residen-

te, nem mesmo se justificando a defesa dos menos favorecidos economicamente, visto que, a Constituição admite as defensorias públicas com esta finalidade, mantendo os Estados, ainda, os serviços de assistência judiciária gratuita'" (ob. cit., pp. 400-401).

A ilustre colega cearense, no trabalho doutrinário anteriormente mencionado, compartilha do mesmo entendimento, *verbis*:

> Não se pode esquecer, lembra Hugo Nigro Mazzilli, de que, agora, destinado exclusivamente à defesa dos interesses disponíveis do indivíduo e da sociedade, bem como o zelo dos interesses sociais, coletivos ou difusos (CF, arts. 127 e 129-III), a lei somente poderá cometer-se a defesa de interesses individuais, se indisponíveis (CF, art. 127, *caput*, c/c o art. 129, IX) (*A defesa dos interesses difusos em juízo*, 3ª ed., SP, Ed. RT, 1991, p. 42).
>
> "Seria compatível com a Carta Magna a promoção de ações coletivas pelo Ministério Público, em defesa de direitos individuais homogêneos disponíveis? Em outros termos, a legitimação substitutiva extravagante do Ministério Público, na qual se dispensa a anuência da parte substancial, seria constitucional?
>
> "Parece-nos que não" (Germana de Oliveira Moraes, ob. cit., fls. 7).

Em resumo, o Ministério Público não é parte legítima para a promoção de demandas com o objetivo de proteger direitos individuais disponíveis, mesmo que homogêneos.

Acrescente-se que, mesmo que fosse o *parquet* parte legítima, incabível seria, na espécie, a *ação civil pública*.

Em face da sua excepcionalidade, a ação civil pública somente pode ser manejada nas hipóteses expressamente previstas no art. 1º da Lei 7.347/85, que atualmente determina:

> Art. 1º. Regem-se pelas disposições desta lei, sem prejuízo da ação popular, as ações de responsabilidade por danos causados: I – ao meio ambiente; II – ao consumidor; III – a bens e direitos de valor artístico, estético, histórico, turístico e paisagístico; IV – a qualquer outro interesse difuso ou coletivo.

Ora, a alegação de inconstitucionalidade da exigência etária para a aposentadoria especial não se enquadra em qualquer daqueles dispositivos legais.

Não se pode sequer alegar tratar-se de direito de consumidor (inc. II). A ligação do *segurado* com a Previdência Social não constitui *relação de consumo*.

E, mesmo que se tratasse de defesa do *consumidor*, ainda nessa hipótese, o direito pleiteado haveria de ser *difuso ou coletivo*, o que não é o caso dos autos.

A respeito, precisa é a lição do eminente juiz Ridalvo Costa, em voto preliminar que proferiu quando do julgamento da AC 40.815-PB:

> Do contrário, o inciso IV não precisaria utilizar a expressão *outro*, bastaria dizer "qualquer direito difuso ou coletivo". Se o legislador utilizou a expressão *outro* é porque considerou todos os incisos precedentes também se referiam a interesses difusos ou coletivos.
>
> Tanto é assim que a Lei 8.078 veio, posteriormente, disciplinar em capítulo próprio as "ações coletivas para a defesa de interesses individuais homogêneos".
>
> Em resumo, penso que a defesa coletiva de direito individual homogêneo só é possível em se tratando de direito de consumidores e, tão-somente, através das ações coletivas previstas naquele Código. Jamais através de ação civil pública.

Ainda valendo-me do trabalho antes mencionado, reporto-me a Germana de Oliveira Moraes, que coleciona irrebatíveis lições doutrinárias:

> A Ação Civil Pública, contudo, como ação de responsabilidade civil por danos causados ao meio ambiente, ao consumidor, a bens e direitos de valor artístico, histórico, turístico e paisagístico e a qualquer outro interesse difuso ou coletivo, não se presta, como assinala Hely Lopes Meirelles, *a amparar direitos individuais, nem se destina a reparação de prejuízos causados a particulares pela conduta comissiva ou omissiva do réu* ("Ação Civil Pública", in *Estudos e Pareceres de Direito Público*, v. 10, SP, Ed. RT, 1988, p. 15).
>
> Vocacionada a tutela de interesses supra-individuais, em sua dimensão coletiva, no dizer de Rodolfo Camargo Mancuso (ob. cit., p. 273), por força do artigo 1º da Lei 7.347/85, forçoso admitir que, malgrado a ampliação dos direitos difusos e coletivos tuteláveis

pela Ação Civil Pública, não é esta o meio processual adequado para a defesa coletiva dos direitos individuais homogêneos (ob. cit., pp. 9-10).

Desse modo, não é ainda ação civil pública, apesar do elastério introduzido pela Lei 8.078/90, o veículo processual adequado para a defesa dos direitos individuais homogêneos, mesmo que a hipótese tratasse do direito do consumidor.

A defesa, a título coletivo, de direitos individuais homogêneos de consumidores, em juízo, há de ser feita, por meio das ações coletivas previstas no Código de Proteção ao Consumidor (arts. 91 a 100 da Lei 8.078, de 11.9.90) e não por meio da Ação Civil Pública (Germana Moraes, ob. cit., p. 10).

E, repetindo, em se tratando de direitos disponíveis, não poderia sequer o Ministério Público manejar aquelas ações coletivas, por absoluta ilegitimidade, em face das disposições constitucionais que definem as suas atribuições institucionais.

Finalmente, registro que o Col. Superior Tribunal de Justiça já firmou posição no sentido da ilegitimidade do Ministério Público para a promoção de ação civil pública em defesa de direitos individuais disponíveis, conforme arestos que transcrevo:

*Ementa*: Ação civil pública promovida pelo Ministério Público. Ilegitimidade.

O Ministério Público só tem legitimidade para promover ação pública civil na defesa de interesses difusos ou coletivos, sendo-lhes vedado valer-se desse instrumento para porfiar na defesa de direitos individuais afetos a determinado grupo.

As atribuições do Ministério Público são as previstas na Constituição ou na lei, sendo defeso ao Estado, conferir-lhe outras (atribuições) através de convênio.

Recurso provido. Decisão por maioria de votos (dec. por maioria da 1ª Turma no REsp 46.130-PR, rel. originário Min. Garcia Vieira, rel. designado Min. Demócrito Reinaldo, *DJU* 20.6.94, p. 16.062).

*Ementa:* Ação civil pública. Mensalidades escolares. Repasse do aumento dos professores. Ministério Público. Parte legítima.

Não se cuidando de interesses difusos ou coletivos, mas de interesses individuais de um grupo de alunos de um determinado colégio, afasta-se a legitimidade do Ministério Público. Recurso improvido (dec. unân. da 1ª Turma, REsp 35.644-0-MG, rel. Ministro Garcia Vieira, in *DJ* 4.10.93, I, p. 20.519).

No mesmo sentido o posicionamento do Tribunal do Justiça de Mato Grosso do Sul e do Tribunal de Alçada de São Paulo:

Taxa de iluminação pública. Ação Civil Pública. Ministério Público. Ilegitimidade ativa. Contribuinte e consumidor. Distinção.

Apelação Cível. Exigência, pela municipalidade, da taxa de iluminação pública. Ação civil intentada pelo Ministério Público visando obstar a cobrança com obrigação de devolver os valores recebidos. Legitimidade *ad causam*. Inexistência de interesse difuso. Contribuinte não é consumidor. Recurso improvido.

O Ministério Público é parte ilegítima para patrocinar ação civil visando impedir a municipalidade de cobrar taxa de iluminação pública, porquanto a espécie não trata da defesa de interesses difusos, pois o conceito de contribuinte difere do de consumidor. A defesa de interesses individuais por essa instituição só é admitida quando se trata de direitos disponíveis que beneficiam a coletividade como um todo (ac un. da 1ª Turma Civ do TJMS-AC, classe "b", XXI-n. 34.781-5, rel. Des. Josué de Oliveira, j. 19.4.94, apte.: Ministério Público do Estado de Mato Grosso do Sul; apdas.: Prefeitura Municipal de Bela Vista e outra, *DJMS* 23.6.94, p. 5, in *IOB* 1/7.698, ementa oficial).

A Constituição da República de 1988, art. 127, reiterou a qualificação de agir designada ao órgão do Ministério Público em defesa, já agora, dos interesses sociais e individuais indisponíveis. Como já sublinhou a disponibilidade caracteriza o direito objetivado na espécie. A respeito do dispositivo, ressalta Clóvis Beznos, que: "destarte circunscrita a atuação do Ministério Público, quanto aos interesses sociais, naquilo que tange à metaindividualidade desses interesses somente se pode concluir que ao Ministério Público incumbe ajuizar ação civil pública em relação a interesses coletivos não difusos, apenas quando estes se revelarem sociais no sentido amplo da expressão: 'interesses sociais'.

"De consignar aliás, que a Carta Magna, art. 129, inc. III, correlaciona a propositura de referida demanda, pelo Ministério Público, à proteção, dentre outros, bens, 'de outros interesses difusos e coletivos', o que permite discernir entre as categorias distintas entre si.

"O *parquet* goza de titularidade ativa inerente na tutela de tais interesses ante sua transindividualidade, de modo que, por esta conotação, se faz mister a intervenção de um órgão público que atenda à ordem pública, ínsita em tais valores. Não assim, *data venia*, em se cuidando, como aqui, de direitos subjetivos" (TACivSP, na Ac 152.203-1, *RJTJESP* 136/38, transcrito no parecer já mencionado, *BDA* julho/94, pp. 405-406).

Enfim, tanto não é a ação civil pública o veículo processual adequado para a defesa de *direito individuais homogêneos*, quanto não tem legitimidade "ad causam" o Ministério Público para a defesa de *direitos individuais disponíveis*.

Isto posto, nego provimento à apelação.

É como voto.

Impressão e acabamento:
**GRÁFICA PAYM**
Tel. (011) 4392-3344

# REVISTA
## TRIMESTRAL DE
# *DIREITO PÚBLICO*

***DOUTRINA:*** RÉQUIEM PARA UMA CONSTITUIÇÃO – *Fábio Konder Comparato* • LIMITES NORMATIVOS DO PODER EXECUTIVO EM RELAÇÃO À PREVIDÊNCIA PRIVADA – *Arnoldo Wald* • SERVIÇO PÚBLICO E PODER DE POLÍCIA: CONCESSÃO E DELEGAÇÃO – *Celso Antônio Bandeira de Mello* • DEZ ANOS DA CONSTITUIÇÃO DE 1988 (FOI BOM PARA VOCÊ TAMBÉM?) – *Luís Roberto Barroso* • PROCESSO ADMINISTRATIVO TRIBUTÁRIO. PRINCÍPIOS, AMPLITUDE, NATUREZA E ALCANCE DAS FUNÇÕES NELE EXERCIDAS – *Eduardo D. Bottallo* • RESPONSABILIDADE CIVIL POR IMPROBIDADE ADMINISTRATIVA – *Antonio José de Mattos Neto* • REFLEXÕES SOBRE O PAPEL DO ESTADO FRENTE À ATIVIDADE ECONÔMICA – *Francisco de Queiroz Bezerra Cavalcanti* • ATO ADMINISTRATIVO "STRICTO SENSU" – *Adriano Daleffe* • ***PARECERES:*** COMPETÊNCIA CONSTITUCIONAL DE REFORMA – PROCESSO DE ELABORAÇÃO DE EMENDA CONSTITUCIONAL – INTERPRETAÇÃO DO ART. 60, § 5º, DA CF – *Cármen Lúcia Antunes Rocha* e *Fábio Konder Comparato* • CONSTITUCIONALIDADE DE LEI MUNICIPAL QUE CONCEDE O USO DE BENS PÚBLICOS DE USO COMUM DO POVO A ASSOCIAÇÃO DE MORADORES – *Toshio Mukai* • DISPENSA DE LICITAÇÃO PARA CONTRATAÇÃO DE EMPRESA MUNICIPAL CRIADA PARA PRESTAR SERVIÇOS À PREFEITURA (INTERPRETAÇÃO DO ART. 24, VIII, DA LEI 8.666/93) – *Antônio Carlos Cintra do Amaral* • LICITAÇÃO E PRESTAÇÃO DE SERVIÇOS PÚBLICOS – PRIVATIZAÇÃO E FORNECIMENTO DE GÁS POR TARIFA DIFERENCIADA – *Eros Roberto Grau* • ***ESTUDOS E COMENTÁRIOS:*** AÇÃO ESPECIAL PARA TUTELA DE DIREITOS FUNDAMENTAIS EM FACE DE PARTICULARES – *Paulo Roberto de Gouvêa Medina* • ELABORAÇÃO DA NORMA JURÍDICA POR INTERPRETAÇÃO – CONSTRUÇÃO NO DIREITO CONSTITUCIONAL – *Mirtô Fraga* • O CONTROLE EXTERNO E O DIREITO DA INTEGRAÇÃO – *Luciano de Araújo Ferraz* • ASPECTOS VETORIAIS DA REFORMA ADMINISTRATIVA (EMENDA CONSTITUCIONAL 19, DE 5.6.98) – *Carlos Pinto Coelho Motta* • ***CONFERÊNCIAS E DEBATES:*** DELITOS E INFRAÇÕES EM MATÉRIA DE MEIO AMBIENTE – *Geraldo Brindeiro* • ***JURISPRUDÊNCIA***

MALHEIROS
EDITORES

# REVISTA TRIMESTRAL DE DIREITO PÚBLICO

18/1997

M